2025 최신개정판

LOGIN

전산회계 1급 핵심요약 및 기출문제집

김영철 지음

도서출판 어울림
www.aubook.co.kr

머리말

회계는 기업의 언어입니다. 회계를 통해서 많은 이용자들이 정보를 제공받고 있습니다.
회계는 약속이며 그리고 매우 논리적인 학문입니다.

회계를 잘하시려면
왜(WHY) 저렇게 처리할까? 계속 의문을 가지세요!!!

1. **이해하시려고 노력하세요.**
   (처음 접한 회계의 용어는 매우 생소할 수 있습니다.
   생소한 단어에 대해서 네이버나 DAUM의 검색을 통해서 이해하셔야 합니다.)
2. **그리고 계속 쓰세요.(특히 분개)**
3. **이해가 안되면 암기하십시오.**

2, 3회독 후 다시 보시면 이해가 될 것입니다.

전산회계를 공부하시는 수험생들 중 대다수는 이론실력이 없는 상태에서 전산프로그램 입력연습에 많은 시간을 할애합니다. 그런 수험생들을 보면 너무 안쓰럽습니다. 특히 전산회계1급은 회계이론의 기초가 바탕이 되지 않은 상태에서 입력에 치중해 시험을 대비한 수험생이라면 십중팔구 실패의 쓴 맛을 보게 될 것입니다.

우연히 분개만 열심히 공부해 전산회계1급에 합격하였다 하더라도, 상위과정인 전산세무2급은 분개를 기초로 회계와 세법지식을 평가하므로 이론이 바탕이 안되어 있으면 다시 회계원리를 공부해야 합니다.

수험생들의 목표는 단순히 전산회계1급이 아닙니다. 전산회계1급은 전산세무를 공부하기 위한 기초단계에 불과합니다. 따라서 전산회계1급은 이론과 분개에 집중적으로 공부하십시오.

기초 이론을 튼튼히 해야 응용력이 생깁니다. 또한, 난이도에 상관없이 자신감도 붙게 됩니다.
그리고 회계에 대하여 흥미가 생깁니다.

전산회계1급은 이론공부에 80%, 실기연습에 20% 정도로 할애하여 공부하셔도 충분합니다.

수험생 여러분!!

전산회계1급은 시험시간이 매우 부족합니다. 먼저 실무를 푸시고 다음에 이론 푸시는 것을 권합니다. 또한 장부조회문제는 반드시 푸셔야 합니다.

기출문제를 60분 안에 푸시는 연습을 계속하세요. 그래서 수험생 자신이 시간안분과 실력을 테스트하시고 부족한 부분은 다음카페에 질문해주세요!!

"LOGIN 전산회계1급 핵심요약 및 기출문제집"은 전산회계1급 기본서를 충분히 공부하신 후 최종 정리단계에서 보시기 바랍니다. 가장 핵심사항을 나열했기 때문에 이해가 안되시면 기본서를 참고하셔서 반드시 이해하도록 하십시요!!

"LOGIN 전산회계1급 핵심요약 및 기출문제집"으로 전산회계 1급에 합격하시고,

다음 단계인 전산세무2급을 도전해보세요!! 그러면 여러분 앞에 광대한 회계와 세법의 바다가 보일 것입니다.

회계는 여러분 자신과의 싸움입니다. 자신을 이기십시요!!!

마지막으로 이 책 출간을 마무리해 주신 도서출판 어울림 임직원에게 감사의 말을 드립니다.

2025년 1월

김 영 철

다음(Daum)카페 **"로그인과 함께하는 전산회계/전산세무"**

로그인카페

1. **실습 데이터(도서출판 어울림에서도 다운로드가 가능합니다.)**
2. 오류수정표 및 추가 반영사항
3. Q/A게시판

NAVER 블로그 "로그인 전산회계/전산세무/AT"

1. **핵심요약**
2. **오류수정표 및 추가반영사항**
3. **개정세법 외**

합격수기

DAUM카페 "로그인과 함께하는 전산회계/전산세무"에 있는 수험생들의 공부방법과 좌절과 고통을 이겨내면서 합격하신 경험담을 같이 나누고자 합니다.

"한달 공부하고 전산회계 1급 100점 2급 100점 받았네요~ ^^"

혜선 님

방금 합격자 발표 떠서 올립니다..
사실 두개 다 100점인걸 시험 당일에 알았었지만 혹시라도 채점 실수 있을까봐 조마조마 하다가 방금 100점 확인하고 후기 올립니다.
저는 세 아이의 엄마입니다.
저는 회계 전공도 아니었고 평범한 가정주부입니다.
아이 셋과 집안일에 하루종일 정신없이 치여살다가
막내가 유치원에 다니면서 갑자기 회계세무가 공부해보고 싶어졌어요.
물론 학교 다닐때 제일 싫어하던 과목이 수학이어서 왠지 세무회계라면 학을 뗄것 같았지만 내가 안 해본걸 해보고 싶다... 그런 마음이 컸던것 같아요.
다행히 발전센터에서 거의 무료로 진행하는 회계강의 프로그램에 참가하게 되었고 7월 중순부터 하루 4시간씩 차변대변부터 시작하며 공부했네요.
처음엔 차변이 뭔지 대변이 뭔지도 헷갈리고
계정과목은 왜그리도 많은지 도대체 이걸 언제 다 외워..ㅠㅠ 했었는데
어느덧 한달이 지나고 바로 8월 특별회차 시험을 보게 되었어요.
특별회차 보기 열흘전부터는 강사님이 나눠준 기출문제 위주로 풀었구요
기출을 풀면서 1급 특유의 말장난?에도 익숙해지기 시작했어요.
일주일 남기면서부터는 2급은 기출문제 풀면 98,97 점이었지만
유독 1급은 이론에서 3문제씩은 틀리더라구요.. ㅜㅜ
방법은 1회독 2회독이었습니다. 말장난 잦은 부분은 더 유의해서 봤어요..
사실.. 솔직히 얘기하면 회계는 그리 열심히 공부하지 않았어요...
이렇게 말하면 욕먹을려나요..ㅠㅠ
하기 싫어 안한게 아니라 할 시간이 모자르더라구요..
수업시간 하루 4시간만 정말 집중해서 듣고 집에 가서 복습은 30분이 다였어요..

왜냐하면 전 애가 셋이고, 아이 셋이 전부 여름방학을 해서 집에 가면 밥차리고 집안일 하고..뒤치닥거리하고.. 거기다 올해 여름은 정말 덥더군요...도저히 공부할 날씨가 아니었어요.
하루종일 시달리고 책상에만 앉아도 땀이 주루룩... 결국 힘빠져서 포기.,...ㅜㅜ
공부할 시간은 커녕 잠잘 시간도 부족했어요..ㅜㅜ
거기다 여름휴가까지 겹쳐서...에고공..
ㅎㅎ 어쩌다 보니 얘기가 새어나갔는데 사실 그렇게 익숙해졌던 회계도 세무에 비하면 아무것도 아니더라구요... 지금 다시 한달후에 세무 시험을 도전할 생각인데 이건 정말 레벨이 다르네요..ㅠㅠ
회계에 대해선 100프로 안다고 생각했었는데 세무 1급에 있는 기업회계 부가세 법인세는 차원이 다르네요.
회계가 커피라면 세무는 티오피에 에스프레소 완샷한 느낌...ㅠㅠ
거기다 이번엔 아무런 도움도 없이 올 독학이라;;; ㅜㅜ
솔직히 하루에도 포기하고 싶은 마음이 5번씩 불뚝불뚝 솟아오릅니다.
소득세 부가세 지랄맞은 법인세;;;;;
하루 공부시간은 2시간도 못되는데 시간은 자꾸만 흘러가네요..
오늘, 이 점수를 발판삼아 다시 노력해보겠습니다.
한달후에 후기를 다시 올릴수 있길 바랍니다...
어쩌다 보니 후기가 아닌 다짐이 되어버렸네요..
암튼 제가 이 후길 올린 이유는요...ㅎㅎ
저같은 아줌마도 하니 다른 분들도 다 하실수 있다고.. 힘내시라구요~ ^^
저도 다시 맘잡고 홧팅하겠습니다~
10월엔 모두 좋은 성적 받으시길 바래요... *^^*

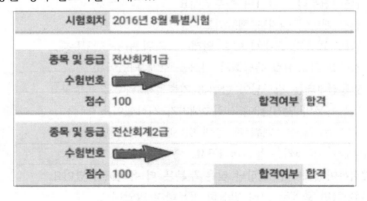

시험회차	2016년 8월 특별시험		
종목 및 등급	전산회계1급		
수험번호	[redacted]		
점수	100	합격여부	합격
종목 및 등급	전산회계2급		
수험번호	[redacted]		
점수	100	합격여부	합격

"전산회계1급 합격했어요~"

이연*님

전산회계1급 합격했네요^^ 합격하신 분들 모두모두 축하 합니다.^^
이번에는 채점에 뭐가 문제가 있었는지, 세무사회 게시판에 난리네여,... 사실 저도 가채점 보다 점수가 10점이나 낮게 나와서 황당했어요 ,,,
기분은 그렇지만 어찌 되었든 합격이라서 ,,기분이 너무 좋습니다.
이번 58회때 기출문제도 A형으로만 공부를 해서 ,, B형을 처음으로 봐서 많이 당황했어요 ,그리고 사실 자만했는지 , 이번 시험이 어려웠답니다. 그래서 , 시험끝나고 시험지 집어던져놨었죠,, 당연히 떨어진줄 알고요,
다시 공부해야겠다는 생각으로 가채점을 했는데 ,, 합격선 훨씬 위라서 깜짝 놀랐었죠,,, 암튼 운도 있었던거 같으네요,,
저는 57회 시험에도 응시했다가 2점 부족으로 떨어졌어요,,, 그때는 XXX 이론 동영상이랑 , 기출문제풀었는데 , 중간에 공부 많이 못하고 기출문제 열심히 푼다고 했는데 ,, 거진 채점하면 70점 간신히 맞고 그랬는데 ,, 지난번 시험은 그래도 좀 쉬웠던거 같은데 열심히 하지 않은 탓에 ,,, 떨어졌죠,,, 이번 4월 시험 준비하면서 ,,사실 2월중순부터 공부했어요,, 다시 시작하면서 알게된 책이 로그인 핵심요약기출문제 였어요,,,
1차 동영상강의를 들어놓은 상태라,, 핵심요약을 공부하면 될거라 생각하고 이 책으로 공부했는데 핵심요약이 정말 잘되어 있어서 다시 정리하는데 많은 도움이 되었구요,,, 중요한 부분을 붉은색으로 처리가 되어 있어서 ,가능하면 그 부분을 다 외울려고 했어요
로그인 핵심요약만 달달외워도 ,,합격의 지름길인거임은 분명합니다.
보통 강의하시는 분들이 ,,실기에 중점하라고 하시던데,,이론이 안되면 실기도 안됩니다.
실기 보다는 진짜!!! 필기 이론공부 중점으로 하셔야 되고요,,,
이론이 완성이 되면 ,,실기는 자동으로 됩니다... 저는 실기도 ,, 기출문제를 수기로 풀었어요,, 분개를 일일이 외우기 힘들어서 실기문제를 전산에 입력하지 않고 먼저 문제지에 쓰고,,나중에 다시 전산에 입력하는 방법으로 공부 했어요 , 먼저,그렇게 풀고 ,,
마지막 2주부터 ,,, 케이렙으로 했던거 같아요,,, 처음 회계입문 하시는 분이 아니라면 ,, 다른 전산 써보신 분들은 전산 시스템은 다 거의 비슷해서 ,,금방 익힐거구요,,,
일단 ,,이론상으로 머리에 입력이 되어야 ,,문제도 술술 풀리고,,, 잘 되는거 같아요,,, 기출문제 풀다가,,이론 채점하고 다 꽝되면 ,, 실기도 하기 싫어 지더라고요,,^^ 모르는 문제는 꼭 여러번 반복해서 ,,이해가 안되시면 ,, 분개는 암기하세요 ,, 저는 그렇게 했습니다.
그리고 제일 어려운 부분이 원가회계였어요,, 다른건 , 그런데로 이해가 가는데 원가회계는 정말 이해가 안가더라고요 .,

일단 중요한선 , 원가회계는 T계정을 암기해놓으시면 ,그 다음에는 계산식 문제가 나와도 , 풀기 수월합니다.
암튼 ,,, 주저리주저리 ,,두서없이 썼네요,,, 그래도 조금이나마 도움이 되셨으면 좋겠구요.
열심히 노력하면 , 배신하지 않는거 같습니다.
언제 누가 ,, 회계를 좋아하는 이유가 ,,회계는 절대 배신이 없답니다. ^^
모두들 열심히 하셔서 ,, 다음 회차에 꼭 합격하세요,,
저두 이제 자신감 생겨서 ,, 세무2급 준비 할려고 합니다.^^^
시험장이 고등학교여서 그랬는지 ,학생들이 너무 많아서 ,나이들은 제가 시험보는데 사실 많이 부끄러웠어요^
늦게라도 공부해서 , 합격할수 있어서 ,너무 좋습니다.^^ 모두 열공하세요

〈LOGIN 전산회계1급 시리즈 4종〉

도서명	도서 내용	기출문제 횟수	용도	페이지
LOGIN 전산회계1급 (기본서)	이론, 실무, 기출문제	4회	강의용/독학용	약 760
LOGIN 전산회계1급 essence (에센스)	이론 및 실무 요약, 기출문제	8회	강의용	약 400
LOGIN 전산회계1급 핵심요약 및 기출문제집	이론 및 실무 요약, 기출문제	23회	최종마무리용	약 480
LOGIN 전산회계1급 기출문제집	기출문제	18회		약 270

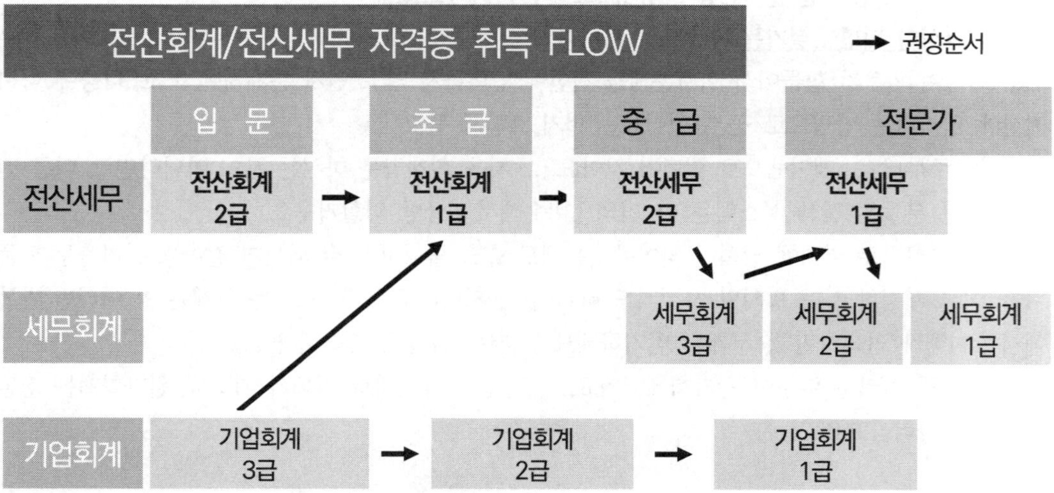

[2025년 전산세무회계 자격시험(국가공인) 일정공고]

1. 시험일자

회차	종목 및 등급	원서접수	시험일자	합격자발표
118회	전산세무 1,2급 전산회계 1,2급	01.02~01.08	02.09(일)	02.27(목)
119회		03.06~03.12	04.05(토)	04.24(목)
120회		05.02~05.08	06.07(토)	06.26(목)
121회		07.03~07.09	08.02(토)	08.21(목)
122회		08.28~09.03	09.28(일)	10.23(목)
123회		10.30~11.05	12.06(토)	12.24(수)
124회		**2026년 2월 시험예정**		

2. 시험종목 및 평가범위

등급	평가범위	
전산회계 1급	이론	회계원리(15%), 원가회계(10%), 세무회계(5%)
	실무	기초정보 등록 · 수정(15%), 거래자료 입력(30%), 부가가치세(15%), 입력자료 및 제장부 조회(10%)

3. 시험방법 및 합격자 결정기준

1) 시험방법 : 이론(30%)은 객관식 4지 선다형 필기시험으로,
   실무(70%)는 수험용 표준 프로그램 KcLep(케이 렙)을 이용한 실기시험으로 함.
2) 응시자격 : 제한없음(신분증 미소지자는 응시할 수 없음)
3) 합격자 결정기준 : 100점 만점에 70점 이상

4. 원서접수 및 합격자 발표

1) 접수기간 : 각 회별 원서접수기간내 접수
   (수험원서 접수 첫날 00시부터 원서접수 마지막 날 18시까지)
2) 접수 및 합격자발표 : 자격시험사이트(http://www.license.kacpta.or.kr)

차 례

제2편 원가회계

제3편 부가가치세

제4편 기출문제

2024년~2020년 시행된 기출문제 중 합격률이 낮은 23회분 수록

[로그인 시리즈]

전전기	전기	**당기**	차기	차차기
20yo	20x0	**20x1**	20x2	20x3
2023	2024	**2025**	2026	2027

1분강의 QR코드 활용방법

본서 안에 있는 QR코드를 통해 연결되는 유튜브 동영상이 수험생 여러분들의 학습에 도움이 되기를 바랍니다.

방법 1

❶ 스마트폰에서 다음(Daum)을 실행한 후 검색창의 오른쪽 아이콘 터치

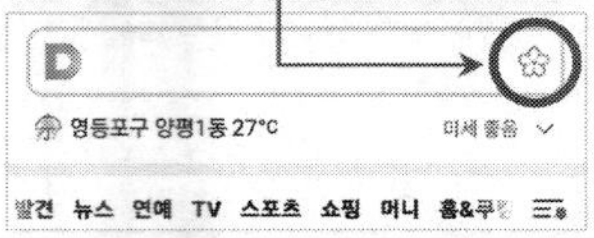

❷ '코드검색'을 터치하면 카메라 앱이 실행됨

❸ 도서의 QR코드를 촬영하면 유튜브의 해당 동영상으로 자동 연결

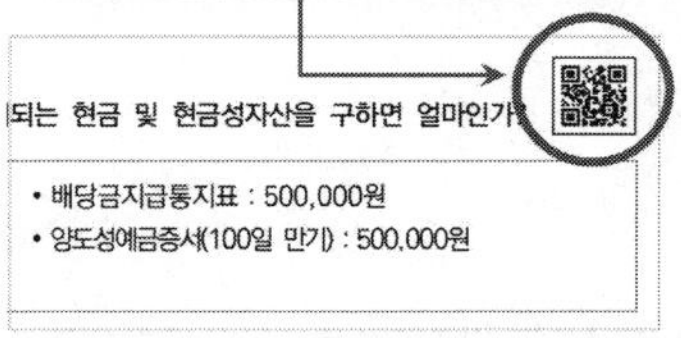

방법 2

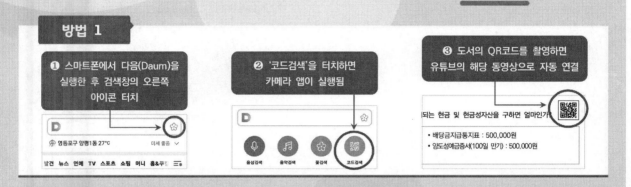

카메라 앱을 실행하고, QR코드를 촬영하면 해당 유튜브 영상으로 이동할 수 있습니다.

개정세법 반영

유튜브 상단 댓글에 고정시켰으니, 참고하시기 바랍니다.

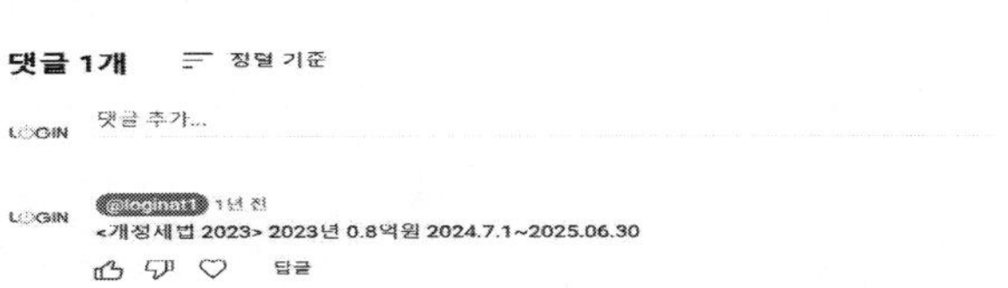

✔ 과도한 데이터 사용량이 발생할 수 있으므로, Wi-Fi가 있는 곳에서 실행하시기 바랍니다.

Part I

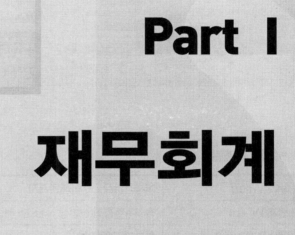

재무회계

Chapter

핵심요약 1

로그인 전산회계1급 핵심요약 및 기출문제

Login

1 회계란?

1.누가(Who)?	회사경영자 → **이해관계자**	
2.언제(When)?	정기주주총회(상법상 최소한 매년 1회, 매결산기마다)	
3.무엇을(What)?	**회사의 경영정보**	
4.어디서(Where)	주주총회일	
5.어떻게(How)	재무제표	
6.왜(Why)	소유와 경영의 분리	
7.누구에게(Whom?) • 이해관계자	**내 부**	경영자, 종업원
	외 부	주주, 채권자(은행), 채권자(거래처), 정부기관

2 회계의 분류－정보이용자에 따른 분류

	재무회계	관리회계
목 적	**외부보고**	**내부보고**
정보이용자	투자자, 채권자 등 **외부정보이용자**	경영자, 관리자 등 **내부정보이용자**
최종산출물	**재무제표**	**일정한 형식이 없는 보고서**
특 징	**과거정보의 집계보고**	**미래와 관련된 정보 위주**
법적강제력	있음	없음

3 재무제표 → 정보전달수단

1. 재무상태표	일정 **시점**의 재무상태(자산, 부채, 자본)
2. (포괄) 손익계산서	일정 **기간**의 경영성과(수익, 비용, 포괄이익)
3. 자본변동표	자본의 크기와 그 변동에 관한 정보보고 → **소유주(주주)의 투자, 소유주에 대한 분배**
4. 현금흐름표	일정기간의 현금유출입 내역을 보고 → **영업활동현금흐름, 투자활동현금흐름, 재무활동현금흐름**
5. 주석	재무제표상에 필요한 추가적인 정보보고 **(주기는 재무제표가 아니다.)**

4 재무제표 작성과 표시의 일반원칙

1. 작성책임		**재무제표의 작성과 표시에 대한 책임은 경영자**
2. 계속기업		**계속기업을 전제로 재무제표를 작성**
3. 중요성과 통합표시		중요하지 않는 항목은 **성격이나 기능이 유사한 항목과 통합하여 표시할 수 있다.** → **중요한 항목인 경우 주석으로 기재**
4. 공시	비교정보	– 계량정보 : **전기와 비교하는 형식으로 작성** – 비계량정보 : 전기 재무제표의 비계량정보를 비교하여 주석에 기재한다.
	표시와분류	재무제표의 항목의 표시와 분류는 원칙적으로 매기 동일
	금액표시	금액을 천원이나 백만원 단위 등으로 표시할 수 있다.

5 재무상태표

재 무 상 태 표

㈜백두 20x1년 12월 31일 현재 (단위 : 원)

과 목	금 액	과 목	금 액
자 산		부 채	
Ⅰ. 유 동 자 산		Ⅰ. 유 동 부 채	
(1) 당 좌 자 산		Ⅱ. 비 유 동 부 채	
…		부 채 총 계	
(2) 재 고 자 산			
		자 본	
Ⅱ. 비 유 동 자 산		Ⅰ. 자 본 금	
(1) 투 자 자 산		Ⅱ. 자 본 잉 여 금	
(2) 유 형 자 산		Ⅲ. 자 본 조 정	
(3) 무 형 자 산		Ⅳ. 기타포괄손익누계액	
(4) 기타비유동자산		Ⅴ. 이 익 잉 여 금	
		자 본 총 계	
자 산 총 계		부 채 와 자 본 총 계	

1. 구분표시의 원칙	자산 · 부채 및 자본을 종류별, 성격별로 적절히 분류하여 일정한 체계하에 구분 · 표시한다.
2. 총액주의	**순액으로 표기하지 아니하고 총액으로 기재한다.** ☞ **매출채권과 대손충당금은 순액표시가능 → 단 주석기재사항**
3. 1년 기준	자산과 부채는 **결산일 현재 1년 또는 정상적인 영업주기를 기준으로 구분, 표시**
4. 유동성배열	**자산, 부채는 환금성이 빠른 순서로 배열한다.**
5. 구분과 통합표시	**1. 현금 및 현금성자산 : 별도항목으로 구분표시** **2. 자본금 : 보통주자본금과 우선주 자본금으로 구분표시** **3. 자본잉여금 : 주식발행초과금과 기타자본잉여금으로 구분표시** **4. 자본조정 : 자기주식은 별도항목으로 구분하여 표시**

6. **미결산항목 및 비망계정(가수금, 가지급금 등)**은 그 내용을 나타내는 적절한 계정과목으로 표시하고 재무제표상 표시해서는 안된다.

6 손익계산서

손익계산서

㈜백두 20×1년 1월 1일부터 20×1년 12월 31일까지 (단위 : 원)

과 목	금 액
Ⅰ. 매 출 액	
Ⅱ. 매출원가(1+2−3)	
1. 기초제품재고액	
2. 당기제품매입액	
3. 기말제품재고액	**영업관련(상거래) – 계속 · 반복 (회사의 고유목적사업)**
Ⅲ. 매출총이익(Ⅰ−Ⅱ)	
Ⅳ. 판매비와 관리비	
Ⅴ. 영업이익(영업손실)(Ⅲ−Ⅳ)	
Ⅵ. 영업외수익	**영업이외 – 일시 · 우발 (부수적인 수익/비용)**
Ⅶ. 영업외비용	
Ⅷ. 법인세비용차감전순이익(Ⅴ+Ⅵ−Ⅶ)	
Ⅸ. 법인세비용	
Ⅹ. 당기순이익(당기순손실)(Ⅷ−Ⅸ)	
Ⅺ. 주당순손익	

1. 발생기준	
2. 실현주의	수익은 **실현시기(원칙 : 판매기준)를 기준으로 계상**한다.
3. 수익 · 비용대응의 원칙	비용은 관련수익이 인식된 기간에 인식한다.
4. 총액주의	**수익과 비용은 총액으로 기재한다.**(이자수익/이자비용)
5. 구분계산의 원칙	손익은 매출총손익, 영업손익, 법인세비용차감전순손익, 당기순손익, 주당순손익으로 구분하여 표시한다. ☞ 제조업, 판매업 및 건설업 외의 업종에 속하는 기업은 매출총손익의 구분표시를 생략할 수 있다.
6. 환입금액표시	영업활동과 관련하여 비용이 감소함에 따라 발생하는 **퇴직급여충당부채환입, 판매보증충당부채환입 및 대손충당금 환입 등은 판매비와 관리비의 부(−)의 금액으로 표시**한다.

7 재무상태표와 손익계산서의 관계

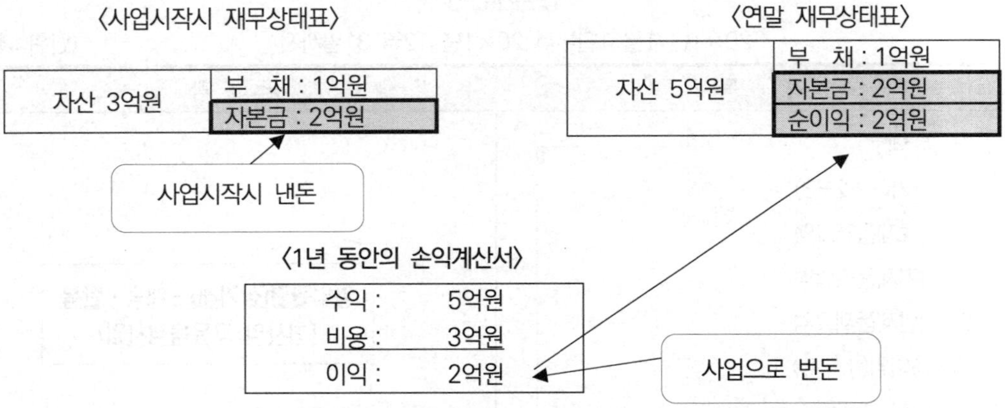

기말자본 – 기초자본 = 이익(IF 추가적인 자본출자가 없다면)

8 회계의 순환과정

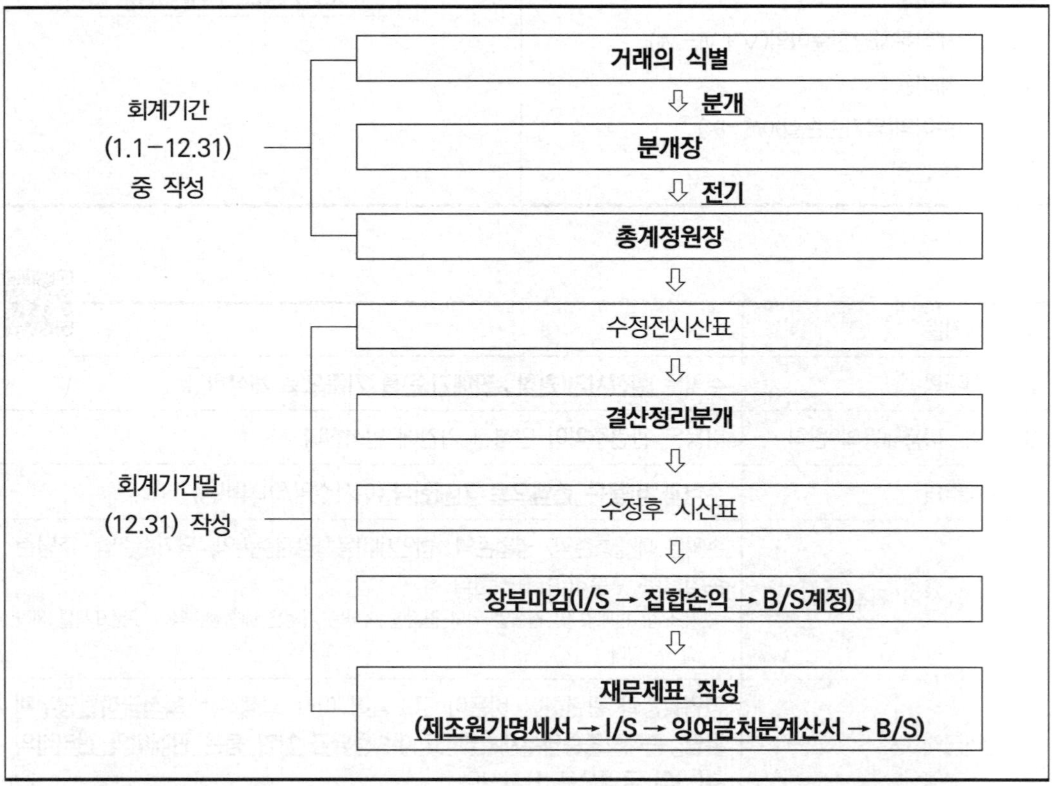

☞ **거래의 이중성** : 모든 거래는 자산, 부채, 자본, 수익, 비용 중 반드시 2개 이상의 증감을 수반한다.

9 당좌자산

1. 현금 및 현금성자산		
2. 단기 투자자산	**결산일(보고기간말)로부터 만기가 1년 이내 도래**	
	1. 단기금융상품	정기예금, 정기적금 등 기타 정형화된 상품 등으로 단기적 자금운용목적으로 소유
	2. 단기매매증권	지분증권, 채무증권 시장성 & 단기적 자금운용의 목적 또는 처분목적
	3. 기타	단기대여금 등
3. 매출채권	외상매출금, 받을어음	
4. 기타의 당좌자산	미수금, 미수수익, 선급금, 선급비용 등	

10 현금 및 현금성자산

1. 현금	통화	지폐나 주화
	통화대용증권	**타인발행수표(가계수표, 당좌수표), 송금수표, 여행자수표, 우편환증서, 배당금지급통지서, 지급기일이 도래한 공사채의 이자표, 만기도래어음** **(예외) 부도수표, 선일자수표 → 매출채권(OR 미수금)**
	요구불예금	당좌예금, 보통예금 등 당좌예금의 잔액을 초과하여 지급된 금액을 당좌차월이라 하며, **당좌차월은 부채로서 "단기차입금"으로 분류**
2. 현금성 자산	큰 비용없이 현금으로 전환이 용이하고 이자율변동에 따른 가치변동의 위험이 중요하지 않은 것으로서 **취득당시 만기가 3개월 이내인 금융상품**	

☞ 우표, 수입인지, 수입증지 : 비용 or 선급비용

☞ 차용증서 : 대여금

11 유가증권의 계정분류

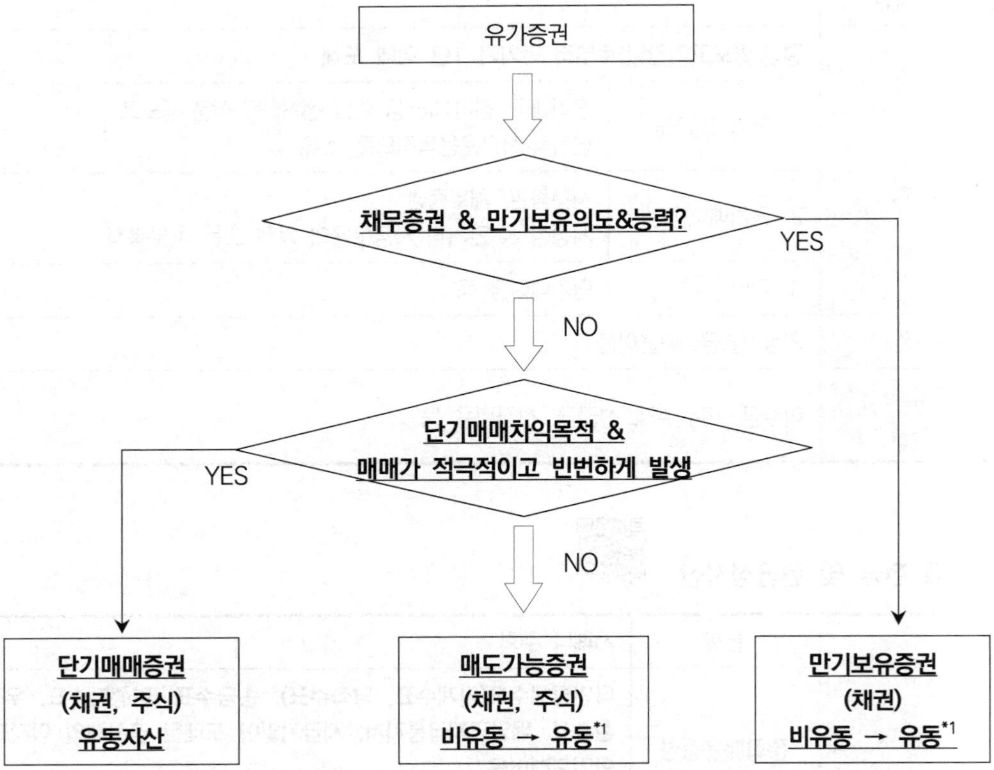

*1 취득시에는 비유동자산이나 보고기간말로부터 만기가 1년 이내 도래시 유동자산으로 분류한다.

12 유가증권회계처리

1. 취득시		원칙 : 취득원가 = 매입가액 + 부대비용(수수료등) 예외 : 단기매매증권은 부대비용을 수수료비용(영업외비용)		
2. 보유시	기말평가	단기매매증권	공정가액	단기매매증권평가손익(영업외손익)
		매도가능증권	공정가액 (원가법)	매도가능증권평가손익 (자본 : 기타포괄손익누계액)
		만기보유증권	상각후원가	–
		단기매매(매도가능)증권의 기말장부가액 = 시가(공정가액)		

2. 보유시	수익	1. 이자(채무증권)	2. 배당금(지분증권)	
			현금배당금	주식배당금
		이자수익	배당금수익	**<u>회계처리를 하지 않고 수량과 단가를 재계산</u>**
3. 처분시		**<u>단기매매증권처분손익 = 처분가액 – 장부가액</u>** *매도가능증권처분손익 = 처분가액 – 취득가액*		

13 채권 · 채무회계

채권자		거 래	채무자	
매출채권	외상매출금	일반적인 **<u>상거래</u>** 발생한 채권 · 채무	매입채무	외상매입금
	받을어음			지급어음
미 수 금		일반적인 **<u>상거래 이외</u>**에서 발생한 채권 · 채무	미지급금	
대 여 금		자금거래에서 발생한 채권 · 채무	차 입 금	
선 급 금		재화나 용역의 완료 전에 지급하는 계약금	선 수 금	
미수수익		발생주의에 따라 당기의 수익/비용을 **인식**	미지급비용	
선급비용		발생주의에 따라 차기의 수익/비용을 **이연**	선수수익	

14 매출채권 - 어음할인 VS 추심

	중도매각(매각거래)	추심(만기)
	할인료	추심수수료
성격	영업외거래	영업거래
회계처리	영업외비용	판관비
	(차) 현 금 ×× **<u>매출채권처분손실(영 · 비)</u>** **××** (대) 받을어음 ××	(차) 현 금 ×× **<u>수수료비용(판)</u>** **××** (대) 받을어음 ××

15 매출채권의 평가 – 대손충당금설정

<table>
<tr><td>1. 대손시</td><td>★ 대손충당금 계정잔액이 충분한 경우
(차) 대손충당금 ××× (대) 매출채권 ×××
★ 대손충당금 계정잔액이 부족한 경우
(차) <u>대손충당금</u> ××× (대) 매출채권 ×××
<u>(우선상계)</u>
대손상각비(판) ×××</td></tr>
<tr><td>2. 대손처리한 채권회수시</td><td>(차) 현 금 등 ××× (대) 대손충당금 ×××</td></tr>
<tr><td>3. 기말설정</td><td>기말 설정 대손상각비
= 기말매출채권잔액 × 대손추정율 – 설정 전 대손충당금잔액
★ 기말대손추산액 〉 설정전 대손충당금잔액
(차) 대손상각비(판관비) ××× (대) 대손충당금 ×××
★ 기말대손추산액 〈 설정전 대손충당금잔액
(차) 대손충당금 ××× (대) 대손충당금환입(판관비) ×××</td></tr>
<tr><td>4. 대손상각비의 구분</td><td><table><tr><th></th><th><u>설 정</u></th><th><u>환 입</u></th></tr><tr><td>매출채권</td><td>대손상각비(판관비)</td><td>대손충당금환입(판)</td></tr><tr><td>기타채권</td><td>기타의 대손상각비(영・비)</td><td>대손충당금환입(영・수)</td></tr></table></td></tr>
<tr><td>5. 대손충당금 표시</td><td>총액법(매출채권과 대손충당금을 모두 표시)으로 할 수 있으며, 순액법(매출채권에서 대손충당금을 차감)으로 표시한 경우 주석에 대손충당금을 기재한다.</td></tr>
</table>

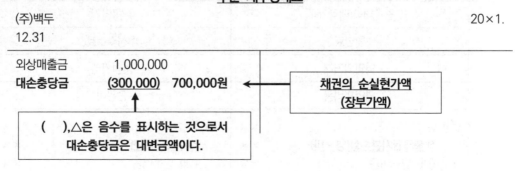

<u>부분 재무상태표</u>

(주)백두 20×1. 12.31

외상매출금	1,000,000	
대손충당금	**<u>(300,000)</u>**	**700,000원**

← **<u>채권의 순실현가액</u>** **<u>(장부가액)</u>**

↑ **( ),△은 음수를 표시하는 것으로서 대손충당금은 대변금액이다.**

대손충당금

ⓑ대손	7,000	ⓐ전기이월(기초)	10,000
		ⓒ회수(현금)	1,000
ⓓ차기이월(기말)	9,000	ⓔ설정액	5,000
계	16,000	계	16,000

ⓐ 전기이월(기초) : 전년도로부터 이월된 금액

ⓑ 대손 : (차) 대손충당금 7,000 (대) 외상매출금 7,000

ⓒ 회수 : (차) 현 금 1,000 (대) 대손충당금 1,000

ⓓ 차기이월(기말) : 기말매출채권잔액×대손추정율

ⓔ 설정액 : (차) 대손상각비(판) 5,000 (대) 대손충당금 5,000

16 손익의 결산정리(발생주의 VS 현금주의)

손익의 이연	선 급 비 용	발생주의에 따라 올해 지급한 비용 중 차기 비용	자 산
	선 수 수 익	발생주의에 따라 올해 수취한 수익 중 차기 수익	부 채
손익의 발생	미 수 수 익	발생주의에 따라 올해 수익 중 받지 못한 수익	자 산
	미 지 급 비 용	발생주의에 따라 올해 비용 중 지급하지 않은 비용	부 채

17 순매입액 VS 순매출액

구 분		판매자		구매자	
		총매출액	100	총매입액	100
하 자 발 생	반 품 시	(-)매출환입	(5)	(-)매입환출	(5)
	가 격 에 누 리	(-)매출에누리	(10)	(-)매입에누리	(10)
조 기 결 제 에 따 른 할 인		(-)매출할인	(10)	(-)매입할인	(10)
운임(운반비)		운반비	판관비	(+)부대비용(운임)	5
		순매출액	75	순매입액	80

↑ 순매출액: 손익계산서상 매출액

↑ 순매입액: 재고자산 취득가액

18 재고자산의 범위

1. 미착상품 (운송중인 상품)	① 선적지인도조건	**선적시점에 매입자의 재고자산**
	② 도착지인도조건	**도착시점에 매입자의 재고자산**
2. 위탁품(적송품)	**수탁자가 고객에게 판매한 시점**에서 위탁자는 수익을 인식하고 재고자산에서 제외시켜야 한다.	
3. 시송품(시용품)	**소비자가 매입의사를 표시한 날**에 회사는 수익을 인식하고 재고자산에서 제외	
4. 반품률이 높은 재고자산	㉠ 합리적 추정가능시	**인도시점에서 재고자산에서 제외(수익 인식)**
	㉡ 합리적 추정이 불가능시	**구매자가 인수를 수락한 시점이나 반품기간이 종료된 시점에 수익을 인식한다.**

19 재고자산의 수량 및 단가결정

수량	1. 계속기록법	
	2. 실지재고조사법	
단가	1. 개별법	**가장 정확한 원가배분방법**
	2. 선입선출법	**재고자산의 진부화가 빠른 기업이 적용**
	3. 후입선출법	실제물량흐름과 불일치
	4. 평균법	계속기록법인 이동평균법과 실지재고조사법인 총평균법
	5. 소매재고법	추정에 의한 단가 산정방법(원칙적으로 유통업에만 인정)

20 상품 T 계정 이해

상 품

ⓐ전기이월(기초)		1,000,000	ⓒ매출원가	8,000,000
ⓑ순매입액	**매입액**	**10,000,000**		
	매입운임	**30,000**		
	매입환출	**(10,000)**		
	매입에누리등	**(20,000)**	ⓓ차기이월(기말)	3,000,000
계(판매가능재고)		**11,000,000**	계	11,000,000

21 원가흐름의 가정 비교

물가가 상승하는 경우		선입선출법		평균법		후입선출법
판가 : @50원	매출액(2개)	100원(50원×2개)		100원		100원
구입순서	매출원가(2개)	30원(10+20)	<	40원(20원×2개)	<	50원(30+20)
1. 10원 2. 20원 3. 30원	**매출이익 (당기순이익) (법인세)**	70원	>	60원	>	50원
	기말재고	30원	>	20원	>	10원

〈대차평균의 원리〉
자산 ∝ 이익

22 재고자산의 회계처리

1. 취득시		취득원가 = 매입가격 + 매입부대비용(운반비, 보험료, 관세 등)
2. 평가	① 감모손실 (수량)	• **정상감모 : 매출원가** • **비정상감모 : 영업외비용**
	② 평가손실 (단가)	• **저가법적용 : 하락시 평가손실만 인식하고 회복시 최초의 장부가액을 한도로 하여 시가회복분만 환입** • **제품, 상품, 재공품 : 순실현가치(정상판매가격-추정판매비)** • **원재료 : 현행대체원가**
	☞ **감모손실을 먼저 인식한 후 평가손실을 인식하세요!!!!!**	

23 비유동자산

1. 투자자산	투자부동산, 유가증권(**매도가능증권, 만기보유증권**), 장기대여금 등
2. 유형자산	토지, 건물, 구축물, 기계장치, 차량운반구, 비품, **건설중인 자산**
3. 무형자산	영업권, 산업재산권, 광업권, 어업권, **개발비, 소프트웨어**
4. 기타비유동자산	전세권, **임차보증금(cf 임대보증금 : 부채)**

24 단기매매증권과 매도가능증권

	단기매매증권	매도가능증권
의 의	단기간 시세차익목적	언제 매도할지 모름
취득가액	**매입가액**	**매입가액 + 취득부대비용**
기말평가	공정가액	공정가액(공정가액이 없는 경우 원가법)
	미실현보유손익 : 실현됐다고 가정 **(영업외손익 – 단기매매증권평가손익)**	**미실현보유손익** **(자본 – 기타포괄손익누계액)**
처분손익	**처분가액 – 장부가액**	**처분가액 – 취득가액**

매도가능증권의 취득가액 = 장부가액 – 평가이익 + 평가손실

25 유형자산의 회계처리

1. 취득시	**취득가액 = 매입가액 + 부대비용(직접원가)** ☞ 부대비용 : 취득세, 등록면허세, 설치비, 차입원가(건설자금이자), 전문가에게 지급하는 수수료, 시운전비 등 ☞ 국공채 등을 불가피하게 매입하는 경우 **채권의 매입가액과 현재가치와의 차액은 부대비용**에 해당	
	1. 일괄구입	각 유형자산의 상대적 공정가치비율에 따라 안분
	2. 현물출자	**취득한 자산의 공정가치**로 한다. 다만 유형자산의 공정가치를 신뢰성있게 측정할 수 없다면 발행하는 주식의 공정가치를 취득원가로 한다.
	3. 자가건설 (건설중인자산)	원가계산방법에 따라 산정한 제조원가(재료비, 노무비 등)
	4. 무상취득	취득한 자산의 공정가치
2. 보유시	**수익·비용 대응의 원칙에 따라 유형자산의 효익을 제공하는 기간에 걸쳐 감가상각비로 비용화** (차) 감가상각비 ××× (대) 감가상각누계액 ××× **감가상각비 계산의 3요소 : 취득가액, 잔존가치, 내용년수**	
3. 처분시	**1. 처분가액 〉 장부가액 → 유형자산처분익(영업외수익)** **2. 처분가액 〈 장부가액 → 유형자산처분손(영업외비용)**	

26 수익적지출과 자본적지출

	자본적지출	수익적지출
정 의	**① 미래의 경제적 효익을 증가시키거나** **② 내용연수를 연장시키는 지출**	**자본적지출 이외**
회계처리	해당 자산가액	**수선비등 비용처리**
예	(중앙)냉난방장치설치, 건축물의 증축, 엘리베이터의 설치, 자동차 엔진교체 등	부속품의 교체, 건물의 도색, 건물의 유리교체, 자동차 타이어 · 배터리 교체, 에어컨 수리 등

27 감가상각비 : 수익비용대응 → 취득원가의 합리적 · 체계적 배분

1. 감가상각비의 결정요소		**감가상각대상금액 = 취득가액 − 잔존가액** 내용년수 : 자산의 경제적 수명
2. 방법	**정 액 법**	**(취득가액 − 잔존가치)/내용연수**
	내 용 연 수 합 계 법	**(취득가액 − 잔존가치) × 잔여내용연수/내용연수의 합계** 내용년수의 합계 = [(n + 1) × n]/2
	정 률 법	**장부가액(취득가액 − 기초감가상각누계액) × 상각율**
	생 산 량 비 례 법	(취득가액 − 잔존가치) × 당기생산량/총생산가능량(추정생산량)
	초기감가상각비 크기	**정률법 > 내용년수합계법 > 정액법**
3. 감가상각제외자산		**1. 토지** **2. 건설중인자산** **3. 폐기예정인 유형자산**

부분 재무상태표(간접상각법)

(주)백두 20×1. 12.31

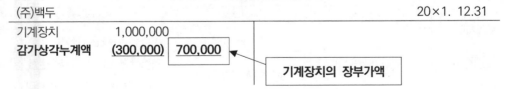

기계장치	1,000,000	
감가상각누계액	**(300,000)**	**700,000**

기계장치의 장부가액

28 철거비용

	타인 소유 건물취득 후 철거	자가건물 철거시
목적	토지 사용목적	건물 가치 상실
회계처리	**토지의 취득원가**	**영업외비용(유형자산처분손실)**
	(차) **토　지** ×× (대) 현금(건물구입비용) ×× **현금(철거비용)** ××	(차) 감가상각누계액 ×× **유형자산처분손실** ×× (대) 건　물 ×× **현금(철거비용)** ××
폐자재매각수입	토지 또는 유형자산처분손실에서 차감한다.	

29 교환취득

	동종자산	이종자산
회계처리	장부가액법	공정가액법
취득원가	제공한 자산의 장부가액	제공한 자산의 공정가액
교환손익	**인식하지 않음**	**인식(유형자산처분손익)**

30 개발비

<table>
<tr><td>정　의</td><td colspan="4">신제품 또는 신기술의 개발과 관련하여 발생한 비용(내부에서 개발한 소프트웨어 관련비용으로 자산인식기준을 충족시키는 것 포함)으로서 개별적으로 식별가능하고 미래의 경제적 효익을 기대할 수 있는 것으로 본다.</td></tr>
<tr><td rowspan="4">회계처리</td><td>연구단계</td><td>개발단계</td><td colspan="2">생산단계</td></tr>
<tr><td rowspan="3">연구비(판관비)</td><td>경상개발비(일상)</td><td colspan="2">무형자산상각</td></tr>
<tr><td rowspan="2">개발비(자산충족시)</td><td>제조관련 ○</td><td>제조관련 ×</td></tr>
<tr><td>제조경비</td><td>판관비</td></tr>
</table>

31 무형자산의 회계처리

종 류	영업권, 산업재산권, 광업권, 어업권, **개발비, 소프트웨어** ☞ ***외부구입영업권만 인정함. 자가창설영업권 불인정***
취득가액	매입가액 + 부대비용 ☞ 내부창출무형자산의 취득가액 : 그 자산의 창출, 제조, 사용준비에 직접 관련된 지출과 **합리적이고 일관성있게 배분된 간접지출을 포함**
보 유 시 (상각)	**무형자산상각비 = [취득가액 – 0(잔존가치는 원칙적으로 "0")]/내용연수** = ***미상각잔액(장부가액)/잔여내용연수***
	무형자산의 상각기간은 독점적 · 배타적인 권리를 부여하고 있는 관계 법령이나 계약에 의해 정해진 경우를 제외하고는 **20년을 초과할 수 없다.**
	상각방법 : 정액법, 정률법, 연수합계법, 생산량비례법 등 단, **합리적인 상각방법을 정할 수 없는 경우에는 정액법 사용**

32 유형자산 VS 무형자산

	유형자산	무형자산
취득가액	매입가액 + 부대비용	좌동(간접지출도 대상)
잔존가액	처분시 예상되는 순현금유입액	**원칙적으로 "0"**
내용년수	경제적 내용연수	좌동**(원칙 : 20년 초과 불가)**
상각방법	정액법, 정률법 등	좌동, ***다만 합리적인 상각방법이 없는 경우 "정액법"***
재무제표 표시	간접상각법	**직접상각법, 간접상각법 가능**

33 부 채

확정부채		지출시기와 지출금액이 확정된 부채 (예) 외상매입금, 지급어음, 차입금, 미지급금, 사채등	
추정부채	충당부채	지출시기 또는 지출금액이 불확실한 부채	재무상태표의 부채로 기재
	우발부채		**"주석" 기재 사항**
유동부채	매입채무	일반적인 상거래에서 발생한 외상매입금과 지급어음	
	단기차입금	금융기관으로 부터의 **당좌차월액**과 1년 이내에 상환될 차입금	
	미지급금	일반적인 상거래 **이외**에서 발생한 채무	
	미지급비용	발생된 비용으로서 지급되지 아니한 것	
	선수금	일반적인 상거래에서 받은 계약금	
	선수수익	받은 수익 중 차기 이후에 속하는 금액	
	예수금	회사가 종업원등에게 일시적으로 받아 놓은 금액 (예)근로소득세, 국민연금, 건강보험료	
	유동성장기부채	**비유동부채 중 1년 이내에 상환될 금액**	
비유동부채	사채	회사가 일반 대중에게 자금을 모집하려고 집단, 대량적으로 발행하는 채권	
	장기차입금	결산일로 부터 1년 이후에 도래하는 차입금	
	퇴직급여충당부채	종업원이 퇴직할 때의 퇴직금 지급을 위한 충당부채	

34 퇴직연금

	확정기여형	확정급여형
운용책임	**종업원 등**	**회사**
설정	–	(차) 퇴직급여 ××× (대) 퇴직급여충당부채 ×××
납부시	(차) 퇴직급여 ××× (대) 현 금 ×××	(차) **퇴직연금운용자산** ××× **(퇴직급여충당부채 차감)** (대) 현 금 ×××
운용수익	회계처리 없음	(차) 퇴직연금운용자산 ××× (대) 이자수익(운용수익) ×××

35 충당부채와 우발부채

→ 충당부채나 우발부채는 지출시기 또는지출금액이 불확실한 부채를 말한다.

	신뢰성 있게 추정가능	신뢰성 있게 추정불가능
가능성이 매우 높음	**충당부채로 인식**	**우발부채 – 주석공시**
가능성이 어느 정도 있음	**우발부채 – 주석공시**	
가능성이 거의 없음	공시하지 않음	

※ 충당부채는 재무제표 본문에 표시하고 우발부채는 주석에 표시하여야 한다.

36 사채

- **사채의 구성요소 : 액면가액, 액면(표시)이자율, 만기**
- 액면이자율 : 사채를 발행한 회사에서 지급하기로 약정한 증서에 표시된 이자율
- 시장이자율(유효이자율) : 사채가 시장에서 거래될 때 사용되는 이자율

발행	액면발행	액면가액 = 발행가액	액면이자율 = 시장이자율
	할인발행	액면가액 〉 발행가액	액면이자율 〈 시장이자율
	할증발행	액면가액 〈 발행가액	액면이자율 〉 시장이자율
회계처리	할인발행	(차) 예 금 등 xxx 사채할인발행차금 xxx **(선급이자성격)**	(대) 사 채 xxx
	할증발행	(차) 예 금 등 xxx	(대) 사 채 xxx 사채할증발행차금 xxx **(선수이자성격)**

37 사채장부가액과 사채발행차금상각(환입)액

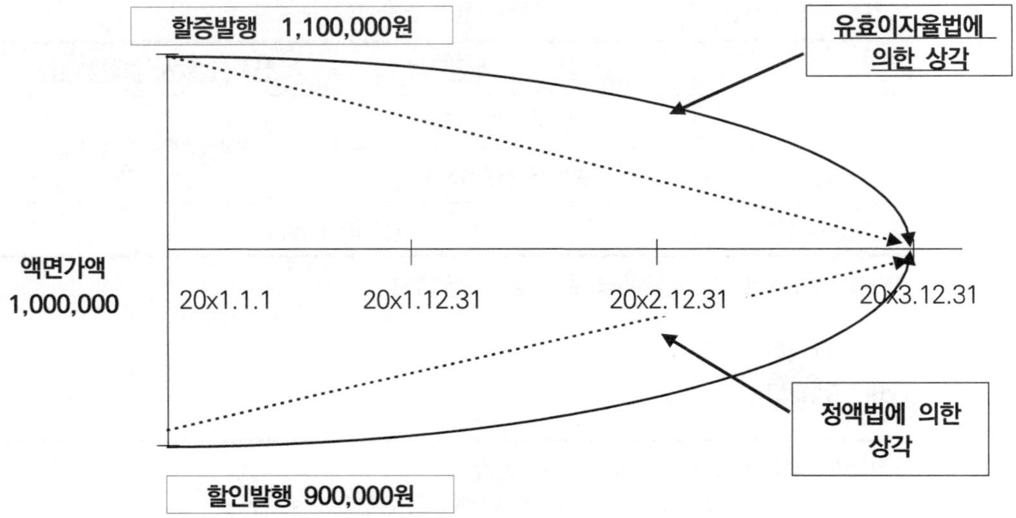

부분재무상태표

㈜백두 20X1.1.01

	사 채	1,000,000	
	사채할인발행차금	(100,000)	900,000

↑ **사채 장부가액**

38 사채의 상각 - 유효이자율법

발행유형	사채장부가액	사채발행차금상각	총사채이자(I/S이자비용)
액면발행(1,000,000)	동일	0	액면이자
할인발행(900,000)	매년증가	**매년증가**	매년증가(액면이자+할인차금)
할증발행(1,100,000)	매년감소		매년감소(액면이자 – 할증차금)

사채할인(할증)발행차금은 **유효이자율법으로 상각(환입)**하고 그 금액을 사채이자에 가감한다. 이 경우 **사채할인(할증)발행차금 상각액은 할인발행이건 할증발행이건 매년 증가한다.**

39 자산 · 부채의 차감 및 가산항목

	자 산	부 채
차감항목	대손충당금(채권) 재고자산평가충당금(재고자산) 감가상각누계액(유형자산) 현재가치할인차금(자산)	사채할인발행차금(사채) 퇴직연금운용자산(퇴직급여충당부채) – 현재가치할인차금(부채)
<u>가산항목</u>	–	<u>사채할증발행차금(사채)</u>

40 자본의 종류

<table>
<tr><td>1. 자본금</td><td colspan="4">• 자본금 = 발행주식총수 × 주당액면금액
<u>보통주자본금과 우선주자본금은 구분표시한다.</u></td></tr>
<tr><td rowspan="2">2. 자본잉여금</td><td colspan="4">영업활동 이외 자본거래(주주와의 자본거래)에서 발생한 잉여금으로서
<u>주식발행초과금과 기타자본잉여금으로 구분표시한다.</u></td></tr>
<tr><td>주식발행초과금</td><td>감자차익</td><td>자기주식처분익</td><td>–</td></tr>
<tr><td rowspan="2">3. 자본조정</td><td colspan="4">자본거래 중 자본금, 자본잉여금에 포함되지 않지만 자본항목에 가산되거나 차감되는 임시적인 항목으로서, 자기주식은 별도항목으로 구분하여 표시한다.</td></tr>
<tr><td>주식할인발행차금</td><td>감자차손</td><td>자기주식처분손</td><td>자기주식</td></tr>
<tr><td>4. 기타포괄
손익누계액</td><td colspan="4">손익거래 중 손익계산서에 포함되지 않는 손익으로 <u>미실현손익</u>
(예) 매도가능증권평가손익, 해외사업환산차손익, 재평가잉여금 등</td></tr>
<tr><td rowspan="3">5. 이익잉여금</td><td colspan="4">순이익 중 주주에게 배당하지 않고 회사 내에 유보시킨 부분</td></tr>
<tr><td>(1) 기처분이익잉여금</td><td colspan="3">㉠ 법정적립금(이익준비금) : <u>회사는 자본금의 1/2에 달할 때까지 매기 결산시 금전에 의한 이익배당액의 1/10 이상의 금액을 이익준비금으로 적립</u>
㉡ 임의적립금</td></tr>
<tr><td colspan="4">(2) 미처분이익잉여금</td></tr>
</table>

41 신주발행

액면발행	액면가액 = 발행가액	
할인발행	액면가액 〉 발행가액	**주식할인발행차금(자본조정)**
할증발행	액면가액 〈 발행가액	**주식발행초과금(자본잉여금)**

• **발행가액 = 주식대금납입액에서 신주발행비(수수료 등) 등을 차감한 후의 금액**

42 감자

		주식수	자본금	순자산(자본)
실질적감자 (유상)	(차) 자본금 XX (대) 현금 등 XX	감소	감소	감소
형식적감자 (무상)	(차) 자본금 XX (대) 결손금 XX	감소	감소	변동없음

43 자본잉여금 VS 자본조정

	자본잉여금	자본조정
신주발행	주식발행초과금	주식할인발행차금
자본금감소	감자차익	감자차손
자기주식	자기주식처분익 –	자기주식처분손 자기주식

자본잉여금은 발생시점에 이미 계상되어 있는 자본조정을 우선 상계하고, 남은 잔액은 자본잉여금으로 계상한다. 또한 반대의 경우도 마찬가지로 회계처리한다.
즉 순액을 재무상태표 자본에 표시한다.

44 이익잉여금처분계산서

이익잉여금처분계산서

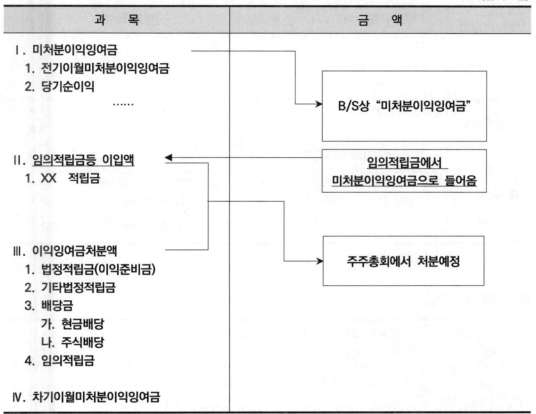

제 2 기 20×1년 1월 1일 부터 20×1년 12월 31일 까지
처분예정일 20×2년 2월 28일 → **주주총회일**

(주) 백두 (단위 : 원)

과 목	금 액
Ⅰ. 미처분이익잉여금	
1. 전기이월미처분이익잉여금	
2. 당기순이익	
……	
Ⅱ. 임의적립금등 이입액	
1. XX 적립금	
Ⅲ. 이익잉여금처분액	
1. 법정적립금(이익준비금)	
2. 기타법정적립금	
3. 배당금	
가. 현금배당	
나. 주식배당	
4. 임의적립금	
Ⅳ. 차기이월미처분이익잉여금	

- Ⅰ. 미처분이익잉여금 → **B/S상 "미처분이익잉여금"**
- Ⅱ. 임의적립금등 이입액 ← **임의적립금에서 미처분이익잉여금으로 들어옴**
- Ⅱ. 임의적립금등 이입액, Ⅲ. 이익잉여금처분액 → **주주총회에서 처분예정**

45 배당금

	현금배당	주식배당
배당선언일	(차) 이월이익잉여금 ××× (미처분이익잉여금) (대) 미지급배당금 ××× (유동부채)	(차) 이월이익잉여금 ××× (미처분이익잉여금) (대) 미교부주식배당금 ××× (자본조정)
	(투자자) (차) 미 수 금 ××× (대) 배당금수익 ×××	(투자자) <u>- 회계처리없음 -</u>
배당지급일	(차) 미지급배당금 ××× (대) 현 금 ×××	(차) 미교부주식배당금 ××× (대) 자 본 금 ×××
재 무 상 태	**- 주식발행회사의 최종분개**	
	(차) 이월이익잉여금(자본) ××× **(대) 현 금(자산) ×××**	**(차) 이월이익잉여금(자본) ×××** **(대) 자 본 금(자본) ×××**
	<u>**순자산의 유출**</u>	<u>**재무상태에 아무런 변화가 없다.**</u>

46 발생기준

<table>
<tr><td>1. 수익인식의 원칙<u>(수익)</u></td><td colspan="3">1. 경제적 효익의 유입가능성이 높고,
2. 수익금액을 신뢰성 있게 측정할 수 있어야 한다.</td></tr>
<tr><td rowspan="4">2. 수익·비용 대응의 원칙 <u>(비용)</u></td><td colspan="3">비용은 관련된 수익이 인식될 때 비용으로 회계처리 한다.</td></tr>
<tr><td>1. 직접 대응</td><td colspan="2">인과관계에 따라 수익에 직접대응
(예) 매출원가, 판매수수료, 매출운임 등</td></tr>
<tr><td rowspan="2">2. 간접 대응</td><td>1. 배분</td><td>수익창출기간동안 체계적이고 합리적인 방법으로 배분
(예) 감가상각비, 무형자산상각비 등</td></tr>
<tr><td>2. 기간 대응</td><td>발생즉시 기간비용으로 인식
(예) 광고선전비, 세금과공과, 경상개발비, 연구비 등</td></tr>
</table>

47 수익

1. 매출액 (영업수익)	상품 · 제품의 판매 또는 용역의 제공으로 실현된 금액 **<u>회사의 주된 수입원(업종별 상이)</u>** 은행 – 이자수익 제조업 – 제품판매 도소매업 – 상품판매 부동산임대업 – 임대수입
2. 영업외수익	영업활동 이외의 보조적 또는 부수적인 활동에서 발생하는 수익 1. 이자수익 2. 배당금수익 3. 단기매매증권평가익 4. 유형자산처분익 5. 외환차익 6. 외화환산이익 등

48 수익인식 요약

1. 일반매출		판매기준(=인도기준) ☞ **<u>상품권 판매시 선수금으로 처리</u>**하고, 추후상품권과 재화를 교환시 수익으로 인식한다.
2. 용역매출, 예약매출		진행기준
3. 재화나 용역의 교환	동 종	수익으로 인식하지 않는다.
	이 종	판매기준
4. 위탁매출		판매기준(수탁자 판매일)
5. 시용매출		판매기준(매입의사 표시일)
6. 반품조건부판매		반품가능성을 합리적 추정이 가능한 경우 수익인식
7. 할부판매		재화의 인도시점

49 비용

내 용	1. 비용(협의) : 주된 영업활동과 관련하여 발생한 것 2. 손실(광의) : 일시적, 우발적인 거래로부터 발생한 것		
분 류	**1. 영업비용**	① **매출원가**	매출액에 직접 대응되는 원가
		② **판매비와 관리비**	판매 활동 및 회사의 유지 · 관리활동에서 발생하는 비용
	2. 영업외비용	영업활동과 직접적인 관련 없이 발생하는 비용	
	3. 법인세비용		
인식기준	원칙 : 수익 · 비용대응의 원칙		

[매출원가]

판 매 업		제 조 업	
Ⅰ. 매 출 액	×××	Ⅰ. 매 출 액	×××
Ⅱ. 매 출 원 가(1+2−3)	×××	Ⅱ. 매 출 원 가(1+2−3)	×××
1. 기초상품재고액	×××	1. 기초제품재고액	×××
2. 당기상품매입액	×××	2. 당기제품제조원가	×××
3. 기말상품재고액	(×××)	3. 기말제품재고액	(×××)
Ⅲ. 매출총이익(Ⅰ−Ⅱ)	×××	Ⅲ. 매출총이익(Ⅰ−Ⅱ)	×××

당기상품매입액 = 총매입액 − 매입에누리와 환출 − 매입할인

50 결산절차

1. 예비절차	1. 수정전시산표의 작성 2. 결산수정분개 3. 수정후시산표의 작성
2. 본 절차	4. 계정의 마감**(I/S계정 → 집합손익계정 → B/S계정)**
3. 결산보고서	5. 재무제표의 작성 **(제조원가명세서 → 손익계산서 → 이익잉여금처분계산서 → 재무상태표순)**

[결산수정분개]

1. 매출원가 계산	재고자산실사 → 재고자산의 평가 → 매출원가의 계산 순으로 한다.	
2. 손익의 결산정리	이연	선급비용, 선수수익
	발생	미수수익, 미지급비용
3. 자산·부채의 평가	유가증권의 평가	유가증권의 장부가액을 공정가액으로 평가
	대손충당금 설정, 환입	채권에 대해서 회수가능가액으로 평가
	재고자산의 평가	감모와 재고자산의 가격하락을 반영
	퇴직급여충당부채 설정	결산일 퇴직급여추계액을 계산하고 당기 퇴직급여 비용 인식
	외화자산·부채의 평가	화폐성 외화자산·부채에 대하여 기말 환율로 평가
4. 자산원가의 배분	유·무형자산의 취득원가를 합리적인 기간 동안 나누어 비용으로 인식하는 절차	
5. 유동성대체	비유동자산(비유동부채)의 만기가 1년 이내에 도래하는 경우 유동자산(유동부채)로 분류 변경하는 것	
6. 법인세비용 계상	결산일에 당기의 법인세 비용을 정확하게 산출하여 비용으로 계상	
7. 기타	소모품(소모품비)의 수정분개 가지급금·가수금, 전도금 등의 미결산항목정리	

51 재무회계념체계(일반기업회계기준)

1. 재무보고의 목적	유용한 정보의 제공
2. 유용한 재무제표가 되기 위한 질적특성	1. 이해가능성 **<u>2. 목적적합성</u>** **<u>3. 신뢰성</u>** 4. 비교가능성 : 기간별(일관성), 기업별(통일성)
3. 제약요인	1. 효익과 원가간의 균형 2. 중요성 : **특정 회계정보가 정보이용자의 의사결정에 영향을 미치는 정도(<u>금액의 대소로 판단하지 않는다</u>)**

52 목적적합성 vs 신뢰성 : 가장 중요한 질적특성 ⇒ 상충관계

목적 적합성	예측역할	정보이용자가 기업실체의 미래 재무상태, 경영성과 등을 예측하는데 그 정보가 활용될 수 있는지의 여부를 말한다.
	확인역할	회계정보를 이용하여 예측했던 기대치를 확인하거나 수정함으로써 의사결정에 영향을 미칠 수 있는지의 여부를 말한다.
	적시성	
신뢰성	표현의 충실성	기업의 재무상태나 경영성과를 초래하는 사건에 대해서 충실하게 표현되어야 한다는 속성이다.
	중립성	회계정보가 특정이용자에 치우치거나 편견을 내포해서는 안된다.
	검증가능성	다수의 독립적인 측정자가 동일한 경제적 사건이나 거래에 대하여 동일한 측정방법을 적용한다면 유사한 결론에 도달할 수 있어야 함을 의미한다.

☞ 보수주의 : 추정이 필요시 **자산이나 수익이 과대평가(이익이 과대평가)**되지 않도록 주의를 기울이라는 것을 말한다.

53 목적적합성과 신뢰성이 상충관계 예시

	목적적합성 高	신뢰성 高
자산측정	공정가치	역사적원가(원가법)
손익인식	발생주의	현금주의
수익인식	진행기준	완성기준
재무보고	중간보고서(반기, 분기)	연차보고서

54 재무제표 작성에 필요한 기본가정

1. 기업실체의 가정
2. 계속기업의 가능성
3. 기간별 보고의 가정

Chapter

분개연습

2

로그인 전산회계1급 핵심요약 및 기출문제

전산회계1급은 분개문제(일반전표, 매입매출전표, 오류수정, 결산입력)가 50점 이상이 배점되어 있습니다. 분개를 못하시면 전산회계1급을 합격할 수 없습니다. 수기로 직접 분개를 하여 연습을 하셔야 합니다.

[1] (주)성일에 대한 외상매출금 200,000원과 외상매입금 300,000원을 상계처리하고 나머지 잔액은 당좌수표를 발행하여 (주)성일에 지급하였다.

[2] 국민은행에 예입한 정기예금[만기 : 9개월]이 만기가 되어 원금 300,000원과 이자소득에 대한 원천징수세액 1,400원을 차감한 308,600원이 당사 당좌예금계좌에 입금되었다.

[3] 단기간 매매차익을 목적으로 천안전자의 주식 10주(액면 5,000원)을 주당 7,000원에 현금매입하고 증권회사에 거래수수료 5,000원을 현금으로 지급하였다.

[4] 단기보유목적으로 1주당 5,000원에 구입한 서울전자 주식 100주를 주당 4,000원에 처분하고 수수료 10,000원을 차감한 금액이 보통예금계좌에 입금하였다.

[5] 단기매매증권(20×1년도 취득가액 100,000원 20×1년말 공정가액 120,000원)을 20×2년 7월 5일 95,000원에 처분하고 매각수수료 2,000원을 차감한 잔액 93,000원이 당사 보통예금계좌로 입금되었다.

[6] 회사는 보유중인 (주)성정의 유가증권(보통주 1,000주)에 대하여 현금배당액과 주식배당액을 다음과 같이 수령하였다.

구 분	수 령 액	공정가치(1주당)
현금배당	현금 50,000원	
주식배당	보통주 100주	900원

[7] 서울상회에서 받은 약속어음(만기 : 10개월) 100,000원을 신한은행에서 할인하고 할인료 10,000원을 차감한 잔액을 당사 보통예금계좌에 입금하였다. 매각거래로 처리하시오.

[8] 서울상사에 대한 받을어음 100,000원이 만기가 도래하여 추심수수료 1,000원을 차감한 금액을 국민은행 보통예금계좌에 입금하였다.

[9] (주)서울의 외상매입금 100,000원을 결제하기 위하여 당사가 상품매출 대가로 받아 보유하고 있던 ㈜아산의 약속어음 80,000원을 배서하여 지급하고, 잔액은 보통예금계좌에서 송금하다.

[10] 전기의 외상매출금 중 ㈜두정의 부도로 외상대금(1,000,000원) 전액을 대손처리하였다. 대손처리전 대손충당금 잔액이 100,000원 있다.

[11] 전년도 제품을 매출하고 ㈜아산으로 부터 수취한 어음(만기 3개월)이 100,000원이 있다. ㈜아산에서 수취한 어음이 부도처리 되었다는 것을 국민은행으로부터 통보받았다.

[12] 전년도에 대손처리하였던 ㈜성정에 대한 외상매출금 100,000원이 전액 현금으로 회수되었다.
(부가가치세는 고려하지 마세요.)

[13] (주)대마에 단기 대여한 1,000,000원이 동사의 파산으로 인하여 전액 대손처리 하기로 하였다. 단기대여금에는 대손충당금이 설정되어 있지 않다.

[14] ㈜서울의 상품매출에 대한 외상대금 100,000원이 기한보다 일찍 결제되어 약정에 의하여 결제대금의 5%를 할인하여 주고 당사 보통예금계좌로 입금되었다.

[15] 서울상회에 대한 받을 어음(만기 9월30일) 120,000원을 국민은행에서 할인율 연 10%로 할인(매각거래) 받고, 그 할인받은 금액이 보통예금계좌로 입금되었다. 만기일은 2개월이 남았으며, 할인액은 월단위로 계산하시오. 매각거래로 처리하시오.

[16] 생산직 사원 홍길동에게 출장비 명목으로 100,000원을 현금으로 가지급하였다.
출장에서 돌아온 홍길동으로부터 지출내역을 다음과 같이 정산받고 차액 20,000원은 현금으로 회수하였다.

교 통 비	10,000
숙 박 비	40,000
식　　대	30,000
계	80,000

- 출장시 :

- 정산시 :

[17] (주)서울에 상품 @10,000원(부가세별도)짜리 100개를 주문하고 대금 중 계약금 300,000원을 현금으로 지급하고 나머지 잔액은 물건을 인도받을 날에 지급하기로 하다.

[18] 당사의 생산부에서는 소모품 구입시 전액 소모품비로 비용화하고 결산시 미사용분을 자산으로 계상해 오고 있다. 결산시 생산부로부터 미사용분인 소모품은 500,000원으로 통보 받았다.

[19] 원재료의 일부 50,000원(장부가액)을 공장의 기계장치를 수리하는데 사용하였다.

[20] 미국 ABC사로부터 원재료를 수입하고, 당해 원재료 수입과 관련하여 발생한 다음의 경비를 현금으로 지급하다.

품 목	금 액	비 고
관 세	300,000원	납부영수증을 교부받다.
운반수수료	35,000원	간이영수증을 교부받다.

[21] 상품의 실사평가를 한 결과 다음과 같으며, 수량감소는 비정상적으로 발생한 것이다. 비정상 감모분에 대하여 회계처리하시오.

- 장부상 수량 : 100개
- 실지재고 수량 : 90개
- 단위당 취득원가 : 12,000원
- 단위당 시가(공정가치) : 12,500원

[22] (주)개발로부터 투자목적으로 건물을 10,000,000원에 구입하고, 현금으로 1,000,000원, 나머지는 약속어음을 발행하여 교부하였다. 또한 당일 취득세 500,000원은 현금 납부하였다.

[23] 투자목적으로 보유중인 건물(취득가액 100,000원)을 ㈜제주에게 110,000원에 매각하고 대금은 약속어음(만기 : 9개월)으로 받았다.

[24] 영업부에서 사용할 승용차를 현대자동차로부터 전액 10개월 할부로 2,000,000원에 구입하였다. 또한 구입대금과는 별도로 발생한 취득세등 50,000원은 현금으로 지급하였다.

[25] 공장을 건설하기 위하여 소요되는 자금을 조달하기 위하여 신한은행에서 차입한 차입금에 대한 이자 200,000원이 발생하여 신한은행 보통예금계좌에서 이체하였다. 당기 차입금에 대한 이자는 자본화대상요건을 충족하였고 공장은 현재 건설중이다.

[26] 새로운 공장을 짓기 위하여 건물이 있는 부지를 구입하고 동시에 건물을 철거하였다. 건물이 있는 부지의 구입비로 10,000,000원을 보통예금계좌에서 이체하고, 철거비용 1,000,000원은 자기앞수표로 지급하였다. 부가가치세는 고려하지 마세요.

[27] 창고를 신축하기 위하여 기존건물을 철거하였다. 철거당시의 기존건물의 취득가액 및 감가상각누계액의 자료는 다음과 같다. 부가가치세는 고려하지 마세요.

1. 건물의 취득가액 : 10,000,000원
2. 철거당시 감가상각누계액 : 8,000,000원
3. 건물철거비용 : 3,000,000원을 현금지급함.

[28] 토지를 취득하고, 이와 관련하여 아래와 같은 지출이 발생하였다.

항 목	지출액(원)	비 고
구입대금	10,000,000	당좌수표를 발행보통예금에서 이체하다.
중개수수료	100,000	원천징수세액 22,000원을 차감하고 78,000원을 보통예금에서 이체하다.

[29] 단국대학에 의뢰한 신제품 개발에 따른 연구용역비 1,000,000원을 보통예금에서 인터넷뱅킹 이체하여 지급하다(무형자산으로 처리할 것).

[30] 제품창고를 3년간 사용하기로 임차계약을 하고 보증금 3,000,000원을 건물주인 한성에 당좌수표로 지급하였다.

[31] 회사는 제품을 교환할 수 있는 상품권(1장당 10,000원) 10장을 일반인들에게 현금판매하다.

[32] 생산직원의 기술교육을 위하여 외부강사를 초빙하여 교육 후 강사료를 국민은행 보통예금 계좌로 송금하다. 다음은 원천징수 내역이다.

• 강의료지급총액 500,000원 • 소득세원천징수세액 22,000원(지방소득세 포함)

[33] 퇴직연금운용자산에 이자 150,000원이 입금되다. 당사는 전임직원의 퇴직금 지급 보장을 위하여 (주)국민증권에 확정급여형(DB) 퇴직연금에 가입되어 있다.

[34] (주)서울은 퇴직연금의 부담금(기여금) 1,500,000원(제조 1,000,000원, 관리 500,000원)을 은행에 현금납부하였다. 회사는 확정기여형퇴직연금제도를 시행하고 있다.

[35] 영업팀장이 거래처를 위하여 저녁식사를 기업업무추진하고 법인카드(신한카드)로 100,000원을 결제하였다.

[36] 종업원 급여를 다음과 같이 현금으로 지급하였다.

부 서	급 여	건강보험료	소득세	지방소득세	공제계	차감지급액
생산직	13,000	170	300	30	500	12,500
사무직	12,000	130	200	20	350	11,650
계	25,000	300	500	50	850	24,150

[37] 36번 문제에서 예수한 건강보험료와 소득세, 지방소득세를 현금납부하다. 건강보험료의 사업주 부담분은 복리후생비로 회계처리하시오.

[38] (주)수원과 사무실 임대차계약을 맺고 임대보증금 15,000,000원 중 5,000,000원은 (주)덕산 발행 당좌수표로 받고 나머지는 월말에 지급받기로 하였다.

[39] 당사 보통예금계좌에 10,000원이 입금되었으나 원인을 찾지 못하여 가수금으로 회계처리하였다. 추후 10,000원은 ㈜아산에 차량을 매각하고 받지 못한 미수금의 회수로 밝혀졌다.

[40] 관리사원 김박수의 퇴직금 1,000,000원을 지급하면서 소득세와 지방소득세 10,000원을 차감한 잔액을 당사 보통예금계좌에서 이체하여 지급하였다. 퇴직급여충당부채 잔액은 800,000원이 있다.

[41] 운영자금을 조달하기 위하여 회사채(액면가 10,000원)를 10,500원에 발행하고 발행관련비용 1,200원을 차감한 잔액은 모두 당좌예금계좌로 입금하였다.

[42] 주주총회에서 전기분 이익잉여금처분계산서(안) 대로 처분이 확정되었다. 이익잉여금 처분에 관한 회계처리를 하시오.

- 전기 이익잉여금 처분계산서 처분내역 -	
• 이익준비금 : 1,000,000원	• 현금배당 : 10,000,000원
• 주식배당 : 4,000,000원	

[43] 42번문제에서 결의된 현금배당액을 지급하였다. 지급시 원천징수세액 1,540,000원을 제외한 금액을 현금으로 지급하였다.

[44] 42번문제에서 결의된 주식배당을 실시하였다. 주식 발행시 각종 비용 150,000원은 현금지급하였다. 재무상태표상 주식발행초과금 잔액이 1,000,000원이 있다.

[45] 주주총회에서 결의한 중간배당금 3,000,000원을 현금으로 지급하였다.(원천징수는 없는 것으로 가정한다)

[46] 이사회의 결의에 의해 회사의 주식(액면가 5,000,000원)을 5,150,000원에 발행하고, 주식발행관련비용 300,000원을 차감한 잔액은 모두 당좌예금계좌로 입금하였다.(주식발행초과금 잔액은 없다고 가정한다.)

[47] 자본감소(주식소각)를 위해 당사의 기발행주식 중 10,000주(액면가 @500원)를 1주당 400원으로 매입하여 소각하고, 매입대금은 당사 보통예금계좌에서 지급하였다. 감자차손은 없다고 가정한다.

[48] 이사회 결의에 의하여 신주 1,000주를 발행하여 기계장치를 구입하였다. 주당 액면가액은 5,000원이며 발행시점의 공정가액은 주당 7,000원이다. 주식할인발행차금은 잔액은 없다고 가정한다.

[49] 보유중인 (주)전주의 유가증권에 대해 1,200,000원의 중간배당이 결정되어 보통예금에 입금되었다.(원천세는 고려하지 말 것).

[50] 보유중인 자기주식을 전부 처분하였다. 장부가액은 10,000,000원(주당 취득가액 1,000원, 주당 액면가액 500원)로 처분가액은 11,000,000원 (주당 처분가액 1,100원)이었다. 처분대금은 보통예금 계좌에 입금되었다. 단, 자기주식처분손실계정의 잔액이 300,000원이 있다.

[51] 공장직원 김강민의 결혼 축의금으로 100,000원을 현금으로 지급하였다.

[52] 대표이사의 국외출장 왕복항공료 2,000,000원을 신한카드로 결재하였다.

[53] 공장에서 사용중인 냉방기의 고장으로 삼지전자에 A/S를 의뢰하여 수리하고 출장수리비 50,000원은 현금으로 지급하였다(수익적지출로 회계처리 하시오).

[54] 대한상공회의소 회비 10,000원을 현금으로 납부하다.

[55] 아프리카 어린이의 교육을 위하여 유니세프에 100,000원을 현금으로 기부하였다.

[56] 영업부서의 난방용 유류대 350,000원과 공장 작업실의 난방용 유류대 740,000원을 보통예금 이체로 결제하였다.

[57] 미국 L/A은행으로부터 1월 10일 차입한 단기차입금 $1,000(차입시 환율 1,100원/$)에 대해 원화를 외화($)로 환전하여 현금상환하였다. 상환당시 환율은 1$당 1,200원이었다.

[58] 영업부 건물의 임차보증금의 간주임대료에 대한 부가가치세 10,000원을 건물 소유주인 한성에게 보통예금으로 이체하였다.

[59] 공장에서 사용하는 승용차에 대한 자동차세 57,000원과 본사 사무실에서 사용하는 승용차에 대한 자동차세 36,000원을 현금으로 납부하였다.

[60] 창고에 보관 중인 제품 1,000,000원이 화재로 소실되었다. 당사는 보험에 가입되어 있다.

[61] 60번에 이어 국민화재가 화재에 대한 실사한 결과 당일 보험금액이 1,300,000원으로 확정되었다는 것을 통보받았다.

[62] 본사의 이전과 관련한 변경등기로 등록세 100,000원 및 법무사수수료 50,000원에 대한 150,000원을 현금으로 지급하다.

[63] ㈜수원에 대한 받을어음 1,000,000원이 있었는데, ㈜수원은 작년에 파산하여 동 금액이 회수불가능한 것으로 판명되었다. 그러나 회사는 동 금액이 중요하지 않아 전기재무제표는 수정하지 않는다.

[64] 2기 확정신고기간에 대한 부가세예수금 10,000원과 부가세대급금 8,000원을 정리하고 납부 세액은 미지급세금계정으로 회계처리하였다.

[65] 국민은행의 보통예금계좌는 마이너스통장이며, 기말현재 잔액은 △100,000원이 있다.

[66] 한달 전에 처리된 가수금 100,000원 중 30,000원은 ㈜인천에 대한 제품매출의 계약금이고 나머지는 동사의 외상매출금을 회수한 것으로 판명되었다.

[67] 단기대여금 중에는 외화단기대여금 1,000,000원(미화 $1,000)이 포함되어 있다. 기말현재 환율은 1$당 1,100원이다.

[68] 9월 1일 일시적으로 건물 중 일부를 임대(임대기간 20x1년 9월 1일~20x2년 2월28일)하면서 6개월치 임대료 600,000원을 현금으로 받고 선수수익으로 회계처리하였다. 월할 계산하여 기말수정분개를 하시오.

[69] 전기 말 국민은행으로부터 차입한 장기차입금 중 500,000원은 내년도 7월 20일 만기가 도래하고 회사는 이를 상환할 계획이다.

[70] 기말 현재 당사가 단기매매차익을 목적으로 보유하고 있는 주식현황과 기말 현재 공정가치는 다음과 같다.

주 식 명	보유주식수	주당 취득원가	기말 공정가치
(주)일성 보통주	100주	15,000원	주당 16,000원
(주)이성 보통주	200주	20,000원	주당 18,000원

[71] 4월1일 (주)서울에 10,000,000원을 20x5년 3월 31일 까지 대여하고, 연 12%의 이자를 매년 3월 31일 수취하기로 계약을 체결하였다. 기간 경과분에 대한 이자를 결산서상에 반영하시오(이자는 월할 계산하시오).

[72] 매출채권 및 미수금잔액에 대하여 1%의 대손상각비를 계상하시오. 다음은 합계잔액시산표를 조회한 결과이다.

합계잔액시산표

제×기 : 20×1년 12월 31일 현재

차변		계정과목	대변	
잔 액	합 계		합 계	잔 액
10,000,000	20,000,000	외 상 매 출 금	10,000,000	
	200,000	대 손 충 당 금	250,000	50,000
20,000,000	35,000,000	받 을 어 음	15,000,000	
	200,000	대 손 충 당 금	250,000	50,000
25,000,000	45,000,000	미 수 금	20,000,000	
	200,000	대 손 충 당 금	350,000	150,000

[73] 기업회계기준에 의하여 퇴직급여충당부채를 설정하고 있으며, 기말 현재 퇴직급여추계액 및 당기 퇴직급여충당부채 설정 전의 퇴직급여충당부채 잔액은 다음과 같다. 결산시 회계처리를 하시오.

부 서	퇴직급여추계액	퇴직급여충당부채잔액
생산부	30,000,000원	25,000,000원
관리부	50,000,000원	39,000,000원

[74] 회사는 기말 현재 결산항목 반영 전에 재무상태표상 영업권 미상각 잔액이 3,600,000원이 있다. 영업권은 2년간 상각하였고, 회사는 모든 무형자산에 대해서 사용가능한 시점부터 5년간 상각한다.

[75] 결산일 현재 현금과부족(1,000,000원)의 원인이 공장에서 사용하는 차량의 보험료(당기분 300,000원, 차기분 700,000원)납부액을 누락시켰기 때문인 것으로 확인되었다. 누락사항을 결산일에 수정분개 하시오.

[76] 법인세(지방소득세 포함)가 4,600,000원이다. 선납세금계정을 조회하니 1,000,000원이다. 법인세에 대한 회계처리를 하시오.

[77] 사용중인 기계장치(취득원가 : 3,000,000원, 감가상각누계액 : 1,400,000원)를 동일업종인 거래처의 유사한 용도로 사용하던 기계장치(장부가액 : 2,000,000원, 공정가액 : 2,500,000원)와 교환하였다. 동종자산간의 교환으로 회계처리하시오.

[78] 20x1년 2기 확정 부가가치세에 대한 부가가치세 예수금과 부가가치세 대급금 잔액은 다음과 같다. 관련 회계처리를 하시오.(단, 원단위는 납입하지 아니하므로 잡이익 또는 잡손실로 처리하고 부가가치세 예수금과 부가가치세 대급금의 상계 후 잔액에 대하여 미지급세금 또는 미수금으로 처리하며 거래처입력은 생략할 것)

• 부가세대급금 잔액 : 245,155원	• 부가세예수금 잔액 : 458,721원

[79] 제1기 확정신고분 부가가치세(30,000,000원)와 가산세 100,000원, 신용카드수수료(판관비) 200,000원을 포함하여 신용카드(비씨카드)로 납부하였다.(단, 6월 30일에 부가가치세 관련회계처리는 적정하게 처리하였다.가산세는 비용처리하시오.)

분/개/연/습 (일반전표) 답안

[1]	(차)	외상매입금((주)성일)	300,000	(대)	외상매출금((주)성일)	200,000
					당좌예금	100,000
[2]	(차)	당좌예금	308,600	(대)	정기예금	300,000
		선납세금	1,400		이자수익	10,000
[3]	(차)	단기매매증권	70,000	(대)	현 금	75,000
		수수료비용(영)	5,000			

☞ 수수료비용과 지급수수료는 같은 계정과목입니다.

[4]	(차)	보통예금	390,000	(대)	단기매매증권	500,000
		단기매매증권처분손	110,000			

☞ 단기투자자산에 단기매매증권이 포함된다. 따라서 단기매매증권처분손익이 없을 경우 단기투자자산처분손익을 선택하면 된다. 그리고 처분시 수수료를 수수료비용으로 처리하시면 안되고 처분손익에 가감해야 한다.

[5]	(차)	보통예금	93,000	(대)	단기매매증권	120,000
		단기매매증권처분손	27,000			

☞ 단기매매증권은 공정가액으로 평가하므로 공정가액이 기말장부가액이 된다.

[6]	(차)	현 금	50,000	(대)	배당금수익	50,000

☞ 투자회사의 주식배당 수령은 별도의 회계처리를 하지 않는다.

[7]	(차)	보통예금	90,000	(대)	받을어음(서울상회)	100,000
		매출채권처분손실(영)	10,000			
[8]	(차)	보통예금	99,000	(대)	받을어음(서울상사)	100,000
		수수료비용(판)	1,000			
[9]	(차)	외상매입금((주)서울)	100,000	(대)	받을어음((주)아산)	80,000
					보통예금	20,000
[10]	(차)	대손충당금(외상)	100,000	(대)	외상매출금((주)두정)	1,000,000
		대손상각비(판)	900,000			

☞ 대손충당금을 우선 상계하고 부족분은 대손상각비로 비용처리한다.

[11] (차) 부도어음과수표((주)아산) 100,000 (대) 받을어음((주)아산) 100,000

☞ 받을어음은 당좌자산이며 부도어음과수표는 기타비유동자산임.

[12] (차) 현 금 100,000 (대) 대손충당금(외상매출금) 100,000

[13] (차) 기타의대손상각비(영업외비용) 1,000,000 (대) 단기대여금((주)대마) 1,000,000

[14] (차) 보통예금 95,000 (대) 외상매출금((주)서울) 100,000
매출할인(상품매출) 5,000

[15] (차) 보통예금 118,000 (대) 받을어음(서울상회) 120,000
매출채권처분손실(영) 2,000

☞ 할인액 : 120,000원 × 10% × 2개월 / 12개월 = 2,000원

[16] – 출장비 가지급시
(차) 가지급금(홍길동) 100,000 (대) 현 금 100,000
– 정산시
(차) 여비교통비(제) 80,000 (대) 가지급금(홍길동) 100,000
현 금 20,000

[17] (차) 선급금((주)서울) 300,000 (대) 현 금 300,000

[18] (차) 소 모 품 500,000 (대) 소모품비(제) 500,000

[19] (차) 수선비(제) 50,000 (대) 원재료(타계정대체) 50,000

[20] (차) 원재료 335,000 (대) 현 금 335,000

[21] (차) 재고자산감모손실(영) 120,000 (대) 상품(타계정대체) 120,000

☞ 감모손실 = 단위당 취득가액 × 감모수량 = 12,000원 × 10개

[22] (차) 투자부동산 10,500,000 (대) 현 금 1,500,000
미지급금((주)개발) 9,000,000

[23] (차) 미수금((주)제주) 110,000 (대) 투자부동산 100,000
투자자산처분익 10,000

[24]	(차)	차량운반구	2,050,000	(대)	미지급금(현대자동차)	2,000,000
					현 금	50,000
[25]	(차)	건설중인자산	200,000	(대)	보통예금	200,000
[26]	(차)	토 지	11,000,000	(대)	보통예금	10,000,000
					현 금	1,000,000

☞ 건물이 있는 부지를 구입하고 즉시 철거시 철거비용과 건물구입대금은 토지의 취득원가로 처리한다.

[27]	(차)	감가상각누계액(건물)	8,000,000	(대)	건 물	10,000,000
		유형자산처분손실	5,000,000		현 금	3,000,000

☞ 사용중인 건물의 철거비용은 당기 비용화 한다.

[28]	(차)	토 지	10,100,000	(대)	보통예금	10,078,000
					예 수 금	22,000
[29]	(차)	개발비	1,000,000	(대)	보통예금	1,000,000
[30]	(차)	임차보증금(한성)	3,000,000	(대)	당좌예금	3,000,000
[31]	(차)	현 금	100,000	(대)	선 수 금	100,000

☞ 상품권 회수(재화 인도)시 수익으로 인식한다.

[32]	(차)	교육훈련비(제)	500,000	(대)	예 수 금	22,000
					보통예금	478,000
[33]	(차)	퇴직연금운용자산(㈜국민증권)	150,000	(대)	이자수익	150,000
[34]	(차)	퇴직급여(제)	1,000,000	(대)	현 금	1,500,000
		퇴직급여(판)	500,000			
[35]	(차)	기업업무추진비(판)	100,000	(대)	미지급금(신한카드)	100,000
[36]	(차)	임금(제)	13,000	(대)	예 수 금	850
		급여(판)	12,000		현 금	24,150

[37]	(차)	예 수 금	850	(대)	현 금	1,150
		복리후생비(제)	170			
		복리후생비(판)	130			

☞ 국민연금과 건강보험료는 사업주와 종업원이 50 : 50으로 부담한다.

[38]	(차)	현 금	5,000,000	(대)	임대보증금((주)수원)	15,000,000
		미수금((주)수원)	10,000,000			
[39]	(차)	가 수 금	10,000	(대)	미수금((주)아산)	10,000
[40]	(차)	퇴직급여충당부채	800,000	(대)	예 수 금	10,000
		퇴직급여(판)	200,000		보통예금	990,000
[41]	(차)	당좌예금	9,300	(대)	사채	10,000
		사채할인발행차금	700			

☞ 사채의 발행가액은 사채발행비를 차감한 금액으로 한다. 따라서 본 문제는 할인발행에 해당한다.

[42]	(차)	이월이익잉여금	15,000,000	(대)	미지급배당금	10,000,000
					미교부주식배당금	4,000,000
					이익준비금	1,000,000
[43]	(차)	미지급배당금	10,000,000	(대)	예 수 금	1,540,000
					현 금	8,460,000
[44]	(차)	미교부주식배당금	4,000,000	(대)	자 본 금	4,000,000
		주식발행초과금	150,000		현 금	150,000

☞ 신주발행비(주식할인발행차금)는 주식발행초과금이 있는 경우에 먼저 상계한다.

[45]	(차)	미지급배당금	3,000,000	(대)	현 금	3,000,000

☞ 주주총회 결의시 :
(차) 중간배당금(이익잉여금) 3,000,000 (대) 미지급배당금 3,000,000

[46]	(차)	당좌예금	4,850,000	(대)	자 본 금	5,000,000
		주식할인발행차금	150,000			

[47]	(차)	자 본 금	5,000,000	(대)	보통예금	4,000,000
					감자차익	1,000,000
[48]	(차)	기계장치	7,000,000	(대)	자 본 금	5,000,000
					주식발행초과금	2,000,000
[49]	(차)	보통예금	1,200,000	(대)	배당금수익	1,200,000
[50]	(차)	보통예금	11,000,000	(대)	자기주식	10,000,000
					자기주식처분손실	300,000
					자기주식처분이익	700,000

☞ 자본조정을 우선 상계하고 잔액은 자본잉여금으로 계상한다.(반대의 경우도 마찬가지이다.)

[51]	(차)	복리후생비(제)	100,000	(대)	현 금	100,000
[52]	(차)	여비교통비(판)	2,000,000	(대)	미지급금(신한카드)	2,000,000

☞ 항공료가 확정되었으므로 확정경비인 여비교통비로 처리해야 한다.

[53]	(차)	수선비(제)	50,000	(대)	현 금	50,000
[54]	(차)	세금과공과(판)	10,000	(대)	현 금	10,000
[55]	(차)	기 부 금	100,000	(대)	현 금	100,000
[56]	(차)	수도광열비(판)	350,000	(대)	보통예금	1,090,000
		가스수도료(제)	740,000			
[57]	(차)	단기차입금(LA은행)	1,100,000	(대)	현 금	1,200,000
		외환차손	100,000			
[58]	(차)	세금과공과(판)	10,000	(대)	보통예금	10,000

☞ 간주임대료에 대한 부가가치세는 부담하는 자의 비용(세금과공과)으로 처리한다.

[59]	(차)	세금과공과(제)	57,000	(대)	현 금	93,000
		세금과공과(판)	36,000			
[60]	(차)	재해손실	1,000,000	(대)	제품(타계정대체)	1,000,000

[61]	(차) 미수금(국민화재)	1,300,000	(대) 보험차익(보험금수익)	1,300,000

☞ 재해발생과 보험금확정은 별개의 거래로 보아 총액법으로 회계처리한다.

[62]	(차) 세금과공과(판)	100,000	(대) 현 금	150,000
	수수료비용(판)	50,000		

[63]	(차) 전기오류수정손실(영)	1,000,000	(대) 받을어음((주)수원)	1,000,000

☞ 전기에 대손처리하여야 했으나, 당기에 발견된 것은 오류수정사항으로서 중대하지 않는 오류는 당기 영업외손익으로 회계처리한다.

[64]	(차) 부가세예수금	10,000	(대) 부가세대급금	8,000
			미지급세금	2,000

[65]	(차) 보통예금	100,000	(대) 단기차입금(국민은행)	100,000

☞ 예금(자산)의 (-) 금액은 은행으로부터 차입한 것이다.

[66]	(차) 가 수 금	100,000	(대) 선수금((주)인천)	30,000
			외상매출금((주)인천)	70,000

[67]	(차) 단기대여금	100,000	(대) 외화환산이익	100,000

☞ 외화환산이익 : $1,000 × (1,100원 – 1,000원) = 100,000원

[68]	(차) 선수수익	400,000	(대) (수입)임대료	400,000

☞ 9월1일 회계처리
(차) 현 금 600,000 (대) 선수수익 600,000
당기 수익(임대료) = 600,000 × 4개월/6개월 = 400,000원

[69]	(차) 장기차입금(국민은행)	500,000	(대) 유동성장기부채(국민은행)	500,000

[70]	(차) 단기매매증권평가손실	400,000	(대) 단기매매증권평가이익	100,000
			단기매매증권	300,000

☞ 단기매매증권평가익과 평가손은 원칙적으로 상계하지 않는 것이 원칙이다.
(주)일성 : 100주 × (16,000원 – 15,000원) = 100,000원 평가익
(주)이성 : 200주 × (18,000원 – 20,000원) = –400,000원 평가손

[71]	(차) 미수수익((주)서울)	900,000	(대) 이자수익	900,000

☞ 당기 이자수익 : 10,000,000 × 12% × 9개월/12개월 = 900,000원

[72]	(차)	대손상각비(판)	200,000	(대)	대손충당금(외상)	50,000
					대손충당금(받을)	150,000
		기타의대손상각비(영)	100,000		대손충당금(미수금)	100,000

☞ 대손충당금(외상) : 10,000,000 × 1% − 50,000 = 50,000원
대손충당금(받을) : 20,000,000 × 1% − 50,000 = 150,000원
대손충당금(미수) : 25,000,000 × 1% − 150,000 = 100,000원

[73]	(차)	퇴직급여(제)	5,000,000	(대)	퇴직급여충당부채	16,000,000
		퇴직급여(판)	11,000,000			

☞ 퇴직급여부채충당부채 당기 설정금액은 보충법으로 회계처리한다.

[74]	(차)	무형자산상각비(판)	1,200,000	(대)	영업권	1,200,000

☞ 무형자산상각비 = 취득가액 / 내용연수 = 미상각잔액(3,600,000) / 잔여내용년수(3) = 1,200,000원

[75]	(차)	보험료(제)	300,000	(대)	현금과부족	1,000,000
		선급비용	700,000			

[76]	(차)	법인세등	4,600,000	(대)	선납세금	1,000,000
					미지급세금	3,600,000

[77]	(차)	감가상각누계액(기계)	1,400,000	(대)	기계장치	3,000,000
		기계장치	1,600,000			

☞ 동종자산간의 교환시 기계장치(신)의 취득가액은 제공한 자산의 장부가액으로 처리한다.

[78]	(차)	부가세예수금	458,721	(대)	부가세대급금	245,155
					미지급세금	213,560
					잡이익	6

[79]	(차)	미지급세금	30,000,000	(대)	미지급금(비씨카드)	30,300,000
		세금과공과(판)	100,000			
		수수료비용(판)	200,000			

Part II

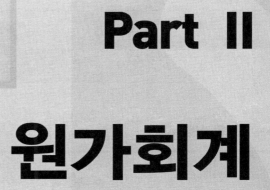

원가회계

Chapter

핵심요약 1

로그인 전산회계1급 핵심요약 및 기출문제

1 원가의 분류

원가의 행 태 (모양)	<u>변동원가</u>	**순수변동비**	조업도의 변동에 따라 총원가 직접적으로 비례하여 증감하는 원가 **(예) 직접재료비, 직접노무비**
		준변동비 (혼합원가)	**변동비와 고정비** 성격을 모두 가지고 있는 원가 (예) 전화요금, 전기료 등
	<u>고정원가</u>	**순수고정비**	조업도의 변화에 관계없이 총원가 일정하게 발생하는 원가 (예) 감가상각비, 임차료, 건물보험료 등
		준고정비 (계단원가)	관련범위를 벗어나면 원가총액이 일정액만큼 증가 또는 감소하는 원가
추 적 가능성	<u>직접원가</u>	어떤 원가를 특정원가대상(제품)에 대해 **직접 추적**할 수 있는 원가 (예) 직접재료비, 직접노무비	
	<u>간접원가</u>	어떤 원가가 특정원가대상(제품)과 관련을 맺고 있다 하더라도 그 원가대상에 직접 대응 시킬 수 없는 원가 (예) 제조간접비-공장장 급여, 회계팀 인건비 등	
제 조 활동과의 관련성	<u>제조원가 (공장에서 발생)</u>	**직접재료비**	특정제품에 직접적으로 추적할 수 있는 원재료 사용액
		직접노무비	특정제품에 직접적으로 추적할 수 있는 노동력의 사용액
		제조간접비	직접재료비와 직접노무비를 제외한 모든 제조원가 **<u>(변동제조간접비, 고정제조간접비)</u>** (예) 간접재료비, 간접노무비, 간접경비

	비제조원가 (기간비용)	기업의 제조활동과 관련 없이 단지 판매활동 및 관리활동과 관련하여 발생하는 원가 (예) 판매비와 관리비
수익과의 대응관계	**제품원가**	제품을 생산할 때 재고자산에 배부되는 모든 원가 제품원가는 판매시점까지 비용화가 이연되기 때문에 재고가능원가라 함.
	기간원가	제품원가 이외의 원가로 발생한 기간의 비용으로 처리되는 원가로서 발생한 기간에 전액비용으로 처리되므로 이를 재고불능원가라 함. (예) 판매비와 관리비
의 사 결정과 관련성 여 부	관련원가	의사결정 대안간에 차이가 나는 원가로서 의사결정에 필요한 원가 ☞ **기회비용 : 여러 대안 중 어느 하나를 선택하고 다른 것을 포기한 결과 포기된 대안의 화폐적 가치(최대이익 또는 최소비용)**
	매몰원가	과거의 의사결정으로 인하여 이미 발생한 원가로서 대안간에 차이가 발생하지 않는 원가 → **과거원가로서 현재 혹은 미래의 의사결정과 관련이 없는 비관련원가**

2 조업도 변화에 따른 고정비와 변동비

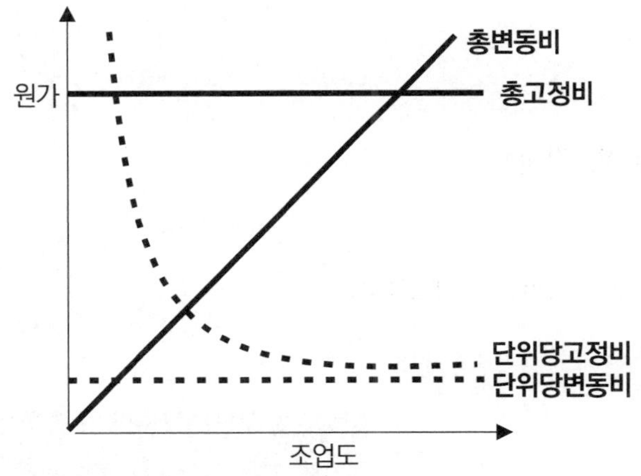

3 준변동비(혼합원가), 준고정비(계단원가)

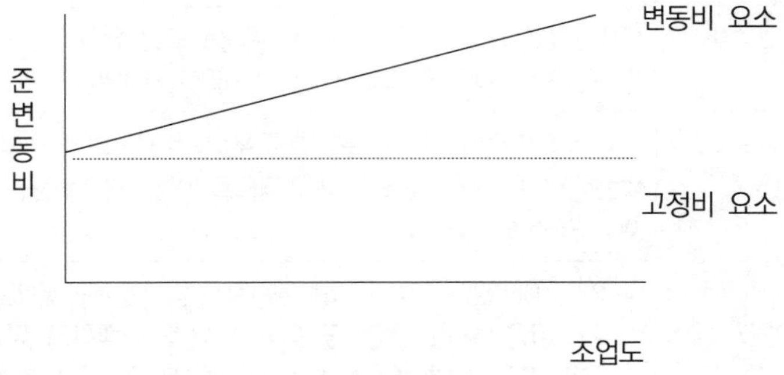

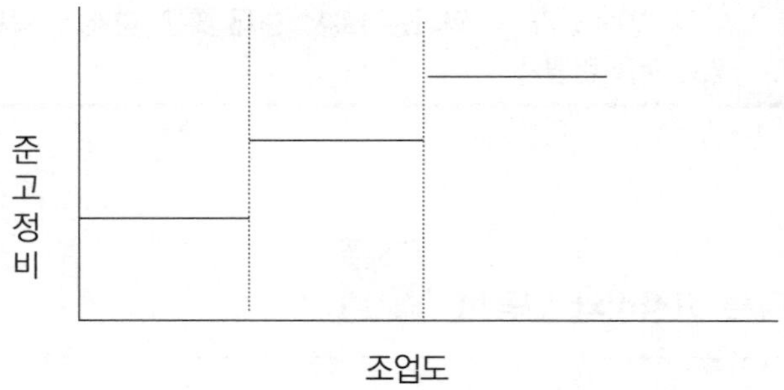

4 재료비, 노무비, 경비

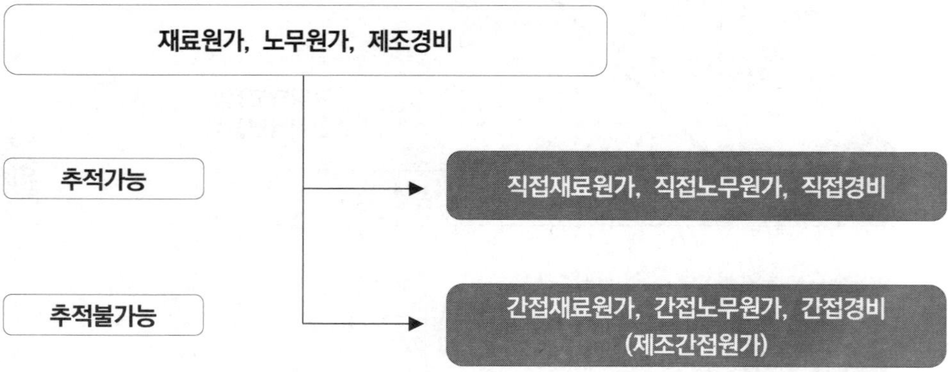

5 제조원가의 구성요소

<table>
<tr><td></td><td>제조원가 3요소(총제조원가)</td><td></td></tr>
<tr><td rowspan="2">기초원가
(기본원가)</td><td>직접재료비</td><td></td></tr>
<tr><td>직접노무비</td><td rowspan="2">가공원가
(전환원가)</td></tr>
<tr><td></td><td>제조간접비</td></tr>
</table>

6 제조기업의 원가요약

1. 원재료

기초재고	XXX	직접재료비	XXX
구　입	XXX	기　말	XXX

2. 노무비

당기발생액	XXX	직접노무비	XXX

3. 제조간접비

간접재료비	XXX	배 부 액	XXX
간접노무비	XXX		
간접경비	XXX		

당기총제조원가　**당기제품제조원가**

4. 재공품

기초재고	XXX	제　품	XXX
직접재료비	XXX		
직접노무비	XXX		
제조간접비	XXX	기말재고	XXX
계		계	

5. 제　품

기초재고	XXX	**매출원가**	**XXX**
제　품	XXX	기말재고	XXX
계		계	

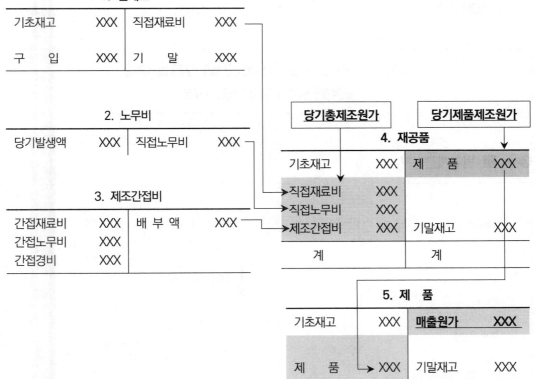

- **당기총제조원가 = 직접재료비 + 직접노무비 + 제조간접비**
- **당기제품제조원가 = 기초재공품원가 + 당기총제조원가 − 기말재공품원가**

7 제조원가명세서 및 손익계산서

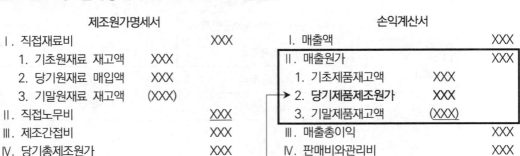

제조원가명세서

Ⅰ. 직접재료비		XXX
1. 기초원재료 재고액	XXX	
2. 당기원재료 매입액	XXX	
3. 기말원재료 재고액	(XXX)	
Ⅱ. 직접노무비		XXX
Ⅲ. 제조간접비		XXX
Ⅳ. 당기총제조원가		XXX
Ⅴ. 기초재공품재고액		XXX
Ⅵ. 합계		XXX
Ⅶ. 기말재공품재고액		(XXX)
Ⅷ. **당기제품제조원가**		XXX

손익계산서

Ⅰ. 매출액		XXX
Ⅱ. 매출원가		XXX
1. 기초제품재고액	XXX	
2. **당기제품제조원가**	XXX	
3. 기말제품재고액	(XXX)	
Ⅲ. 매출총이익		XXX
Ⅳ. 판매비와관리비		XXX
Ⅴ. 영업이익		XXX
·		·
·		·
Ⅵ. 당기순이익		XXX

제조원가명세서(당기제품제조원가) : 원재료 + 재공품 T계정

손익계산서(매출원가) : 제품 T계정

8 원가계산절차

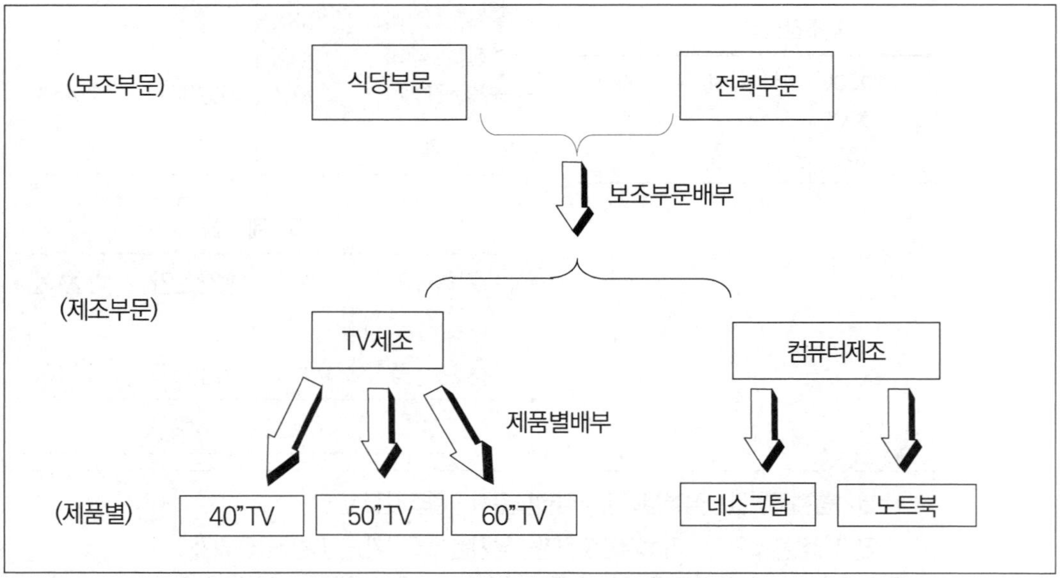

1. 요소별 원가계산	재료비, 노무비, 경비의 세가지 요소로 분류하여 집계
2. 부문별 원가계산	요소별로 파악된 원가를 발생장소인 부문별로 분류하여 집계
3. 제품별 원가계산	요소별, 부문별원가계산에서 집계한 원가를 각 제품별로 집계하는 절차

9 원가계산의 종류 : 상이한 목적에 따라 상이한 원가가 사용

<table>
<tr><th>생산형태</th><th>원가계산의 범위</th><th>원가측정방법</th></tr>
<tr><td rowspan="2">개별원가계산</td><td rowspan="2">전부원가계산
(제품원가 : 제조원가)</td><td>실제원가계산
(실제발생액)</td></tr>
<tr><td rowspan="2">정상원가계산
(제조간접비예정배부)</td></tr>
<tr><td rowspan="2">종합원가계산</td><td rowspan="2">변동원가계산
(제품원가 : 변동비 : 직접재료비
+직접노무비+변동제조간접비)</td></tr>
<tr><td>표준원가계산
(직재, 직노, 제간 표준설정)</td></tr>
</table>

10 부문별원가계산

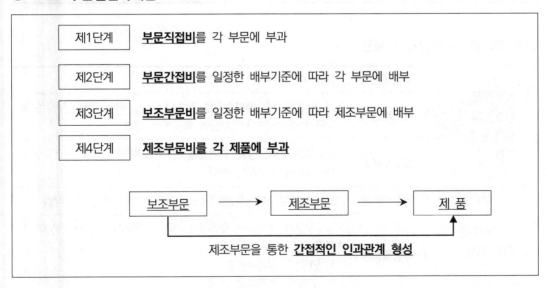

제1단계	**부문직접비**를 각 부문에 부과
제2단계	**부문간접비**를 일정한 배부기준에 따라 각 부문에 배부
제3단계	**보조부문비**를 일정한 배부기준에 따라 제조부문에 배부
제4단계	**제조부문비를 각 제품에 부과**

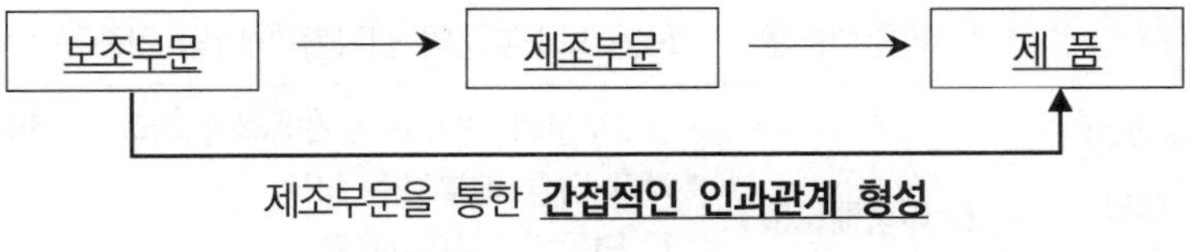

11 부문간접비(공통원가)의 배부 – 인과관계

부문공통비	배부기준
건물감가상각비	**점유면적**
전력비	전력사용량
(지급)임차료, 재산세, 건물보험료	**점유면적**
수선유지비	수선작업시간

12 보조부문원가를 제조부문에 배부 – 인과관계

보조부문원가	배부기준
공장인사관리부문	**종업원수**
전력부문	전력사용량
용수부문	용수 소비량
식당부문	**종업원수**
구매부문	주문횟수/주문금액

13 보조부문원가의 배분

1. 보조부문 상호간의 용역 수수 고려	1. **직접배분법**	직접 제조부문에만 배부
	2. **단계배분법**	보조부문원가를 **배분순서를 정하여** 그 순서에 따라 단계적으로 다른 보조부문과 제조부문에 배분하는 방법
	3. **상호배분법**	보조부문 간의 **상호 관련성을 모두 고려**하여 다른 보조부문과 제조부문에 배부하는 방법
2. 원가행태에 의한 배분	1. **단일배분율**	모든 보조부문의 원가를 하나의 기준에 따라 배분하는 방법
	2. **이중배분율**	보조부문의 원가를 원가행태에 따라 고정비와 변동비로 분류하여 각각 다른 배부기준 적용 1. **변동비 : 실제사용량** 2. **고정비 : 최대사용가능량**

1. 직접배분법

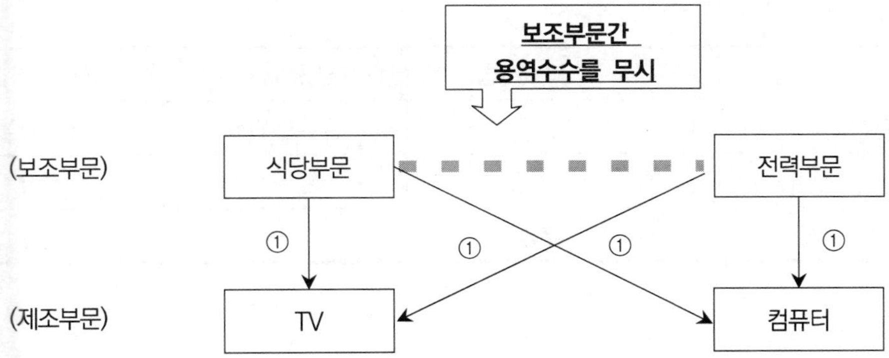

2. 단계배분법 : 식당부문부터 먼저 배부

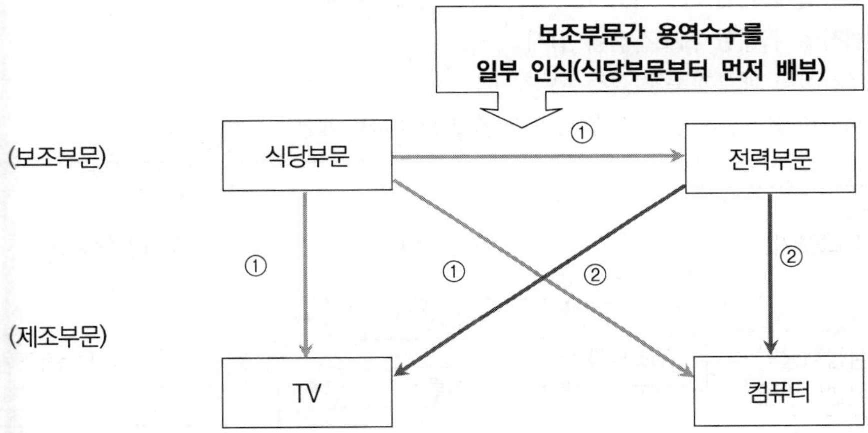

3. 상호배분법

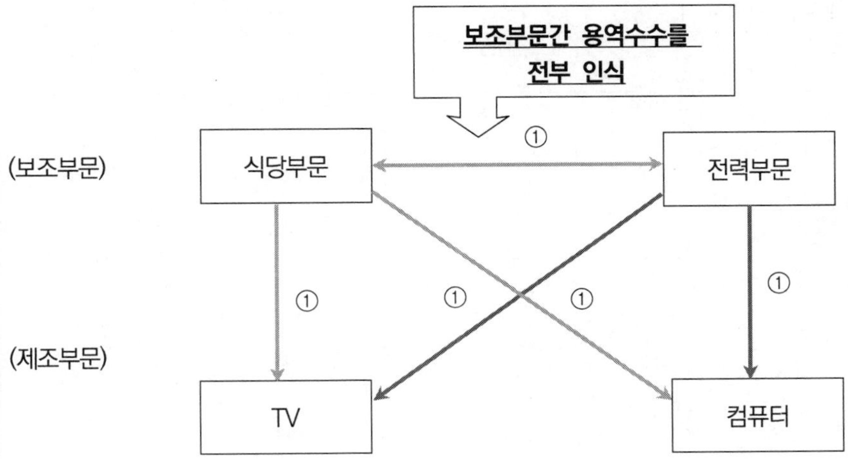

4. 보조부문원가배부 요약

구 분	직접배부법	단계배부법	상호배부법
보조부문간 용역수수관계	전혀 인식하지 않음	일부만 인식	전부인식
장점	**간편**	–	**정확**
단점	**부정확**	–	**복잡**

14 개별원가계산

① 개별작업에 대한 제조직접비(직접노무비, 직접재료비)를 직접부과
② 개별작업에 대한 제조간접비 집계
③ 제조간접비 배부기준율 설정
④ 배부기준율(공장전체,부문별)에 따라 제조간접비의 배분

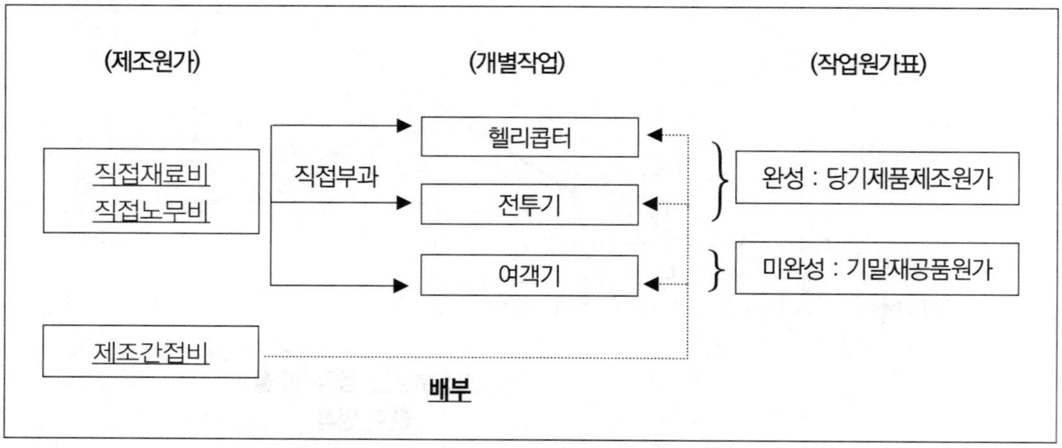

15 제조간접비 배부방법

제조간접비 배부율 = 제조간접비 / 배부기준 합계
제조간접비 배부액 = 배부기준 × 제조간접비 배부율

1. 공장전체 제조간접비 배부율

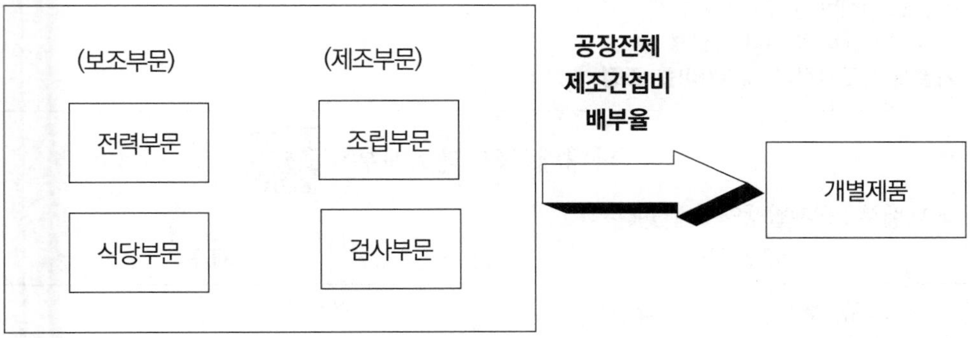

2. 부문별 제조간접비 배부율

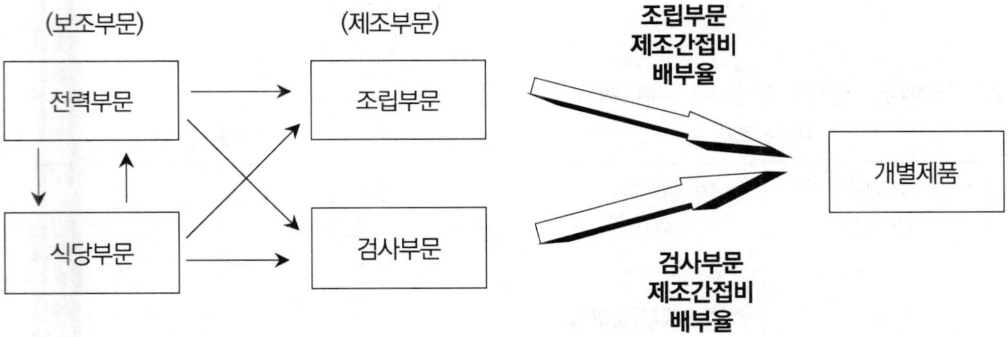

16 실제개별원가 VS 정상개별원가

	실제개별원가계산	정상개별원가계산
직접재료비	실제발생액	실제발생액
직접노무비	실제발생액	실제발생액
제조간접비	**실제발생액** **(실제조업도 × 실제배부율)**	**예정배부액** ***(실제조업도 × 예정배부율)***

17 정상개별원가

1. 기초에 예정배부율 산출
제조간접비 예정배부율 = 제조간접비 예산액/예정조업도(기준조업도)
2. 기중에 실제조업도 에 따라 배부
① 제조간접비 예정배부액 = **개별작업의 실제조업도 × 제조간접비 예정배부율**
② 제조간접비 실제발생액 집계
③ 제조간접비 배부차이 집계
3. 기말에 제조간접비 배부차이를 조정

〈과대배부와 과소배부〉

1. 과대배부 : 실제발생액 < 예정배부액

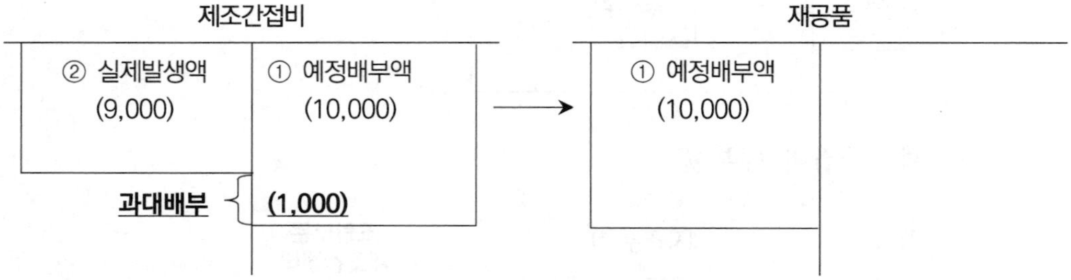

2. 과소배부 : 실제발생액 > 예정배부액

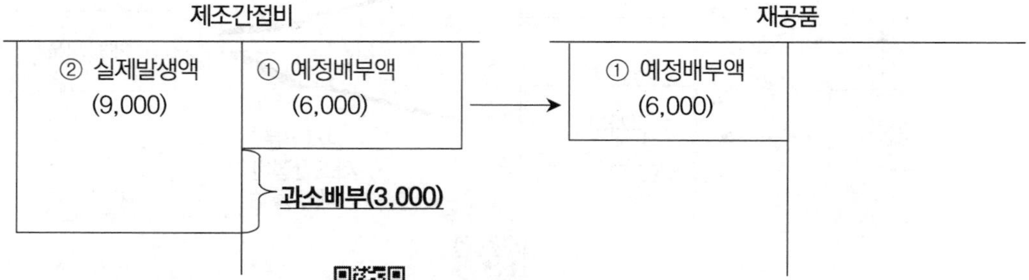

3. 제조간접비 배부차이 조정

무배분법	**1. 매출원가조정법**
	2. 영업외손익조정법
비례배분법	**3. 총원가기준비례배분법 : 기말재공품, 기말제품, 매출원가의 기말잔액 비율에 따라 배분**
	4. 원가요소별비례배분법 : 기말재공품, 기말제품, 매출원가에 포함된 제조간접비 비율에 따라 배분 → 가장 정확하다.

18 종합원가계산 : 공정별 원가계산

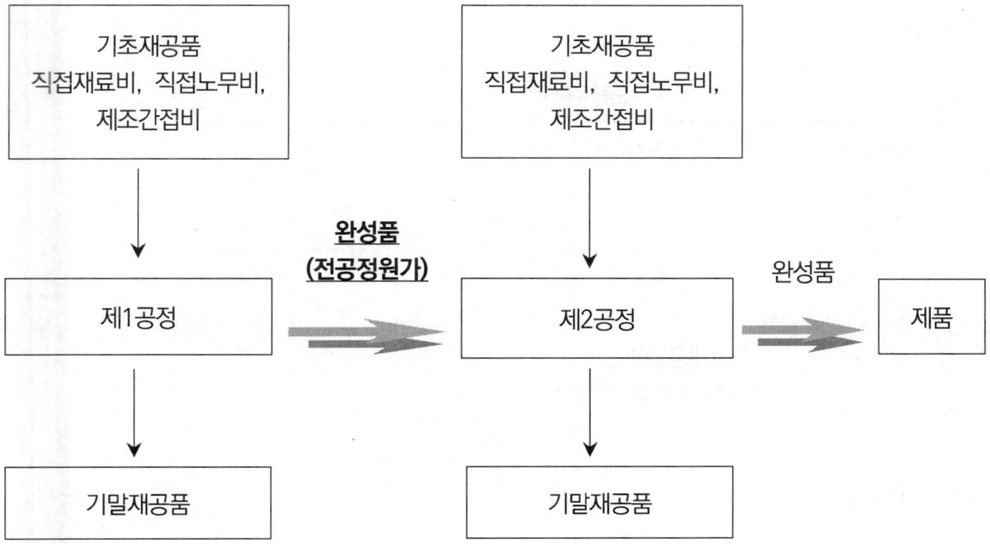

〈종합원가계산절차〉

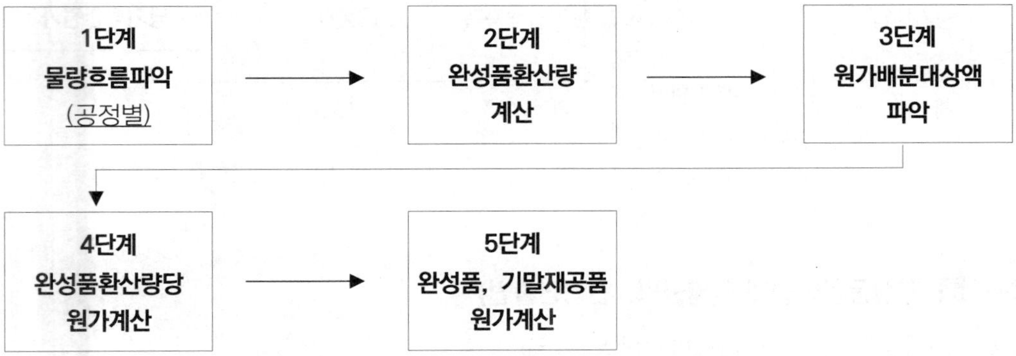

주로 전산회계 1급은 2단계까지만 나옵니다.(완성품 환산량 계산)

19 원가흐름가정(평균법, 선입선출법)

1. 평균법

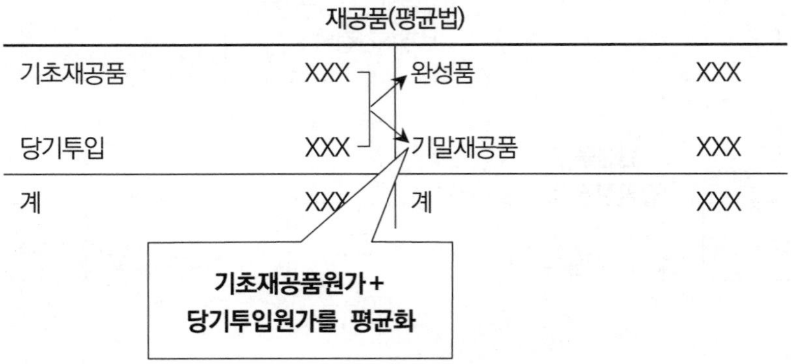

2. 선입선출법

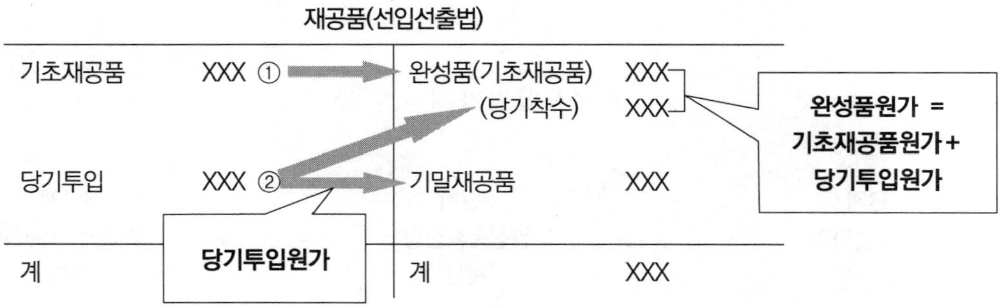

20 완성품환산량계산(평균법, 선입선출법)

1. 기초재공품 : 1,000개(가공비 진척도 40%)
2. 당기투입량 : 7,000개
3. 기말재공품 : 2,000개(가공비진척도 25%)
4. **재료비는 공정초에 투입되고 가공비는 공정전반에 걸쳐 균등하게 발생**한다.

〈선입선출법과 평균법의 물량흐름〉

<u>재료비와 가공비로 나누는 이유는 투입시점이 다르기 때문에 구분한다.</u>

1. 평균법 : 기초재공품은 당기에 착수한 것으로 가정한다.

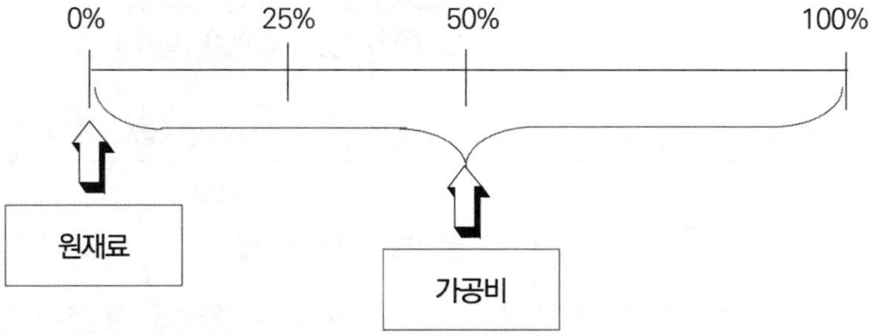

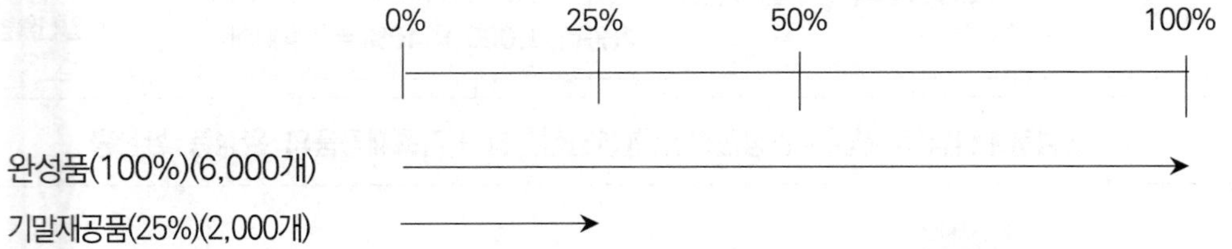

2. 평균법에 의한 완성품환산량

〈1단계〉물량흐름파악　　　　〈2단계〉완성품환산량 계산

평균법				재료비	가공비
기초재공품	1,000(40%)	완성품	6,000(100%)	**6,000**	**6,000**
당기투입	7,000	기말재공품	2,000(25%)	**2,000**	**500**
계	8,000	계	8,000	**<u>8,000</u>**	**<u>6,500</u>**

3. 선입선출법 : **완성품을 기초재공품과 당기투입 완성분으로 나누어 계산한다.**

∴ 완성품

- **기초재공품(60%)(1,000개)** →
- 당기투입완성(100%)(5,000개) →

∴ 기말재공품(25%)(2,000개) →

4. 선입선출법에 의한 완성품환산량

〈1단계〉 물량흐름파악 〈2단계〉 완성품환산량 계산

선입선출법				재료비	가공비
기초재공품	**1,000(40%)**	완성품	6,000		
		기초재공품	**1,000(60%)**	0	600
		당기투입분	**5,000(100%)**	5,000	5,000
당기투입	7,000	기말재공품	2,000(25%)	2,000	500
계	8,000	계	8,000	**7,000**	**6,100**
		평균법 – 선입선출법		**1,000**	**400**

선입선출법과 평균법의 수량차이는 **기초재공품의 완성품 환산량차이다.**

기초재공품의 완성품 환산량 : 재료비 1,000×100% = 1,000개
가공비 1,000 × 40% = 400개

if 0,
선입선출법 = 평균법

완성품환산량(평균법) = 완성품환산량(선입선출법) + 기초재공품의 완성품 환산량

21 공손

〈공손의 흐름〉

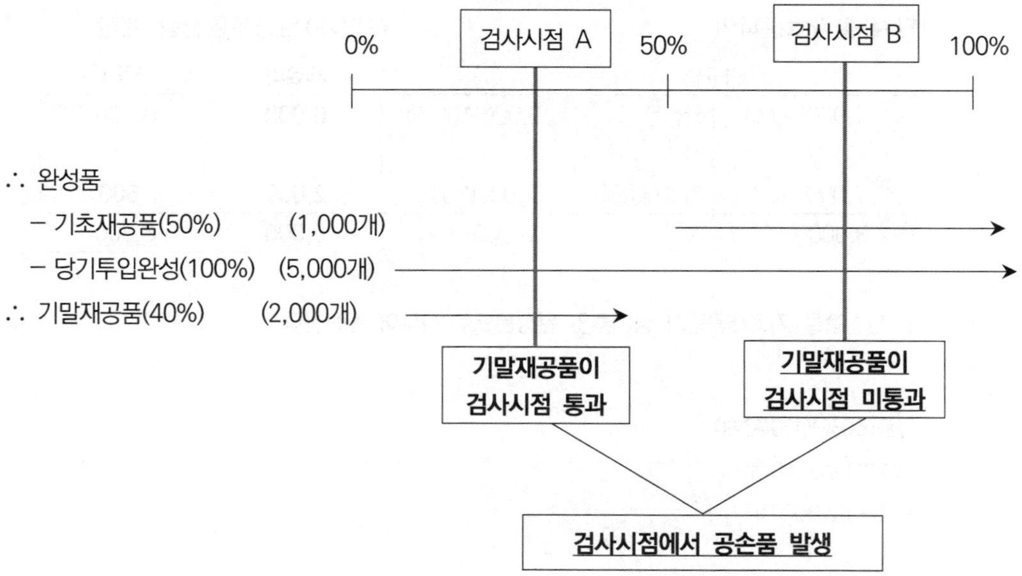

정상공손원가	제조원가	기말재공품이 **검사시점 통과**	완성품과 기말재공품에 배부
		기말재공품이 **검사시점 미통과**	완성품에만 배부
비정상공손원가	영업외비용		

☞ 작업폐물(scrap) : 원재료로부터 발생하는 찌꺼기나 조각을 말하는데 판매가치가 적은 것을 말한다.

22 개별원가계산 VS 종합원가계산

구 분	개별(작업별)원가계산	종합원가계산
적용생산형태	**주문생산(다품종소량생산)**	**대량연속생산(소품종대량생산)**
업 종	조선업, 건설업, 항공기제조업	자동차, 전자제품, 정유업
원 가 계 산	**작업별원가계산 (제조지시서, 작업원가표)**	**공정별원가계산 (제조원가보고서)**
특 징	**1. 정확한 원가계산 2. 시간과 비용이 과다(직 · 간접비 구분) 3. 핵심과제 : 제조간접비 배부**	**1. 지나친 단순화로 정확도가 떨어진다. 2. 시간과 비용이 절약(투입시점에 따라 원가 구분) 3. 핵심과제 : 완성품환산량**

Chapter

기본개념 및 원가계산

2

로그인 전산회계1급 핵심요약 및 기출문제

Login

원가회계는 전산회계1급부터 전산세무1급까지 매 시험마다 10점으로 배점되어 있습니다.
원가회계는 기본개념만 아셔도 높은 점수를 얻을 수 있습니다. 그리고 이것이 합격의 밑바탕이 됩니다. 원가의 기본개념에 집중적으로 공부하셔야 합니다. 그리고 제시된 해답처럼 그림이나 도표를 그려서 이해하시기 바랍니다. 여기에 제시된 계산문제만 이해하셔도 10점을 다 얻을 수 있습니다.

[1] 아래 자료에 의하여 다음을 계산하시오.

• 직 접 재 료 비 : 200,000원	• 직 접 노 무 비 : 300,000원
• 변동제조간접비 : 400,000원	• 고정제조간접비 : 500,000원

① 기본원가

② 가공원가

③ 당기총제조원가

[2] 아래 자료에 의하여 다음을 계산하시오.

• 당기총제조원가	: 600,000원	• 직접비(기본원가)	: 300,000원
• 가공원가	: 500,000원		

① 직접재료비

② 직접노무비

③ 제조간접비

[3] 원가 자료가 다음과 같을 경우 다음을 계산하시오.

- 기초원재료보다 기말원재료 증가액 : 400,000원
- 직접재료원가 구입액 : 500,000원
- 직접노무원가 발생액 : 600,000원
- 변동제조간접원가 발생액 : 700,000원
  (변동제조간접원가는 총제조간접원가의 20%이다)

① 직접재료원가

② 제조간접원가

③ 가공원가(전환원가)

[4] 직접재료비는 50,000원이고, 제조간접비는 60,000원이다. 직접노무비는 가공비의 40%에 해당하는 경우, 당기의 직접노무비를 계산하시오.

[5] 다음 자료를 참고하여 1월 중 제조간접비를 계산하시오.

- 1월 중 40,000원의 직접재료를 구입하였다.
- 1월 중 직접노무비는 50,000원이었다.
- 1월 중 총제조원가는 100,000원이었다.
- 원재료의 1월초 재고가 20,000원이었고, 1월말 재고가 30,000원이다.

[6] 다음 자료에 의하여 당기제품매출원가를 계산하시오.

- 기초재공품재고액 : 300,000원
- 기말재공품재고액 : 400,000원
- 기말제품재고액 : 500,000원
- 판매가능재고액 : 2,000,000원
- 당기총제조비용 : 1,000,000원
- 당기제품제조원가 : 1,200,000원
- 기초제품재고액 : (?)

[7] 다음 자료에서 당기제품제조원가를 구하시오.

ⓐ 직접재료비 :	500,000원	ⓑ 직접노무비 :	600,000원
ⓒ 제조간접비 :	700,000원	ⓓ 외주가공비 :	800,000원
ⓔ 기초재공품재고액 :	1,000,000원	ⓕ 기말재공품재고액 :	600,000원

[8] 다음의 자료에 의하여 제품매출원가를 계산하시오.

- 제조지시서 #1 : 제조원가 200,000원
- 제조지시서 #2 : 제조원가 100,000원
- 제조지시서 #3 : 제조원가 50,000원
- 월초제품재고액 : 40,000원
- 월말제품재고액 : 30,000원

단, 제조지시서 #1은 완성되었고, #2,#3은 미완성품이다.

[9] 다음 자료에 의한 제조간접비를 구하시오.

- 기초원재료 : 100,000원
- 기말원재료 : 200,000원
- 기초재공품 : 1,000,000원
- 당기제품제조원가 : 2,900,000원
- 당기매입원재료 : 500,000원
- 직접노무비 : 1,000,000원
- 기말재공품 : 1,100,000원

[10] 제조부문(조립, 절단)과 보조부문(식당, 전력)이 있다. 각 부문의 용역수수관계와 제조간접비 발생원가가 다음과 같다. 직접배부법에 의해 보조부문의 제조간접비를 배부한다면 절단부문의 총제조간접비를 구하시오?

	보조부문		제조부문		
	식당	전력	조립	절단	합 계
자기부문발생액	100,000원	300,000원	300,000원	200,000원	900,000원
[용역공급비율]					
식당	10%	20%	35%	35%	100%
전력	20%	30%	30%	20%	100%

기본개념 및 원가계산 답안

[1] ① 기본원가 = 직접재료비 + 직접노무비 = 200,000 + 300,000 = 500,000원

② 가공원가 = 직접노무비 + 제조간접비(변동 + 고정) = 300,000 + (400,000 + 500,000)
= 1,200,000원

③ 당기총제조원가 = 직접재료비 + 직접노무비 + 제조간접비(변동 + 고정)
= 200,000 + 300,000 + (400,000 + 500,000) = 1,400,000원

[2] 당기총제조원가 = 직접재료비 + 직접노무비 + 제조간접비

기본원가(직접원가) = 직접재료비 + **직접노무비**

가공원가(전환원가) = **직접노무비** + 제조간접비

제조간접비 = 당기총제조원가-기본원가 = 600,000 - 300,000 = 300,000원③

직접재료비 = 당기총제조원가-가공원가 = 600,000 - 500,000 = 100,000원①

직접노무비 = 당기총제조원가 - 직접재료비 - 제조간접비
= 600,000 - 100,000 - 3000,000 = 200,000②

[3]

원 재 료

기초재고	0	***직접재료비(?)①***	***100,000***
매입	500,000	기말재고	400,000
계	500,000	계	500,000

② 제조간접비 = 700,000/20% = 3,500,000원

③ 가공원가 = 직접노무비 + 제조간접비 = 600,000 + 3,500,000 = 4,100,000원

[4] 가공비 = 직접노무비(x) + 제조간접비

직접노무비(x) = (직접노무비(x) + 제조간접비) × 0.4

x = (x + 60,000원) × 0.4 → 위 식을 풀면, ***직접노무비(x) = 40,000원***

[5]

원 재 료

기초재고	20,000	**직접재료비**	**30,000**
매 입	40,000	기말재고	30,000
계	60,000	계	60,000

당기총제조원가 = 직접재료비 + 직접노무비 + 제조간접비

100,000원 = 30,000원 + 50,000원 + 제조간접비 ∴ ***제조간접비 = 20,000원***

[6]

제 품

기초재고	?	*매출원가 (?)*	*1,500,000*
당기제품제조원가	1,200,000	기말재고	500,000
계(판매가능재고)	**2,000,000**	계	2,000,000

[7] 당기총제조비용 = 직접재료비 + 직접노무비 + 직접경비(외주가공비) + 제조간접비
= 500,000원 + 600,000원 + 700,000원 + 800,000원 = 2,600,000원

재 공 품

기초재고	1,000,000	*당기제품제조원가(?)*	*3,000,000*
당기총제조원가	2,600,000	기말재고	600,000
계	3,600,000	계	3,600,000

[8] #2,#3는 미완성되었으므로 재공품이다.

제 품

기초재고	40,000	*매출원가(?)*	*210,000*
당기제품제조원가(#1)	200,000	기말재고	30,000
계	240,000	계	240,000

[9]

원재료

기초재고	100,000	*직접재료비(?)*	*400,000*
매입	500,000	기말재고	200,000
계	600,000	계	600,000

재공품

기초재고	1,000,000	당기제품제조원가	2,900,000
직접재료비	400,000		
직접노무비	1,000,000		
제조간접비(?)	*1,600,000*	기말재고	1,100,000
계	4,000,000	계	4,000,000

[10]

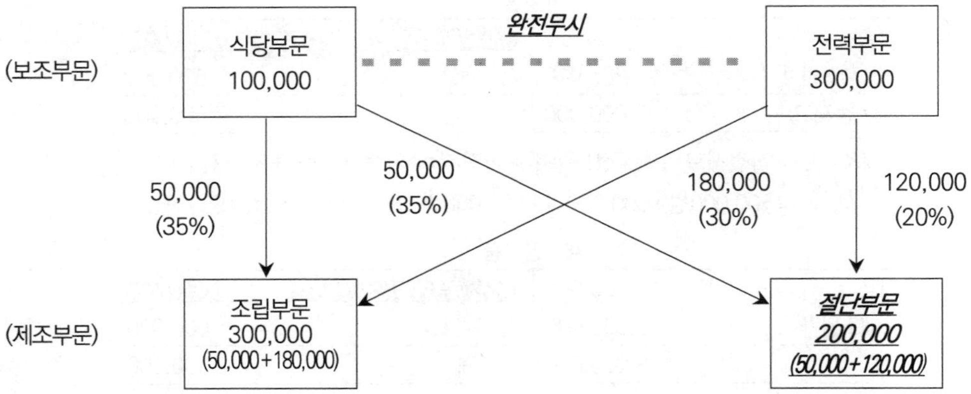

절단부문의 제조간접비＝자체제조간접비＋식당배부제조간접비＋전력배부제조간접비
＝200,000＋50,000＋120,000＝370,000원

☞ 식당에서 식당으로의 용역공급을 자기부문 소비용역이라 하는데 배부시 고려할 필요가 없다.

Chapter

개별원가 계산 3

Login

로그인 전산회계1급 핵심요약 및 기출문제

[1] 다음 자료에 의해 작업지시서 No.1의 제조간접비 배부액을 계산하시오.

	공장전체발생원가	작업지시서 No.1
직접재료비	1,000,000원	300,000원
직접노무비	2,000,000원	400,000원
기계시간	100시간	15시간
제조간접비	300,000원	(　　　)

① 기계시간 기준

② 직접노무비 기준

③ 직접원가 기준

[2] 개별원가계산을 하고 있는 ㈜로그인의 4월의 제조지시서와 원가자료는 다음과 같다.

	제조지시서	
	#101	#102
생 산 량	1,000단위	1,000단위
직접노동시간	500시간	400시간
직 접 재 료 비	1,500,000원	1,400,000원
직 접 노 무 비	2,800,000원	2,500,000원

4월의 실제 제조간접비 총액은 2,800,000원이고, 제조간접비는 직접노동시간당 3,000원의 배부율로 예정배부되며, 제조지시서 #101은 4월중 완성되었고, #102는 미완성상태이다. 다음을 계산하시오.

① 제품(완성품)의 제조원가

② 제품의 단위당 원가

③ 재공품의 가액

[3] (주)로그인의 제조간접비 예정배부율은 작업시간당 10,000원이다. 작업시간이 900시간이고, 제조간접비 배부차이가 1,000,000원 과소배부라면, 실제 제조간접비 발생액을 구하시오.

[4] (주)로그인은 제조간접비를 직접노무시간으로 배부하고 있다. 당해연도초 제조간접비 예상금액은 6,000,000원, 예상직접노무시간은 10,000시간이다. 당기말 현재 실제제조간접비발생액은 8,000,000원이고 실제직접노무시간이 12,000시간일 경우 제조간접비 배부차이를 구하시오.

[5] (주)로그인은 제조간접비를 직접노무시간을 기준으로 배부하고 있다. 당해 제조간접비 배부차이는 100, 000원이 과대배부 되었다. 당기말 현재 실제제조간접비발생액은 500,000원이고, 실제직접노무시간이 20,000시간일 경우 예정배부율은 얼마인가?

[6] 제조간접비예정배부율은 직접노동시간당 100원이고, 직접노동시간이 10,000시간 발생했을 때 제조간접비 배부차이가 150,000원 과소배부인 경우 제조간접비 실제발생액은 얼마인가?

[7] 로그인전자는 제조간접비를 직접노무시간을 기준으로 예정배부하고 있다. 당해 연도 초의 예상 직접노무시간은 10,000시간이다. 당기 말 현재 실제제조간접비 발생액이 1,200,000원이고 실제 직접노무시간이 12,000시간일 때 제조간접비 배부차이가 300,000원 과대배부된 경우 당해 연도초의 제조간접비 예산액을 계산하시오.

개별원가계산 답안

[1] ① 기계시간 기준

제조간접비 배부율 = 300,000원/100시간 = 3,000원/기계시간

제조간접비 배부액 = 15시간×3,000원/기계시간 = 45,000원

② 직접노무비 기준

제조간접비 배부율 = 300,000원/2,000,000원 = 0.15원/직접노무비

제조간접비 배부액 = 400,000원×0.15원/직접노무비 = 60,000원

③ 직접원가 기준

공장 전체 직접원가 = 공장전체(직접재료비 + 직접노무비)

= 1,000,000 + 2,000,000 = 3,000,000원

제조간접비 배부율 = 제조간접비/직접원가 = 300,000원/3,000,000원 = 0.1원/직접원가

제조간접비 배부액 = (300,000원 + 400,000원) × 0.1원/직접원가 = 70,000원

[2]

	제조지시서	
	#101(완성품)	#102(재공품)
생 산 량	1,000단위	1,000단위
직접노동시간	500시간	400시간
직접재료비	1,500,000원	1,400,000원
직접노무비	2,800,000원	2,500,000원
예정배부제조간접비	**500시간×3,000원 =1,500,000원**	**400시간×3,000원 1,200,000원**
제조원가(직재 + 직노 + 제간)	**①5,800,000원**	**③5,100,000원**
제품단위당원가	**③5,800원(①/1,000단위)**	

[3]

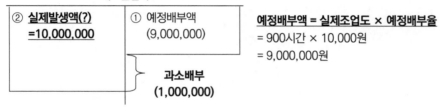

제조간접비	
② **실제발생액(?) =10,000,000**	① 예정배부액 (9,000,000)
	과소배부 (1,000,000)

예정배부액 = 실제조업도 × 예정배부율

= 900시간 × 10,000원

= 9,000,000원

[4] 예정배부율 : 6,000,000원/10,000시간 = 600원/시간당

제조간접비

② 실제발생액 *(8,000,000)*	① 예정배부액 (7,200,000)
	과소배부 ***(800,000)***

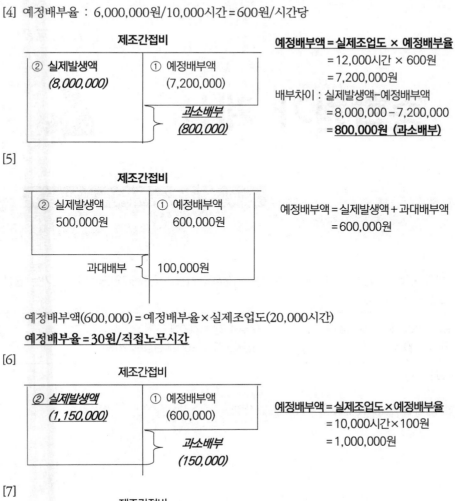

예정배부액 = 실제조업도 × 예정배부율
= 12,000시간 × 600원
= 7,200,000원
배부차이 : 실제발생액-예정배부액
= 8,000,000 - 7,200,000
= **800,000원 (과소배부)**

[5]

제조간접비

② 실제발생액 500,000원	① 예정배부액 600,000원
과대배부	100,000원

예정배부액 = 실제발생액 + 과대배부액
= 600,000원

예정배부액(600,000) = 예정배부율 × 실제조업도(20,000시간)

예정배부율 = 30원/직접노무시간

[6]

제조간접비

② 실제발생액 ***(1,150,000)***	① 예정배부액 (600,000)
	과소배부 *(150,000)*

예정배부액 = 실제조업도 × 예정배부율
= 10,000시간 × 100원
= 1,000,000원

[7]

제조간접비

② 실제발생액 1,200,000원	① 예정배부액 1,500,000원
과대배부	300,000원

예정배부액 = 실제발생액 + 과대배부액
= 1,500,000원

예정배부액(1,500,000) = 예정배부율 × 실제조업도(12,000시간)

예정배부율 = 125원/직접노무시간

예정배부율(125원) = 제조간접비예산(?)/예정조업도(10,000시간)

제조간접비 예산(추정제조간접비) = 125원 × 10,000시간 = 1,250,000원

Chapter

종합원가 계산 4

로그인 전산회계1급 핵심요약 및 기출문제

[1] (주)로그인은 의한 종합원가계산을 하고 있다. 재료비는 공정시작 시점에서 전량투입되며, 가공원가는 공정 전반에 걸쳐 고르게 투입된다.

• 기초재공품 : 100개(완성도 40%)	• 착 수 수 량 : 400개
• 완 성 수 량 : 300개	• 기말재공품 : 200개(완성도 20%)

다음 물음에 답하시오.

① 평균법에 의한 완성품(재료비, 가공비) 환산량

② 선입선출법에 의한 완성품(재료비, 가공비) 환산량

③ 평균법과 선입선출법에 의한 완성품 환산량 차이를 구하시오.

[2] (주)로그인은 종합원가계산을 수행하고 있고, 물량흐름은 아래와 같다. 재료비는 공정 초기에 전량 투입되고, 가공비는 공정전반에 걸쳐 균등하게 투입된다. 다음의 물음에 답하시오.

- 기초 재공품 수량 : 0개
- 당기 완성품 수량 : 5,000개
- 당기 착수 수량 : 6,000개
- 기말 재공품 수량 : 1,000개(당기 완성도 50%)

① 평균법에 의한 재료비 및 가공비의 완성품 환산량

② 선입선출법에 의한 재료비 및 가공비의 완성품 환산량

[3] 다음 자료를 보고 다음 물음에 답하시오.

- 기초재공품 : 1,200단위 (완성도 : 60%)
- 기말재공품 : 2,400단위 (완성도 : 40%)
- 착 수 량 : 3,200단위
- 완성품수량 : 2,000단위
- **원재료와 가공비는 공정전반에 걸쳐 균등하게 발생한다.**

① 평균법에 의한 재료비와 가공비의 완성품환산량을 계산하시오.

② 선입선출법에 의한 재료비와 가공비의 완성품환산량을 계산하시오.

[4] 종합원가계산을 이용하는 ㈜로그인의 재료비와 가공비 완성품환산량을 계산하시오.

- 기초재공품 : 2,000개(완성도 30%)
- 당기착수량 : 8,000개
- 당기완성품 : 7,000개
- 기말재공품 : 3,000개(완성도 30%)
- 재료는 공정초에 전량 투입되고, 가공비는 공정전반에 걸쳐 균등하게 투입된다.
- 원가흐름에 대한 가정으로 선입선출법을 사용하고 있다.

종합원가계산 답안

[1]

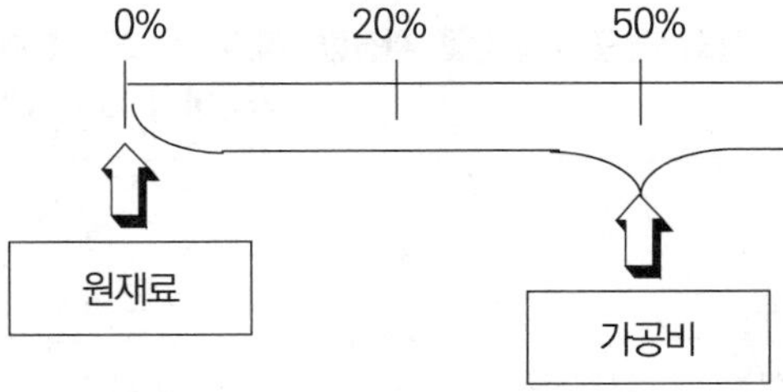

① 평균법 : <u>기초재공품은 당기에 착수한 것으로 가정한다.</u>

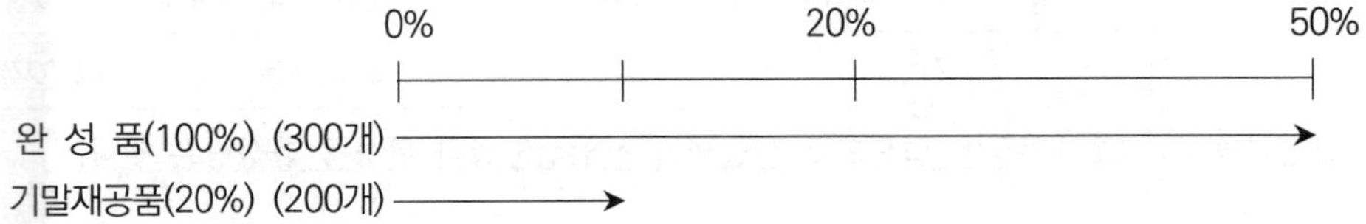

〈1단계〉 물량흐름파악 〈2단계〉 완성품환산량 계산

평균법				재료비	가공비
기초재공품	100(40%)	완성품	300(100%)	**300**	**300**
당기투입	400	기말재공품	200(20%)	**200**	**40**
계	500	계	500	① ***500***	① ***340***

② 선입선출법 : <u>완성품을 기초재공품과 당기투입 완성분으로 나누어 계산한다.</u>

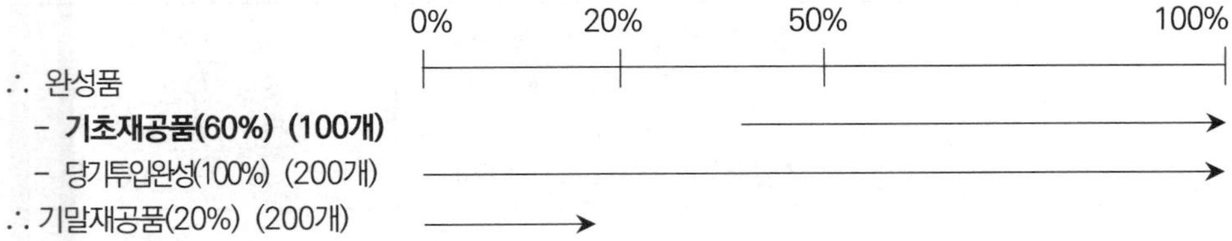

〈1단계〉 물량흐름파악 〈2단계〉 완성품환산량 계산

선입선출법				재료비	가공비
기초재공품	**100(40%)**	완성품	300		
		기초재공품	**100(60%)**	0	60
		당기투입분	**200(100%)**	200	200
당기투입	400	기말재공품	200(20%)	200	40
계	500	계	500	*② 400*	*② 300*
		③평균법－선입선출법		**100**	**40**

기초재공품의 완성품 환산량 : 재료비 100×100%＝100개
가공비 100× 40%＝ 40개

[2] ① 평균법

평균법			재료비	가공비
	완성품	5,000개	5,000개	5,000개
	기말재공품	1,000개(50%)	1,000개	500개
	계		***6,000개***	***5,500개***

② 선입선출법 : **기초재공품이 없으므로 평균법과 선입선출법의 완성품 환산량은 같다.**

[3]

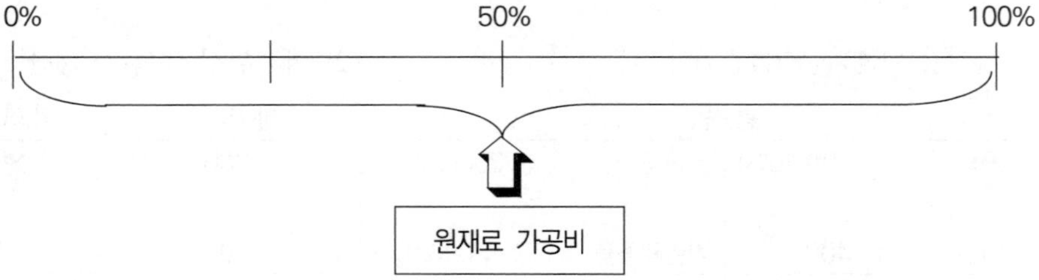

① 평균법

평균법			재료비,가공비
	완 성 품	2,000	2,000
	기말재공품	2,400(40%)	960
	계	4,400	*① 2,960*

② 선입선출법＝평균법완성품환산량－기초재공품의 완성품 환산량

＝*2,960－(1,200×60%)＝2,240*

[4]

선입선출법		재료비	가공비
	완성품		
	- 기초재공품 2,000 (70%)	0	1,400
	- 당기착수 5,000 (100%)	5,000	5,000
	기말재공품 3,000 (30%)	3,000	900
	계 10,000	***8,000***	***7,300***

Part III

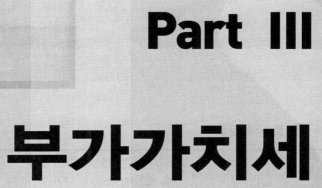

부가가치세

Chapter

핵심요약 1

로그인 전산회계1급 핵심요약 및 기출문제

Login

1 조세의 분류

1. 조세부과주체	**국 세**	국가가 국민에게 부과하는 조세 (예) 법인세, 소득세, 부가가치세 등
	지 방 세	지방자치단체가 국민에게 부과하는 조세 (예) 취득세, 재산세, 자동차세 등
2. 사용용도지정	목 적 세	조세의 용도가 특별히 지정되어 있는 조세 (예) 농어촌특별세, 교육세 등
	보 통 세	조세의 용도가 특별히 지정되어 있지 않는 조세 (예) 대부분의 조세
3. 담세자와 납세자의무자가 동일한지 여부	직 접 세	조세를 부담하는 자와 납부하는 자가 동일한 조세 (예) 법인세, 소득세, 상속세 등
	간 접 세	조세를 부담하는 자와 조세를 납부하는 자가 동일하지 아니한 조세 (예) 부가가치세, 개별소비세, 주세 등
4. 납세의무자의 인적사항 고려여부	인 세	납세의무자의 담세능력(인적사항)을 고려하여 부과하는 조세 (예) 법인세, 소득세, 상속세, 증여세 등
	물 세	납세의무자의 담세능력을 고려하지 않고 수익 또는 재산 그 자체에 대하여 부과하는 조세 (예) 부가가치세, 재산세, 자동차세

2 부가가치세의 특징

1. 일반소비세	특정재화는 개별소비세
2. 소비형부가가치세	소비지출에 과세
3. 전단계세액공제법	납부세액 = 매출세액 – 매입세액
4. 간접세	**납세의무자와 담세자(소비자)가 불일치**
5. 소비지국과세원칙	영세율제도
6. 면세제도	부가가치세의 역진성 완화목적
7. 다단계거래세	모든 거래의 단계마다 과세됨

3 납세의무자 – 사업자

☞ ① 사업적　② 독립성(인적, 물적)　③ **영리목적유무 불구**

유 형		구 분 기 준	부가가치세 계산구조	증빙발급
부가가치세법	일반 과세자	① 법인사업자	매출세액 – 매입세액	**세금계산서**
		② 개인사업자		
	간이 과세자	개인사업자로서 직전 **1역년의 공급대가가 1억4백만원**에 미달하는 자	공급대가[*1] ×부가가치율×10%	세금계산서[*2] 또는 영수증
소득세법	면세 사업자	부가가치세법상 사업자가 아니고 소득세법(법인세법)상 사업자임.	납세의무 없음	**계산서**

*1. 공급대가 = 공급가액 + 부가가치세액

*2. 직전연도 공급대가 합계액의 4,800만원 이상의 간이과세자는 세금계산서를 발급해야 한다.

4 납세지(사업장별 과세원칙)

(1) 사업장의 범위 : 업종별 특성을 이해하세요.

광 업	광업사무소의 소재지
제 조 업	**최종제품을 완성하는 장소**
건설업 · 운수업과 부동산매매업	① 법인 : **당해 법인의 등기부상 소재지**
	② 개인 : **업무를 총괄하는 장소**

부동산임대업	**당해 부동산의 등기부상의 소재지**
무인자동판매기를 통한 사업	그 사업에 관한 **업무를 총괄하는 장소**
비거주자 · 외국법인	국내사업장
기타	사업장 외의 장소도 사업자의 신청에 의하여 사업장으로 등록할 수 있다.

(2) 특수한경우의 사업장여부

직매장	**사업장에 해당**
하치장	**사업장에 해당하지 않음**
임시사업장	기존사업장에 포함

〈사업장별과세원칙의 예외〉 주사업장 총괄납부, 사업자단위과세제도

구 분	주사업장총괄납부	사업자단위과세
주사업장 또는 사업자단위과세사업장	-법인 : 본점 또는 지점 -개인 : 주사무소	-법인 : 본점 -개인 : 주사무소
효 력	-**총괄납부**	-**총괄신고 · 납부** -**사업자등록, 세금계산서발급, 결정 등**
	-판매목적 타사업장 반출에 대한 공급의제 배제	
신청 및 포기	-계속사업자의 경우 과세기간 개시 20일 전(승인사항이 아니다)	

5 과세기간

	과세기간		신고납부기한
제1기	1월 1일 – 6월 30일	예정 : 1월 1일 – 3월 31일	4월 25일
		확정 : 4월 1일 – 6월 30일	7월 25일
제2기	7월 1일 – 12월 31일	예정 : 7월 1일 – 9월 30일	10월 25일
		확정 : 10월 1일 – 12월 31일	익년 1월 25일
기타	• 신규사업자 : 사업개시일 ~ 당해 과세기간의 종료일 • 폐업자 : 당해 과세기간 개시일 ~ **폐업일** • 간이과세자 : 1.1~12.31		

6 사업자등록

1. 신청기한	사업장마다 **사업개시일로부터 20일 이내**에 사업자등록을 신청 다만, 신규로 사업을 개시하는 자는 **사업개시일전이라도 사업자등록 신청을 할 수 있다.**
2. 사업개시일	**1. 제조업 : 제조장별로 재화의 제조를 개시하는 날** 2. 광업 : 사업장별로 광물의 채취 · 채광을 개시하는 날 **3. 기타 : 재화 또는 용역의 공급을 개시하는 날**
3. 정정사유	**상호변경, 상속으로 명의 변경시 등** **(수증시 증여자는 폐업사유이고, 수증자는 신규사업등록사항임.)**

7 과세대상

1. 재화의 공급	계약상 또는 법률상의 모든 원인에 의하여 재화를 인도/양도하는 것
	[제외] 1. 재화를 **담보를 제공**하거나 2. **소정 법률에 의한 경매, 공매** 3. **조세의 물납** 4. 소정법률에 의한 수용시 받는 대가 5. **사업장 전체를 포괄양도**하는 것
2. 용역의 공급	계약상 또는 법률상의 모든 원인에 의하여 역무를 제공하거나 재화 · 시설물 또는 권리를 사용하게 하는 것
3. 재화의 수입	외국으로부터 우리나라에 도착된 물품 등

8 재화의 무상공급(간주공급)

1. 자가공급	1. 면세전용
	2. 비영업용소형승용차와 그 유지를 위한 재화
	3. 직매장반출 → **세금계산서 발행**(예외 : 주사업장총괄납부 등)
2. 개인적공급	사업과 직접 관련 없이 자기가 사용 · 소비하는 경우 **→ 작업복, 직장체육비, 직장문화(연예)비와 10만원 이하 경조사와 10만원 이하 명절 · 기념일 관련재화는 제외**
3. 사업상증여	자기의 고객이나 불특정다수에게 증여하는 경우 **→ 견본품, 광고선전물은 제외**
4. 폐업시 잔존재화	사업자가 사업을 폐지하는 때에 잔존재화

☞ **용역의 무상공급은 과세대상에서 제외. 다만, 특수관계자간 부동산무상임대는 과세**

9 재화와 용역의 공급시기

재화	일반적기준	1. 재화의 이동이 필요한 경우 : **재화가 인도되는 때** 2. 재화의 이동이 필요하지 아니한 경우 : 재화가 이용가능하게 되는 때 3. 이외의 경우는 재화의 공급이 확정되는 때
	거래형태별 공급시기	1. 현금판매, 외상판매, 단기할부판매 : 재화가 인도되거나 이용가능하게 되는 때 **2. 장기할부판매, 완성도기준지급, 중간지급조건부, 계속적 공급 : 대가의 각 부분을 받기로 때** **3. 수출재화 : 수출재화의 선적일**
용역	일반적 기준	역무가 제공되거나 재화, 시설물 또는 권리가 사용되는 때
	거래형태별 공급시기	1. 통상적인 경우 : 역무의 제공이 완료되는 때 2. 완성도기준지급, 중간지급, 장기할부 또는 기타 조건부 용역공급 : 대가의 각 부분을 받기로 한 때 3. 이외 : 역무의 제공이 완료되고 그 공급가액이 확정되는 때 **4. 간주임대료 : 예정신고기간 또는 과세기간의 종료일**

10 영세율

1. 개 요	재화와 용역의 공급에 대하여 "0"의 세율을 적용하는 것 **완전면세제도** → 매출세액은 발생하지 아니하고 부담한 매입세액은 전액 환급받게 되므로 부가가치세 부담이 완전히 면제된다.
2. 취 지	1. **소비지국 과세원칙(국가간 이중과세방지)** 2. 수출산업의 지원 · 육성
3. 사업자	과세사업자(일반과세자, 간이과세자)
4. 대상거래	1. 수출하는 재화(일반수출, 내국신용장에 의한 공급등) 2. 국외에서 제공하는 용역(해외건설용역) 3. 선박, 항공기의 외국항행용역 등
5. 세금계산서	직수출의 경우 세금계산서 교부의무가 면제되지만, **내국신용장 또는 구매확인서에 의한 간접수출의 경우에는 재화의 공급자인 사업자가 수출업자에게 세금계산서를 교부**해야 한다.

11 면세

1. 개 요	**부분면세제도** → 매출세액은 없고 매입세액은 환급받을 수 없다.	
2. 취 지	소비자의 세부담 역진성 완화	
3. 면세대상	1. 미가공식료품, 수돗물, 연탄 등 생활필수품(**생수, 착화탄은 과세**) 2. 여객운송용역 : 일반버스, 시내버스, 연안여객선, 지하철, **고속버스(우등 제외)** – 제외 : 택시, 항공기, 고속철도, 전세버스, 자동차대여사업 3. 주택과 이에 부수되는 토지의 임대용역 4. 의료보건용역(산후조리원, 기초생활수급자가 기르는 애완동물용역 포함) → 혈액(질병치료목적의 동물혈액 포함, 개정세법 25) 5. 교육용역(단,정부의 인허가를 받은 경우, **운전학원은 과세**) 6. 도서 [도서대여 및 실내 도서 열람용역 포함], 신문(인터넷신문구독료 포함), 잡지, 통신등 → **광고는 과세** 7. 토지 8. 국민주택과 당해 주택의 건설용역 9. 금융 · 보험용역	
4. 기 타	부동산의 공급(재화의 공급)	부동산의 임대(용역의 제공)
	1. **토지의 공급 : 면세** 2. 건물의 공급 : 과세(예외 : 국민주택)	1. 원칙 : 과세 2. 예외 : 주택 및 부수토지의 임대는 면세

〈면세 vs 영세율〉

구 분	내 용	
	면 세	영 세 율
기본원리	면세거래에 납세의무 면제 ① 매출세액 : 징수 없음(결국 “0”) ② **매입세액 : 환급되지 않음**	일정 과세거래에 0%세율 적용 ① 매출세액 : 0 ② **매입세액 : 전액환급**
면세 정도	**부분면세(불완전면세)**	**완전면세**
대상	기초생활필수품 등	수출 등 외화획득재화 · 용역의 공급
부가가치세법상 의무	부가가치세법상 각종 의무를 이행할 필요가 없으나 다음의 협력의무는 있다. - 매입처별세금계산서합계표제출 등	영세율 사업자는 부가가치세법상 사업자이므로 부가가치세법상 제반의무를 이행하여야 한다.
사업자 여부	**부가가치세법상 사업자가 아님**	**부가가치세법상 사업자임**
취지	**세부담의 역진성 완화**	**국제적 이중과세의 방지** **수출산업의 지원**

12 과세표준

<table>
<tr><td rowspan="3">1. 일반원칙</td><td>금전으로 대가를 받는 경우</td><td colspan="2">그 대가</td></tr>
<tr><td>금전 이외의 대가를 받는 경우</td><td colspan="2">공급한 재화 또는 용역의 시가</td></tr>
<tr><td colspan="3">시가 : 사업자와 제3자간의 정상적인 거래에 있어서 형성되는 가격</td></tr>
<tr><td>2. 거래유형별 과세표준</td><td colspan="3">1. 외상판매, 할부판매 : 공급한 재화의 총가액
2. 장기할부판매 : 계약에 따라 받기로 한 대가의 각 부분
→ 할부판매(장단기)의 경우 이자상당액 포함
3. 완성도, 중간지급조건 등 : 계약에 따라 받기로 한 대가의 각 부분</td></tr>
<tr><td>3. 과세표준에 포함되지 않는 금액</td><td colspan="3">1. 매출에누리, 매출환입, 매출할인
2. 구매받는 자에게 도달하기 전에 파손 또는 멸실된 재화의 가액
3. 재화 등의 공급과 직접 관련되지 않는 국고보조금
4. 반환조건부 용기대금과 포장비용
5. 대가와 구분하여 기재한 종업원 봉사료
6. 공급대가의 지급지연으로 받는 연체이자</td></tr>
<tr><td>4. 과세표준에 포함하는 항목</td><td colspan="3">1. 할부판매의 이자상당액
2. 대가의 일부분으로 받는 운송비, 포장비, 하역비, 운송보험료, 산재보험료 등</td></tr>
<tr><td>5. 과세표준에서 공제하지 않는 것</td><td colspan="3">1. 대손금(대손세액공제사항임)
2. 판매장려금
3. 하자보증금</td></tr>
<tr><td rowspan="3">6. 외국통화 수령시</td><td rowspan="2">공급시기 도래 전에 외화수령</td><td>환가</td><td>그 환가한 금액</td></tr>
<tr><td>미환가</td><td rowspan="2">공급시기(선적일)의 기준환율 또는 재정환율에 의하여 계산한 금액</td></tr>
<tr><td colspan="2">공급시기 이후에 외국통화로 지급받은 경우</td></tr>
<tr><td>7. 재화의 수입</td><td colspan="3">관세의 과세가격+관세+개별소비세 등</td></tr>
<tr><td>8. 간주공급</td><td colspan="3">1. 원 칙 : 당해 재화의 시가
2. 판매목적 타사업장 반출 : 취득가액 또는 세금계산서 기재액</td></tr>
<tr><td>9. 간주임대료</td><td colspan="3">해당 기간의 임대보증금×정기예금 이자율×임대일수/365일(366일)</td></tr>
</table>

13 세금계산서

1. 보관기간	**5년**
2. 작 성	**1. 필요적 기재사항** ① **공급자의 등록번호와 성명 또는 명칭** ② **공급받는 자의 등록번호** ③ **작성년월일** ④ **공급가액과 부가가치세액** 2. 임의적 기재사항 : 공급자의 주소, 공급받는 자의 상호, 성명, 주소 등
3. 발급시기	**1. 일반적 : 공급한 때에 발급** 2. 공급시기전 발급 : 대가의 전부 또는 일부를 받고 당해 받은 대가에 대하여 세금계산서 발급시 3. 공급시기후 : **월합계세금계산서는 말일자를 발행일자로 하여 익월 10일까지 교부**
4. 발급면제	**1. 부가가치세법에서 규정한 영수증발급대상사업** ① **목욕, 이발, 미용업** ② **여객운송업(전세버스운송사업은 제외)** ③ **입장권을 발행하여 영위하는 사업** 2. 재화의 간주공급 : 직매장반출은 발급의무 **3. 간주임대료** **4. 영세율적용대상 재화, 용역** **- 국내수출분(내국신용장, 구매확인서 등)은 발급대상**

14 전자세금계산서

1. 의무자	**법인사업자, 개인사업자(일정규모 이상)** [전자세금계산서 발급의무 개인사업자] 공급가액(과세+면세) 기준년도 / 기준금액 / 발급의무기간 20x0년 / 8천만원 / 20x1. 7. 1~ 계속
2. 발급기한	공급시기(월합계세금계산서의 경우 다음달 10일까지 가능)
3. 전 송	**발급일의 다음날**
4. 혜 택	**1. 세금계산합계표 제출의무면제** 2. 세금계산서 5년간 보존의무면제 3. 직전연도 공급가액 3억원 미만인 개인사업자에 대하여 전자세금계산서 발급세액공제 (발급건당 200원, 연간한도 100만원)가 적용된다.

[전자세금계산서 발급의무 개인사업자]

공급가액(과세+면세) 기준년도	기준금액	발급의무기간
20x0년	8천만원	20x1. 7. 1~ 계속

15 대손세액공제

1. 대손사유	1. 파산, 강제집행, 사망, 실종 2. 회사정리인가 3. 부도발생일로 부터 **6월 이상 경과한 어음·수표 및 외상매출금** (중소기업의 외상매출금으로서 부도발생일 이전의 것) 4. 소멸시효 완성채권 5. **회수기일이 6개월 이상 지난 채권 중 채권가액이 30만원 이하**
2. 공제시기	대손사유가 발생한 과세기간의 **확정신고시 공제** ☞ 대손기한 : **공급일로 부터 10년이 되는 날이 속하는 과세기간에 대한 확정신고기한까지**
3. 공 제 액	대손금액(VAT 포함) × 10/110

16 매입세액공제

1. 세금계산서 수취분	
2. 신용카드매출전표 등 수취	신용카드영수증, 현금영수증, 직불카드 등
3. 매입자발행세금계산서	**공급대가가 5만원 이상인 거래**
4. 의제매입세액	**면세농산물 등을 가공 후 과세재화로 판매시 일정액을 공제**

☞ **예정신고시 공제받지 못한 매입세액은 확정신고시 공제**

17 공제받지 못할 매입세액

<table>
<tr><th colspan="2">사 유</th><th>내 역</th></tr>
<tr><td rowspan="3">협력의무 불이행</td><td colspan="2">① 세금계산서 미수취·불명분 매입세액</td></tr>
<tr><td colspan="2">② 매입처별세금계산합계표 미제출·불명분매입세액</td></tr>
<tr><td>③ 사업자등록 전 매입세액</td><td>공급시기가 속하는 과세기간이 끝난 후 20일 이내에 등록을 신청한 경우 등록신청일부터 공급시기가 속하는 과세기간 개시일(1.1 또는 7.1)까지 역산한 기간 내의 것은 제외한다</td></tr>
<tr><td rowspan="3">부가가치 미창출</td><td colspan="2">④ 사업과 직접 관련 없는 지출</td></tr>
<tr><td>⑤ 비영업용소형승용차 구입·유지·임차</td><td>8인승 이하, 배기량 1,000cc 초과(1,000cc 이하 경차는 제외), 지프형승용차, 캠핑용자동차, 이륜자동차(125cc초과) 관련 세액</td></tr>
<tr><td colspan="2">⑥ 기업업무추진비(접대비) 및 이와 유사한 비용의 지출에 대한 매입세액</td></tr>
</table>

	⑦ 면세사업과 관련된 매입세액	
	⑧ 토지관련 매입세액	**토지의 취득 및 조성 등에 관련 매입세액**

18 예정신고 및 납부

1. 원 칙	**법 인**	**신고의무. 다만, 영세법인사업자(직전과세기간 과세표준 1.5억 미만)에 대하여는 고지징수**
	개 인	**고지납부**
2. 고지납부	대상자	예정고지세액이 **50만원 미만인 경우 징수안함** 고지금액 : 직전 과세기간에 대한 납부세액의 50%
	선택적 예정신고	1. 휴업/사업부진 등으로 인하여 직전과세기간 대비 공급가액 (또는 납부세액)이 1/3에 미달하는 자 2. 조기환급을 받고자 하는 자

19 환급

1. 일반환급	확정신고기한 경과 후 **30일 이내에 환급** **(예정신고의 환급세액은 확정신고시 납부세액에서 차감)**	
2. 조기환급	**대 상**	**1. 영세율 적용 대상이 있는 때** **2. 사업설비를 신설, 취득, 확장, 증축(감가상각자산)** 3. 재무구조개선계획을 이행 중인 사업자
	기 한	조기환급 신고기한(매월 또는 2개월 단위로 신고가능) 경과 후 **15일 이내에 환급**

20 간이과세자

1. 판정방법	- 직전 1역년의 공급대가의 합계액이 **1억 4백만원 미만인 개인사업자**로서 각 사업장 매출액의 합계액으로 판정(**법인사업자는 간이과세적용 불가**) **- 직전연도 공급대가 합계액이 4,800만원 이상인 부동산임대업 및 과세유흥장소는 적용배제**
2. 적용배제 업종 등	① 광업 ② 도매업 ③ 제조업 ④ 부동산매매업 및 일정한 부동산임대업 등

3. 세금계산서 발급의무	1 원칙 : 세금계산서 발급의무 2. 예외 : 영수증 발급 ① 간이과세자 중 **신규사업자 및 직전연도 공급대가 합계액이 4,800만원 미만** ② 주로 사업자가 아닌 자에게 재화 등을 공급하는 사업자(소매업, 음식점업 등) 다만 소매업, 음식점업, 숙박업 등은 공급받는 자가 요구하는 경우 세금계산서 발급의무
4. 신고 및 납부	**1기 : 1.1 ~ 12.31(1년간)** ☞ 예정부과제도 ① 예정부과기간 : 1.1~6.30 ② 고지징수 : 직전납부세액의 1/2을 고지징수(7/25), **50만원 미만은 소액부징수**
5. 과세유형 변경	1역년의 공급대가가 기준금액(1억 4백만원)에 미달되거나 그 이상의 되는 해의 **다음해 7월 1일을 과세유형전환의 과세기간**으로 한다.

Chapter

2 분개연습 (매입매출전표)

<매입매출전표 유형선택 : ***증빙을 보시고 판단하세요!!!!***>

매출유형	증 빙		매입유형
11.과세	(전자)세금계산서	공제 → 51.과세 / 불공제 → 54.불공	51.과세
12.영세	(전자)영세율세금계산서		52.영세
13.면세	(전자)계산서		53.면세
14.건별	증빙없음/일반영수증	불공제	54.불공
16.수출	직수출	수입전자세금계산서	55.수입
17.카과	신용카드영수증(과세)		57.카과
18.카면	신용카드영수증(면세)		58.카면
22.현과	현금영수증(과세)		61.현과
23.현면	현금영수증(면세)		62.현면

[1] 사업자가 아닌 개인 김미숙(641028 – 213591)에게 상품(공급가액 300,000원, 부가가치세 30,000원)을 판매하고 전자세금계산서를 교부하였고 현금을 수취하였다.

[과세유형] [공급가액] [세액]

[분개]

[2] 서울중고차에 사용중인 차량을 매각하고 전자세금계산서를 교부하였다. 대금은 한달 후에 받기로 하다.

- 차량취득원가 : 9,000,000원
- 감가상각누계액 : 3,000,000원
- 매각대금 : 4,000,000원(부가가치세 별도)

[과세유형] [공급가액] [세액]

[분개]

[3] ㈜영인에 판매한 제품 중 불량(제품, 1대, @100,000원)이 있어 반품 받고 전자세금계산서를 발행하였다. 대금은 외상대금과 상계하기로 하였다.

[과세유형] [공급가액] [세액]

[분개]

[4] ㈜영인에 Local L/C에 의하여 제품(제품 10대, 단가 @100,000원)을 납품하였다. 영세율전자세금계산서를 발행하였다. 대금은 전액 외상으로 하다.

[과세유형] [공급가액] [세액]

[분개]

[5] (주)일진에 제품 100개(판매단가 @10,000원, 부가가치세 별도)를 외상으로 납품하면서 전자세금계산서를 발급하였다. 대금은 거래수량에 따라 공급가액 중 전체금액의 5%를 에누리해주기로 하고, 나머지 판매대금은 30일 후 받기로 하였다.

[과세유형] [공급가액] [세액]

[분개]

[6] 해외거래처인 소니사로부터 수입한 원재료(¥100,000)와 관련하여, 김포세관으로부터 수입전자세금계산서를 교부받아 동 부가가치세액 100,000원와 관세 250,000원을 김포세관에 현금으로 완납하였다.
단, 부가가치세와 관세에 대해서만 회계처리하시오.
[과세유형] [공급가액] [세액]
[분개]

[7] (주)성진으로부터 내국신용장(Local L/C)에 의하여 원재료 1,000,000원을 공급받고 영세율 전자세금계산서를 발급받았으며, 대금 중 30%는 어음으로 지급하고 나머지 금액은 보통예금에서 이체 지급하였다.
[분개]

[8] 영업부에서 사용하던 4인승 소형승용차(999cc)의 고장으로 카센타에서 수리하고, 수리비 200,000원(부가가치세 별도)을 다음달 지급하기로 하고 전자세금계산서를 발급받았다.
[과세유형] [공급가액] [세액]
[분개]

[9] 수출신고서에 의해 제품($1,000, 1$당 환율 1,300원)을 미국의 sony.co.LTD에 직수출하고 대금은 전액 현금으로 받았다.
[과세유형] [공급가액] [세액]
[분개]

[10] ㈜온양에 원재료를 제공하여 가공을 의뢰했던 부품(부품가공비 공급대가 1,100,000원)을 받고 전자세금계산서를 교부받았다. 외주가공비로 처리하고 대금은 외상으로 하였다.
[과세유형] [공급가액] [세액]
[분개]

[11] 공장건물의 작업능률향상을 위하여 중앙집중식 냉난방설비공사를 실시하였으며, 공사대금 10,000,000원(부가가치세 별도)은 공사를 한 설비㈜에 약속어음(만기 1년이내)을 발행하여 지급하고 세금계산서를 수취하였다(냉난방설비공사는 자본적지출에 해당함).

[과세유형] [공급가액] [세액]

[분개]

[12] 공장의 원재료 매입처의 확장이전을 축하하기 위하여 양재화원에서 화분을 100,000원에 구입하여 전달하였다. 증빙으로 전자계산서를 수취하였으며, 대금은 외상으로 하였다.

[과세유형] [공급가액] [세액]

[분개]

[13] 공장식당에서 쌀을 천안농산으로부터 300,000원에 구입하고 전자계산서를 수취하였다. 당사는 매달 납품받은 쌀 구입대금을 일괄적으로 다음달 25일에 결제한다.

[과세유형] [공급가액] [세액]

[분개]

[14] 소형승용차(1,200CC, 취득가액 10,000,000원, 부가세별도, 전자세금계산서 수취)를 쌍용㈜에서 3개월 할부로 구입하고 최초 불입금 1,000,000원을 당좌수표를 발행하여 지급하였다.

[과세유형] [공급가액] [세액]

[분개]

[15] 당사 대표이사인 김길동씨의 집에서 사용할 목적으로 사성전자에서 에어컨을 1,000,000원(부가세별도)에 구입하고 회사 명의로 전자세금계산서를 수령하였고 회사의 현금으로 지급하였다.

[과세유형] [공급가액] [세액]

[분개]

[16] 영업부에서 사용할 소형승용차(2000cc)를 (주)렌탈에서 임차하고, 사용대금 330,000원 (부가세포함)을 현금으로 지급하고 전자세금계산서를 교부받았다.

[과세유형] [공급가액] [세액]

[분개]

[17] 다음은 ㈜카시오에서 구입한 계산기에 대한 신용카드영수증이다. 계산기는 경리부서 신입사원의 업무용으로 사용하고자 한다. 비용으로 처리하십시오.

신용카드 매출전표 Sales Slip (Credit Card)	
주문번호 1600778407/1575660976	카드종류 비씨
카드번호 5530-78**-****-2659	유효기간 **/**
승인번호 63399298	거래일자 [redacted]10-13 오후 7:41:55
거래유형 일시불	거래종류 신용거래
상품명 카시오계산기 JS-40TS	
금액	42,509
부가세	4,251
봉사료	
합계	46,760
가맹점 정보	
상호 (주)[redacted]	사업자등록번호 220-[redacted]
판매자 정보	
상호 (주)[redacted]	사업자등록번호 220-87-[redacted]
대표자명 [redacted]완	전화번호 02-[redacted]
과세유형 일반 과세자	사업장 주소 서울 강남구 [redacted] (개포동
본 영수증은 (주)이베이코리아에서 발행하는 신용카드매출전표입니다. 위 신용카드매출전표는 부가가치세법 제32조의 2 제3항에 의하여 발행되었으며, 동법 시행령 제57조 제2항에 의하여 세금계산서를 교부하지 않습니다.	

[과세유형] [공급가액] [세액]

[분개]

[18] 공장에 설치중인 기계의 성능을 시험해 보기로 하였다. 시운전을 위하여 김포주유소에서 휘발유 200리터를 330,000원(1,650원/리터)에 구입하고 대금은 국민카드로 지급하였다(신용카드 매출전표 상에 공급가액과 세액을 구분 표시하여 받음).

[과세유형] [공급가액] [세액]

[분개]

[19] 제품 야적장으로 사용할 목적으로 취득한 농지를 야적장 부지에 적합하도록 부지정리작업을 하고, 동 부지정리작업을 대행한 (주)토목으로부터 아래와 같은 내용의 전자세금계산서를 교부받았다. 단, 대금전액은 금일자로 당사발행 약속어음(만기 : 3개월)으로 지급하였다.

작성일자	품 목	공급가액	세 액	합 계	비 고
11.25	지반평탄화작업	7,000,000원	700,000원	7,700,000원	청 구

[과세유형] [공급가액] [세액]

[분개]

[20] 다음은 영업부서에서 복리후생 목적으로 사용하고자 구입한 내역이다. 현금영수증에 대해서 회계처리하시오.

㈜푸드				
123-52-66527			홍길동	
서울 송파구 문정동 101-2				
홈페이지 http://www.kacpta.or.kr				
현금(지출증빙)				
구매 20x1/12/10/17:06 거래번호 : 0026-0107				
상품명		수 량		금 액
커피, 음료수		10		22,000
		과세물품가액		20,000
		부 가 세		2,000
합 계				22,000
받은금액				30,000

[과세유형] [공급가액] [세액]

[분개]

[21] 추석을 맞이하여 사원들에게 추석선물용으로 다음과 같이 구입하고 계산서를 교부받았다.

계산서(공급받는자 보관용)								
						책번호	권	호
						일련번호	-	
공급자	등록번호	214-91-12345			공급받는자	등록번호	120-81-72054	
	상호(법인명)	천안농산	성명(대표자)	김도수		상호(법인명)	㈜백두	성명(대표자) 왕윤대
	사업장 주소	충남 천안 목천읍 용암리 10				사업장 주소	서울 서초 방배 100	
	업태	도소매	종목	수산물		업태	제조,도소매	종목 전자제품

작성				공급가액											비고
연	월	일	공란수	백	십	억	천	백	십	만	천	백	십	일	
×1	10	10	4					4	5	0	0	0	0	0	

월	일	품목	규격	수량	단가	공급가액	비고
10	10	사과세트		90	50,000	4,500,000	

합계금액	현금	수표	어음	외상미수금	이 금액을 영수/청구 함
4,500,000	2,000,000		2,500,000		

[과세유형] [공급가액] [세액]

[분개]

[22] 제품을 판매하고 발행한 전자세금계산서이다. 적절한 회계처리를 하시오.

전자세금계산서(공급자보관용)						승인번호	12121212-41000000-95842153		
						관리번호			
공급자	등록번호	120-81-72054	종사업장 번호		공급받는자	등록번호	108-81-18332	종사업장 번호	
	상호(법인명)	㈜백두	성명(대표자)	임택근		상호(법인명)	서울	성명(대표자)	이한국
	사업장 주소	서울시 서초구 방배동 100				사업장 주소	서울시 마포구 도화동 100		
	업태	제조, 도소매	종목	전자제품		업태	소매	종목	전자제품

작성			공급가액												세액										수정사유
년	월	일	천	백	십	억	천	백	십	만	천	백	십	일	십	억	천	백	십	만	천	백	십	일	
20×1	7	31						2	0	0	0	0	0	0					2	0	0	0	0	0	
비고																									

월	일	품목	규격	수량	단가	공급가액	세액	비고
7	31	전자제품		1		2,000,000	200,000	

합계금액	현금	수표	어음	외상미수금	이 금액을 영수/청구 함
2,200,000	500,000	600,000	700,000	400,000	

[과세유형] [공급가액] [세액]

[분개]

[23] 다음은 영업부서에서 거래처에게 공장 증축 기념으로 선물을 주기 위하여, LED-TV를 구입하고 수취한 전자세금계산서이다. 적절한 회계처리를 하시오.

전자세금계산서(공급받는자 보관용)	승인번호	12121212-41000000-95842153
	관리번호	

공급자	등록번호	120-81-72054	종사업장 번호		공급받는자	등록번호	108-81-18332	종사업장 번호	
	상호 (법인명)	한강	성명 (대표자)	임택근		상호 (법인명)	㈜백두	성명 (대표자)	왕윤대
	사업장 주소	서울시 서초구 방배동 100				사업장 주소	서울시 마포구 도화동 100		
	업태	제조,도소매	종목	전자제품		업태	소매	종목	전자제품

작성			공급가액												세액										수정사유
년	월	일	천	백	십	억	천	백	십	만	천	백	십	일	십	억	천	백	십	만	천	백	십	일	
20×1	9	30						1	0	0	0	0	0	0					1	0	0	0	0	0	

비고	

월	일	품목	규격	수량	단가	공급가액	세액	비고
9	30	LED-TV		1		1,000,000	100,000	

합계금액	현금	수표	어음	외상미수금	이 금액을 영수/청구 함
1,100,000	300,000			800,000	

[과세유형] [공급가액] [세액]

[분개]

분/개/연/습 (매입매출전표) 답안

[1]	유형	11.과세	공급가액	300,000	세액	30,000
	(차) 현 금		330,000	(대) 상품매출		300,000
				부가세예수금		30,000

[2]	유형	11.과세	공급가액	4,000,000	세액	400,000
	(차) 감가상각누계액(차량)		3,000,000	(대) 차량운반구		9,000,000
	미수금(서울중고차)		4,400,000	부가세예수금		400,000
	유형자산처분손실		2,000,000			

[3]	유형	11.과세	공급가액	△100,000	세액	△10,000
	(차) 외상매출금		−110,000	(대) 제품매출		−100,000
	((주)영인)			부가세예수금		−10,000

[4]	유형	12.영세	공급가액	1,000,000	세액	0
	(차) 외상매출금		1,000,000	(대) 제품매출		1,000,000
	((주)영인)					

[5]	유형	11.과세	공급가액	950,000	세액	95,000
	(차) 외상매출금		1,045,000	(대) 제품매출		950,000
	((주)일진)			부가세예수금		95,000
	☞ 공급가액(사전에누리) = 100개 × 10,000원 × 95% = 950,000원					

[6]	유형	55.수입	공급가액	1,000,000	세액	100,000
	(차) 부가세대급금		100,000	(대) 현 금		350,000
	원재료		250,000			
	☞ 수입시 관세는 취득부대비용(원재료)으로 회계처리한다.					

[7]	유형	51.영세	공급가액	1,000,000	세액	0
	(차) 원재료		1,000,000	(대) 보통예금		700,000
				지급어음((주)성진)		300,000

[8]	유형	51.과세	공급가액	200,000	세액	20,000
	(차)	차량유지비(판)	200,000	(대) 미지급금(카센터)		220,000
		부가세대급금	20,000			
	☞ 1,000CC이하의 소형승용차는 매입세액 공제대상임					

[9]	유형	16.수출	공급가액	1,300,000	세액	0
	(차)	현 금	1,300,000	(대) 제품매출		1,300,000

[10]	유형	51.과세	공급가액	1,000,000	세액	100,000
	(차)	외주가공비(제)	1,000,000	(대) 미지급금((주)온양)		1,100,000
		부가세대급금	100,000			

[11]	유형	51.과세	공급가액	10,000,000	세액	1,000,000
	(차)	건 물	10,000,000	(대) 미지급금(설비(주))		11,000,000
		부가세대급금	1,000,000			
	☞ 상거래(회사의 고유목적사업) 이외의 거래에서는 어음을 발행했다 하더라도 미지급금계정을 사용한다.					

[12]	유형	53.면세	공급가액	100,000	세액	0
	(차)	기업업무추진비(제)	100,000	(대) 미지급금(양재화원)		100,000

[13]	유형	53.면세	공급가액	300,000	세액	0
	(차)	복리후생비(제)	300,000	(대) 미지급금(천안농산)		300,000

[14]	유형	54.불공	공급가액	10,000,000	세액	1,000,000
	(차)	차량운반구	11,000,000	(대) 당좌예금		1,000,000
				미지급금(쌍용(주))		10,000,000

[15]	유형	54.불공	공급가액	1,000,000	세액	100,000
	(차)	가지급금(김길동)	1,100,000	(대) 현 금		1,100,000
	☞ 사업과 무관한 지출로서 매입세액 불공제이고, 해당 금액은 업무무관가지급금에 해당한다.					

[16]

유형	54.불공	공급가액	300,000	세액	30,000

(차)	임차료(판)	330,000	(대) 현 금	330,000

☞ 비영업용소형승용차의 임차도 매입세액불공제이다.

[17]

유형	57.카과	공급가액	42,509	세액	4,251

(차)	소모품비(판)	42,509	(대) 미지급금(비씨카드)	46,760
	부가세대급금	4,251		

[18]

유형	57.카과	공급가액	300,000	세액	30,000

(차)	기계장치	300,000	(대) 미지급금(국민카드)	330,000
	부가세대급금	30,000		

[19]

유형	54.불공	공급가액	7,000,000	세액	700,000

(차)	토 지	7,700,000	(대) 미지급금((주)토목)	7,700,000

☞ 토지관련매입세액으로서 매입세액 불공제대상이다.

[20]

유형	61.현과	공급가액	20,000	세액	2,000

(차)	복리후생비(판)	20,000	(대) 현 금	22,000
	부가세대급금	2,000		

[21]

유형	53.면세	공급가액	4,500,000	세액	0

(차)	복리후생비(판)	4,500,000	(대) 현 금	2,000,000
			미지급금(천안농산)	2,500,000

[22]

유형	11.과세	공급가액	2,000,000	세액	200,000

(차)	현 금	1,100,000	(대) 제품매출	2,000,000
	받을어음(서울)	700,000	부가세예수금	200,000
	외상매출금(서울)	400,000		

[23]

유형	54.불공	공급가액	1,000,000	세액	100,000

(차)	기업업무추진비(판)	1,100,000	(대) 현 금	300,000
			미지급금(한강)	800,000

Chapter

전산실무 3

Login

로그인 전산회계1급 핵심요약 및 기출문제

1 전기분 재무제표 수정

재무상태표(재고자산) → 제조원가명세서 → 손익계산서 → 잉여금처분계산서 → 재무상태표

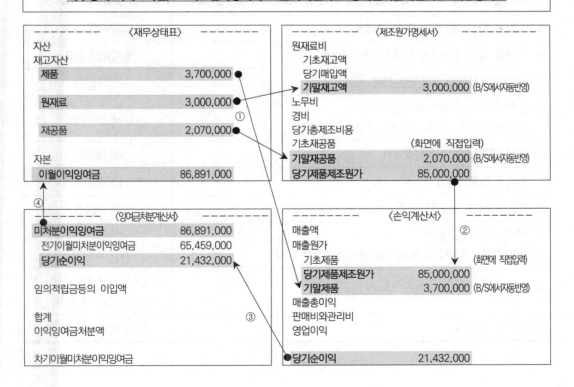

〈재무상태표〉

자산	
재고자산	
제품	3,700,000
원재료	3,000,000
①	
재공품	2,070,000
자본	
이월이익잉여금	86,891,000

〈제조원가명세서〉

원재료비		
기초재고액		
당기매입액		
기말재고액	3,000,000	(B/S에서자동반영)
노무비		
경비		
당기총제조비용		
기초재공품	(화면에 직접입력)	
기말재공품	2,070,000	(B/S에서자동반영)
당기제품제조원가	85,000,000	

④

〈잉여금처분계산서〉

미처분이익잉여금	86,891,000
전기이월미처분이익잉여금	65,459,000
당기순이익	21,432,000
임의적립금등의 이입액	
합계	③
이익잉여금처분액	
차기이월미처분이익잉여금	

〈손익계산서〉

매출액	②	
매출원가		
기초제품		(화면에 직접입력)
당기제품제조원가	85,000,000	
기말제품	3,700,000	(B/S에서자동반영)
매출총이익		
판매비와관리비		
영업이익		
당기순이익	21,432,000	

2 결산자료입력 – KcLep

1. 수동결산	1. 자동결산 이외 2. 대손충당금환입, 퇴직급여충당부채 환입, 재고자산 비정상감모손실은 수동결산으로 입력
2. 자동결산	1. 재고자산의 기말재고액(상품, 제품, 원재료, 재공품) 2. 유무형자산의 상각비 3. 퇴직급여충당부채 당기 전입액 4. 채권에 대한 대손상각비(보충법) 5. 법인세계상 ☞ ② ③ ④ ⑤는 수동결산도 가능하나, 자동결산이 편리하다.
3. 권장순서	**수동결산 → 자동결산**

3 장부조회

조회문제는 하나의 장부에 답이 있는 게 아니라, 여러 가지 장부를 조회하여 해답을 찾을 수 있습니다.

1. 계정과목에 대한 월별잔액비교문제	총계정원장
2. 기간을 주고 현금거래액 또는 대체거래액	**월계표/일계표**
3. 채권/채무거래중 **거래처별 잔액** 비교	거래처원장
4. 일정시점을 주고 계정과목별금액 비교 (재무상태표계정 : 누계, 손익계산서계정 : 1.1~해당월)	합계잔액시산표
5. **계정과목별금액 상세현황내역**	계정별원장
6. 현금의 **입출금내역**	현금출납장
7. **매입매출전표 유형별 집계**(과세, 면세, 카과, 현과 등)	매입매출장
8. **부가가치세 신고관련 (과세표준, 매출세액, 매입세액, 불공제매입세액 등)**	**부가가치세 신고서**
9. 세금계산서 관련(매출처별, 매입처별)	(세금)계산서합계표/ (세금)계산서 현황
10. 전기와 비교시	재무상태표/손익계산서

Chapter

장부조회 4

로그인 전산회계1급 핵심요약 및 기출문제

1. 월계표

(주)백두의 1~3월 월계표를 조회한 결과이다.

일계표 | 월계표

조회기간 : 년 01월 ~ 년 03월

차변			계정과목	대변		
계	대체	현금		현금	대체	계
			4.매출	67,869,091	248,460,913	316,330,004
			상품매출	2,609,091	16,021,821	18,630,912
			제품매출	65,260,000	232,439,092	297,699,092
20,785,040	378,000	20,407,040	5.제조원가			
14,050,000	378,000	13,672,000	<노무비>			
14,050,000	378,000	13,672,000	임금			
6,735,040		6,735,040	<제조경비>			
1,972,900		1,972,900	복리후생비			
179,500		179,500	여비교통비			
68,000		68,000	통신비			
388,840		388,840	가스수도료			
1,625,000		1,625,000	전력비			
156,000		156,000	세금과공과			
181,000		181,000	수선비			
1,737,500		1,737,500	차량유지비			
30,000		30,000	도서인쇄비			
271,300		271,300	소모품비			
125,000		125,000	잡비			
32,908,100	4,100,000	28,808,100	6.판매비및일반관리비			
18,700,000		18,700,000	급여			
327,900		327,900	복리후생비			
818,181,101	632,383,004	185,798,097	금월소계	180,226,000	632,383,004	812,609,004
124,427,903		124,427,903	금월잔고/전월잔고	130,000,000		130,000,000
942,609,004	632,383,004	310,226,000	합계	310,226,000	632,383,004	942,609,004

1. 1~3월 제조원가 중 가장 많이 지출한 계정과목은 무엇인가?

2. 1~3월 제조원가의 대체거래액은 얼마인가?

3. 1~3월 상품매출의 현금판매액은 얼마인가?

해답

1. 임금
2. 378,000원
3. 2,609,091원

일계표 | 월계표

조회기간 : 년 01월 ~ 년 03월

차변			계정과목	대변		
계	대체	현금		현금	대체	계
			4.매출	67,869,091	248,460,913	316,330,004
			상품매출	2,609,091	16,021,821	18,630,912
			제품매출	65,260,000	232,439,092	297,699,092
20,785,040	378,000	20,407,040	5.제조원가			
14,050,000	378,000	13,672,000	<노무비>			
14,050,000	378,000	13,672,000	임금			
6,735,040		6,735,040	<제조경비>			
1,972,900		1,972,900	복리후생비			
179,500		179,500	여비교통비			
68,000		68,000	통신비			
388,840		388,840	가스수도료			
1,625,000		1,625,000	전력비			
156,000		156,000	세금과공과			
181,000		181,000	수선비			
1,737,500		1,737,500	차량유지비			
30,000		30,000	도서인쇄비			
271,300		271,300	소모품비			
125,000		125,000	잡비			
32,908,100	4,100,000	28,808,100	6.판매비및일반관리비			
18,700,000		18,700,000	급여			
327,900		327,900	복리후생비			
818,181,101	632,383,004	185,798,097	금월소계	180,226,000	632,383,004	812,609,004
124,427,903		124,427,903	금월잔고/전월잔고	130,000,000		130,000,000
942,609,004	632,383,004	310,226,000	합계	310,226,000	632,383,004	942,609,004

2. 현금출납장

(주)백두의 1월 11일부터 1월 15일까지 현금 현금출납장을 조회한 결과이다.

기간 : 년 1월 11일 ~ 년 1월 15일

일자	코드	적요	코드	거래처	입금	출금	잔액
		[전일이월]			137,948,043		137,948,043
01-11	1	유류대 지급				20,000	137,928,043
01-13		제품	00119	(주)승리전자	700,000		
01-13		제품	00119	(주)승리전자	7,000,000		
01-13	1	유류대 지급				200,000	145,428,043
01-14	2	차량수리비 지급				180,000	
01-14		직원 식대				48,000	145,200,043
01-15		제품	00165	(주)서울상사	3,000,000		
01-15		제품	00112	(주)부평	8,100,000		
01-15	2	기계수선비 지급				56,000	
01-15		재료	00142	(주)전자나라		154,000	
01-15		재료	00142	(주)전자나라		1,540,000	154,550,043
		[월계]			18,800,000	2,198,000	
		[누계]			161,560,000	7,009,957	

1. 1월 10일 현금 잔액은 얼마인가?

2. 1월 15일 현금 잔액은 얼마인가?

3. 1월 11일부터 15일까지 현금 출금액은 얼마인가?

해답

1. 137,948,043원
2. 154,550,043원
3. 2,198,000원

기 간 년 1 월 11 일 ~ 년 1 월 15 일

일자	코드	적 요	코드	거 래 처	입 금	출 금	잔 액
		[전 일 이 월]			137,948,043		137,948,043
01-11	1	유류대 지급				20,000	137,928,043
01-13		제품	00119	(주)승리전자	700,000		
01-13		제품	00119	(주)승리전자	7,000,000		
01-13	1	유류대 지급				200,000	145,428,043
01-14	2	차량수리비 지급				180,000	
01-14		직원 식대				48,000	145,200,043
01-15		제품	00165	(주)서울상사	3,000,000		
01-15		제품	00112	(주)부평	8,100,000		
01-15	2	기계수선비 지급				56,000	
01-15		재료	00142	(주)전자나라		154,000	
01-15		재료	00142	(주)전자나라		1,540,000	154,550,043
		[월 계]			18,800,000	2,198,000	
		[누 계]			161,560,000	7,009,957	

3. 총계정원장

(주)백두의 총계정원장(1.1~12.31)중 외상매입금을 조회한 결과이다.

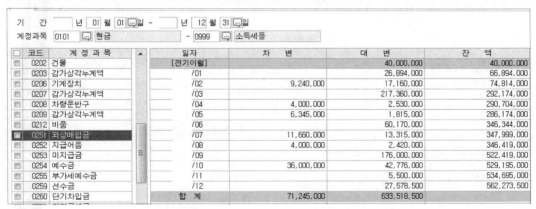

기 간 년 01 월 01 일 ~ 년 12 월 31 일

계정과목 0101 현금 ~ 0999 소득세등

코드	계 정 과 목
0202	건물
0203	감가상각누계액
0206	기계장치
0207	감가상각누계액
0208	차량운반구
0209	감가상각누계액
0212	비품
0251	외상매입금
0252	지급어음
0253	미지급금
0254	예수금
0255	부가세예수금
0259	선수금
0260	단기차입금

일자	차 변	대 변	잔 액
[전기이월]		40,000,000	40,000,000
/01		26,894,000	66,894,000
/02	9,240,000	17,160,000	74,814,000
/03		217,360,000	292,174,000
/04	4,000,000	2,530,000	290,704,000
/05	6,345,000	1,815,000	286,174,000
/06		60,170,000	346,344,000
/07	11,660,000	13,315,000	347,999,000
/08	4,000,000	2,420,000	346,419,000
/09		176,000,000	522,419,000
/10	36,000,000	42,776,000	529,195,000
/11		5,500,000	534,695,000
/12		27,578,500	562,273,500
합 계	71,245,000	633,518,500	

1. 상반기(1~6월)중 외상매입금의 잔액이 가장 큰 달은 언제이고 금액은 얼마인가?

2. 하반기중 외상매입금이 가장 증가한 달은 언제이고 금액은 얼마인가?

3. 10월달 외상매입금을 상환한 금액은 얼마인가?

해답

1. 6월, 346,344,000원
2. 9월, 176,000,000원
3. 36,000,000원

기 간 년 01 월 01 일 ~ 년 12 월 31 일
계정과목 0101 현금 ~ 0999 소득세등

코드	계 정 과 목
0202	건물
0203	감가상각누계액
0206	기계장치
0207	감가상각누계액
0208	차량운반구
0209	감가상각누계액
0212	비품
0251	외상매입금
0252	지급어음
0253	미지급금
0254	예수금
0255	부가세예수금
0259	선수금
0260	단기차입금

일자	차 변	대 변	잔 액
[전기이월]		40,000,000	40,000,000
/01		26,894,000	66,894,000
/02	9,240,000	17,160,000	74,814,000
/03		217,360,000	292,174,000
/04	4,000,000	2,530,000	290,704,000
/05	6,345,000	1,815,000	286,174,000
/06		60,170,000	1 346,344,000
/07	11,660,000	13,315,000	347,999,000
/08	4,000,000	2,420,000	346,419,000
/09		2 176,000,000	522,419,000
/10	3 36,000,000	42,776,000	529,195,000
/11		5,500,000	534,695,000
/12		27,578,500	562,273,500
합 계	71,245,000	633,518,500	

4. 계정별원장

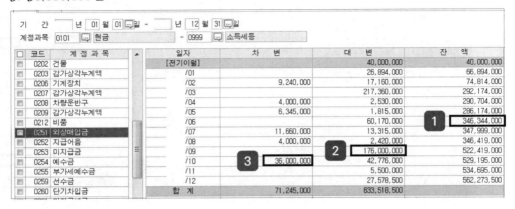

(주)백두의 3월 외상매입금의 계정별원장을 조회한 결과이다.

기 간 년 3 월 1 일 ~ 년 3 월 31 일
계정과목 0102 당좌예금 ~ 0999 소득세등

코드	계 정 과 목
0251	외상매입금
0252	지급어음
0253	미지급금
0254	예수금
0255	부가세예수금
0259	선수금
0260	단기차입금
0263	선수수익

일자	적 요	코드	거 래 처	차 변	대 변	잔 액	번호
	[전 월 이 월]			9,240,000	84,054,000	74,814,000	
03-11	재료	00112	(주)부평		10,010,000	84,824,000	50008
03-27	재료외	00106	(주)부산		82,500,000	167,324,000	50009
03-29	재료외	02004	(주)다판다회		88,000,000	255,324,000	50001
03-31	재료외	00138	(주)강원		33,000,000	288,324,000	50002
03-31	재료외	00138	(주)강원		3,850,000	292,174,000	50003
	[월 계]				217,360,000		
	[누 계]			9,240,000	301,414,000		

1. 3월 외상매입 건수는 몇 건이고 금액은 얼마인가?

2. 3월 외상매입금 잔액은 얼마인가?

해답

1. 5건, 217,360,000원
2. 292,174,000원

기 간 년 3 월 1 일 ~ 년 3 월 31 일
계정과목 0102 당좌예금 ~ 0999 소득세등

코드	계 정 과 목
0251	외상매입금
0252	지급어음
0253	미지급금
0254	예수금
0255	부가세예수금
0259	선수금
0260	단기차입금
0263	선수수익

일자	적 요	코드	거 래 처	차 변	대 변	잔 액	번호
	[전 월 이 월]			9,240,000	84,054,000	74,814,000	
03-11	재료	00112	(주)부평		10,010,000	84,824,000	50008
03-27	재료외	00106	(주)부산		82,500,000	167,324,000	50009
03-29	재료외	02004	(주)다판다회		88,000,000	255,324,000	50001
03-31	재료외	00138	(주)강원		33,000,000	288,324,000	50002
03-31	재료외	00138	(주)강원		3,850,000	2 292,174,000	50003
	[월 계]				1 217,360,000		
	[누 계]			9,240,000	301,414,000		

5. 거래처원장

(주)백두의 3월 1일부터 3월 31일까지 외상매입금의 거래처원장(모든 거래처)을 조회한 결과이다.

기 간 년 3 월 1 일 ~ 년 3 월 31 일 계정과목 0251 외상매입금 잔액 0

거래처분류 ~ 거 래 처 00102 (주)철원 ~ 99604 국민체크카드(법인)

코드	거 래 처	등록번호	대표자명	전월이월	차 변	대 변	잔 액
00102	(주)철원	125-81-12255	김재원	1,420,000			1,420,000
00105	(주)빛날통신	113-81-12344	김빛날	2,000,000			2,000,000
00106	(주)부산	129-81-25636	우지환	5,300,000		82,500,000	87,800,000
00108	(주)대전	120-81-34671	박수태	6,950,000			6,950,000
00109	(주)상훈전자	203-82-30206	이형래	2,000,000			2,000,000
00110	(주)하드웨어	110-81-21223	장재일	30,344,000			30,344,000
00112	(주)부평	124-89-74628	박기인			10,010,000	10,010,000
00113	(주)용산전자	107-81-63474	유민호	1,950,000			1,950,000
00114	(주)부천	104-25-35124	김이삼	10,764,000			10,764,000
00115	(주)동산	107-81-31220	양현석	1,000,000			1,000,000
00125	(주)수출나라	101-29-74510	진성길	1,460,000			1,460,000
00138	(주)강원	132-11-12342	최시중			36,850,000	36,850,000
00142	(주)전자나라	106-01-62408	윤성우	10,626,000			10,626,000
00155	완판실업	431-21-14566	정상수	1,000,000			1,000,000
02004	(주)다판다회로	105-05-09543	권산우			88,000,000	88,000,000

1. 3월말 현재 외상매입금 잔액이 가장 많은 거래처와 금액은 얼마인가?
2. 3월중 외상매입건수는 몇 건이고 가장 많은 외상매입이 발생한 거래처는?
3. 3월말 현재 ㈜용산전자의 외상매입금 잔액은 얼마인가?

해답

1. ㈜다판다회로, 88,000,000원
2. 4건, ㈜다판다회로
3. 1,950,000원

기 간 년 3 월 1 일 ~ 년 3 월 31 일 계정과목 0251 외상매입금 잔액 0

거래처분류 ~ 거 래 처 00102 (주)철원 ~ 99604 국민체크카드(법인)

코드	거 래 처	등록번호	대표자명	전월이월	차 변	대 변	잔 액
00102	(주)철원	125-81-12255	김재원	1,420,000			1,420,000
00105	(주)빛날통신	113-81-12344	김빛날	2,000,000			2,000,000
00106	(주)부산	129-81-25636	우지환	5,300,000		82,500,000	87,800,000
00108	(주)대전	120-81-34671	박수태	6,950,000			6,950,000
00109	(주)상훈전자	203-82-30206	이형래	2,000,000			2,000,000
00110	(주)하드웨어	110-81-21223	장재일	30,344,000			30,344,000
00112	(주)부평	124-89-74628	박기인			10,010,000	10,010,000
00113	(주)용산전자	107-81-63474	유민호	1,950,000			1,950,000
00114	(주)부천	104-25-35124	김이삼	10,764,000			10,764,000
00115	(주)동산	107-81-31220	양현석	1,000,000			1,000,000
00125	(주)수출나라	101-29-74510	진성길	1,460,000			1,460,000
00138	(주)강원	132-11-12342	최시중			36,850,000	36,850,000
00142	(주)전자나라	106-01-62408	윤성우	10,626,000			10,626,000
00155	완판실업	431-21-14566	정상수	1,000,000			1,000,000
02004	(주)다판다회로	105-05-09543	권산우			88,000,000	88,000,000

6. 합계잔액시산표

(주)백두의 6월말 합계잔액시산표(제출용)를 조회한 결과이다.

기간 : 년 06 월 30 일

관리용 | 제출용

차변 잔액	차변 합계	계정과목	대변 합계	대변 잔액
1,416,217,737	2,521,960,057	1.유 동 자 산	1,106,782,320	1,040,000
977,262,737	2,083,005,057	<당 좌 자 산>	1,106,782,320	1,040,000
462,072,732	1,476,293,552	현금및현금성자산	1,014,220,820	
75,590,005	75,590,005	단 기 투 자 자 산		
437,450,000	478,782,000	매 출 채 권	41,332,000	
		대 손 충 당 금	1,040,000	1,040,000
2,000,000	2,000,000	미 수 금		
	100,000	선 급 금	100,000	
150,000	150,000	가 지 급 금		
	50,089,500	부 가 세 대 급 금	50,089,500	
438,955,000	438,955,000	<재 고 자 산>		
10,000,000	10,000,000	제 품		
426,255,000	426,255,000	원 재 료		
2,700,000	2,700,000	재 공 품		
677,950,000	677,950,000	2.비 유 동 자 산	100,258,000	100,258,000
304,000,000	304,000,000	<투 자 자 산>		
4,000,000	4,000,000	장 기 투 자 증 권		
300,000,000	300,000,000	장 기 대 여 금		
373,950,000	373,950,000	<유 형 자 산>	100,258,000	100,258,000

1. 6월말 현재 현금 및 현금성자산은 얼마인가?
2. 6월말 현재 매출채권의 장부가액은 얼마인가?
3. 6월말 현재 재고자산은 얼마인가?

해답

1. 462,072,732원
2. 436,410,000원[매출채권잔액(437,450,000) - 대손충당금잔액(1,040,000)]
3. 438,955,000원

기간 : 년 06 월 30 일

관리용 | 제출용

차변 잔액	차변 합계	계정과목	대변 합계	대변 잔액
1,416,217,737	2,521,960,057	1.유 동 자 산	1,106,782,320	1,040,000
977,262,737	2,083,005,057	<당 좌 자 산>	1,106,782,320	1,040,000
1 462,072,732	1,476,293,552	현금및현금성자산	1,014,220,820	
75,590,005	75,590,005	단 기 투 자 자 산		
2 437,450,000	478,782,000	매 출 채 권	41,332,000	
		대 손 충 당 금	1,040,000	1,040,000
2,000,000	2,000,000	미 수 금		
	100,000	선 급 금	100,000	
150,000	150,000	가 지 급 금		
	50,089,500	부 가 세 대 급 금	50,089,500	
3 438,955,000	438,955,000	<재 고 자 산>		
10,000,000	10,000,000	제 품		
426,255,000	426,255,000	원 재 료		
2,700,000	2,700,000	재 공 품		
677,950,000	677,950,000	2.비 유 동 자 산	100,258,000	100,258,000
304,000,000	304,000,000	<투 자 자 산>		
4,000,000	4,000,000	장 기 투 자 증 권		
300,000,000	300,000,000	장 기 대 여 금		
373,950,000	373,950,000	<유 형 자 산>	100,258,000	100,258,000

7. 손익계산서

(주)백두의 6월말 손익계산서를 조회한 결과이다.

기간 : 년 06 월

관리용 | 제출용 | 포괄손익 | 표준용

과 목	제 4(당)기 년1월1일 ~ 년6월30일		제 3(전)기 년1월1일 ~ 년12월31일	
	금액		금액	
Ⅰ.매출액		661,116,004		279,061,200
상품매출	18,630,912			
제품매출	642,485,092		279,061,200	
Ⅱ.매출원가		533,346,840		54,798,000
제품매출원가		533,346,840		54,798,000
기초제품재고액	10,000,000		41,038,000	
당기제품제조원가	523,346,840		23,760,000	
기말제품재고액			10,000,000	
Ⅲ.매출총이익		127,769,164		224,263,200
Ⅳ.판매비와관리비		99,620,250		94,623,200
급여	37,900,000		67,438,400	
복리후생비	1,397,000		8,900,000	
여비교통비	212,000			
접대비	38,589,500			
통신비	654,090		3,400,000	
수도광열비	290,960		2,251,300	
세금과공과	138,000		900,000	
감가상각비			2,858,500	
임차료	2,000,000		4,000,000	
수선비	306,000		650,000	
보험료	2,276,000			
차량유지비	1,338,000		780,000	
운반비	296,000		950,000	
도서인쇄비	50,000		770,000	
소모품비	7,972,700			
수수료비용	1,200,000		1,200,000	
광고선전비	5,000,000			
잡비			525,000	
Ⅴ.영업이익		28,148,914		129,640,000
Ⅵ.영업외수익		12,000,000		5,000,000
이자수익			5,000,000	
임대료	12,000,000			
Ⅶ.영업외비용		769,004		6,000,000
이자비용	769,000		5,000,000	
잡손실	4		1,000,000	
Ⅷ.법인세차감전이익		39,379,910		128,640,000
Ⅸ.법인세등				
Ⅹ.당기순이익		39,379,910		128,640,000

1. 매출액 증가율은 전년대비 %인가?

2. 6월까지 영업이익은 전년대비 얼마나 감소하였나?

3. 6월까지 판매비와 관리비중 가장 많이 발생한 계정과목은 무엇이고, 금액은 얼마인가?

해답

1. 137% [(661,116,004 - 279,061,200)/279,061,200 × 100]

$$\text{매출액증가율} = \frac{\text{당기매출액} - \text{전기매출액}}{\text{전기매출액}} \times 100$$

2. 101,491,086원

3. 기업업무추진비 38,589,500원

기간 : 년 06 월

관리용 | 제출용 | 포괄손익 | 표준용

과 목	제 4(당)기 년1월1일 ~ 년6월30일		제 3(전)기 년1월1일 ~ 년12월31일	
	금액		금액	
Ⅰ.매출액		661,116,004		279,061,200
상품매출	18,630,912			
제품매출	642,485,092		279,061,200	
Ⅱ.매출원가		533,346,840		54,798,000
제품매출원가		533,346,840		54,798,000
기초제품재고액	10,000,000		41,038,000	
당기제품제조원가	523,346,840		23,760,000	
기말제품재고액			10,000,000	
Ⅲ.매출총이익		127,769,164		224,263,200
Ⅳ.판매비와관리비		99,620,250		94,623,200
급여	37,900,000		67,438,400	
복리후생비	1,397,000		8,900,000	
여비교통비	212,000			
접대비	38,589,500			
통신비	654,090		3,400,000	
수도광열비	290,960		2,251,300	
세금과공과	138,000		900,000	
감가상각비			2,858,500	
임차료	2,000,000		4,000,000	
수선비	306,000		650,000	
보험료	2,276,000			
차량유지비	1,338,000		780,000	
운반비	296,000		950,000	
도서인쇄비	50,000		770,000	
소모품비	7,972,700			
수수료비용	1,200,000		1,200,000	
광고선전비	5,000,000			
잡비			525,000	
Ⅴ.영업이익		28,148,914		129,640,000
Ⅵ.영업외수익		12,000,000		5,000,000
이자수익			5,000,000	
임대료	12,000,000			
Ⅶ.영업외비용		769,004		6,000,000
이자비용	769,000		5,000,000	
잡손실	4		1,000,000	
Ⅷ.법인세차감전이익		39,379,910		128,640,000
Ⅸ.법인세등				
Ⅹ.당기순이익		39,379,910		128,640,000

8. 재무상태표

(주)백두의 6월말 재무상태표(제출용)를 조회한 결과이다.

기간 : 년 06 월

관리용 | 제출용 | 표준용

과 목	제 4(당)기 년1월1일 ~ 년6월30일		제 3(전)기 년1월1일 ~ 년12월31일	
	금액		금액	
자산				
Ⅰ.유동자산		976,222,737		842,925,957
① 당좌자산		976,222,737		825,525,957
현금및현금성자산	462,072,732		699,975,952	
단기투자자산	75,590,005		51,590,005	
매출채권	437,450,000		73,000,000	
대손충당금	1,040,000		1,040,000	
미수금	2,000,000		2,000,000	
가지급금	150,000			
② 재고자산				17,400,000
제품			10,000,000	
원재료			4,700,000	
재공품			2,700,000	
Ⅱ.비유동자산		577,692,000		238,692,000
① 투자자산		304,000,000		
장기투자증권	4,000,000			
장기대여금	300,000,000			
② 유형자산		273,692,000		238,692,000
토지	40,000,000		40,000,000	
건물	200,000,000		200,000,000	
감가상각누계액	61,000,000		61,000,000	
기계장치	56,950,000		56,950,000	

1. 6월말 현재 현금 및 현금성자산은 전년대비 얼마나 감소했는가?
2. 6월말 현재 건물의 장부가액은 얼마인가?
3. 6월말 현재 비유동자산은 전년대비 얼마나 증가했는가?

해답

1. 237,903,220원
2. 139,000,000원[장부가액은 감가상각누계액을 차감한 금액]
3. 339,000,000원

기간 : 년 06 월

관리용 | 제출용 | 표준용

과 목	제 4(당)기 년1월1일 ~ 년6월30일		제 3(전)기 년1월1일 ~ 년12월31일		
	금액		금액		
자산					
Ⅰ.유동자산		976,222,737		842,925,957	
① 당좌자산		976,222,737		825,525,957	
현금및현금성자산	462,072,732		699,975,952		1
단기투자자산	75,590,005		51,590,005		
매출채권	437,450,000		73,000,000		
대손충당금	1,040,000		1,040,000		
미수금	2,000,000		2,000,000		
가지급금	150,000				
② 재고자산				17,400,000	
제품			10,000,000		
원재료			4,700,000		3
재공품			2,700,000		
Ⅱ.비유동자산		577,692,000		238,692,000	
① 투자자산		304,000,000			
장기투자증권	4,000,000				
장기대여금	300,000,000				
② 유형자산		273,692,000		238,692,000	
토지	40,000,000		40,000,000		
건물	200,000,000	2	200,000,000		
감가상각누계액	61,000,000		61,000,000		
기계장치	56,950,000		56,950,000		

9. 세금계산서 합계표

(주)백두의 1기 확정신고(4~6월)의 세금계산서 합계표(매출)를 조회한 결과이다.

조회기간 : 년 04 월 ~ 년 06 월 1기 확정 1. 정기신고

매 출 | 매 입

※ [확인]전송일자가 없는 거래는 전자세금계산서 발급분으로 반영 되므로 국세청 e세로 전송 세금계산서와 반드시 확인 합니다.

2. 매출세금계산서 총합계

구 분		매출처수	매 수	공급가액	세 액
합 계		10	27	338,486,000	30,003,600
과세기간 종료일 다음달 11일까지전송된 전자세금계산서 발급분	사업자 번호 발급분	10	27	338,486,000	30,003,600
	주민등록번호발급분				
	소 계	10	27	338,486,000	30,003,600
위 전자세금계산서 외의 발급분(종이발급분+과세기간 종료일다음달 12일 이후분)	사업자 번호 발급분				
	주민등록번호발급분				
	소 계				

과세기간 종료일 다음달 11일까지 (전자분) | 과세기간 종료일 다음달 12일이후 (전자분), 그외 | 전체데이터

참고사항 : 2012년 7월 이후 변경사항

	사업자등록번호	코드	거래처명	매수	공급가액	세 액	대표자성명	업 태	종 목	주류코드
1	101-81-74857	00167	(주)중량유통	3	3,720,000	372,000	황윤정	도소매	휴대폰외	
2	103-12-13578	00153	(주)영생상회	2	10,300,000	1,030,000	이영주	도소매	전자부품외	
3	105-05-09543	02004	(주)다판다회로	3	4,480,000	448,000	권산우	도.소매	전자회로	
4	107-81-27084	00160	(주)스마트	6	28,466,000	2,846,600	홍두진	도소매	휴대폰	
5	120-81-35097	00121	(주)호이마트	1	99,220,000	9,922,000	도현명	소매	마트	
6	121-51-12858	00134	한국소프트(주)	1	38,450,000		선상철	제조,도.소	소프트웨어	
7	128-81-42248	00165	(주)서울상사	3	7,680,000	768,000	김대종	도소매	전자기기	
8	134-81-28732	00141	(주)다파라	1	100,000,000	10,000,000	김별	도매	전자제품	
9	208-81-62797	02007	(주)동우	4	12,240,000	1,224,000	조영환	도매	휴대폰	
10	621-81-31726	00119	(주)승리전자	3	33,930,000	3,393,000	장주호	도소매	전자제품	
		합 계		27	338,486,000	30,003,600				
		마 감 합 계								

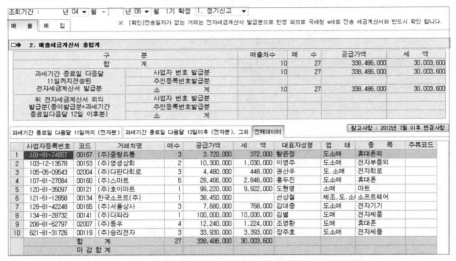

1. 확정신고기간에 발급한 세금계산서의 매수와 공급가액은 얼마인가?
2. ㈜다판다회로에 발급한 세금계산서의 매수와 공급가액은 얼마인가?
3. 영세율세금계산서를 발급한 거래처와 공급가액은 얼마인가?

해답

1. 27매, 338,486,000원
2. 3매, 4,480,000원
3. 한국소프트(주) 38,450,000원

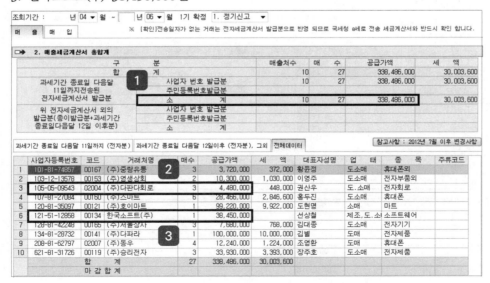

조회기간 : 년 04 월 ~ 년 06 월 1기 확정 1. 정기신고

매 출 | 매 입

※ [확인]전송일자가 없는 거래는 전자세금계산서 발급분으로 반영 되므로 국세청 e세로 전송 세금계산서와 반드시 확인 합니다.

2. 매출세금계산서 총합계

구 분		매출처수	매 수	공급가액	세 액
합 계		10	27	338,486,000	30,003,600
과세기간 종료일 다음달 11일까지전송된 전자세금계산서 발급분	1 사업자 번호 발급분	10	27	338,486,000	30,003,600
	주민등록번호발급분				
	소 계	10	27	338,486,000	30,003,600
위 전자세금계산서 외의 발급분(종이발급분+과세기간 종료일다음달 12일 이후분)	사업자 번호 발급분				
	주민등록번호발급분				
	소 계				

과세기간 종료일 다음달 11일까지 (전자분) | 과세기간 종료일 다음달 12일이후 (전자분), 그외 | 전체데이터

참고사항 : 2012년 7월 이후 변경사항

	사업자등록번호	코드	거래처명	매수	공급가액	세 액	대표자성명	업 태	종 목	주류코드
1	101-81-74857	00167	(주)중량유통 2	3	3,720,000	372,000	황윤정	도소매	휴대폰외	
2	103-12-13578	00153	(주)영생상회	2	10,300,000	1,030,000	이영주	도소매	전자부품외	
3	105-05-09543	02004	(주)다판다회로	3	4,480,000	448,000	권산우	도.소매	전자회로	
4	107-81-27084	00160	(주)스마트	6	28,466,000	2,846,600	홍두진	도소매	휴대폰	
5	120-81-35097	00121	(주)호이마트	1	99,220,000	9,922,000	도현명	소매	마트	
6	121-51-12858	00134	한국소프트(주)	1	38,450,000		선상철	제조,도.소	소프트웨어	
7	128-81-42248	00165	(주)서울상사	3	7,680,000	768,000	김대종	도소매	전자기기	
8	134-81-28732	00141	(주)다파라 3	1	100,000,000	10,000,000	김별	도매	전자제품	
9	208-81-62797	02007	(주)동우	4	12,240,000	1,224,000	조영환	도매	휴대폰	
10	621-81-31726	00119	(주)승리전자	3	33,930,000	3,393,000	장주호	도소매	전자제품	
		합 계		27	338,486,000	30,003,600				
		마 감 합 계								

10. 부가가치세 신고서

(주)백두의 1기 확정신고(4~6월)의 부가가치세 신고서를 조회한 결과이다.

일반과세 | 간이과세

조회기간 : 년 4월 1일 ~ 년 6월 30일 신고구분 : 1.정기신고 신고차수 : 부가율 : 29.46 확정

구분			번호	정기신고금액 금액	세율	세액
과세표준및매출세액	과세	세금계산서발급분	1	300,036,000	10/100	30,003,600
	과세	매입자발행세금계산서	2		10/100	
	과세	신용카드 현금영수증발행분	3	2,700,000	10/100	270,000
	과세	기타(정규영수증외매출분)	4			
	영세	세금계산서발급분	5	38,450,000	0/100	
	영세	기타	6	3,600,000	0/100	
	예정신고누락분		7	3,000,000		100,000
	대손세액가감		8			
	합계		9	347,786,000	㉮	30,373,600
매입세액	세금계산서수취분	일반매입	10	233,295,000		23,329,500
	세금계산서수취분	고정자산매입	11	20,000,000		2,000,000
	예정신고누락분		12	4,000,000		400,000
	매입자발행세금계산서		13			
	기타공제매입세액		14	10,020,000		920,000
	합계(10+11+12+13+14)		15	267,315,000		26,649,500
	공제받지못할매입세액		16	30,300,000		3,030,000
	차감계		17	237,015,000	㉯	23,619,500
납부(환급)세액(매출세액㉮-매입세액㉯)					㉰	6,754,100
경감공제세액	기타경감 · 공제세액		18			
	신용카드매출전표등발행공제등		19	2,970,000		
	합계		20		㉱	
예정신고미환급세액			21		㉲	
예정고지세액			22		㉳	
금지금매입자납부특례기납부세액			23		㉴	
가산세액계			24		㉵	
차가감하여 납부할세액(환급받을세액)(㉰-㉱-㉲-㉳-㉴+㉵)					25	6,754,100
총괄납부사업자 납부할 세액(환급받을 세액)						

구분			번호	금액	세율	세액
7.매출(예정신고누락분)						
예정누락분	과세	세금계산서	31	1,000,000	10/100	100,000
	과세	기타	32		10/100	
	영세	세금계산서	33		0/100	
	영세	기타	34	2,000,000	0/100	
	합계		35	3,000,000		100,000
12.매입(예정신고누락분)						
예정누락분	세금계산서		36	4,000,000		400,000
	기타공제매입세액		37			
	합계		38	4,000,000		400,000
	신용카드매출수령금액합계	일반매입				
	신용카드매출수령금액합계	고정매입				
	의제매입세액					
	재활용폐자원등매입세액					
	고금의제매입세액					
	과세사업전환매입세액					
	재고매입세액					
	변제대손세액					
	합계					
14.기타공제매입세액						
신용카드매출수령금액합계표	일반매입		39	7,000,000		700,000
신용카드매출수령금액합계표	고정매입		40	2,000,000		200,000
의제매입세액			41	1,020,000	뒤쪽	20,000
재활용폐자원등매입세액			42		뒤쪽	
고금의제매입세액			43			
과세사업전환매입세액			44			
재고매입세액			45			
변제대손세액			46			
합계			47	10,020,000		920,000

1. 과세표준은 얼마인가?

2. 예정신고누락분(매출)의 세금계산서 발급한 공급가액은 얼마인가?

3. 고정자산 매입가액은 얼마인가?

4. 예정신고 누락분(매입)의 세금계산서 수취분 공급가액은 얼마인가?

5. 의제매입세액 공제액은 얼마인가?

6. 신용카드매출수령합계표의 매입세액은 얼마인가?

7. 공제받지 못할 매입세액은 얼마인가?

8. 납부세액은 얼마인가?

해답

1. 347,786,000원
2. 1,000,000원
3. 22,000,000원(세금계산서 수취분 20,000,000+신용카드 매출수령금액합계표 2,000,000)
4. 4,000,000원
5. 20,000원
6. 900,000원(일반매입 700,000+고정매입 200,000)
7. 3,030,000원
8. 6,754,100원

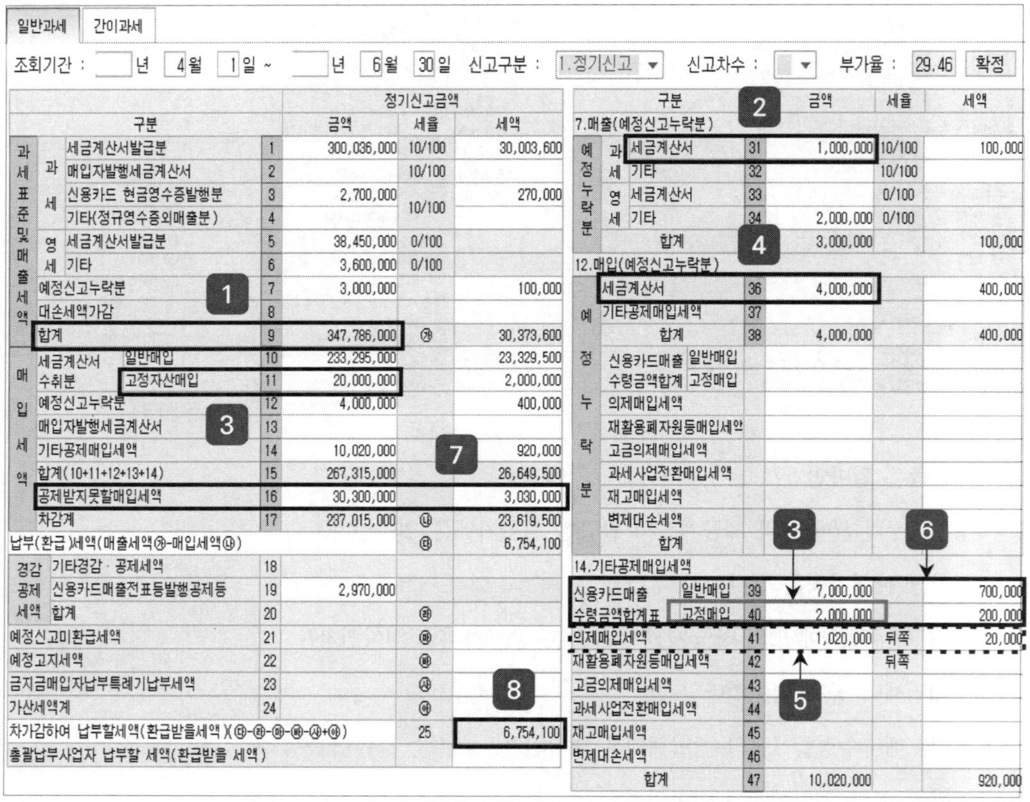

일반과세 | 간이과세

조회기간 : 년 4월 1일 ~ 년 6월 30일 신고구분 : 1.정기신고 신고차수 : 부가율 : 29.46 확정

구분				금액 (정기신고금액)	세율	세액
과세표준및매출세액	과세	세금계산서발급분	1	300,036,000	10/100	30,003,600
		매입자발행세금계산서	2		10/100	
		신용카드 현금영수증발행분	3	2,700,000	10/100	270,000
		기타(정규영수증외매출분)	4			
	영세	세금계산서발급분	5	38,450,000	0/100	
		기타	6	3,600,000	0/100	
	예정신고누락분		7	3,000,000		100,000
	대손세액가감		8			
	합계		9	347,786,000	㉮	30,373,600
매입세액	세금계산서 수취분	일반매입	10	233,295,000		23,329,500
		고정자산매입	11	20,000,000		2,000,000
	예정신고누락분		12	4,000,000		400,000
	매입자발행세금계산서		13			
	기타공제매입세액		14	10,020,000		920,000
	합계(10+11+12+13+14)		15	267,315,000		26,649,500
	공제받지못할매입세액		16	30,300,000		3,030,000
	차감계		17	237,015,000	㉯	23,619,500
납부(환급)세액(매출세액㉮-매입세액㉯)					㉰	6,754,100
경감공제세액	기타경감 · 공제세액		18			
	신용카드매출전표등발행공제등		19	2,970,000		
	합계		20		㉱	
예정신고미환급세액			21		㉲	
예정고지세액			22		㉳	
금지금매입자납부특례기납부세액			23		㉴	
가산세액계			24		㉵	
차가감하여 납부할세액(환급받을세액)(㉰-㉱-㉲-㉳-㉴+㉵)			25			6,754,100
총괄납부사업자 납부할 세액(환급받을 세액)						

구분				금액	세율	세액
7.매출(예정신고누락분)						
예정누락분	과세	세금계산서	31	1,000,000	10/100	100,000
		기타	32		10/100	
	영세	세금계산서	33		0/100	
		기타	34	2,000,000	0/100	
	합계			3,000,000		100,000
12.매입(예정신고누락분)						
예정누락분	세금계산서		36	4,000,000		400,000
	기타공제매입세액		37			
	합계		38	4,000,000		400,000
	신용카드매출 수령금액합계	일반매입				
		고정매입				
	의제매입세액					
	재활용폐자원등매입세약					
	고금의제매입세액					
	과세사업전환매입세액					
	재고매입세액					
	변제대손세액					
	합계					
14.기타공제매입세액						
신용카드매출 수령금액합계표		일반매입	39	7,000,000		700,000
		고정매입	40	2,000,000		200,000
의제매입세액			41	1,020,000	뒤쪽	20,000
재활용폐자원등매입세액			42		뒤쪽	
고금의제매입세액			43			
과세사업전환매입세액			44			
재고매입세액			45			
변제대손세액			46			
합계			47	10,020,000		920,000

Part IV

기출문제

<전산회계 1급 출제내역>

이론	1. 재무회계	16점	객관식 8문항
	2. 원가회계	10점	객관식 2문항
	3. 부가가치세	4점	객관식 2문항
실무	1. 기초정보관리)	10점	• 전기분재무제표 수정 **(제조원가명세서 → 손익계산서 → 잉여금처분계산서 → 재무상태표)** • 거래처별 초기이월 등
	2. 일반전표입력	18점	일반전표입력 6문항
	3. 매입매출전표입력	18점	매입매출전표 입력 6문항
	4. 오류정정	6점	일반전표/매입매출전표 오류정정
	5. 결산정리사항입력	9점	• 수동결산 : 12월 31일 기말수정분개 • 자동결산 : 재고자산, 대손상각비, 감가상각비등 입력
	6. 장부조회	9점	각종장부 및 부가가치세신고서 조회
계		100점	

전산회계 1급 시험문제 중 전표입력(일반전표, 매입매출전표, 오류수정, 결산전표)의 점수 비중이 50점 이상으로 분개를 못하면 합격할 수 없습니다.

전산세무회계 프로그램 케이랩(KcLep교육형세무사랑) 설치 방법

1 **한국세무사회국가공인자격시험 홈페이지(http://license.kacpta.or.kr)에 접속 후 [수험용 프로그램 케이랩(KcLep)]을 다운로드하고 설치합니다.**

2 설치가 완료되면, 바탕화면에 단축아이콘을 확인할 수 있다.

3 바탕화면에서 아이콘을 더블클릭하여 아래와 같이 프로그램을 실행한다.

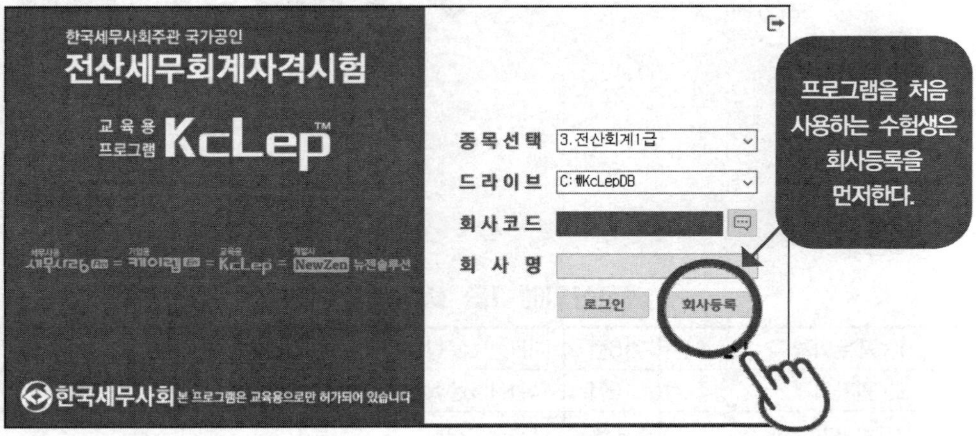

백데이타 다운로드 및 설치

1 도서출판 어울림 홈페이지(www.aubook.co.kr)에 접속한다.

2 홈페이지 첫화면 왼쪽의 '백데이타 다운로드' 빨간색 배너를 클릭한다.

3 여러 게시글 중 '로그인 전산회계1급 핵심요약 및 기출문제집' 백데이터를 선택하여 다운로드한다.

4 데이터를 다운받은 후 실행을 하면, [내컴퓨터 → C:₩KcLepDB → KcLep] 폴더 안에 4자리 숫자폴더 저장된다.

5 회사등록메뉴 상단 F4(회사코드재생성)을 실행하면 실습회사코드가 생성된다.

이해가 안되시면 도서출판 어울림 홈페이지에 공지사항(81번)
"로그인 케이렙 실습데이타 다운로드 및 회사코드 재생성 관련 동영상"을 참고해주십시오.

20**년 **월 **일 시행
제**회 전산세무회계자격시험

A형

종목 및 등급 : **전산회계 1급**

- 제한시간:60분

- 페이지수:12p

▶시험시작 전 문제를 풀지 말것◀

① USB 수령	· 감독관으로부터 시험에 필요한 응시종목별 기초백데이타 설치용 USB를 지급받는다. · USB 꼬리표가 **본인 응시종목인지 확인하고, 뒷면에 수험정보**를 정확히 기재한다.
② USB 설치	(1) USB를 컴퓨터에 정확히 꽂은 후, 인식된 해당 USB드라이브로 이동한다. (2) USB드라이브에서 기초백데이타설치프로그램인 'Tax.exe' 파일을 실행시킨다. (3) 설치시작 화면에서 [설치]버튼을 클릭하고, 설치가 완료되면 [확인]버튼 클릭한다. **[주의]** USB는 처음 설치이후, **시험 중 수험자 임의로 절대 재설치(초기화)하지 말 것.**
③ 수험정보입력	· [수험번호(8자리)] -[성명]을 정확히 입력한다. * 처음 입력한 수험정보는 이후 절대 수정이 불가하니 정확히 입력할 것.
④ 시험지 수령	· 시험지가 본인의 응시종목(급수)인지 여부와 문제유형(A또는B)을 확인한다. · 문제유형(A또는B)을 프로그램에 입력한다. · 시험지의 총 페이지수를 확인한다. · 급수와 페이지수를 확인하지 않은 것에 대한 책임은 수험자에게 있음.
⑤ 시험시작	· 감독관이 불러주는 **'감독관확인번호'**를 정확히 입력하고, 시험에 응시한다.
(시험을 마치면) ⑥ USB 저장	(1) **이론문제의 답**은 메인화면에서 [**이론문제 답안작성**] 을 클릭하여 입력한다. (2) **실무문제의 답**은 문항별 요구사항을 수험자가 파악하여 각 메뉴에 입력한다. (3) 이론과 실무문제의 **답을 모두입력한 후** [**답안저장(USB로 저장)**] 을 클릭하여 저장한다. (4) **저장완료** 메시지를 확인한다.
⑦ USB제출	· 답안이 수록된 USB메모리를 빼서, 〈감독관〉에게 제출 후 조용히 퇴실한다.

▶ 본 자격시험은 전산프로그램을 이용한 자격시험입니다. 컴퓨터의 사양에 따라 전산진행속도가 느려질 수도 있으므로 전산프로그램의 진행속도를 고려하여 입력해주시기 바랍니다.
▶ 수험번호나 성명 등을 잘못 입력했거나, 답안을 USB에 저장하지 않음으로써 발생하는 일체의 불이익과 책임은 수험자 본인에게 있습니다.
▶ 타인의 답안을 자신의 답안으로 부정 복사한 경우 해당 관련자는 모두 불합격 처리됩니다.
▶ 타인 및 본인의 답안을 복사하거나 외부로 반출하는 행위는 모두 부정행위 처리됩니다.
▶ PC, 프로그램 등 조작미숙으로 시험이 불가능하다고 판단될 경우 불합격처리될 수 있습니다.
▶ **시험 진행 중에는 자격검정(KcLep)프로그램을 제외한 일체의 다른 프로그램을 사용할 수 없습니다.**
(예시. 인터넷, 메모장, 윈도우 계산기 등)

[이론문제 답안작성] 을 한번도 클릭하지 않으면 [답안저장(USB로 저장)] 을 클릭해도 답안이 저장되지 않습니다.

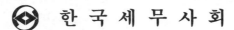

한 국 세 무 사 회

제116회 전산회계 1급

합격율	시험년월
43%	2024.10

다음 문제를 보고 알맞은 것을 골라 이론문제 답안작성 메뉴에 입력하시오. (객관식 문항당 2점)

〈 기 본 전 제 〉

문제에서 한국채택국제회계기준을 적용하도록 하는 전제조건이 없는 경우, 일반기업회계기준을 적용한다.

이 론

01. 다음 중 일반기업회계기준에 따른 재무제표에 대한 설명으로 가장 옳지 않은 것은?

① 재무상태표는 일정 시점 현재 기업실체가 보유하고 있는 경제적 자원인 자산과 경제적 의무인 부채, 그리고 자본에 대한 정보를 제공하는 재무보고서이다.

② 손익계산서는 일정 시점 현재 기업실체의 경영성과에 대한 정보를 제공하는 재무보고서이다.

③ 현금흐름표는 일정 기간 동안 기업실체에 대한 현금유입과 현금유출에 대한 정보를 제공하는 재무보고서이다.

④ 자본변동표는 기업실체에 대한 자본의 크기와 그 변동에 관한 정보를 제공하는 재무보고서이다.

02. 다음 중 단기매매증권 취득 시 발생한 비용을 취득원가에 가산할 경우 재무제표에 미치는 영향으로 옳은 것은?

① 자산의 과소계상　　② 부채의 과대계상

③ 자본의 과소계상　　④ 당기순이익의 과대계상

03. ㈜회계는 20x0년 1월 1일 10,000,000원에 유형자산(기계장치)을 취득하여 사용하다가 20x1년 6월 30일 4,000,000원에 처분하였다. 해당 기계장치의 처분 시 발생한 유형자산처분손실을 계산하면 얼마인가? 단, 내용연수 5년, 잔존가액 1,000,000원, 정액법(월할상각)의 조건으로 20x1년 6월까지 감가상각이 완료되었다고 가정한다.

① 2,400,000원　② 3,300,000원　③ 5,100,000원　④ 6,000,000원

04. 다음의 자료를 바탕으로 20x1년 12월 31일 현재 현금및현금성자산과 단기금융상품의 잔액을 계산한 것으로 옳은 것은?

- 현금시재액 : 200,000원
- 당좌예금 : 500,000원
- 정기예금 : 1,500,000원(만기 20x2년 12월 31일)
- 선일자수표 : 150,000원
- 외상매입금 : 2,000,000원

① 현금및현금성자산 : 700,000원　② 현금및현금성자산 : 2,500,000원
③ 단기금융상품 : 1,650,000원　④ 단기금융상품 : 2,000,000원

05. 다음 중 대손충당금에 대한 설명으로 가장 옳지 않은 것은?

① 대손충당금은 유형자산의 차감적 평가계정이다.
② 회수가 불확실한 채권은 합리적이고 객관적인 기준에 따라 산출한 대손 추산액을 대손충당금으로 설정한다.
③ 미수금도 대손충당금을 설정할 수 있다.
④ 매출 활동과 관련되지 않은 대여금에 대한 대손상각비는 영업외비용에 속한다.

06. 다음 중 자본에 영향을 미치지 않는 항목은 무엇인가?

① 당기순이익　② 현금배당　③ 주식배당　④ 유상증자

07. 다음 중 일반기업회계기준에 따른 수익 인식 시점에 대한 설명으로 옳지 않은 것은?

① 위탁판매의 경우 수탁자가 위탁품을 소비자에게 판매한 시점에 수익을 인식한다.
② 배당금수익은 배당금을 받을 권리와 금액이 확정되는 시점에 수익을 인식한다.
③ 대가가 분할되어 수취되는 할부판매의 경우 대가를 나누어 받을 때마다 수익으로 인식한다.
④ 설치수수료 수익은 재화가 판매되는 시점에 수익을 인식하는 재화의 판매에 부수되는 설치의 경우를 제외하고는 설치의 진행률에 따라 수익으로 인식한다.

08. 다음 중 재고자산에 대한 설명으로 옳지 않은 것은?

① 기업이 생산과정에 사용하거나 판매를 목적으로 보유한 자산이다.
② 취득원가에 매입부대비용은 포함되지 않는다.
③ 기말 평가방법에 따라 기말 재고자산 금액이 다를 수 있다.
④ 수입 시 발생한 관세는 취득원가에 가산하여 재고자산에 포함된다.

09. 다음 중 원가에 대한 설명으로 옳지 않은 것은?

① 원가의 발생형태에 따라 재료원가, 노무원가, 제조경비로 분류한다.
② 특정 제품에 대한 직접 추적가능성에 따라 직접원가, 간접원가로 분류한다.
③ 조업도 증감에 따른 원가의 행태로서 변동원가, 고정원가로 분류한다.
④ 기회비용은 과거의 의사결정으로 인해 이미 발생한 원가이며, 대안 간의 차이가 발생하지 않는 원가를 말한다.

10. 부문별 원가계산에서 보조부문의 원가를 제조부문에 배분하는 방법 중 보조부문의 배분 순서에 따라 제조간접원가의 배분액이 달라지는 방법은?

① 직접배분법 ② 단계배분법 ③ 상호배분법 ④ 총배분법

11. 다음 중 제조원가명세서에서 제공하는 정보는 무엇인가?

① 기부금 ② 이자비용 ③ 당기총제조원가 ④ 매출원가

12. 다음의 자료를 이용하여 평균법에 의한 가공원가 완성품환산량을 구하시오(단, 재료는 공정 초기에 전량 투입되고 가공원가는 공정 전반에 걸쳐 균등하게 발생한다).

• 당기완성품 : 40,000개	• 당기착수량 : 60,000개
• 기초재공품 : 10,000개(완성도 30%)	• 기말재공품 : 30,000개(완성도 60%)

① 52,000개 ② 54,000개 ③ 56,000개 ④ 58,000개

13. 다음 중 부가가치세법상 납세의무자에 대한 설명으로 틀린 것은?

① 사업의 영리 목적 여부에 관계없이 사업상 독립적으로 재화 및 용역을 공급하는 사업자이다.
② 영세율을 적용받는 사업자는 납세의무자에 해당하지 않는다.
③ 간이과세자도 납세의무자에 포함된다.
④ 재화를 수입하는 자는 그 재화의 수입에 대한 부가가치세를 납부할 의무가 있다.

14. 다음 중 부가가치세법상 사업장에 대한 설명으로 옳지 않은 것은?

① 사업장은 사업자가 사업을 하기 위하여 거래의 전부 또는 일부를 하는 고정된 장소로 한다.
② 사업장을 설치하지 않고 사업자등록도 하지 않은 경우에는 과세표준 및 세액을 결정하거나 경정할 당시의 사업자의 주소 또는 거소를 사업장으로 한다.
③ 제조업의 경우 따로 제품 포장만을 하거나 용기에 충전만 하는 장소도 사업장에 포함될 수 있다.
④ 부동산상의 권리만 대여하는 경우에는 그 사업에 관한 업무를 총괄하는 장소를 사업장으로 한다.

15. 부가가치세법상 법인사업자가 전자세금계산서를 발급하는 경우 전자세금계산서 발급 명세를 언제까지 국세청장에게 전송해야 하는가?

① 전자세금계산서 발급일의 다음 날
② 전자세금계산서 발급일로부터 1주일 이내
③ 전자세금계산서 발급일이 속하는 달의 다음 달 10일 이내
④ 전자세금계산서 발급일이 속하는 달의 다음 달 25일 이내

실 무

㈜태림상사(3116)는 자동차부품의 제조 및 도소매업을 영위하는 중소기업으로 당기 회계기간은 20x1.1.1.~20x1.12.31.이다. 전산세무회계 수험용 프로그램을 이용하여 다음 물음에 답하시오.

〈 기 본 전 제 〉

- 문제에서 한국채택국제회계기준을 적용하도록 하는 전제조건이 없는 경우, 일반기업회계기준을 적용하여 회계처리 한다.
- 문제의 풀이와 답안작성은 제시된 문제의 순서대로 진행한다.

문제 1 다음은 [기초정보관리] 및 [전기분재무제표]에 대한 자료이다. 각각의 요구사항에 대하여 답하시오. (10점)

[1] [거래처등록] 메뉴를 이용하여 다음의 신규 거래처를 추가로 등록하시오. (3점)

- 거래처코드 : 05000
- 거래처명 : ㈜대신전자
- 대표자 : 김영일
- 사업자등록번호 : 108-81-13579
- 업태 : 제조
- 종목 : 전자제품
- 유형 : 매출
- 사업장주소 : 경기도 시흥시 정왕대로 56(정왕동)

※ 주소 입력 시 우편번호 입력은 생략해도 무방함.

[2] ㈜태림상사의 기초 채권 및 채무의 올바른 잔액은 아래와 같다. [거래처별초기이월] 메뉴의 자료를 검토하여 오류가 있으면 올바르게 삭제 또는 수정, 추가 입력을 하시오. (3점)

계정과목	거래처	금액
외상매출금	㈜동명상사	6,000,000원
받을어음	㈜남북	1,000,000원
지급어음	㈜동서	1,500,000원

[3] 전기분 손익계산서를 검토한 결과 다음과 같은 오류를 발견하였다. 해당 오류사항과 관련된 [전기분원가명세서] 및 [전기분손익계산서]를 수정 및 삭제하시오. (4점)

- 공장 건물에 대한 재산세 3,500,000원이 판매비와관리비의 세금과공과금으로 반영되어 있다.

문제 2 **[일반전표입력] 메뉴를 이용하여 다음의 거래 자료를 입력하시오(일반전표입력의 모든 거래는 부가가치세를 고려하지 말 것). (18점)**

〈 입력 시 유의사항 〉

- 일반적인 적요의 입력은 생략하지만, 타계정 대체거래는 적요번호를 선택하여 입력한다.
- 채권·채무와 관련된 거래는 별도의 요구가 없는 한 반드시 기등록된 거래처코드를 선택하는 방법으로 거래처명을 입력한다.
- 제조경비는 500번대 계정코드를, 판매비와관리비는 800번대 계정코드를 사용한다.
- 회계처리 시 계정과목은 별도의 제시가 없는 한 등록된 계정과목 중 가장 적절한 과목으로 한다.

[1] 08월 05일 회사는 운영자금 문제를 해결하기 위해서, 보유 중인 ㈜기경상사의 받을어음 1,000,000원을 한국은행에 할인하였으며 할인료 260,000원을 공제하고 보통예금 계좌로 입금받았다(단, 매각거래로 간주한다). (3점)

[2] 08월 10일 본사관리부 직원의 국민연금 800,000원과 카드결제수수료 8,000원을 법인카드(하나카드)로 결제하여 일괄 납부하였다. 납부한 국민연금 중 50%는 회사부담분, 50%는 원천징수한 금액으로 회사부담분은 세금과공과로 처리한다. (3점)

[3] 08월 22일 공장에서 사용할 비품(공정가치 5,000,000원)을 대주주로부터 무상으로 받았다. (3점)

[4] 09월 04일 ㈜경기로부터 원재료를 구입하기로 계약하고, 계약금 1,000,000원을 보통예금 계좌에서 이체하여 지급하였다. (3점)

[5] 10월 28일 영업부에서 사용할 소모품을 현금으로 구입하고 아래의 간이영수증을 수취하였다(단, 당기 비용으로 처리할 것). (3점)

<table>
<tr><td colspan="6">영 수 증(공급받는자용)</td></tr>
<tr><td colspan="2">No.</td><td colspan="4">㈜태림상사 귀하</td></tr>
<tr><td rowspan="4">공
급
자</td><td>사업자등록번호</td><td colspan="4">314-36-87448</td></tr>
<tr><td>상 호</td><td>솔잎문구</td><td>성 명</td><td colspan="2">김솔잎 (인)</td></tr>
<tr><td>사업장소재지</td><td colspan="4">경기도 양주시 남방동 25</td></tr>
<tr><td>업 태</td><td>도소매</td><td>종 목</td><td colspan="2">문구점</td></tr>
<tr><td colspan="2">작성년월일</td><td colspan="2">공급대가 총액</td><td colspan="2">비고</td></tr>
<tr><td colspan="2">20x1.10.28.</td><td colspan="2">70,000원</td><td colspan="2"></td></tr>
<tr><td colspan="6">위 금액을 정히 영수(청구)함.</td></tr>
<tr><td>월일</td><td>품목</td><td>수량</td><td>단가</td><td colspan="2">공급가(금액)</td></tr>
<tr><td>10.28.</td><td>A4</td><td>2</td><td>35,000원</td><td colspan="2">70,000원</td></tr>
<tr><td></td><td></td><td></td><td></td><td colspan="2"></td></tr>
<tr><td></td><td></td><td></td><td></td><td colspan="2"></td></tr>
<tr><td></td><td></td><td></td><td></td><td colspan="2"></td></tr>
<tr><td></td><td></td><td></td><td></td><td colspan="2"></td></tr>
<tr><td colspan="3">합계</td><td colspan="3">70,000원</td></tr>
<tr><td colspan="6">부가가치세법시행규칙 제25조의 규정에 의한 (영수증)으로 개정</td></tr>
</table>

[6] 12월 01일 단기시세차익을 목적으로 ㈜ABC(시장성 있는 주권상장법인에 해당)의 주식 100주를 주당 25,000원에 취득하였다. 이와 별도로 발생한 취득 시 수수료 50,000원과 함께 대금은 모두 보통예금 계좌에서 이체하여 지급하였다. (3점)

문제 3 **[매입매출전표입력] 메뉴를 이용하여 다음의 거래 자료를 입력하시오. (18점)**

〈 입력 시 유의사항 〉

- 일반적인 적요의 입력은 생략하지만, 타계정 대체거래는 적요번호를 선택하여 입력한다.
- 채권・채무와 관련된 거래는 별도의 요구가 없는 한 반드시 기등록된 거래처코드를 선택하는 방법으로 거래처명을 입력한다.
- 제조경비는 500번대 계정코드를, 판매비와관리비는 800번대 계정코드를 사용한다.
- 회계처리 시 계정과목은 별도의 제시가 없는 한 등록된 계정과목 중 가장 적절한 과목으로 한다.
- 입력화면 하단의 분개까지 처리하고, 전자세금계산서 및 전자계산서는 전자입력으로 반영한다.

[1] 07월 05일 제일상사에게 제품을 판매하고 신용카드(삼성카드)로 결제받고 발행한 매출전표는 아래와 같다. (3점)

카드매출전표

카드종류 : 삼성카드
회원번호 : 951-3578-654
거래일시 : 20x1.07.05. 11:20:22
거래유형 : 신용승인
매　　출 : 800,000원
부 가 세 : 80,000원
합　　계 : 880,000원
결제방법 : 일시불
승인번호 : 2024070580001
은행확인 : 삼성카드사

============================

\- 이 하 생 략 -

[2] 07월 11일 ㈜연분홍상사에게 다음과 같은 제품을 판매하고 1,000,000원은 현금으로, 15,000,000원은 어음으로 받고 나머지는 외상으로 하였다. (3점)

전자세금계산서					승인번호	20240711-1000000-00009329		
공급자	등록번호	215-81-69876	종사업장번호		공급받는자	등록번호	134-86-81692	종사업장번호
	상호(법인명)	㈜태림상사	성명	정대우		상호(법인명)	㈜연분홍상사	성명 이연홍
	사업장주소	경기도 양주시 양주산성로 85-7				사업장주소	경기도 화성시 송산면 마도북로 40	
	업태	제조,도소매	종목	자동차부품 외		업태	제조	종목 자동차특장
	이메일	school_01@taelim.kr				이메일	pink01@hanmail.net	
						이메일		

작성일자	공급가액	세액	수정사유	비고
20x1/07/11	30,000,000	3,000,000	해당 없음	

월	일	품목	규격	수량	단가	공급가액	세액	비고
07	11	제품				30,000,000	3,000,000	

합계금액	현금	수표	어음	외상미수금	위 금액을 (영수)(청구) 함
33,000,000	1,000,000		15,000,000	17,000,000	

[3] 10월 01일 제조공장 직원들의 야근 식사를 위해 대형마트에서 국내산 쌀(면세)을 1,100,000원에 구입하고 대금은 보통예금 계좌에서 이체하였으며, 지출증빙용 현금영수증을 발급받았다. (3점)

현금영수증

승인번호	구매자 발행번호	발행방법
G54782245	215-81-69876	지출증빙
신청구분	발행일자	취소일자
사업자번호	20x1.10.01	-
상품명		
쌀		
구분	주문번호	상품주문번호
일반상품	20241001054897	2024100185414

판매자 정보

판매자상호	대표자명
대형마트	김대인
사업자등록번호	판매자전화번호
201-17-45670	02-788-8888
판매자사업장주소	
서울특별시 종로구 종로동 2-1	

금액

공급가액		1	1	0	0	0	0	0
부가세액								
봉사료								
승인금액		1	1	0	0	0	0	0

[4] 10월 30일 미국의 Nice Planet에 $50,000(수출신고일 10월 25일, 선적일 10월 30일)의 제품을 직수출하였다. 수출대금 중 $20,000는 10월 30일에 보통예금 계좌로 입금받았으며, 나머지 잔액은 11월 3일에 받기로 하였다. 일자별 기준환율은 다음과 같다(단, 수출신고필증은 정상적으로 발급받았으며, 수출신고번호는 고려하지 말 것). (3점)

일자	10월 25일	10월 30일	11월 03일
기준환율	1,380원/$	1,400원/$	1,410원/$

[5] 11월 30일 ㈜제니빌딩으로부터 영업부 임차료에 대한 공급가액 3,000,000원(부가가치세 별도)의 전자세금계산서를 수취하고 대금은 다음 달에 지급하기로 한다. 단, 미지급금으로 회계처리 하시오. (3점)

[6] 12월 10일 건축물이 있는 토지를 취득하여 그 건축물을 철거하고 토지만 사용하고자 한다. 건물 철거비용에 대하여 ㈜시온건설로부터 아래의 전자세금계산서를 발급받았다. 대금은 ㈜선유자동차로부터 제품 판매대금으로 받아 보관 중인 ㈜선유자동차 발행 약속어음으로 전액 지급하였다. (3점)

전자세금계산서				승인번호	20241210-12595557-12569886		
공급자	등록번호	105-81-23608	종사업장 번호	공급받는자	등록번호	215-81-69876	종사업장 번호
	상호(법인명)	㈜시온건설	성명: 정상임		상호(법인명)	㈜태림상사	성명: 정대우
	사업장 주소	서울특별시 강남구 도산대로 42			사업장 주소	경기도 양주시 양주산성로 85-7	
	업태	건설	종목: 토목공사		업태	제조, 도소매	종목: 자동차부품 외
	이메일	sion@hanmail.net			이메일	school_01@taelim.kr	
					이메일		

작성일자	공급가액	세액	수정사유	비고
20x1/12/10	60,000,000	6,000,000	해당 없음	

월	일	품목	규격	수량	단가	공급가액	세액	비고
12	10	철거비용			60,000,000	60,000,000	6,000,000	

합계금액	현금	수표	어음	외상미수금	위 금액을 (영수) 함
66,000,000			66,000,000		

문제 4 **[일반전표입력] 및 [매입매출전표입력] 메뉴에 입력된 내용 중 다음과 같은 오류가 발견되었다. 입력된 내용을 확인하여 정정하시오. (6점)**

[1] 09월 01일 ㈜가득주유소에서 주유 후 대금은 당일에 현금으로 결제했으며 현금영수증을 수취한 것으로 일반전표에 입력하였다. 그러나 해당 주유 차량은 제조공장의 운반용트럭(배기량 2,500cc)인 것으로 확인되었다. (3점)

[2] 11월 12일 경영관리부서 직원들을 대상으로 확정기여형(DC형) 퇴직연금에 가입하고 보통예금 계좌에서 당기분 퇴직급여 17,000,000원을 이체하였으나, 회계담당자는 확정급여형(DB형) 퇴직연금에 가입한 것으로 알고 회계처리를 하였다(단, 납입 당시 퇴직급여충당부채 잔액은 없는 것으로 가정한다). (3점)

문제 5 **결산정리사항은 다음과 같다. 관련 메뉴를 이용하여 결산을 완료하시오. (9점)**

〈 입력 시 유의사항 〉

- 적요의 입력은 생략한다.
- 채권・채무와 관련된 거래는 별도의 요구가 없는 한 반드시 기등록된 거래처코드를 선택하는 방법으로 거래처명을 입력한다.
- 회계처리 시 계정과목은 별도의 제시가 없는 한 등록된 계정과목 중 가장 적절한 과목으로 한다.

[1] 7월 1일에 가입한 하나은행의 정기예금 10,000,000원(만기 1년, 연 이자율 4.5%)에 대하여 기간 경과분 이자를 계상하였다(단, 이자 계산은 월할 계산하며, 원천징수는 없다고 가정한다). (3점)

[2] 경남은행으로부터 차입한 장기차입금 중 50,000,000원은 2025년 11월 30일에 상환기일이 도래한다. (3점)

[3] 20x1년 제2기 부가가치세 확정신고 기간에 대한 부가세예수금은 52,346,500원, 부가세대급금은 52,749,000원일 때 부가가치세를 정리하는 회계처리를 하시오(단, 납부세액(또는 환급세액)은 미지급세금(또는 미수금)으로 회계처리하고, 불러온 자료는 무시한다). (3점)

문제 6 다음 사항을 조회하여 알맞은 답안을 이론문제 답안작성 메뉴에 입력하시오. (9점)

[1] 3월 말 현재 외상매출금 잔액이 가장 큰 거래처명과 그 금액은 얼마인가? (3점)

[2] 20x1년 중 실제로 배당금을 수령한 달은 몇 월인가? (3점)

[3] 20x1년 제1기 부가가치세 확정신고서(20x1.04.01.~20x1.06.30.)의 매출액 중 세금계산서 발급분 공급가액의 합계액은 얼마인가? (3점)

제116회 전산회계1급 답안 및 해설

이 론

1	2	3	4	5	6	7	8	9	10	11	12	13	14	15
②	④	②	①	①	③	③	②	④	②	③	④	②	③	①

01. 손익계산서는 **일정 기간 동안 기업실체의 경영성과**에 대한 정보를 제공하는 재무보고서이다.

02. 단기매매증권 취득 시 발생한 거래원가는 당기비용으로 처리한다. 만약 이를 자산으로 계상 시 **자산의 과대계상**으로 이어지고 이는 **자본 및 당기순이익의 과대계상을 초래**한다. 즉 **자산과 이익은 비례관계**이다.

03. 감가대상금액 = 취득가액(10,000,000) - 잔존가치(1,000,000) = 9,000,000원

처분시점 감가상각누계액 = 감가대상금액(9,000,000)/5년 × 1.5년 = 2,700,000원

처분시점 장부가액 = 취득가액(10,000,000)-감가상각누계액(2,700,000) = 7,300,000원

처분손실 = 처분가액(4,000,000) -장부가액(7,300,000) = 3,300,000원

04. 현금및현금성자산 = 현금시재액(200,000) + 당좌예금(500,000) = 700,000원

단기금융상품 : 정기예금 1,500,000원(보고기간 종료일로부터 1년 이내에 만기가 도래),

선일자 수표는 채권으로 분류한다.

05. 대손충당금은 **채권의 차감적 평가계정**이다.

06.

①	(차) 손익	××	(대) 이월이익잉여금	××	자본증가
②	(차) 이월이익잉여금	××	(대) 현금	××	자본감소
③	(차) 이월이익잉여금	××	(대) 자본금	××	자본불변
④	(차) 현금	××	(대) 자본금	××	자본증가

07. 대가가 분할되어 수취되는 할부판매의 경우에는 이자부분을 제외한 판매가격에 해당하는 수익을 **판매시점에 인식**한다. 판매가격은 대가의 현재가치로 인식한다.

08. 재고자산은 **취득원가에 매입부대비용은 포함**된다.

09. 매몰비용(매몰원가)에 대한 설명이다.

10. 단계배분법은 **보조부문원가의 배분순서를 정하여 그 순서에 따라** 보조부문원가를 다른 보조부문과 제조부문에 단계적으로 배분하는 방법이다.

11. 기부금, 이자비용, 매출원가는 손익계산서에서 제공하는 정보이다.

12.

〈1단계〉 물량흐름파악(평균법) **〈2단계〉 완성품환산량 계산**

평균법			재료비	가공비
	완성품	40,000(100%)		40,000
	기말재공품	30,000(60%)		18,000
				58,000
	계	70,000		

13. **영세율을 적용받는 사업자도 납세의무자에 해당**한다.

14. 제조업의 경우 따로 **제품 포장만을 하거나 용기에 충전만 하는 장소는 사업장에서 제외**한다.

15. 전자세금계산서는 **발급일의 익일까지 국세청장에게 전송**하여야 한다.

실 무

문제 1 기초정보관리

[1] [거래처등록][거래처등록]

〈일반거래처〉
- 거래처코드 : 05000
- 거래처명 : ㈜대신전자
- 사업자등록번호 : 108-81-13579
- 유형 : 1.매출
- 대표자성명 : 김영일
- 업태 : 제조
- 종목 : 전자제품
- 대표자성명 : 김영일
- 사업장주소 : 경기도 시흥시 정왕대로 56(정왕동)

[2] [거래처별초기이월]

〈외상매출금〉 • ㈜동명상사 5,000,000원 → 6,000,000원으로 수정
〈받을어음〉 • ㈜남북 2,500,000원 → 1,000,000원으로 수정
〈지급어음〉 • ㈜동서 1,500,000원 추가 입력

[3] [전기분 원가명세서] [전기분손익계산서]

• [전기분원가명세서] >세금과공과금 3,500,000원 입력
>당기제품제조원가 104,150,000원 → 107,650,000원으로 수정 확인
• [전기분손익계산서] >당기제품제조원가 107,650,000원으로 수정
>판매비와관리비 세금과공과금 3,500,000원 삭제
>(※ 또는 세금과공과금 금액을 0원으로 수정)
>당기순이익 18,530,000원 변동 없음 확인

문제 2 일반전표입력

[1] 일반전표입력(8/05)

(차)	보통예금	740,000원	(대)	받을어음(㈜기경상사)	1,000,000원
	매출채권처분손실	260,000원			

[2] 일반전표입력(8/10)

(차)	세금과공과(판)	400,000원	(대)	미지급금(하나카드)	808,000원
	수수료비용(판)	8,000원			
	예수금	400,000원			

[3] 일반전표입력(8/22)

(차)	비품	5,000,000원	(대)	자산수증이익	5,000,000원

[4] 일반전표입력(9/04)

(차)	선급금(㈜경기)	1,000,000원	(대)	보통예금	1,000,000원

[5] 일반전표입력(10/28)

(차)	소모품비(판)	70,000원	(대)	현금	70,000원

[6] 일반전표입력(12/01)

(차)	단기매매증권	2,500,000원	(대)	보통예금	2,550,000원
	수수료비용(984)	50,000원			

문제 3 매입매출전표입력

[1] 매입매출전표입력(7/05)

유형: 17.카과, 공급가액:800,000 원, 부가세: 80,000 원, 공급처명: 제일상사, 분개: 카드 또는 혼합
신용카드사:삼성카드

(차)	외상매출금(삼성카드)	880,000원	(대)	제품매출	800,000원
				부가세예수금	80,000원

[2] 매입매출전표입력(7/11)

유형: 11.과세, 공급가액: 30,000,000 원, 부가세: 3,000,000 원, 공급처명: ㈜연분홍상사, 전자: 여, 분개: 혼합

(차)	외상매출금	17,000,000원	(대)	제품매출	30,000,000원
	받을어음	15,000,000원		부가세예수금	3,000,000원
	현금	1,000,000원			

[3] 매입매출전표입력(10/01)

유형:62.현면, 공급가액: 1,100,000 원, 부가세: 0 원, 공급처명: 대형마트, 분개:혼합

(차)	복리후생비(제)	1,100,000원	(대)	보통예금	1,100,000원

[4] 매입매출전표입력(10/30)

유형: 16.수출, 공급가액: 70,000,000 원, 부가세: 0 원, 공급처명: Nice Planet 분개: 혼합

영세율구분: ①직접수출(대행수출 포함)

(차)	보통예금	28,000,000원	(대)	제품매출	70,000,000원
	외상매출금	42,000,000원			

☞제품매출 = $50,000 × 선적일환율(1,400) = 70,000,000원

[5] 매입매출전표입력(11/30)

유형:51.과세, 공급가액:3,000,000 원, 부가세: 300,000 원, 공급처명: ㈜제니빌딩, 전자:여, 분개: 혼합

(차)	임차료(판)	3,000,000원	(대)	미지급금	3,300,000원
	부가세대급금	300,000원			

[6] 매입매출전표입력(12/10)

유형:54.불공, 공급가액:60,000,000 원, 부가세: 6,000,000 원, 공급처명: ㈜시온건설, 전자:여, 분개:혼합

불공제사유: ⑥토지의 자본적지출 관련

(차)	토지	66,000,000원	(대)	받을어음(㈜선유자동차)	66,000,000원

문제 4 오류수정

[1] 수정 전(09/01) 일반전표를 삭제

(차) 차량유지비(판) 110,000원 (대) 현금 110,000원

수정 후(09/01) 매입매출전표 입력

유형:61.현과, 공급가액:100,000원, 부가세: 10,000원, 공급처명: ㈜가득주유소, 분개: 현금 또는 혼합

(차) 차량유지비(제) 100,000원 (대) 현금 110,000원
부가세대급금 10,000원

[2] 일반전표입력(11/12)

- 수정 전 : (차) 퇴직연금운용자산 17,000,000원 (대) 보통예금 17,000,000원
- 수정 후 : (차) 퇴직급여(판) 17,000,000원 (대) 보통예금 17,000,000원

문제 5 결산

[1] 〈수동결산〉

(차) 미수수익 225,000원 (대) 이자수익 225,000원

☞미수수익 = 정기예금(10,000,000) × 연 이자율(4.5%) × 6/12 = 225,000원

[2] 〈수동결산〉

(차) 장기차입금(경남은행) 50,000,000원 (대) 유동성장기부채(경남은행) 50,000,000원

[3] 〈수동결산〉

(차) 부가세예수금 52,346,500원 (대) 부가세대급금 52,749,000원
미수금 402,500원

문제 6 장부조회

[1] 양주기업, 50,000,000원

- [거래처원장]>[잔액] 탭>기간 : 20x1년 1월 1일~20x1년 3월 31일>계정과목 : 0108.외상매출금 조회

[2] 4월

- [계정별원장]>배당금수익 조회

[3] 295,395,000원

- [부가가치세신고서]>기간 : 4월 1일~6월 30일 조회
- 과세 세금계산서 발급분 공급가액 290,395,000원+영세 세금계산서 발급분 공급가액 5,000,000원

제115회 전산회계 1급

합격율	시험년월
48%	2024.8

이 론

01. 다음 중 회계순환과정에 있어 기말결산정리의 근거가 되는 가정으로 적절한 것은?

① 발생주의 회계　② 기업실체의 가정
③ 계속기업의 가정　④ 기간별 보고의 가정

02. 다음 중 당좌자산에 포함되지 않는 것은 무엇인가?

① 선급비용　② 미수금　③ 미수수익　④ 선수수익

03. 다음에서 설명하는 재고자산 단가 결정방법으로 옳은 것은?

> 실제 물량 흐름과 원가 흐름의 가정이 유사하다는 장점이 있으나, 수익·비용 대응의 원칙에 부적합하고, 물가 상승 시 이익이 과대 계상되는 단점이 있다.

① 개별법　② 선입선출법　③ 후입선출법　④ 총평균법

04. 다음 중 유형자산에 대한 추가적인 지출이 발생했을 경우 발생한 기간의 비용으로 처리하는 거래로 옳은 것은?

① 건물의 피난시설을 설치하기 위한 지출
② 내용연수를 연장시키는 지출
③ 건물 내부 조명기구를 교체하는 지출
④ 상당한 품질향상을 가져오는 지출

05. 다음 중 무형자산에 대한 설명으로 가장 옳지 않은 것은?

① 무형자산은 상각완료 후 잔존가치로 1,000원을 반드시 남겨둔다.
② 무형자산의 상각방법은 정액법, 정률법 둘 다 사용 가능하다.
③ 무형자산을 상각하는 회계처리를 할 때는 일반적으로 직접법으로 처리하고 있다.
④ 무형자산 중 내부에서 창출한 영업권은 무형자산으로 인정되지 않는다.

06. 다음 중 일반기업회계기준에 따른 부채가 아닌 것은 무엇인가?

① 임차보증금 ② 퇴직급여충당부채
③ 선수금 ④ 미지급배당금

07. 다음의 자본 항목 중 성격이 다른 하나는 무엇인가?

① 자기주식처분이익 ② 감자차익
③ 자기주식 ④ 주식발행초과금

08. 다음의 자료를 이용하여 영업이익을 구하시오(기초재고는 50,000원, 기말재고는 '0'으로 가정한다).

• 총매출액 500,000원	• 매출할인 10,000원	• 당기총매입액 300,000원
• 매입에누리 20,000원	• 이자비용 30,000원	• 급여 20,000원
• 통신비 5,000원	• 감가상각비 10,000원	• 배당금수익 20,000원
• 임차료 25,000원	• 유형자산처분손실 30,000원	

① 60,000원 ② 70,000원 ③ 100,000원 ④ 130,000원

09. 다음 중 보조부문의 원가 배분에 대한 설명으로 옳지 않은 것은?

① 보조부문의 원가 배분방법으로는 직접배분법, 단계배분법 및 상호배분법이 있으며, 이들 배분방법에 따라 전체 보조부문의 원가에 일부 차이가 있을 수 있다.
② 상호배분법은 부문간 상호수수를 고려하여 계산하기 때문에 다른 배분방법보다 계산이 복잡한 방법이라 할 수 있다.
③ 단계배분법은 보조부문간 배분순서에 따라 각 보조부문에 배분되는 금액에 차이가 있을 수 있다.
④ 직접배분법은 보조부문 원가 배분액의 계산이 상대적으로 간편한 방법이라 할 수 있다.

10. 다음의 원가 분류 중 분류 기준이 같은 것으로만 짝지어진 것은?

가. 변동원가	나. 관련원가	다. 직접원가
라. 고정원가	마. 매몰원가	바. 간접원가

① 가, 나 ② 나, 다 ③ 나, 마 ④ 라, 바

11. 다음 자료를 참고하여 20x1년 제조작업지시서 #200에 대한 제조간접원가 예정배부율과 예정배부액을 계산하면 각각 얼마인가?

가. 20x0년 연간 제조간접원가 4,200,000원, 총기계작업시간은 100,000시간인 것으로 파악되었다.
나. 20x1년 연간 예정제조간접원가 3,800,000원, 총예정기계작업시간은 80,000시간으로 예상하고 있다.
다. 20x1년 제조작업지시서별 실제기계작업시간은 다음과 같다.
- 제조작업지시서 #200 : 11,000시간
- 제조작업지시서 #300 : 20,000시간

	제조간접원가 예정배부율	제조간접원가 예정배부액
①	42원/기계작업시간	462,000원
②	52.5원/기계작업시간	577,500원
③	47.5원/기계작업시간	522,500원
④	46원/기계작업시간	506,000원

12. 다음 중 종합원가계산을 적용할 경우 평균법과 선입선출법에 의한 완성품 환산량의 차이를 발생시키는 주요 원인은 무엇인가?

① 기초재공품 차이 ② 기초제품 차이 ③ 기말제품 차이 ④ 기말재공품 차이

13. 다음 중 부가가치세법상 납세의무자에 대한 설명으로 가장 옳지 않은 것은?

① 부가가치세법상 사업자는 일반과세자와 간이과세자이다.
② 국가・지방자치단체도 납세의무자가 될 수 있다.
③ 사업자단위과세사업자는 모든 사업장의 부가가치세를 총괄하여 신고만 할 수 있다.
④ 영세율을 적용받는 사업자도 부가가치세법상의 사업자등록의무가 있다.

14. 다음 중 부가가치세법상 매입세액공제가 가능한 경우는?

① 면세사업에 관련된 매입세액
② 비영업용 소형승용자동차의 유지와 관련된 매입세액
③ 토지의 형질변경과 관련된 매입세액
④ 제조업을 영위하는 사업자가 농민으로부터 구입한 면세 농산물의 의제매입세액

15. 다음 중 부가가치세법상 세금계산서 발급 의무가 면제되지 않는 경우는?

① 택시운송사업자가 공급하는 재화 또는 용역
② 미용업자가 공급하는 재화 또는 용역
③ 제조업자가 구매확인서에 의하여 공급하는 재화
④ 부동산임대업자의 부동산임대용역 중 간주임대료

실 무

다산컴퓨터㈜(3115)는 컴퓨터 등의 제조 및 도소매업을 영위하는 중소기업으로 당기 회계기간은 20x1.1.1.~20x1.12.31.이다. 전산세무회계 수험용 프로그램을 이용하여 다음 물음에 답하시오.

문제 1 **다음은 [기초정보관리] 및 [전기분재무제표]에 대한 자료이다. 각각의 요구사항에 대하여 답하시오. (10점)**

[1] 다음 자료를 보고 [거래처등록] 메뉴에서 신규 거래처를 등록하시오(단, 주어진 자료 외의 다른 항목은 입력할 필요 없음). (3점)

- 거래처코드 : 02411
- 거래처명 : ㈜구동컴퓨터
- 사업자등록번호 : 189－86－70759
- 업태 : 제조
- 거래처구분 : 일반거래처
- 유형 : 동시
- 대표자성명 : 이주연
- 종목 : 컴퓨터 및 주변장치
- 사업장주소 : 울산광역시 울주군 온산읍 종동길 102

[2] 기초정보관리의 [계정과목및적요등록] 메뉴에서 821.보험료 계정과목에 아래의 적요를 추가로 등록하시오. (3점)

- 현금적요 7번 : 경영인 정기보험료 납부
- 대체적요 5번 : 경영인 정기보험료 미지급
- 대체적요 6번 : 경영인 정기보험료 상계

[3] 다음은 다산컴퓨터㈜의 올바른 선급금, 선수금의 전체 기초잔액이다. [거래처별초기이월] 메뉴의 자료를 검토하여 오류가 있으면 올바르게 삭제 또는 수정, 추가 입력을 하시오. (4점)

계정과목	거래처명	금액
선급금	해원전자㈜	2,320,000원
	공상㈜	1,873,000원
선수금	㈜유수전자	2,100,000원
	㈜신곡상사	500,000원

문제 2 **[일반전표입력] 메뉴를 이용하여 다음의 거래 자료를 입력하시오(일반전표입력의 모든 거래는 부가가치세를 고려하지 말 것). (18점)**

[1] 07월 28일 거래처 ㈜경재전자의 외상매입금 2,300,000원 중 2,000,000원은 당사에서 어음을 발행하여 지급하고 나머지는 면제받았다. (3점)

[2] 09월 03일 하나은행에서 차입한 단기차입금 82,000,000원과 이에 대한 이자 2,460,000원을 보통예금계좌에서 이체하여 지급하였다. (3점)

[3] 09월 12일 중국의 DOKY사에 대한 제품 수출 외상매출금 10,000$(선적일 기준환율 : 1,400원/$)를 회수하여 즉시 원화 보통예금 계좌로 입금하였다(단, 입금일의 기준환율은 1,380원/$이다). (3점)

[4] 10월 07일 주당 액면가액이 5,000원인 보통주 1,000주를 주당 7,000원에 발행하였고, 발행가액 전액이 보통예금 계좌로 입금되었다(단, 하나의 전표로 처리하며 신주 발행 전 주식할인발행차금 잔액은 1,000,000원이고 신주발행비용은 없다고 가정한다). (3점)

[5] 10월 28일 당기분 DC형 퇴직연금 불입액 12,000,000원이 자동이체 방식으로 보통예금 계좌에서 출금되었다. 불입액 12,000,000원 중 4,000,000원은 영업부에서 근무하는 직원들에 대한 금액이고 나머지는 생산부에서 근무하는 직원들에 대한 금액이다. (3점)

[6] 11월 12일 전기에 회수불능으로 일부 대손처리한 ㈜은상전기의 외상매출금이 회수되었으며, 대금은 하나은행 보통예금 계좌로 입금되었다. (3점)

[보통예금(하나)] 거래 내용

행	연월일	내용	찾으신 금액	맡기신 금액	잔액	거래점
		계좌번호 120-99-80481321				
1	20x1-11-12	㈜은상전기		₩2,500,000	******	1111

문제 3 **[매입매출전표입력] 메뉴를 이용하여 다음의 거래 자료를 입력하시오. (18점)**

[1] 07월 03일 회사 영업부 야유회를 위해 도시락 10개를 구입하고 현대카드로 결제하였다. (3점)

신용카드매출전표

가 맹 점 명 : 맛나도시락
사업자번호 : 127-10-12343
대 표 자 명 : 김도식
주 소 : 서울 마포구 마포대로 2
롯 데 카 드 : 신용승인
거 래 일 시 : 20x1-07-03 11:08:54
카 드 번 호 : 3256-6455-****-1329
유 효 기 간 : 12/26
가맹점번호 : 123412341
매 입 사 : 현대카드(전자서명전표)

상품명	금액
한식도시락세트	330,000

공급가액 : 300,000
부가세액 : 30,000
합 계 : 330,000

[2] 08월 06일 제품을 만들고 난 후 나온 철 스크랩을 비사업자인 최한솔에게 판매하고, 판매대금 1,320,000원(부가가치세 포함)을 수취하였다. 대금은 현금으로 받고, 해당 거래에 대한 증빙은 아무것도 발급하지 않았다(계정과목은 잡이익으로 하고, 거래처를 조회하여 입력할 것). (3점)

[3] 08월 29일 ㈜선월재에게 내국신용장에 의해 제품을 판매하고 전자세금계산서를 발급하였다. 대금 중 500,000원은 현금으로 받고 나머지는 외상으로 하였다(단, 서류번호입력은 생략할 것). (3점)

영세율 전자세금계산서		승인번호	20240829-100028100-484650

구분	항목	내용	항목	내용	구분	항목	내용	항목	내용
공급자	등록번호	129-81-50101	종사업장 번호		공급받는자	등록번호	601-81-25803	종사업장 번호	
	상호(법인명)	다산컴퓨터㈜	성명	박새은		상호(법인명)	㈜선월재	성명	정일원
	사업장 주소	경기도 남양주시 가운로 3-28				사업장 주소	경상남도 사천시 사천대로 11		
	업태	제조,도소매	종목	컴퓨터		업태	도소매	종목	컴퓨터 및 기기장치
	이메일					이메일			
						이메일			

작성일자	공급가액	세액	수정사유	비고
20x1.08.29	5,200,000			

월	일	품목	규격	수량	단가	공급가액	세액	비고
8	29	제품A		1	5,200,000	5,200,000		

합계금액	현금	수표	어음	외상미수금	위 금액을 (**청구**) 함
5,200,000	500,000			4,700,000	

[4] 10월 15일 ㈜우성유통에 제품을 판매하고 다음과 같이 전자세금계산서를 발급하였다. 대금 중 8,000,000원은 하움공업이 발행한 어음을 배서양도 받고, 나머지는 다음 달에 받기로 하였다. (3점)

전자세금계산서						승인번호	20241015-100028100-484650		
공급자	등록번호	129-81-50101	종사업장번호		공급받는자	등록번호	105-86-50416	종사업장번호	
	상호(법인명)	다산컴퓨터㈜	성명	박새은		상호(법인명)	㈜우성유통	성명	김성길
	사업장주소	경기도 남양주시 가운로 3-28				사업장주소	서울시 강남구 강남대로 292		
	업태	제조,도소매	종목	컴퓨터		업태	도소매	종목	기기장치
	이메일					이메일			
						이메일			

작성일자	공급가액	세액	수정사유	비고
20x1.10.15	10,000,000	1,000,000	해당 없음	

월	일	품목	규격	수량	단가	공급가액	세액	비고
10	15	컴퓨터				10,000,000	1,000,000	

합계금액	현금	수표	어음	외상미수금	위 금액을 **(청구)** 함
11,000,000			8,000,000	3,000,000	

[5] 10월 30일 미국의 MARK사로부터 수입한 업무용 컴퓨터(공급가액 6,000,000원)와 관련하여 인천세관장으로부터 수입세금계산서를 발급받고, 해당 부가가치세를 당좌예금 계좌에서 이체하여 납부하였다(단, 부가가치세 회계처리만 할 것). (3점)

[6] 12월 02일 공장 직원들의 휴게공간에 간식을 비치하기 위해 두나과일로부터 샤인머스캣 등을 구매하면서 구매대금 275,000원을 현금으로 지급하고, 지출증빙용 현금영수증을 발급받았다. (3점)

Hometax, 국세청홈택스 **현금영수증**

● 거래정보

거래일시	20x1.12.02.
승인번호	G12458265
거래구분	승인거래
거래용도	지출증빙
발급수단번호	129-81-50101

● 거래금액

공급가액	부가세	봉사료	총 거래금액
275,000	-	-	275,000

● 가맹점 정보

상호	두나과일
사업자번호	221-90-43529
대표자명	이두나
주소	경북 고령군 대가야읍 왕릉로 35

● 익일 홈택스에서 현금영수증 발급 여부를 반드시 확인하시기 바랍니다.
● 홈페이지 (http : //www.hometax.go.kr)
-조회/발급>현금영수증 조회>사용내역(소득공제) 조회
>매입내역(지출증빙) 조회
● 관련문의는 국세상담센터(☎126-1-1)

문제 4 **[일반전표입력] 및 [매입매출전표입력] 메뉴에 입력된 내용 중 다음과 같은 오류가 발견되었다. 입력된 내용을 확인하여 정정하시오. (6점)**

[1] 11월 01일 ㈜호수의 주식 1,000주를 단기간 차익을 목적으로 1주당 12,000원(1주당 액면가 5,000원)에 현금으로 취득하고 발생한 수수료 120,000원을 취득원가에 포함하였다. (3점)

[2] 11월 26일 원재료 매입 거래처의 워크숍을 지원하기 위해 ㈜산들바람으로부터 현금으로 구매한 선물세트 800,000원(부가가치세 별도, 종이세금계산서 수취)을 소모품비로 회계처리하였다. (3점)

문제 5 **결산정리사항은 다음과 같다. 관련 메뉴를 이용하여 결산을 완료하시오. (9점)**

[1] 12월 31일 제2기 부가가치세 확정신고기간의 부가가치세 매출세액은 14,630,000원, 매입세액은 22,860,000원, 환급세액은 8,230,000원이다. 관련된 결산 회계처리를 하시오(단, 환급세액은 미수금으로 처리한다). (3점)

[2] 10월 1일에 로배전자에 30,000,000원(상환기일 20x2년 9월 30일)을 대여하고, 연 7%의 이자를 상환일에 원금과 함께 수취하기로 약정하였다. 결산 정리분개를 하시오(이자는 월할계산할 것). (3점)

[3] 12월 31일 현재 신한은행의 장기차입금 중 일부인 13,000,000원의 만기상환기일이 1년 이내에 도래할 것으로 예상되었다. (3점)

문제 6 **다음 사항을 조회하여 알맞은 답안을 이론문제 답안작성 메뉴에 입력하시오. (9점)**

[1] 6월 말 현재 외상매입금 잔액이 가장 많은 거래처명과 그 금액은 얼마인가? (3점)

[2] 1분기(1월~3월) 중 판매비와관리비 항목의 소모품비 지출액이 가장 적게 발생한 월과 그 금액은 얼마인가? (3점)

[3] 20x1년 제1기 확정신고기간(4월~6월) 중 ㈜하이일렉으로부터 발급받은 세금계산서의 총 매수와 매입세액은 얼마인가? (3점)

제115회 전산회계1급 답안 및 해설

이 론

1	2	3	4	5	6	7	8	9	10	11	12	13	14	15
④	④	②	③	①	①	③	③	①	③	③	①	③	④	③

01. 재무제표의 기본가정 중 기간별 보고의 가정이 기말결산정리의 근거가 되는 가정이다.

02. 선수수익은 유동부채 항목이다.

03. 원가 흐름의 가정 중 선입선출법은 먼저 입고된 자산이 먼저 출고된 것으로 가정하여 입고 일자가 빠른 원가를 출고 수량에 먼저 적용한다. 선입선출법은 실제 물량 흐름과 원가 흐름의 가정이 유사하다는 장점이 있으나, 수익·비용 대응의 원칙에 부적합하고, 물가 상승 시 이익이 과대 계상되는 단점이 있다.

04. 건물 내부의 조명기구를 교체하는 지출은 수선유지를 위한 지출에 해당하며 발생한 기간의 비용으로 인식한다.

05. 무형자산의 잔존가치는 원칙적으로 '0'인 것으로 본다.

06. 임차보증금은 기타비유동자산으로서 자산계정에 해당한다.

07. 자기주식은 자본조정 항목이고, 자기주식처분이익과 감자차익, 주식발행초과금은 자본잉여금 항목이다.

08. 이자비용과 유형자산처분손실은 영업외비용, 배당금수익은 영업외수익이다

손익계산서		
1.(순)매출액	490,000	총매출액(500,000) - 매출할인(10,000)
2.매출원가	330,000	기초재고(50,000) + 당기총매입액(300,000)원 - 매입에누리(20,000)
3.매출이익(1 - 2)	160,000	
4.판관비	60,000	급여(20,000) + 통신비(5,000) + 감가상각비(10,000) + 임차료(25,000)
5.영업이익(3 - 4)	*100,000*	

09. 보조부문의 원가 배분방법으로는 직접배분법, 단계배분법 및 상호배분법이 있으며, 이들 배분 방법에 관계없이 전체 보조부문의 원가는 동일하다.

10. 가(변동), 라(고정) : 원가행태에 따른 분류
나(관련), 마(매몰) : 의사결정과의 관련성에 따른 분류
다(직접), 바(간접) : 원가 추적가능성에 따른 분류

11. 예정배부율 = 예정원가(3,800,000)/예정조업도(80,000) = 47.5원/기계작업시간
    예정배부액 = #200 실제기계작업시간(11,000) × 47.5원/기계작업시간 = 522,500원
12. 평균법과 선입선출법에 의한 완성품 환산량의 차이는 **기초재공품의 차이에서 발생**한다.
13. 사업자단위과세사업자는 **모든 사업장의 부가가치세를 총괄하여 신고 및 납부**할 수 있다.
14. 사업자가 부가가치세를 면제받아 공급받거나 수입한 농・축・수산물 또는 임산물을 원재료로 하여 제조・가공한 재화 또는 창출한 용역의 공급에 대하여 부가가치세가 과세되는 경우 면세 농산물 등에 매입세액이 있는 것으로 보아 매입세액(의제매입세액)을 공제할 수 있다.
15. **내국신용장 또는 구매확인서에 의하여 공급하는 재화는 세금계산서 발급 의무**가 있다.

실 무

문제 1 기초정보관리

[1] [거래처등록]

〈일반거래처〉
- 거래처코드 : 02411
- 거래처명 : ㈜구동컴퓨터
- 등록번호 : 189 - 86 - 70759
- 유형 : 3.동시
- 대표자 : 이주연
- 업태 : 제조
- 종목 : 컴퓨터 및 주변장치
- 사업장주소 : 울산광역시 울주군 온산읍 종동길 102

[2] [계정과목및적요등록]

〈821.보험료〉
- 현금적요 NO.7, 경영인 정기보험료 납부
- 대체적요 NO.5, 경영인 정기보험료 미지급
- 대체적요 NO.6, 경영인 정기보험료 상계

[3] [거래처별초기이월]

〈선급금〉
- 공상㈜ 1,873,000원 입력
- 해원전자㈜ 1,320,000원 → 2,320,000원으로 수정

〈선수금〉
- ㈜유수전자 210,000원 → 2,100,000원으로 수정
- 데회전자 500,000원 삭제(또는 금액을 0원으로 수정)

문제 2 일반전표입력

[1] 일반전표입력(7/28)

(차)	외상매입금(㈜경재전자)	2,300,000원	(대)	지급어음(㈜경재전자)	2,000,000원
				채무면제이익	300,000원

[2] 일반전표입력(9/03)

(차)	단기차입금(하나은행)	82,000,000원	(대)	보통예금	84,460,000원
	이자비용	2,460,000원			

[3] 일반전표입력(9/12)

(차)	보통예금	13,800,000원	(대)	외상매출금(DOKY사)	14,000,000원
	외환차손	200,000원			

☞외환차손익 = (1,380 - 1,400) × $10,000 = △200,000원(차손)

[4] 일반전표입력(10/07)

(차)	보통예금	7,000,000원	(대)	자본금	5,000,000원
				주식할인발행차금	1,000,000원
				주식발행초과금	1,000,000원

☞신주발행 = [발행가액(7,000) - 액면가액(5,000)] × 1,000주 = 2,000,000원(할증발행)
주식할인발행차금 잔액(1,000,000)과 우선 상계한다.

[5] 일반전표입력(10/28)

(차)	퇴직급여(제)	8,000,000원	(대)	보통예금	12,000,000원
	퇴직급여(판)	4,000,000원			

[6] 일반전표입력(11/12)

(차)	보통예금	2,500,000원	(대)	대손충당금(외상매출금)	2,500,000원

문제 3 매입매출전표입력

[1] 매입매출전표입력(7/03)

유형: 57.카과, 공급가액:300,000 원, 부가세: 30,000 원, 공급처명: 맛나도시락, 분개:카드 또는 혼합
신용카드사:현대카드

(차)	부가세대급금	30,000원	(대)	미지급금(현대카드)	330,000원
	복리후생비(판)	300,000원			

[2] 매입매출전표입력(8/06)

유형:14.건별, 공급가액:1,200,000 원, 부가세: 120,000 원, 공급처명: 최한솔, 분개:현금 또는 혼합

(차) 현금	1,320,000원	(대) 부가세예수금	120,000원
		잡이익	1,200,000원

[3] 매입매출전표입력(8/29)

유형: 12.영세, 공급가액: 5,200,000 원, 공급처명: ㈜선월재, 전자: 여,분개: 혼합

영세율구분:③내국신용장·구매확인서에 의하여 공급하는 재화

(차) 현금	500,000원	(대) 제품매출	5,200,000원
외상매출금	4,700,000원		

[4] 매입매출전표입력(10/15)

유형:11.과세, 공급가액:10,000,000 원, 부가세: 1,000,000 원, 공급처명: ㈜우성유통, 전자:여, 분개:혼합

(차) 받을어음(하움공업)	8,000,000원	(대) 부가세예수금	1,000,000원
외상매출금	3,000,000원	제품매출	10,000,000원

[5] 매입매출전표입력(10/30)

유형:55.수입, 공급가액:6,000,000 원, 부가세: 600,000 원, 공급처명: 인천세관, **전자:여 또는 부,** 분개:혼합

(차) 부가세대급금	600,000원	(대) 당좌예금	600,000원

[6] 매입매출전표입력(12/02)

유형:62.현면, 공급가액:275,000 원, 공급처명: 두나과일, 분개: 현금 또는 혼합

(차) 복리후생비(제)	275,000원	(대) 현금	275,000원

문제 4 오류수정

[1] 일반전표입력(11/01)

• 수정 전

(차) 단기매매증권	12,120,000원	(대) 현금	12,120,000원

• 수정 후

(차) 단기매매증권	12,000,000원	(대) 현금	12,120,000원
수수료비용(984)	120,000원		

[2] 매입매출전표입력(11/26)

• 수정 전

유형:51.과세, 공급가액:800,000 원, 부가세: 80,000 원, 공급처명: ㈜산들바람, 전자:부, 분개:혼합

(차)	부가세대급금	80,000원	(대) 현금	880,000원
	소모품비(제)	800,000원		

• 수정 후

유형: 54.불공, 공급가액: 800,000 원, 부가세: 80,000 원, 공급처명: ㈜산들바람, 전자: 부, 분개: 현금 또는 혼합

불공제사유:④기업업무추진비 및 이와 유사한 비용 관련

(차)	기업업무추진비(제)	880,000원	(대) 현금	880,000원

문제 5 결산

[1] 〈수동결산〉

(차)	부가세예수금	14,630,000원	(대) 부가세대급금	22,860,000원
	미수금	8,230,000원		

[2] 〈수동결산〉

(차)	미수수익	525,000원	(대) 이자수익	525,000원

☞ 당기분 이자 = 대여금(30,000,000) × 7% × 3/12 = 525,000원

[3] 〈수동결산〉

(차)	장기차입금 (신한은행)	13,000,000원	(대) 유동성장기부채 (신한은행)	13,000,000원

문제 6 장부조회

[1] 민선전자, 36,603,000원

• [거래처원장]>[잔액]>조회기간 : 1월 1일~6월 30일>계정과목 : 251.외상매입금 조회

[2] 2월, 800,000원

• [총계정원장]>기간 : 1월 1일~3월 31일 → 계정과목 : 소모품비(830) 조회

[3] 2매, 440,000원

• 세금계산서합계표>20x1년 4월~20x1년 6월 조회>매입>㈜하이일렉의 매수와 세액 확인

제114회 전산회계 1급

합격율	시험년월
37%	2024.6

이 론

01. 다음 중 거래내용에 대한 거래요소의 결합관계를 바르게 표시한 것은?

	거래요소의 결합관계	거래내용
①	자산의 증가 : 자산의 증가	외상매출금 4,650,000원을 보통예금으로 수령하다.
②	자산의 증가 : 부채의 증가	기계장치를 27,500,000원에 구입하고 구입대금은 미지급하다.
③	비용의 발생 : 자산의 증가	보유 중인 건물을 임대하여 임대료 1,650,000원을 보통예금으로 수령하다.
④	부채의 감소 : 자산의 감소	장기차입금에 대한 이자 3,000,000원을 보통예금에서 이체하는 방식으로 지급하다.

02. 다음 중 재고자산이 아닌 것은?

① 약국의 일반의약품 및 전문의약품
② 제조업 공장의 생산 완제품
③ 부동산매매업을 주업으로 하는 기업의 판매 목적 토지
④ 병원 사업장소재지의 토지 및 건물

03. 다음은 ㈜한국이 신규 취득한 기계장치 관련 자료이다. 아래의 기계장치를 연수합계법으로 감가상각할 경우, ㈜한국의 당기(회계연도 : 매년 1월 1일~12월 31일) 말 현재 기계장치의 장부금액은 얼마인가?

- 기계장치 취득원가 : 3,000,000원
- 취득일 : 20x1.01.01.
- 잔존가치 : 300,000원
- 내용연수 : 5년

① 2,000,000원 ② 2,100,000원 ③ 2,400,000원 ④ 2,460,000원

04. 다음은 ㈜서울의 당기 지출 내역 중 일부이다. 아래의 자료에서 무형자산으로 기록할 수 있는 금액은 모두 얼마인가?

- 신제품 특허권 취득 비용 30,000,000원
- 신제품의 연구단계에서 발생한 재료 구입 비용 1,500,000원
- A기업이 가지고 있는 상표권 구입 비용 22,000,000원

① 22,000,000원 ② 30,000,000원 ③ 52,000,000원 ④ 53,500,000원

05. 다음 중 매도가능증권에 대한 설명으로 옳지 않은 것은?

① 기말 평가손익은 기타포괄손익누계액에 반영한다.
② 취득 시 발생한 수수료는 당기 비용으로 처리한다.
③ 처분 시 발생한 처분손익은 당기손익에 반영한다.
④ 보유 목적에 따라 당좌자산 또는 투자자산으로 분류한다.

06. 다음 중 채권 관련 계정의 차감적 평가항목으로 옳은 것은?

① 감가상각누계액
② 재고자산평가충당금
③ 사채할인발행차금
④ 대손충당금

07. 다음 중 자본잉여금 항목에 포함되는 것을 모두 고른 것은?

가. 주식발행초과금
나. 자기주식처분손실
다. 주식할인발행차금
라. 감자차익

① 가, 라 ② 나, 다 ③ 가, 나, 다 ④ 가, 다, 라

08. 다음은 현금배당에 관한 회계처리이다. 아래의 괄호 안에 각각 들어갈 회계처리 일자로 옳은 것은?

(가)	(차) 이월이익잉여금	×××원	(대) 이익준비금	×××원
			미지급배당금	×××원
(나)	(차) 미지급배당금	×××원	(대) 보통예금	×××원

	(가)	(나)
①	회계종료일	배당결의일
②	회계종료일	배당지급일
③	배당결의일	배당지급일
④	배당결의일	회계종료일

09. 원가의 분류 중 원가행태(行態)에 따른 분류에 해당하는 것은?

① 변동원가 ② 기회원가 ③ 관련원가 ④ 매몰원가

10. 다음은 제조업을 영위하는 ㈜인천의 당기 원가 관련 자료이다. ㈜인천의 당기총제조원가는 얼마인가? 단, 기초재고자산은 없다고 가정한다.

- 기말재공품재고액 300,000원
- 기말제품재고액 500,000원
- 매출원가 2,000,000원
- 기말원재료재고액 700,000원
- 제조간접원가 600,000원
- 직접재료원가 1,200,000원

① 1,900,000원 ② 2,200,000원 ③ 2,500,000원 ④ 2,800,000원

11. 평균법에 따른 종합원가계산을 채택하고 있는 ㈜대전의 당기 물량 흐름은 다음과 같다. 재료원가는 공정 초기에 전량 투입되며, 가공원가는 공정 전반에 걸쳐 균등하게 발생한다. 아래의 자료를 이용하여 재료원가 완성품환산량을 계산하면 몇 개인가?

- 기초재공품 수량 : 1,000개(완성도 20%)
- 당기완성품 수량 : 8,000개
- 당기착수량 : 10,000개
- 기말재공품 수량 : 3,000개(완성도 60%)

① 8,000개 ② 9,000개 ③ 9,800개 ④ 11,000개

12. 다음 중 개별원가계산에 대한 설명으로 옳지 않은 것은?

① 항공기 제조업은 종합원가계산보다는 개별원가계산이 더 적합하다.
② 제품원가를 제조공정별로 집계한 후 이를 생산량으로 나누어 단위당 원가를 계산한다.
③ 직접원가와 제조간접원가의 구분이 중요하다.
④ 단일 종류의 제품을 대량으로 생산하는 업종에는 적합하지 않은 방법이다.

13. 다음 중 우리나라 부가가치세법의 특징으로 틀린 것은?

① 국세 ② 인세(人稅)
③ 전단계세액공제법 ④ 다단계거래세

14. 다음 중 부가가치세법상 주된 사업에 부수되는 재화·용역의 공급으로서 면세 대상이 아닌 것은?

① 은행업을 영위하는 면세사업자가 매각한 사업용 부동산인 건물
② 약국을 양수도하는 경우로서 해당 영업권 중 면세 매출에 해당하는 비율의 영업권
③ 가구제조업을 영위하는 사업자가 매각한 사업용 부동산 중 토지
④ 부동산임대업자가 매각한 부동산임대 사업용 부동산 중 상가 건물

15. 다음 중 부가가치세법상 아래의 괄호 안에 공통으로 들어갈 내용으로 옳은 것은?

> 가. 부가가치세 매출세액은 (   )에 세율을 곱하여 계산한 금액이다.
> 나. 재화 또는 용역의 공급에 대한 부가가치세의 (   )(은)는 해당 과세기간에 공급한 재화 또는 용역의 공급가액을 합한 금액으로 한다.
> 다. 재화의 수입에 대한 부가가치세의 (   )(은)는 그 재화에 대한 관세의 과세가격과 관세, 개별소비세, 주세, 교육세, 농어촌특별세 및 교통·에너지·환경세를 합한 금액으로 한다.

① 공급대가 ② 간주공급 ③ 과세표준 ④ 납부세액

실 무

㈜하나전자(3114)는 전자부품의 제조 및 도소매업을 영위하는 중소기업으로 당기 회계기간은 20x1.1.1.~20x1.12.31.이다. 전산세무회계 수험용 프로그램을 이용하여 다음 물음에 답하시오.

문제 1 다음은 [기초정보관리] 및 [전기분재무제표]에 대한 자료이다. 각각의 요구사항에 대하여 답하시오. (10점)

[1] 다음의 자료를 이용하여 [거래처등록] 메뉴에서 신규 거래처를 추가로 등록하시오. (3점)

- 거래처코드 : 00500
- 거래처명 : 한국개발
- 거래처구분 : 일반거래처
- 유형 : 동시
- 사업자등록번호 : 134 – 24 – 91004
- 대표자성명 : 김한국
- 업태 : 정보통신업
- 종목 : 소프트웨어개발
- 주소 : 경기도 성남시 분당구 판교역로192번길 12 (삼평동) ※ 주소 입력 시 우편번호 입력은 생략함

국세청 nts.go.kr

사업자등록증

(일반과세자)

등록번호 : 134 – 24 – 91004

상　　　호 : 한국개발
성　　　명 : 김한국　　　생 년 월 일 : 1985 년 03 월 02 일

개 업 연 월 일 : 2021 년 07 월 25 일
사업장소재지 : 경기도 성남시 분당구 판교역로192번길 12 (삼평동)

사업의 종류 업태 정보통신업　　　종목 소프트웨어개발

발 급 사 유 : 사업장 소재지 정정
공 동 사 업 자 :

사업자 단위 과세 적용사업자 여부 : 여( ) 부(V)
전자세금계산서 전용 전자우편주소 :

20x1 년 01 월 20 일
분당세무서장 분당세무서장의인

국세청

[2] 다음 자료를 이용하여 [계정과목및적요등록]에 반영하시오. (3점)

• 코드 : 862	• 현금적요 1번 : 행사지원비 현금 지급
• 계정과목 : 행사지원비	• 대체적요 1번 : 행사지원비 어음 발행
• 성격 : 경비	

[3] 전기분 원가명세서를 검토한 결과 다음과 같은 오류가 발견되었다. 이와 관련된 전기분 재무제표(재무상태표, 손익계산서, 원가명세서, 잉여금처분계산서)를 모두 적절하게 수정하시오. (4점)

> 해당 연도(20x0년)에 외상으로 매입한 부재료비 3,000,000원이 누락된 것으로 확인된다.

문제 2 **[일반전표입력] 메뉴를 이용하여 다음의 거래 자료를 입력하시오(일반전표입력의 모든 거래는 부가가치세를 고려하지 말 것). (18점)**

[1] 07월 05일 영업팀 직원들에 대한 확정기여형(DC형) 퇴직연금 납입액 1,400,000원을 보통예금 계좌에서 이체하여 납입하였다. (3점)

[2] 07월 25일 ㈜고운상사의 외상매출금 중 5,500,000원은 약속어음으로 받고, 나머지 4,400,000원은 보통예금 계좌로 입금받았다. (3점)

[3] 08월 30일 자금 부족으로 인하여 ㈜재원에 대한 받을어음 50,000,000원을 만기일 전에 은행에서 할인받고, 할인료 5,000,000원을 차감한 잔액이 보통예금 계좌로 입금되었다(단, 본 거래는 매각거래이다). (3점)

[4] 10월 03일 단기 투자 목적으로 보유하고 있는 ㈜미학건설의 주식으로부터 배당금 2,300,000원이 확정되어 즉시 보통예금 계좌로 입금되었다. (3점)

[5] 10월 31일 재무팀 강가연 팀장의 10월분 급여를 농협 보통예금 계좌에서 이체하여 지급하였다(단, 공제합계액은 하나의 계정과목으로 회계처리할 것). (3점)

20x1년 10월 급여명세서			
이름	강가연	지급일	20x1년 10월 31일
기 본 급	4,500,000원	소 득 세	123,000원
식 대	200,000원	지 방 소 득 세	12,300원
자 가 운 전 보 조 금	200,000원	국 민 연 금	90,500원
		건 강 보 험	55,280원
		고 용 보 험	100,000원
급 여 계	4,900,000원	공 제 합 계	381,080원
		지 급 총 액	4,518,920원

[6] 12월 21일 자금 조달을 위하여 사채(액면금액 8,000,000원, 3년 만기)를 8,450,000원에 발행하고, 납입금은 당좌예금 계좌로 입금하였다. (3점)

문제 3 다음 거래 자료를 [매입매출전표입력] 메뉴에 입력하시오. (18점)

[1] 07월 20일 미국 소재법인 NDVIDIA에 직수출하는 제품의 선적을 완료하였으며, 수출대금 $5,000는 차후에 받기로 하였다. 제품수출계약은 7월 1일에 체결하였으며, 일자별 기준환율은 아래와 같다(단, 수출신고번호 입력은 생략할 것). (3점)

일자	계약일 20x1.07.01.	선적일 20x1.07.20.
기준환율	1,100원/$	1,200원/$

[2] 07월 23일 당사가 소유하던 토지(취득원가 62,000,000원)를 돌상상회에 65,000,000원에 매각하기로 계약하면서 동시에 전자계산서를 발급하였다. 대금 중 30,000,000원은 계약 당일 보통예금 계좌로 입금받았으며, 나머지는 다음 달에 받기로 약정하였다. (3점)

[3] 08월 10일 영업팀에서 회사 제품을 홍보하기 위해 광고닷컴에서 홍보용 수첩을 제작하고 현대카드로 결제하였다. (3점)

카드번호 (9876 - **** - **** - 1230)

승인번호	28516480
거래일자	20x1년08월10일15:29:44
결제방법	일시불
가맹점명	광고닷컴
가맹점번호	23721275
대표자명	김광고
사업자등록번호	305 - 35 - 65424
전화번호	02 - 651 - 1212
주소	서울특별시 서초구 명달로 100
공급가액	4,000,000원
부가세액	400,000원
승인금액	4,400,000원

고객센터(1577 - 8398) | www.hyundaicard.com

Hyundai Card 현대카드

[4] 08월 17일 제품 생산에 필요한 원재료를 구입하고, 아래의 전자세금계산서를 발급받았다. (3점)

전자세금계산서						승인번호	20240817－15454645－58811889			
공급자	등록번호	139－81－54313	종사업장번호		공급받는자	등록번호	125－86－65247	종사업장번호		
	상호(법인명)	㈜고철상사	성명	황영민		상호(법인명)	㈜하나전자	성명	김영순	
	사업장	서울특별시 서초구 명달로 3				사업장	경기도 남양주시 덕릉로 1067			
	업태	도소매	종목	전자부품		업태	제조,도소매	종목	전자부품	
	이메일					이메일				
						이메일				

작성일자	공급가액	세액	수정사유
20x1/08/17	12,000,000	1,200,000	해당 없음
비고			

월	일	품목	규격	수량	단가	공급가액	세액	비고
08	17	k－312 벨브		200	60,000	12,000,000	1,200,000	

합계금액	현금	수표	어음	외상미수금	이 금액을 （ 청구） 함
13,200,000			5,000,000	8,200,000	

[5] 08월 28일 ㈜와마트에서 업무용으로 사용하는 냉장고를 5,500,000원(부가가치세 포함)에 현금으로 구입하고, 현금영수증(지출증빙용)을 수취하였다(단, 자산으로 처리할 것). (3점)

㈜와마트

133－81－05134 류예린
서울특별시 구로구 구로동로 10 TEL : 02－117－2727
홈페이지 http://www.kacpta.or.kr

현금영수증(지출증빙용)

구매 20x1/08/28/17:27 거래번호 : 0031－0027

상품명	수량	단가	금액
냉장고	1	5,500,000원	5,500,000원
		과 세 물 품 가 액	5,000,000원
		부 가 가 치 세 액	500,000원
		합 계	5,500,000원
		받 은 금 액	5,500,000원

[6] 11월 08일 대표이사 김영순(거래처코드 : 375)의 호텔 결혼식장 대관료(업무관련성 없음)를 당사의 보통예금 계좌에서 이체하여 지급하고, 아래의 전자세금계산서를 수취하였다. (3점)

전자세금계산서				승인번호	20241108 - 27620200 - 4651260		
공급자	등록번호	511 - 81 - 53215	종사업장 번호	공급받는자	등록번호	125 - 86 - 65247	종사업장 번호
	상호(법인명)	대박호텔㈜	성명: 김대박		상호(법인명)	㈜하나전자	성명: 김영순
	사업장	서울특별시 강남구 도산대로 104			사업장	경기도 남양주시 덕릉로 1067	
	업태	숙박,서비스	종목: 호텔, 장소대여		업태	제조,도소매	종목: 전자부품
	이메일				이메일		
					이메일		

작성일자	공급가액	세액	수정사유
20x1/11/08	25,000,000	2,500,000	해당 없음
비고			

월	일	품목	규격	수량	단가	공급가액	세액	비고
11	08	파라다이스 홀 대관			25,000,000	25,000,000	2,500,000	

합계금액	현금	수표	어음	외상미수금	
27,500,000	27,500,000				이 금액을 (영수) 함

문제 4 **[일반전표입력] 및 [매입매출전표입력] 메뉴에 입력된 내용 중 다음과 같은 오류가 발견되었다. 입력된 내용을 확인하여 정정하시오. (6점)**

[1] 11월 12일 호호꽃집에서 영업부 사무실에 비치할 목적으로 구입한 공기정화식물(소모품비)의 대금 100,000원을 보통예금 계좌에서 송금하고 전자계산서를 받았으나 전자세금계산서로 처리하였다. (3점)

[2] 12월 12일 본사 건물에 엘리베이터를 설치하고 ㈜베스트디자인에 지급한 88,000,000원(부가가치세 포함)을 비용으로 처리하였으나, 건물의 자본적지출로 처리하는 것이 옳은 것으로 판명되었다. (3점)

문제 5 **결산정리사항은 다음과 같다. 관련 메뉴를 이용하여 결산을 완료하시오. (9점)**

[1] 당기 중 단기시세차익을 목적으로 ㈜눈사람의 주식 100주(1주당 액면금액 100원)를 10,000,000원에 취득하였으나, 기말 현재 시장가격은 12,500,000원이다(단, ㈜눈사람의 주식은 시장성이 있다). (3점)

[2] 기말 현재 미국 GODS사에 대한 장기대여금 $2,000가 계상되어 있다. 장부금액은 2,100,000원이며, 결산일 현재 기준환율은 1,120원/$이다. (3점)

[3] 기말 현재 당기분 법인세(지방소득세 포함)는 15,000,000원으로 산출되었다. 관련된 결산 회계처리를 하시오(단, 당기분 법인세 중간예납세액 5,700,000원과 이자소득 원천징수세액 1,300,000원은 선납세금으로 계상되어 있다). (3점)

문제 6 **다음 사항을 조회하여 답안을 [이론문제 답안작성] 메뉴에 입력하시오. (9점)**

[1] 3월에 발생한 판매비와일반관리비 중 발생액이 가장 적은 계정과목과 그 금액은 얼마인가? (3점)

[2] 20x1년 2월 말 현재 미수금과 미지급금의 차액은 얼마인가? (단, 반드시 양수로 기재할 것) (3점)

[3] 20x1년 제1기 부가가치세 확정신고기간(4월~6월)의 공제받지못할매입세액은 얼마인가? (3점)

제114회 전산회계1급 답안 및 해설

이 론

1	2	3	4	5	6	7	8	9	10	11	12	13	14	15
②	④	②	③	②	④	①	③	①	④	④	②	②	④	③

01. (차) 기계장치 27,500,000원(자산 증가) (대) 미지급금 27,500,000원(부채 증가)

02. **병원 사업장소재지의 토지 및 건물은 병원의 유형자산**이다.

03. 내용연수합계 = n×(n+1)/2 = 5×6÷2 = 15년

감가상각대상금액 = 취득가액(3,000,000) - 잔존가치(300,000) = 2,700,000원

감가상각비(1차년) = 감가상각대상금액(2,700,000) ÷ 내용연수합계(15) × 잔여내용연수(5) = 900,000원

장부가액 = 취득원가(3,000,000) - 감가상각누계액(900,000) = 2,100,000원

04. 무형자산 = 특허권 구입(30,000,000) + 상표권 구입 비용(22,000,000) = 52,000,000원

연구단계에서 발생한 비용은 기간비용으로 처리한다.

05. **매도가능증권**을 취득하는 경우에 발생한 **수수료는 취득원가에 가산**한다.

06. 대손충당금은 **자산의 채권 관련 계정의 차감적 평가항목**이다.

07. 자본잉여금 : 주식발행초과금, 감자차익

자본조정 : 자기주식처분손실, 주식할인발행차금

08. (가)는 배당결의일의 회계처리이고, (나)는 배당지급일의 회계처리이다.

09. **원가행태에 따른 분류에는 변동원가, 고정원가, 혼합원가, 준고정원가**가 있다.

10.

재공품 ←

기초	0	당기제품제조원가	2,500,000
당기총제조원가	*2,800,000*	기말	300,000
계	2,800,000	계	2,800,000

제 품

기초	0	매출원가	2,000,000
당기제품제조원가	2,500,000	기말	500,000
계	2,500,000	계	2,500,000

11.

<1단계> 물량흐름파악(평균법) **<2단계> 완성품환산량 계산**

평균법			재료비	가공비
	완성품	8,000(100%)	8,000	
	기말재공품	3,000	3,000(100%)	
	계	11,000	*11,000*	

12. 공정별로 집계하는 것은 종합원가계산에 대한 설명이다.
13. 부가가치세법은 **인적사항을 고려하지 않는 물세**이다.
14. **부동산임대업자**가 해당 사업에 사용하던 **건물을 매각하는 경우는 과세 대상**이다.

실 무

문제 1 기초정보관리

[1] [거래처등록]
- 코드 : 00500
- 거래처명 : 한국개발
- 유형 : 3.동시
- 사업자등록번호 : 134 - 24 - 91004
- 대표자성명 : 김한국
- 업태 : 정보통신업
- 종목 : 소프트웨어개발
- 주소 : 경기도 성남시 분당구 판교역로192번길 12(삼평동)

[2] [계정과목및적요등록]
862.행사지원비>성격 : 3.경비>현금적요 NO.1, 행사지원비 현금 지급
>대체적요 NO.1, 행사지원비 어음 발행

[3] [전기분재무제표]
▶ 누락된 회계처리 : (차) 부재료비(제) 3,000,000 (대) 외상매입금 3,000,000
1. [전기분원가명세서]>부재료비>**당기부재료매입액 3,000,000원 추가입력**
>당기제품제조원가 87,250,000원→90,250,000원으로 변경 확인
2. [전기분손익계산서]>당기제품제조원가 87,250,000원→90,250,000원
>당기순이익 81,210,000원→78,210,000원으로 변경 확인
3. [전기분잉여금처분계산서]>F6불러오기>당기순이익 81,210,000원→78,210,000원으로 변경 확인
>미처분이익잉여금 93,940,000원→90,940,000원으로 변경 확인
4. [전기분재무상태표]>이월이익잉여금 90,940,000원으로 수정
>**외상매입금 90,000,000원으로 수정**

문제 2 일반전표입력

[1]	(차) 퇴직급여(판)	1,400,000	(대) 보통예금	1,400,000
[2]	(차) 보통예금	4,400,000	(대) 외상매출금(㈜고운상사)	9,900,000
	받을어음(㈜고운상사)	5,500,000		
[3]	(차) 보통예금	45,000,000	(대) 받을어음(㈜재원)	50,000,000
	매출채권처분손실	5,000,000		
[4]	(차) 보통예금	2,300,000	(대) 배당금수익	2,300,000
[5]	(차) 급여(판)	4,900,000	(대) 보통예금	4,518,920
			예수금	381,080
[6]	(차) 당좌예금	8,450,000	(대) 사채	8,000,000
			사채할증발행차금	450,000

☞사채할증발행차금은 사채계정의 가산항목입니다.

문제 3 매입매출전표입력

[1] 매입매출전표입력(7/20)

유형: 16.수출 공급가액: 6,000,000원 부가세:0원 공급처명: NDVIDIA 분개: 외상 또는 혼합
영세율구분:①직접수출(대행수출 포함)

(차)	외상매출금(NDVIDIA)	6,000,000원	(대) 제품매출	6,000,000원

[2] 매입매출전표입력(7/23)

유형: 13.면세 공급가액: 65,000,000원 공급처명: 돌상상회 전자: 여 분개: 혼합

(차)	보통예금	30,000,000원	(대) 토지	62,000,000원
	미수금	35,000,000원	유형자산처분이익	3,000,000원

☞처분손익 = 처분가액(65,000,000) – 장부가액(62,000,000) = 3,000,000원(이익)

[3] 매입매출전표입력(8/10)

유형: 57.카과 공급가액: 4,000,000원 부가세: 400,000원 공급처명: 광고닷컴 분개: 카드(혼합)
신용카드사:현대카드

(차)	부가세대급금	400,000원	(대) 미지급금(현대카드)	4,400,000원
	광고선전비(판)	4,000,000원		

[4] 매입매출전표입력(8/17)

유형: 51.과세 공급가액: 12,000,000원 부가세: 1,200,000원 공급처명: ㈜고철상사 전자: 여 분개:혼합

(차)	원재료	12,000,000원	(대)	지급어음	5,000,000원
	부가세대급금	1,200,000원		외상매입금	8,200,000원

[5] 매입매출전표입력(8/28)

유형: 61.현과 공급가액: 5,000,000원 부가세: 500,000원 공급처명: ㈜와마트 분개: 현금(혼합)

(차)	비품	5,000,000원	(대)	현금	5,500,000원
	부가세대급금	500,000원			

[6] 매입매출전표입력(11/08)

유형: 54.불공 공급가액: 25,000,000원 부가세: 2,500,000원 공급처명: 대박호텔㈜ 전자:여 분개: 혼합
불공제사유:②사업과 직접 관련 없는 지출

(차)	가지급금(김영순)	27,500,000원	(대)	보통예금	27,500,000원

☞해당 거래는 사업과 관련없는 거래로 불공제 처리하고 가지급금으로 처리한다.

문제 4 오류수정

[1] 매입매출전표입력(11/12)

• 수정 전 :

유형: 51.과세 공급가액: 90,909원 부가세: 9,091원 공급처명: 호호꽃집 전자:여 분개: 혼합

(차)	부가세대급금	9,091원	(대)	보통예금	100,000원
	소모품비(판)	90,909원			

• 수정 후 :

유형: 53.면세 공급가액: 100,000원 공급처명:호호꽃집 전자:여 분개:혼합

(차)	소모품비(판)	100,000원	(대)	보통예금	100,000원

[2] 매입매출전표입력(12/12)

• 수정 전 :

유형: 51.과세 공급가액: 80,000,000 원 부가세: 8,000,000 원 공급처명: ㈜베스트디자인 전자:여 분개: 혼합

(차)	수선비(판)	80,000,000원	(대)	보통예금	88,000,000원
	부가세대급금	8,000,000원			

• 수정 후 :

(차)	건물	80,000,000원	(대)	보통예금	88,000,000원
	부가세대급금	8,000,000원			

문제 5 결산

[1] [수동결산]

(차)	단기매매증권	2,500,000원	(대)	단기매매증권평가이익	2,500,000원

☞평가손익 = 공정가액(12,500,000) – 장부가액(10,000,000) = 2,500,000원(이익)

[2] [수동결산]

(차)	장기대여금(미국 GODS사)	140,000원	(대)	외화환산이익	140,000원

☞환산손익 = 공정가액($2,000 × 1,120원) - 장부금액(2,100,000) = 140,000원(이익)

[3] [자동/수동결산]

1. [결산자료입력]>9. 법인세등> • 1). 선납세금 결산반영금액 7,000,000원 입력>F3전표추가
   • 2). 추가계상액 결산반영금액 8,000,000원 입력
2. 또는 일반전표입력

(차)	법인세등	15,000,000원	(대)	선납세금	7,000,000원
				미지급세금	8,000,000원

문제 6 장부조회

[1] 기업업무추진비, 50,000원

• [일계표(월계표)]>[월계표] 탭>조회기간 : 20x1년 03월~20x1년 03월

[2] 5,730,000원 = 미수금 22,530,000원 – 미지급금 16,800,000원

• [재무상태표] 기간 : 20x1년 02월 조회

[3] 3,060,000원

• [부가가치세신고서]>조회기간 : 4월 1일~6월 30일>공제받지못할매입세액(16)란의 세액 확인

제113회 전산회계 1급

합격율	시험년월
42%	2024.4

이 론

01. 다음 중 회계의 기본가정과 특징이 아닌 것은?

① 기업의 관점에서 경제활동에 대한 정보를 측정・보고한다.
② 기업이 예상가능한 기간동안 영업을 계속할 것이라 가정한다.
③ 기업은 수익과 비용을 인식하는 시점을 현금이 유입・유출될 때로 본다.
④ 기업의 존속기간을 일정한 기간단위로 분할하여 각 기간 단위별로 정보를 측정・보고한다.

02. 다음 중 상품의 매출원가 계산 시 총매입액에서 차감해야 할 항목은 무엇인가?

① 기초재고액 ② 매입수수료
③ 매입환출 및 매입에누리 ④ 매입 시 운반비

03. 건물 취득 시에 발생한 금액들이 다음과 같을 때, 건물의 취득원가는 얼마인가?

• 건물 매입금액	2,000,000,000원	• 자본화 대상 차입원가	150,000,000원
• 건물 취득세	200,000,000원	• 관리 및 기타 일반간접원가	16,000,000원

① 21억 5,000만원 ② 22억원 ③ 23억 5,000만원 ④ 23억 6,600만원

04. 다음 중 무형자산에 대한 설명으로 틀린 것은?

① 물리적인 실체는 없지만 식별이 가능한 비화폐성 자산이다.
② 무형자산을 통해 발생하는 미래 경제적 효익을 기업이 통제할 수 있어야 한다.
③ 무형자산은 자산의 정의를 충족하면서 다른 자산들과 분리하여 거래를 할 수 있거나 계약상 또는 법적 권리로부터 발생하여야 한다.
④ 일반기업회계기준은 무형자산의 회계처리와 관련하여 영업권을 포함한 무형자산의 내용연수를 원칙적으로 40년을 초과하지 않도록 한정하고 있다.

05. 다음 중 재무제표에 해당하지 않는 것은?

① 기업의 계정별 합계와 잔액을 나타내는 시산표
② 일정 시점 현재 기업의 재무상태(자산, 부채, 자본)을 나타내는 보고서
③ 기업의 자본에 관하여 일정기간 동안의 변동 흐름을 파악하기 위해 작성하는 보고서
④ 재무제표의 과목이나 금액에 기호를 붙여 해당 항목에 대한 추가 정보를 나타내는 별지

06. 다음 중 유동부채와 비유동부채의 분류가 적절하지 않은 것은?

	유동부채	비유동부채
①	단기차입금	사채
②	외상매입금	유동성장기부채
③	미지급비용	장기차입금
④	지급어음	퇴직급여충당부채

07. 다음의 자본 항목 중 포괄손익계산서에 영향을 미치는 항목은 무엇인가?

① 감자차손
② 주식발행초과금
③ 자기주식처분이익
④ 매도가능증권평가이익

08. 다음 자료 중 빈 칸 (A)에 들어갈 금액으로 적당한 것은?

기초상품 재고액	매입액	기말상품 재고액	매출원가	매출액	매출총이익	판매비와 관리비	당기순손익
219,000원	350,000원	110,000원		290,000원		191,000원	A

① 당기순손실 360,000원　② 당기순손실 169,000원
③ 당기순이익 290,000원　④ 당기순이익 459,000원

09. 다음 중 원가행태에 따라 변동원가와 고정원가로 분류할 때 이에 대한 설명으로 틀린 것은?

① 고정원가는 조업도가 증가할수록 단위당 원가도 증가한다.
② 고정원가는 조업도가 증가하여도 총원가는 일정하다.
③ 변동원가는 조업도가 증가하여도 단위당 원가는 일정하다.
④ 변동원가는 조업도가 증가할수록 총원가도 증가한다.

10. 다음 중 보조부문원가를 배분하는 방법 중 옳지 않은 것은?

① 상호배분법은 보조부문 상호 간의 용역수수관계를 완전히 반영하는 방법이다.
② 단계배분법은 보조부문 상호 간의 용역수수관계를 전혀 반영하지 않는 방법이다.
③ 직접배분법은 보조부문 상호 간의 용역수수관계를 전혀 반영하지 않는 방법이다.
④ 상호배분법, 단계배분법, 직접배분법 어떤 방법을 사용하더라도 보조부문의 총원가는 제조부문에 모두 배분된다.

11. 다음 자료에 의한 당기총제조원가는 얼마인가? 단, 노무원가는 발생주의에 따라 계산한다.

• 기초원재료	300,000원	• 당기지급임금액	350,000원
• 기말원재료	450,000원	• 당기원재료매입액	1,300,000원
• 전기미지급임금액	150,000원	• 제조간접원가	700,000원
• 당기미지급임금액	250,000원	• 기초재공품	200,000원

① 2,100,000원　② 2,300,000원　③ 2,450,000원　④ 2,500,000원

12. 다음 중 종합원가계산에 대한 설명으로 옳지 않은 것은?

① 소품종 대량 생산하는 업종에 적용하기에 적합하다.
② 공정 과정에서 발생하는 공손 중 정상공손은 제품의 원가에 가산한다.
③ 평균법을 적용하는 경우 기초재공품원가를 당기에 투입한 것으로 가정한다.
④ 제조원가 중 제조간접원가는 실제 조업도에 예정배부율을 반영하여 계산한다.

13. 다음 중 부가가치세법상 세금계산서를 발급할 수 있는 자는?

① 면세사업자로 등록한 자
② 사업자등록을 하지 않은 자
③ 사업자등록을 한 일반과세자
④ 간이과세자 중 직전 사업연도 공급대가가 4,800만원 미만인 자

14. 다음 중 부가가치세법상 대손사유에 해당하지 않는 것은?

①소멸시효가 완성된 어음・수표
② 특수관계인과의 거래로 인해 발생한 중소기업의 외상매출금으로서 회수기일이 2년 이상 지난 외상매출금
③ 채무자의 파산, 강제집행, 형의 집행, 사업의 폐지, 사망, 실종, 행방불명으로 인하여 회수할 수 없는 채권
④ 부도발생일부터 6개월 이상 지난 외상매출금(중소기업의 외상매출금으로서 부도발생일 이전의 것에 한정한다)

15. 다음 중 부가가치세법상 공급시기로 옳지 않은 것은?

① 폐업 시 잔존재화의 경우 : 폐업하는 때
② 내국물품을 외국으로 수출하는 경우 : 수출재화의 선적일
③ 무인판매기로 재화를 공급하는 경우 : 무인판매기에서 현금을 인취하는 때
④ 위탁판매의 경우(위탁자 또는 본인을 알 수 있는 경우) : 위탁자가 판매를 위탁한 때

실 무

㈜혜송상사(3113)는 자동차부품 등의 제조 및 도소매업을 영위하는 중소기업으로 당기 회계기간은 20x1.1.1.~20x1.12.31.이다. 전산세무회계수험용프로그램을 이용하여 다음 물음에 답하시오.

문제 1 다음은 [기초정보관리] 및 [전기분재무제표]에 대한 자료이다. 각각의 요구사항에 대하여 답하시오. (10점)

[1] 다음의 자료를 이용하여 [거래처등록] 메뉴에서 신규거래처를 추가로 등록하시오. (3점)

• 거래처코드 : 00777	• 거래처구분 : 일반거래처
• 거래처명 : 슬기로운㈜	• 유형 : 동시
• 사업자등록번호 : 253 – 81 – 13578	• 대표자 : 김슬기
• 업태 : 도매	• 종목 : 금속
• 사업장주소 : 부산광역시 부산진구 중앙대로 663(부전동) ※ 주소 입력 시 우편번호는 생략해도 무방함	

[2] 다음 자료를 이용하여 [계정과목및적요등록] 메뉴에서 대체적요를 등록하시오. (3점)

• 코드 : 134	• 계정과목 : 가지급금	• 대체적요 : 8. 출장비 가지급금 정산

[3] 전기분 손익계산서를 검토한 결과 다음과 같은 오류가 발견되었다. 해당 오류와 관련된 [전기분원가명세서] 및 [전기분손익계산서]를 수정하시오. (4점)

> 공장 일부 직원의 임금 2,200,000원이 판매비및일반관리비 항목의 급여(801)로 반영되어 있다.

문제 2 **[일반전표입력] 메뉴를 이용하여 다음의 거래 자료를 입력하시오(일반전표입력의 모든 거래는 부가가치세를 고려하지 말 것). (18점)**

[1] 07월 15일 ㈜상수로부터 원재료를 구입하기로 계약하고, 당좌수표를 발행하여 계약금 3,000,000원을 지급하였다. (3점)

[2] 08월 05일 사옥 취득을 위한 자금 900,000,000원(만기 6개월)을 우리은행으로부터 차입하고, 선이자 36,000,000원(이자율 연 8%)을 제외한 나머지 금액을 보통예금 계좌로 입금받았다(단, 하나의 전표로 입력하고, 선이자지급액은 선급비용으로 회계처리할 것). (3점)

[3] 09월 10일 창고 임차보증금 10,000,000원(거래처 : ㈜대운) 중에서 미지급금으로 계상되어 있는 작년분 창고 임차료 1,000,000원을 차감하고 나머지 임차보증금만 보통예금으로 돌려받았다. (3점)

[4] 10월 20일 ㈜영광상사에 대한 외상매출금 2,530,000원 중 1,300,000원이 보통예금 계좌로 입금되었다. (3점)

[5] 11월 29일 장기투자 목적으로 ㈜콘프상사의 보통주 2,000주를 1주당 10,000원(1주당 액면가액 5,000원)에 취득하고 대금은 매입수수료 240,000원과 함께 보통예금 계좌에서 이체하여 지급하였다. (3점)

[6] 12월 08일 수입한 상품에 부과된 관세 7,560,000원을 보통예금 계좌에서 이체하여 납부하였다. (3점)

납부영수증서[납부자용]

File No : 사업자과세
B/L No. : 45241542434

사업자번호 : 312-86-12548

회계구분	관세청소관 일반회계		납부기한	20x1년 12월 08일
회계연도	20x1		발행일자	20x1년 12월 02일

수입징수관 계좌번호	110288	납부자 번호	0127 040-11-17-6-178461-8	납기내 금액	7,560,000
※수납기관에서는 위의 굵은 선 안의 내용을 즉시 전산입력하여 수입징수관에 EDI방식으로 통지될 수 있도록 하시기 바랍니다.				납기후 금액	

수입신고번호	41209-17-B11221W		수입징수관서	인천세관
납부자	성명	황동규	상호	(주)혜송상사
	주소	경기도 용인시 기흥구 갈곡로 6(구갈동)		

20x1년 12월 2일
수입징수관 인천세관

문제 3 다음 거래 자료를 [매입매출전표입력] 메뉴에 입력하시오. (18점)

[1] 08월 10일 ㈜산양산업으로부터 영업부에서 사용할 소모품(공급가액 950,000원, 부가가치세 별도)을 현금으로 구입하고 전자세금계산서를 발급받았다. 단, 소모품은 자산으로 처리한다. (3점)

[2] 08월 22일 내국신용장으로 수출용 제품의 원재료 34,000,000원을 ㈜로띠상사에서 매입하고 아래의 영세율전자세금계산서를 발급받았다. 대금은 당사가 발행한 3개월 만기 약속어음으로 지급하였다. (3점)

영세율전자세금계산서					승인번호	20240822－14258645－58811657			
공급자	등록번호	124－86－15012	종사업장번호		공급받는자	등록번호	312－86－12548	종사업장번호	
	상호(법인명)	㈜로띠상사	성명	이로운		상호(법인명)	㈜혜송상사	성명	황동규
	사업장	대전광역시 대덕구 대전로1019번길 28－10				사업장	경기도 용인시 기흥구 갈곡로 6		
	업태	제조	종목	부품		업태	제조,도소매	종목	자동차부품
	이메일					이메일	hyesong@hscorp.co.kr		
						이메일			

작성일자	공급가액	세액	수정사유
20x1/08/22	34,000,000원		
비고			

월	일	품목	규격	수량	단가	공급가액	세액	비고
08	22	부품 kT_01234				34,000,000원		

합계금액	현금	수표	어음	외상미수금	이 금액을 (청구) 함
34,000,000원			34,000,000원		

[3] 08월 25일 송강수산으로부터 영업부 직원선물로 마른멸치세트 500,000원, 영업부 거래처선물로 마른멸치세트 300,000원을 구매하였다. 대금은 보통예금 계좌에서 이체하여 지급하고 아래의 전자계산서를 발급받았다(단, 하나의 거래로 작성할 것). (3점)

전자계산서					승인번호	20240825－1832324－1635032			
공급자	등록번호	850－91－13586	종사업장번호		공급받는자	등록번호	312－86－12548	종사업장번호	
	상호(법인명)	송강수산	성명	송강		상호(법인명)	㈜혜송상사	성명	황동규
	사업장	경상남도 남해군 남해읍 남해대로 2751				사업장	경기도 용인시 기흥구 갈곡로 6		
	업태	도소매	종목	건어물		업태	제조,도소매	종목	자동차부품
	이메일					이메일	hyesong@hscorp.co.kr		
						이메일			

작성일자	공급가액	수정사유	비고
20x1/08/25	800,000원		

월	일	품목	규격	수량	단가	공급가액	비고
08	25	마른멸치세트		5	100,000원	500,000원	
08	25	마른멸치세트		3	100,000원	300,000원	

합계금액	현금	수표	어음	외상미수금	이 금액을 (영수) 함
800,000원	800,000원				

[4] 10월 16일 업무와 관련없이 대표이사 황동규가 개인적으로 사용하기 위하여 상해전자㈜에서 노트북 1대를 2,100,000원(부가가치세 별도)에 외상으로 구매하고 아래의 전자세금계산서를 발급받았다(단, 가지급금 계정을 사용하고, 거래처를 입력할 것). (3점)

전자세금계산서		승인번호	20241016-15454645-58811886

공급자				공급받는자			
등록번호	501-81-12347	종사업장번호		등록번호	312-86-12548	종사업장번호	
상호(법인명)	상해전자㈜	성명	김은지	상호(법인명)	㈜혜송상사	성명	황동규
사업장	서울특별시 동작구 여의대방로 28			사업장	경기도 용인시 기흥구 갈곡로 6		
업태	도소매	종목	전자제품	업태	제조,도소매	종목	자동차부품
이메일				이메일	hyesong@hscorp.co.kr		
				이메일			

작성일자	공급가액	세액	수정사유
20x1/10/16	2,100,000원	210,000원	해당 없음
비고			

월	일	품목	규격	수량	단가	공급가액	세액	비고
10	16	노트북		1	2,100,000원	2,100,000원	210,000원	

합계금액	현금	수표	어음	외상미수금	이 금액을 (청구) 함
2,310,000원				2,310,000원	

[5] 11월 04일 개인소비자 김은우에게 제품을 770,000원(부가가치세 포함)에 판매하고, 대금은 김은우의 신한카드로 수취하였다(단, 신용카드 결제대금은 외상매출금으로 회계처리할 것). (3점)

[6] 12월 04일 제조부가 사용하는 기계장치의 원상회복을 위한 수선비 880,000원을 하나카드로 결제하고 다음의 매출전표를 수취하였다. (3점)

하나카드 승인전표

카드번호	4140 - 0202 - 3245 - 9959
거래유형	국내일반
결제방법	일시불
거래일시	20x1.12.04.15:35:45
취소일시	
승인번호	98421149
공급가액	800,000원
부가세	80,000원
봉사료	
승인금액	880,000원
가맹점명	㈜뚝딱수선
가맹점번호	00990218110
가맹점 전화번호	031 - 828 - 8624
가맹점 주소	경기도 성남시 수정구 성남대로 1169
사업자등록번호	204 - 81 - 76697
대표자명	이은샘

하나카드

문제 4 **[일반전표입력] 및 [매입매출전표입력] 메뉴에 입력된 내용 중 다음과 같은 오류가 발견되었다. 입력된 내용을 확인하여 정정하시오. (6점)**

[1] 09월 09일 ㈜초록산업으로부터 5,000,000원을 차입하고 이를 모두 장기차입금으로 회계처리하였으나, 그중 2,000,000원의 상환기일은 20x1년 12월 8일로 확인되었다. (3점)

[2] 10월 15일 바로카센터에서 영업부의 영업용 화물차량을 점검 및 수리하고 차량유지비 250,000원(부가세 별도)을 현금으로 지급하였으며, 전자세금계산서를 발급받았다. 그러나 회계 담당 직원의 실수로 이를 일반전표에 입력하였다. (3점)

문제 5 **결산정리사항은 다음과 같다. 관련 메뉴를 이용하여 결산을 완료하시오. (9점)**

[1] 결산일 현재 외상매입금 잔액은 20x1년 1월 2일 미국에 소재한 원재료 공급거래처 NOVONO로부터 원재료 $5,500를 외상으로 매입하고 미지급한 잔액 $2,000가 포함되어 있다(단, 매입 시 기준환율은 1,100원/$, 결산 시 기준환율은 1,200원/$이다). (3점)

[2] 12월 31일 결산일 현재 단기 매매 목적으로 보유 중인 지분증권에 대한 자료는 다음과 같다. 적절한 결산 분개를 하시오. (3점)

종목	취득원가	결산일 공정가치	비고
㈜가은	56,000,000원	54,000,000원	단기 매매 목적

[3] 20x1년 5월 1일 제조부 공장의 1년치 화재보험료(20x1년 5월 1일~20x2년 4월 30일) 3,600,000원을 보통예금 계좌에서 이체하여 납부하고 전액 보험료(제조경비)로 회계처리하였다(단, 보험료는 월할 계산하고, 거래처입력은 생략할 것). (3점)

문제 6 **다음 사항을 조회하여 답안을** 이론문제 답안작성 **메뉴에 입력하시오. (9점)**

[1] 20x1년 제1기 부가가치세 확정신고(20x1.04.01.~20x1.06.30.)에 반영된 예정신고누락분 매출의 공급가액과 매출세액은 각각 얼마인가? (3점)

[2] 2분기(4월~6월) 중 제조원가 항목의 복리후생비 지출액이 가장 많이 발생한 월(月)과 그 금액을 각각 기재하시오. (3점)

[3] 4월 말 현재 미지급금 잔액이 가장 큰 거래처명과 그 금액은 얼마인가? (3점)

제113회 전산회계1급 답안 및 해설

이 론

1	2	3	4	5	6	7	8	9	10	11	12	13	14	15
③	③	③	④	①	②	④	①	①	②	②	④	③	②	④

01. 회계는 발생주의를 기본적 특징으로 한다. 위 내용은 현금주의에 대한 설명이다.
① 기업실체의 가정, ② 계속기업의 가정, ④ 기간별보고의 가정

02. 상품의 매입환출 및 매입에누리는 매출원가 계산 시 총매입액에서 차감하는 항목이다.

03. 건물 = 매입금액(20억)원 + 자본화차입원가(1.5억) + 취득세(2억) = 23억5,000만원
• 관리 및 기타 일반간접원가는 판매비와관리비로서 당기 비용처리한다.

04. 무형자산의 회계처리와 관련하여 영업권을 포함한 무형자산의 내용연수를 원칙적으로 20년을 초과하지 않도록 한정하고 있다.

05. 합계잔액시산표에 관한 설명으로 합계잔액시산표는 재무제표에 해당하지 않는다. 재무제표는 재무상태표, 손익계산서, 현금흐름표 및 자본변동표와 주석으로 구성되어 있다.
② 재무상태표 ③ 자본변동표 ④ 주석

06. 유동성장기부채는 비유동부채였으나 보고기간 종료일 현재 만기가 1년 이내 도래하는 부채를 의미하므로 영업주기와 관계없이 유동부채로 분류한다.

07. 매도가능증권평가이익은 기타포괄손익누계액에 포함되는 항목으로 매도가능증권평가이익의 증감은 포괄손익계산서상의 기타포괄손익에 영향을 미친다.

08. 당기순손실 360,000원

기초상품 재고액①	매입액②	기말상품 재고액③	매출원가④ (①+②-③)	매출액⑤	매출총이익⑥ (⑤-④)	판매비와 관리비⑦	당기순손익 (⑥-⑦)
219,000	350,000	110,000	459,000	290,000	-169,000원	191,000	-360,000원

09. 고정원가는 조업도가 증가할수록 단위당 원가는 감소한다.

10. 단계배분법은 보조부문 상호 간의 용역수수관계를 일부 인식하는 방법이다.

11. 직접노무원가 = 당기지급임금액(350,000) + 당기미지급임금액(250,000)
- 전기미지급임금액 (150,000) = 450,000원

직접재료원가 = 기초(300,000) + 매입액(1,300,000) - 기말원재료(450,000) = 1,150,000원

당기총제조원가 = 직접재료원가(1,150,000) + 직접노무원가(450,000) + 제조간접원가(700,000)
= 2,300,000원

12. 예정배부율을 적용하는 것은 개별원가계산에 대한 설명이다. 공손품은 종합원가계산에서 다루고 있다.
13. 사업자등록을 한 일반과세자가 세금계산서 발급대상이다.
14. 중소기업의 외상매출금 및 미수금(이사 "외상매출금등"이라 한다)으로서 **회수기일이 2년 이상 지난 외상매출금 등은 부가가치세법상 대손 사유**에 해당한다. 다만, **특수관계인과의 거래로 인하여 발생한 외상매출금 등은 제외**한다.
15. 위탁판매의 경우 부가가치세법상 공급시기는 **위탁받은 수탁자 또는 대리인이 실제로 판매한 때**이다.

실 무

문제 1 기초정보관리

[1] [거래처등록]

[일반거래처]> • 코드 : 00777 • 거래처명 : 슬기로운㈜ • 유형 : 3.동시
• 사업자번호 : 253 - 81 - 13578 • 대표자성명 : 김슬기
• 업태 : 도매 • 종목 : 금속
• 사업장주소 : 부산광역시 부산진구 중앙대로 663(부전동)

[2] [계정과목및적요등록]

134.가지급금>대체적요란>적요NO 8 : 출장비 가지급금 정산

[3] [전기분원가명세서] [전기분손익계산서]

- [전기분 원가명세서]>임금 45,000,000원 → 47,200,000원 수정
  >당기제품제조원가 398,580,000원 → 400,780,000원 변경 확인
- [전기분 손익계산서]>제품매출원가>당기제품제조원가 398,580,000원 → 400,780,000원 수정
  >매출원가 391,580,000원 → 393,780,000원 변경 확인
  >급여 86,500,000원 → 84,300,000원 수정
  >당기순이익 74,960,000원 확인
- 전기분재무상태표 및 전기분잉여금처분계산서 변동 없음

문제 2 일반전표입력

[1]	(차) 선급금(㈜상수)	3,000,000	(대) 당좌예금	3,000,000
[2]	(차) 보통예금	864,000,000	(대) 단기차입금(우리은행)	900,000,000
	선급비용	36,000,000		
[3]	(차) 미지급금(㈜대운)	1,000,000	(대) 임차보증금(㈜대운)	10,000,000
	보통예금	9,000,000		

☞전년도 회계처리 : (차) 임차료 1,000,000 (대) 미지급금 1,000,000

[4]	(차) 보통예금	1,300,000	(대) 외상매출금(㈜영광상사)	1,300,000
[5]	(차) 매도가능증권(178)	20,240,000	(대) 보통예금	20,240,000

☞취득원가 = 2,000주×@10,000 + 매입수수료(240,000) = 20,240,000원

[6]	(차) 상품	7,560,000	(대) 보통예금	7,560,000

문제 3 매입매출전표입력

[1] 매입매출전표입력(8/10)

유형: 51.과세 공급가액: 950,000 원 부가세: 95,000 원 공급처명:㈜산양산업 전자: 여 분개: 현금 또는 혼합

(차) 부가세대급금	95,000원	(대) 현금	1,045,000원
소모품	950,000원		

[2] 매입매출전표입력(8/25)

유형: 52.영세 공급가액: 34,000,000원 부가세: 0원 공급처명: ㈜로띠상사 전자: 여 분개:혼합

(차) 원재료	34,000,000원	(대) 지급어음	34,000,000원

[3] 매입매출전표입력(8/25)

유형: 53.면세 공급가액: 800,000 원 공급처명: 송강수산 전자: 여 분개: 혼합

(차) 복리후생비(판)	500,000원	(대) 보통예금	800,000원
기업업무추진비(판)	300,000원		

[4] 매입매출전표입력(10/16)

유형: 54.불공 공급가액: 2,100,000 원 부가세: 210,000 원 공급처명: 상해전자㈜ 전자:여 분개: 혼합
불공제사유: ②사업과 직접 관련 없는 지출

(차)	가지급금(황동규)	2,310,000원	(대)	미지급금	2,310,000원

[5] 매입매출전표입력(11/04)

유형: 17.카과 공급가액: 700,000 원 부가세: 70,000 원 공급처명: 김은우 분개:카드 또는 혼합
신용카드사:신한카드

(차)	외상매출금(신한카드)	770,000원	(대)	부가세예수금	70,000원
				제품매출	700,000원

[6] 매입매출전표입력(12/04)

유형: 57.카과 공급가액: 800,000 원 부가세: 80,000 원 공급처명: ㈜뚝딱수선 분개:카드 또는 혼합
신용카드사:하나카드

(차)	부가세대급금	80,000원	(대)	미지급금(하나카드)	880,000원
	수선비(제)	800,000원			

문제 4 오류수정

[1] 일반전표입력 수정(9/09)

〈수정전〉	(차)	보통예금	5,000,000원	(대)	장기차입금(㈜초록산업)	5,000,000원
〈수정후〉	(차)	보통예금	5,000,000원	(대)	장기차입금(㈜초록산업)	3,000,000원
					단기차입금(㈜초록산업)	2,000,000원

[2] 일반전표입력 수정(10/15) 삭제 후 매입매출전표(10/15) 입력

• 수정 전 : 일반전표입력(10/15) 삭제

(차)	차량유지비(판)	275,000원	(대)	현금	275,000원

• 수정 후 : 매입매출전표입력(10/15)

유형: 51.과세 공급가액:250,000 원 부가세: 25,000 원 공급처명: 바로카센터 전자:여 분개:현금 또는 혼합

(차)	부가세대급금	25,000원	(대)	현금	275,000원
	차량유지비(판)	250,000원			

문제 5 결산

[1] [수동결산]

(차) 외화환산손실 200,000원 (대) 외상매입금(NOVONO) 200,000원

☞ 기말환산액(공정가액) = $2,000 × 결산 시 기준환율(1,200) = 2,400,000원
장부금액 = $2,000 × 매입 시 기준환율(1,100) = 2,200,000원
외화환산손익(부채) = 공정가액(2,400,000) - 장부금액(2,200,000) = 200,000원(손실)

[2] [수동결산]

(차) 단기매매증권평가손실 2,000,000원 (대) 단기매매증권 2,000,000원

[3] [수동결산]

(차) 선급비용 1,200,000원 (대) 보험료(제) 1,200,000원

☞ 선급비용 = 1년치 보험료(3,600,000) ÷ 12개월 × 4개월 = 1,200,000원

문제 6 장부조회

[1] 공급가액 5,100,000원, 세액 300,000원

- [부가가치세신고서] > 조회기간 : 20x1년 4월 1일~20x1년 6월 30일 조회
  > 과세표준 및 매출세액란 > 예정신고누락분 금액 및 세액 확인
  (또는 7.매출(예정신고누락분) 합계 금액 및 세액 확인)

[2] 4월, 416,000원

- [총계정원장] > [월별] 탭 > 기간 : 20x1년 04월 01일~20x1년 06월 30일 > 계정과목 : 0511.복리후생비 조회

[3] 세경상사, 50,000,000원

- [거래처원장] > [잔액] 탭 > 기간 : 20x1년 1월 1일~20x1년 4월 30일 > 계정과목 : 0253.미지급금 조회

제112회 전산회계 1급

합격율	시험년월
40%	2024.2

이 론

01. 다음 중 일반기업회계기준에 따른 재무제표의 종류에 해당하지 않는 것은?

① 현금흐름표 ② 주석 ③ 제조원가명세서 ④ 재무상태표

02. 다음 중 정액법으로 감가상각을 계산할 때 관련이 없는 것은?

① 잔존가치 ② 취득원가 ③ 내용연수 ④ 생산량

03. 다음 중 이익잉여금처분계산서에 나타나지 않는 항목은?

① 이익준비금 ② 자기주식 ③ 현금배당 ④ 주식배당

04. 다음 중 수익인식기준에 대한 설명으로 잘못된 것은?

① 위탁매출은 위탁자가 수탁자로부터 판매대금을 지급받는 때에 수익을 인식한다.
② 상품권매출은 물품 등을 제공하거나 판매하면서 상품권을 회수하는 때에 수익을 인식한다.
③ 단기할부매출은 상품 등을 판매(인도)한 날에 수익을 인식한다.
④ 용역매출은 진행기준에 따라 수익을 인식한다.

05. 다음 중 계정과목의 분류가 나머지 계정과목과 다른 하나는 무엇인가?

① 임차보증금 ② 산업재산권
③ 프랜차이즈 ④ 소프트웨어

06. 다음 중 자본의 분류 항목의 성격이 다른 것은?

① 자기주식 ② 주식할인발행차금
③ 자기주식처분이익 ④ 감자차손

07. 실제 기말재고자산의 가액은 50,000,000원이지만 장부상 기말재고자산의 가액이 45,000,000원으로 기재된 경우, 해당 오류가 재무제표에 미치는 영향으로 다음 중 옳지 않은 것은?

① 당기순이익이 실제보다 5,000,000원 감소한다.
② 매출원가가 실제보다 5,000,000원 증가한다.
③ 자산총계가 실제보다 5,000,000원 감소한다.
④ 자본총계가 실제보다 5,000,000원 증가한다.

08. 다음의 거래를 회계처리할 경우에 사용되는 계정과목으로 옳은 것은?

> 7월 1일 투자 목적으로 영업활동에 사용할 예정이 없는 토지를 5,000,000원에 취득하고 대금은 3개월 후에 지급하기로 하다. 단, 중개수수료 200,000원은 타인이 발행한 당좌수표로 지급하다.

① 외상매입금 ② 당좌예금 ③ 수수료비용 ④ 투자부동산

09. 다음 중 원가 개념에 관한 설명으로 옳지 않은 것은?

① 관련 범위 밖에서 총고정원가는 일정하다.
② 매몰원가는 의사결정에 영향을 주지 않는다.
③ 관련 범위 내에서 단위당 변동원가는 일정하다.
④ 관련원가는 대안 간에 차이가 나는 미래원가로서 의사결정에 영향을 준다.

10. 다음 중 제조원가명세서에서 제공하는 정보가 아닌 것은?

① 기말재공품재고액 ② 당기제품제조원가
③ 당기총제조원가 ④ 매출원가

11. 다음 중 보조부문 원가의 배부기준으로 적합하지 않은 것은?

	보조부문원가	배부기준
①	건물 관리 부문	점유 면적
②	공장 인사관리 부문	급여 총액
③	전력 부문	전력 사용량
④	수선 부문	수선 횟수

12. 다음 자료를 토대로 선입선출법에 의한 직접재료원가 및 가공원가의 완성품환산량을 각각 계산하면 얼마인가?

- 기초재공품 5,000개(완성도 70%)
- 당기착수량 35,000개
- 기말재공품 10,000개(완성도 30%)
- 당기완성품 30,000개
- 재료는 공정초기에 전량투입되며, 가공원가는 공정 전반에 걸쳐 균등하게 발생한다.

	직접재료원가	가공원가
①	35,000개	29,500개
②	35,000개	34,500개
③	40,000개	34,500개
④	45,000개	29,500개

13. 다음 중 우리나라 부가가치세법의 특징으로 옳지 않은 것은?

① 소비지국과세원칙
② 생산지국과세원칙
③ 전단계세액공제법
④ 간접세

14. 다음 중 부가가치세법상 과세기간 등에 대한 설명으로 옳지 않은 것은?

① 사업개시일 이전에 사업자등록을 신청한 경우에 최초의 과세기간은 그 신청한 날부터 그 신청일이 속하는 과세기간의 종료일까지로 한다.
② 사업자가 폐업하는 경우의 과세기간은 폐업일이 속하는 과세기간의 개시일부터 폐업일까지로 한다.
③ 폐업자의 경우 폐업일이 속하는 과세기간 종료일부터 25일 이내에 확정신고를 하여야 한다.
④ 간이과세자의 과세기간은 1월 1일부터 12월 31일까지로 한다.

15. 다음 중 부가가치세법상 매입세액공제가 가능한 것은?

① 사업과 관련하여 기업업무추진(접대) 물품을 구매하고 발급받은 신용카드매출전표상의 매입세액

② 제조업을 영위하는 법인이 업무용 소형승용차(1,998cc)의 유지비용을 지출하고 발급받은 현금영수증상의 매입세액

③ 제조부서의 화물차 수리를 위해 지출하고 발급받은 세금계산서상의 매입세액

④ 회계부서에서 사용할 물품을 구매하고 발급받은 간이영수증에 포함되어 있는 매입세액

실 무

㈜유미기계(3112)는 기계부품 등의 제조·도소매업 및 부동산임대업을 영위하는 중소기업으로 당기 회계기간은 20x1.1.1.~20x1.12.31.이다. 전산세무회계 수험용 프로그램을 이용하여 다음 물음에 답하시오.

문제 1 다음은 [기초정보관리] 및 [전기분재무제표]에 대한 자료이다. 각각의 요구사항에 대하여 답하시오. (10점)

[1] 다음의 신규 거래처를 [거래처등록] 메뉴를 이용하여 추가로 등록하시오. (3점)

- 거래처코드 : 5230
- 거래처명 : ㈜대영토이
- 유형 : 동시
- 사업자등록번호 : 108 – 86 – 13574
- 대표자 : 박완구
- 업태 : 제조
- 종목 : 완구제조
- 사업장주소 : 경기도 광주시 오포읍 왕림로 139 ※ 주소입력 시 우편번호 입력은 생략해도 무방함.

[2] ㈜유미기계의 기초 채권 및 채무의 올바른 잔액은 다음과 같다. [거래처별초기이월] 자료를 검토하여 잘못된 부분은 오류를 정정하고, 누락된 부분은 추가하여 입력하시오. (3점)

계정과목	거래처	금액
외상매출금	알뜰소모품	5,000,000원
	튼튼사무기	3,800,000원
받을어음	㈜클래식상사	7,200,000원
	㈜강림상사	2,000,000원
외상매입금	㈜해원상사	4,600,000원

[3] 전기분 재무상태표를 검토한 결과 기말 재고자산에서 다음과 같은 오류가 발견되었다. 관련된 [전기분 재무제표]를 모두 수정하시오. (4점)

계정과목	틀린 금액	올바른 금액	내용
원재료(0153)	73,600,000원	75,600,000원	입력 오류

문제 2 **[일반전표입력] 메뉴를 이용하여 다음의 거래 자료를 입력하시오(일반전표입력의 모든 거래는 부가가치세를 고려하지 말 것). (18점)**

[1] 08월 10일 제조부서의 7월분 건강보험료 680,000원을 보통예금으로 납부하였다. 납부한 건강보험료 중 50%는 회사부담분이며, 회사부담분 건강보험료는 복리후생비로 처리한다. (3점)

[2] 08월 23일 ㈜애플전자로부터 받아 보관하던 받을어음 3,500,000원의 만기가 되어 지급제시하였으나, 잔고 부족으로 지급이 거절되어 부도처리하였다. (단, 부도난 어음은 부도어음과수표 계정으로 관리하고 있다.) (3점)

[3] 09월 14일 영업부서에서 고용한 일용직 직원들의 일당 420,000원을 현금으로 지급하였다. (단, 일용직에 대한 고용보험료 등의 원천징수액은 발생하지 않는 것으로 가정한다.) (3점)

[4] 09월 26일 영업부서의 사원이 퇴직하여 퇴직연금 5,000,000원을 확정급여형(DB) 퇴직연금에서 지급하였다. (단, 퇴직급여충당부채 감소로 회계처리하기로 한다.) (3점)

[5] 10월 16일 단기 시세 차익을 목적으로 20x1년 5월 3일 취득하였던 ㈜더푸른컴퓨터의 주식 전부를 37,000,000원에 처분하고 대금은 보통예금 계좌로 입금받았다. 단, 취득 당시 관련 내용은 아래와 같다. (3점)

• 취득 수량 : 5,000주　　• 1주당 취득가액 : 7,000원　　• 취득 시 거래수수료 : 35,000원

[6] 11월 29일 액면금액 50,000,000원의 사채(만기 3년)를 49,000,000원에 발행하였다. 대금은 보통예금 계좌로 입금되었다. (3점)

문제 3 다음 거래 자료를 [매입매출전표입력] 메뉴에 입력하시오. (18점)

[1] 09월 02일 ㈜신도기전에 제품을 판매하고 다음의 전자세금계산서를 발급하였다. 대금 중 어음은 ㈜신도기전이 발행한 것이다. (3점)

전자세금계산서					승인번호	2023090214652823 - 1603488			
공급자	등록번호	138 - 81 - 61276	종사업장 번호		공급받는자	등록번호	130 - 81 - 95054	종사업장 번호	
	상호 (법인명)	㈜유미기계	성명	정현욱		상호 (법인명)	㈜신도기전	성명	윤현진
	사업장 주소	서울특별시 강남구 압구정로 347				사업장 주소	울산 중구 태화로 150		
	업태	제조,도소매	종목	기계부품		업태	제조	종목	전자제품 외
	이메일					이메일			
						이메일			

작성일자	공급가액	세액	수정사유	비고
20x1 - 09 - 02	10,000,000	1,000,000		

월	일	품목	규격	수량	단가	공급가액	세액	비고
09	02	제품		2	5,000,000	10,000,000	1,000,000	

합계금액	현금	수표	어음	외상미수금	위 금액을 (청구) 함
11,000,000			8,000,000	3,000,000	

[2] 09월 12일 제조부서의 생산직 직원들에게 제공할 작업복 10벌을 인천상회로부터 구입하고 우리카드(법인)로 결제하였다(단, 회사는 작업복 구입 시 즉시 전액 비용으로 처리한다). (3점)

우리 마음속 첫 번째 금융, 우리카드

20x1.09.12.(화) 14:03:54

495,000원

정상승인 | 일시불

결제 정보

카드	우리카드(법인)
회원번호	2245 - 1223 - **** - 1534
승인번호	76993452
이용구분	일시불

결제 금액 **495,000원**

공급가액	450,000원
부가세	45,000원
봉사료	0원

가맹점 정보

가맹점명	인천상회
사업자등록번호	126 - 86 - 21617
대표자명	김연서

위 거래 사실을 확인합니다.

[3] 10월 05일 미국의 PYBIN사에 제품 100개(1개당 판매금액 $1,000)를 직접 수출하고 대금은 보통예금 계좌로 송금받았다(단, 선적일인 10월 05일의 기준환율은 1,000원/$이며, 수출신고번호의 입력은 생략한다). (3점)

[4] 10월 22일 영업부서 직원들의 직무역량 강화를 위한 도서를 영건서점에서 현금으로 구매하고 전자계산서를 발급받았다. (3점)

<table>
<tr><td colspan="5">전자계산서</td><td colspan="2">승인번호</td><td colspan="4">20231022-15454645-58811886</td></tr>
<tr><td rowspan="5">공급자</td><td>등록번호</td><td>112-60-61264</td><td>종사업장 번호</td><td></td><td rowspan="6">공급받는자</td><td>등록번호</td><td>138-81-61276</td><td>종사업장 번호</td><td colspan="2"></td></tr>
<tr><td>상호(법인명)</td><td>영건서점</td><td>성명</td><td>김종인</td><td>상호(법인명)</td><td>㈜유미기계</td><td>성명</td><td colspan="2">정현욱</td></tr>
<tr><td>사업장 주소</td><td colspan="3">인천시 남동구 남동대로 8</td><td>사업장 주소</td><td colspan="4">서울특별시 강남구 압구정로 347</td></tr>
<tr><td>업태</td><td>소매</td><td>종목</td><td>도서</td><td>업태</td><td>제조,도소매</td><td>종목</td><td colspan="2">기계부품</td></tr>
<tr><td rowspan="2">이메일</td><td rowspan="2" colspan="3"></td><td>이메일</td><td colspan="4"></td></tr>
<tr><td></td><td>이메일</td><td colspan="4"></td></tr>
</table>

작성일자	공급가액	수정사유	비고
20x1-10-22	1,375,000	해당 없음	

월	일	품목	규격	수량	단가	공급가액	비고
10	22	도서(슬기로운 직장 생활 외)				1,375,000	

합계금액	현금	수표	어음	외상미수금	위 금액을 (**청구**) 함
1,375,000	1,375,000				

[5] 11월 02일 개인소비자에게 제품을 8,800,000원(부가가치세 포함)에 판매하고 현금영수증(소득공제용)을 발급하였다. 판매대금은 보통예금 계좌로 받았다. (3점)

[6] 12월 19일 매출거래처에 보낼 연말 선물로 홍성백화점에서 생활용품세트를 구입하고 아래 전자세금계산서를 발급받았으며, 대금은 국민카드(법인카드)로 결제하였다. (3점)

전자세금계산서						승인번호	20231219-451542154-542124512			
공급자	등록번호	124-86-09276	종사업장 번호		공급받는자	등록번호	138-81-61276	종사업장 번호		
	상호 (법인명)	홍성백화점	성명	조재광		상호 (법인명)	㈜유미기계	성명	정현욱	
	사업장 주소	서울 강남구 테헤란로 101				사업장 주소	서울특별시 강남구 압구정로 347			
	업태	도소매	종목	잡화		업태	제조,도소매	종목	기계부품	
	이메일					이메일				
						이메일				

작성일자	공급가액	세액	수정사유	비고
20x1-12-19	500,000	50,000		

월	일	품목	규격	수량	단가	공급가액	세액	비고
12	19	생활용품세트		10	50,000	500,000	50,000	

합계금액	현금	수표	어음	외상미수금	위 금액을 (청구) 함
550,000				550,000	

문제 4 **[일반전표입력] 및 [매입매출전표입력] 메뉴에 입력된 내용 중 다음과 같은 오류가 발견되었다. 입력된 내용을 확인하여 정정하시오. (6점)**

[1] 07월 31일 경영관리부서 직원을 위하여 확정급여형(DB형) 퇴직연금에 가입하고 보통예금 계좌에서 14,000,000원을 이체하였으나, 회계담당자는 확정기여형(DC형) 퇴직연금에 가입한 것으로 알고 회계처리를 하였다. (3점)

[2] 10월 28일 영업부서의 매출거래처에 선물하기 위하여 다다마트에서 현금으로 구입한 선물 세트 5,000,000원(부가가치세 별도, 전자세금계산서 수취)을 복리후생비로 회계처리를 하였다. (3점)

문제 5 결산정리사항은 다음과 같다. 관련 메뉴를 이용하여 결산을 완료하시오. (9점)

[1] 7월 1일에 가입한 토스은행의 정기예금 5,000,000원(만기 1년, 연 이자율 6%)에 대하여 기간 경과분 이자를 계상하다. 단, 이자 계산은 월할 계산하며, 원천징수는 없다고 가정한다. (3점)

[2] 외상매입금 계정에는 중국에 소재한 거래처 상하이에 대한 외상매입금 2,000,000원($2,000)이 포함되어 있다(결산일 현재 기준환율 : 1,040원/$). (3점)

[3] 매출채권 잔액에 대하여만 1%의 대손충당금을 보충법으로 설정한다(단, 기중의 충당금에 대한 회계처리는 무시하고 아래 주어진 자료에 의해서만 처리한다). (3점)

구 분	기말채권 잔액	기말충당금 잔액	추가설정(△환입)액
외상매출금	15,000,000원	70,000원	80,000원
받을어음	12,000,000원	150,000원	△30,000원

문제 6 다음 사항을 조회하여 답안을 이론문제 답안작성 메뉴에 입력하시오. (9점)

[1] 제1기 부가가치세 예정신고에 반영된 자료 중 현금영수증이 발행된 과세매출의 공급가액은 얼마인가? (3점)

[2] 6월 한 달 동안 발생한 제조원가 중 현금으로 지급한 금액은 얼마인가? (3점)

[3] 6월 30일 현재 외상매입금 잔액이 가장 작은 거래처명과 외상매입금 잔액은 얼마인가? (3점)

제112회 전산회계1급 답안 및 해설

이 론

1	2	3	4	5	6	7	8	9	10	11	12	13	14	15
③	④	②	①	①	③	④	④	①	④	②	①	②	③	③

01. 재무제표는 재무상태표, 손익계산서, 현금흐름표, 자본변동표로 구성되며, 주석을 포함한다.
02. 생산량은 생산량비례법을 계산할 때 필수요소이다.
03. 자기주식은 이익잉여금처분계산서에 나타나지 않는다.
04. 위탁매출은 수탁자가 해당 재화를 제3자에게 판매한 시점에 수익으로 인식한다.
05. 임차보증금은 기타비유동자산으로 분류하고, 나머지는 무형자산으로 분류한다.
06. 자기주식처분이익은 자본잉여금으로 분류되고, 자기주식, 주식할인발행차금, 감자차손은 자본조정으로 분류된다.
07. 자산과 이익은 비례관계이다. 따라서 기말재고자산을 실제보다 낮게 계상한 경우, 매출원가가 과대계상되므로 그 결과 당기순이익과 자본은 과소계상된다.
08. 투자목적으로 취득한 토지는 투자부동산으로 회계처리한다.

(차)	투자부동산	5,200,000원	(대) 미지급금	5,000,000원
			현금	200,000원

09. 총고정원가는 관련 범위 내에서 일정하고, 관련 범위 밖(조업도 수준을 증가시키기 위해서 새로운 설비자산을 구입시 증가)에는 일정하다고 할 수 없다.
10. 매출원가는 손익계산서에서 제공되는 정보이다.
11. 공장 인사 관리 부문의 원가는 종업원의 수를 배부기준으로 하는 것이 적합하다.
12.

<1단계> 물량흐름파악(선입선출법) <2단계> 완성품환산량 계산

	재공품		재료비	가공비
	완성품	30,000		
	- 기초재공품	5,000(30%)	0	1,500
	- 당기투입분	25,000(100%)	25.000	25,000
	기말재공품	10,000(30%)	10,000	3,000
	계	40,000	***35,000***	***29,500***

13. 우리나라 부가가치세법은 소비지국과세원칙을 채택하고 있다.
14. 폐업자의 경우 폐업일이 속하는 달의 다음 달 25일까지 확정신고를 하여야 한다.
15. 화물차는 비영업용 소형승용차가 아니므로 매입세액공제 가능하다.

실 무

문제 1 기초정보관리

[1] [거래처등록]

- 거래처코드 : 5230
- 거래처명 : ㈜대영토이
- 유형 : 3.동시
- 사업자등록번호 : 108 - 86 - 13574
- 대표자 : 박완구
- 업태 : 제조
- 종목 : 완구제조
- 사업장주소 : 경기도 광주시 오포읍 왕림로 139

[2] [거래처별초기이월]

- 외상매출금>튼튼사무기 8,300,000원→3,800,000원
- 받을어음>㈜강림상사 20,000,000원→2,000,000원
- 외상매입금>㈜해원상사 4,600,000원 추가 입력

[3] [전기분재무제표]

재무상태표⇒원가명세서⇒손익계산서⇒잉여금처분계산서⇒재무상태표

1. [전기분재무상태표]> • 원재료 73,600,000원→75,600,000원 수정
2. [전기분원가명세서]> • 기말원재료재고액 73,600,000원 → 75,600,000원 확인
   • 당기제품제조원가 505,835,000원→503,835,000원 확인
3. [전기분손익계산서]> • 당기제품제조원가 505,835,000원→503,835,000원 수정
   • 당기순이익 131,865,000원→133,865,000원 확인
4. [전기분잉여금처분계산서]> • 당기순이익 131,865,000원→133,865,000원 수정
   • 미처분이익잉여금 169,765,000원→171,765,000원 확인
5. [전기분재무상태표]> • 이월이익잉여금 169,765,000원→171,765,000원 수정

문제 2 일반전표입력

[1]	(차)	예수금	340,000	(대) 보통예금	680,000
		복리후생비(제)	340,000		
[2]	(차)	부도어음과수표 (㈜애플전자)	3,500,000	(대) 받을어음(㈜애플전자)	3,500,000
[3]	(차)	잡급(판)	420,000	(대) 현금	420,000

[4] (차) 퇴직급여충당부채 5,000,000 (대) 퇴직연금운용자산 5,000,000

[5] (차) 보통예금 37,000,000 (대) 단기매매증권 35,000,000
단기매매증권처분이익 2,000,000

☞처분손익 = 처분가액(37,000,000) – 취득가액(5,000×7,000) = +2,000,000원(이익)

※ 단기매매증권의 취득과 관련된 거래원가(취득수수료)는 수수료비용(영업외비용)으로 처리한다.

[6] (차) 보통예금 49,000,000 (대) 사채 50,000,000
사채할인발행차금 1,000,000

문제 3 매입매출전표입력

[1] 매입매출전표입력(9/02)

유형:11.과세 공급가액:10,000,000 원 부가세: 1,000,000 원 공급처명: ㈜신도기전 전자:여 분개:혼합

(차) 받을어음 8,000,000원 (대) 부가세예수금 1,000,000원
외상매출금 3,000,000원 제품매출 10,000,000원

[2] 매입매출전표입력(9/12)

유형:57.카과 공급가액:450,000 원 부가세: 45,000 원 공급처명: 인천상회 분개:카드 또는 혼합
신용카드사:우리카드(법인)

(차) 부가세대급금 45,000원 (대) 미지급금(우리카드(법인)) 495,000원
복리후생비(제) 450,000원

[3] 매입매출전표입력(10/05)

유형:16.수출 공급가액:100,000,000 원 거래처: PYBIN사 분개: 혼합
영세율구분:①직접수출(대행수출 포함)

(차) 보통예금 100,000,000원 (대) 제품매출 100,000,000원

[4] 매입매출전표입력(10/22)

유형:53.면세 공급가액:1,375,000 원 거래처: 영건서점 전자: 여 분개: 현금 또는 혼합

(차) 도서인쇄비(판) 1,375,000원 (대) 현금 1,375,000원

[5] 매입매출전표입력(11/02)

유형:22.현과 공급가액:8,000,000 원 부가세: 800,000 원 공급처명: 없음 분개:혼합

(차) 보통예금 8,800,000원 (대) 부가세예수금 800,000원
제품매출 8,000,000원

[6] 매입매출전표입력(12/19)

유형:54.불공 공급가액:500,000 원 부가세: 50,000 원 공급처명: 홍성백화점 전자:여 분개:카드 또는 혼합
불공제사유:④기업업무추진비 및 이와 유사한 비용 관련

(차)	기업업무추진비(판)	550,000원	(대) 미지급금(국민카드)	550,000원

문제 4 오류수정

[1] 일반전표입력 수정(7/31)

• 수정 전	(차)	퇴직급여(판)	14,000,000원	(대) 보통예금	14,000,000원
• 수정 후	(차)	퇴직연금운용자산	14,000,000원	(대) 보통예금	14,000,000원

[2] 매입매출전표 수정(10/28)

• 수정 전 :

유형:51.과세 공급가액:5,000,000 원 부가세: 500,000 원 공급처명: 다다마트 전자:여 분개:현금

(차)	부가세대급금	500,000원	(대) 현금	5,500,000원
	복리후생비(판)	5,000,000원		

• 수정 후 :

유형:54.불공 공급가액:5,000,000 원 부가세: 500,000 원 공급처명: 다다마트 전자:여
분개:현금 또는 혼합
불공제사유:④기업업무추진비 및 이와 유사한 비용 관련

(차)	기업업무추진비(판)	5,500,000원	(대) 현금	5,500,000원

문제 5 결산

[1] 〈수동결산〉

(차)	미수수익	150,000원	(대) 이자수익	150,000원

☞미수수익 = 정기예금(5,000,000) × 연이자율(6%) × 6/12 = 150,000원

[2] 〈수동결산〉

(차)	외화환산손실	80,000원	(대) 외상매입금(상하이)	80,000원

☞ 외화환산손익(부채) = (결산일 기준환율 1,040원 × $2,000) - 장부금액(2,000,000) = 80,000원(손실)

[3] 〈자동결산〉

[결산자료입력] > 기간 : 1월~12월 > 4. 판매비와 일반관리비 > 5). 대손상각 >

• 외상매출금 80,000원 입력, • 받을어음 - 30,000원 입력 > F3전표추가

또는 〈일반결산〉

	(차)	대손상각비(835)	80,000원	(대)	대손충당금(109)	80,000원
		대손상각비(835)	-30,000원		대손충당금(111)	-30,000원
또는	(차)	대손상각비(835)	50,000원	(대)	대손충당금(109)	80,000원
					대손충당금(111)	-30,000원
또는	(차)	대손상각비(835)	80,000원	(대)	대손충당금(109)	80,000원
		대손충당금(111)	30,000원		대손상각비(835)	30,000원
또는	(차)	대손상각비(835)	50,000원	(대)	대손충당금(109)	80,000원
		대손충당금(111)	30,000원			

☞ **판매비와 관리비 항목의 대손충충당금 환입계정과목이 존재하지 않으므로 영업외수익항목인 대손충당금 환입계정과목으로 처리하는 것은 오답처리하였습니다.**

문제 6 장부조회

[1] 700,000원

• [매입매출장]>조회기간 : 20x1년 01월 01일~20x1년 03월 31일>구분 : 2.매출>유형 : 22.현과

[2] 3,162,300원

• [일(월)계표]>조회기간 : 20x1년 06월 01일~20x1년 06월 30일>5.제조원가 차변 현금액 확인

[3] 전설유통, 700,000원

• [거래처원장]>조회기간 : 20x1년 1월 1일~20x1년 6월 30일>계정과목 : 251.외상매입금 조회

제111회 전산회계1급

합격율	시험년월
39%	2023.12

이 론

01. 다음 중 아래의 자료에서 설명하고 있는 재무정보의 질적특성에 해당하지 않는 것은?

> 재무정보가 정보이용자의 의사결정에 유용하게 활용되기 위해서는 그 정보가 의사결정의 목적과 관련이 있어야 한다.

① 예측가치　② 피드백가치　③ 적시성　④ 중립성

02. 다음 중 일반기업회계기준에 따른 재무상태표의 표시에 관한 설명으로 가장 적절하지 않은 것은?

① 비유동자산은 당좌자산, 유형자산, 무형자산으로 구분된다.
② 단기차입금은 유동부채로 분류된다.
③ 자산과 부채는 유동성배열법에 따라 작성된다.
④ 재고자산은 유동자산에 포함된다.

03. 다음은 재고자산 단가 결정방법에 대한 설명이다. 어느 방법에 대한 설명인가?

> • 실제의 물량 흐름에 대한 원가흐름의 가정이 대체로 유사하다.
> • 현재의 수익과 과거의 원가가 대응하여 수익 · 비용 대응의 원칙에 부적합하다.
> • 물가 상승 시 이익이 과대 계상된다.

① 개별법　② 선입선출법　③ 후입선출법　④ 총평균법

04. 다음 중 현금및현금성자산에 해당하는 항목의 총합계액은 얼마인가?

• 선일자수표	500,000원	• 배당금지급통지서	500,000원
• 타인발행수표	500,000원	• 만기 6개월 양도성예금증서	300,000원

① 1,000,000원 ② 1,300,000원 ③ 1,500,000원 ④ 1,800,000원

05. 다음 중 자본에 대한 설명으로 옳지 않은 것은?

① 자본금은 발행주식수에 액면가액을 곱한 금액이다.
② 주식발행초과금과 감자차익은 자본잉여금이다.
③ 자본조정에는 주식할인발행차금, 감자차손 등이 있다.
④ 주식배당과 무상증자는 순자산의 증가가 발생한다.

06. 다음 중 손익계산서에 나타나는 계정과목으로만 짝지어진 것은?

가. 대손상각비	나. 현금	다. 기부금
라. 퇴직급여	마. 이자수익	바. 외상매출금

① 가, 나 ② 가, 다 ③ 나, 바 ④ 다, 바

07. 다음은 12월 말 결산법인인 ㈜한국의 기계장치 관련 자료이다. ㈜한국이 20x1년 12월 31일에 계상할 감가상각비는 얼마인가? (단, 월할 상각할 것)

• 취득일 : 20x0년 7월 1일	• 상각방법 : 정률법	• 내용연수 : 5년
• 상각률 : 45%	• 취득원가 : 10,000,000원	• 잔존가치 : 500,000원

① 4,500,000원 ② 3,487,500원 ③ 2,475,000원 ④ 2,250,000원

08. 다음 중 손익계산서상 표시되는 매출원가를 증가시키는 영향을 주지 않는 것은?

① 판매 이외 목적으로 사용된 재고자산의 타계정대체액
② 재고자산의 시가가 장부금액 이하로 하락하여 발생한 재고자산평가손실
③ 정상적으로 발생한 재고자산감모손실
④ 원재료 구입 시 지급한 운반비

09. 다음 중 원가에 대한 설명으로 가장 옳지 않은 것은?

① 기초원가이면서 가공원가에 해당하는 원가는 직접노무원가이다.
② 직접원가란 특정 제품의 생산에 직접적으로 사용되어 명확하게 추적할 수 있는 원가이다.
③ 변동원가는 생산량이 증가할 때마다 단위당 원가도 증가하는 원가이다.
④ 매몰원가는 과거에 발생하여 현재 의사결정에 영향을 미치지 않는 원가를 말한다.

10. 다음 중 개별원가계산의 적용이 가능한 업종은 무엇인가?

① 제분업 ② 정유업 ③ 건설업 ④ 식품가공업

11. 다음 중 공손 등에 대한 설명으로 옳지 않은 것은?

① 공손은 생산과정에서 발생하는 원재료의 찌꺼기를 말한다.
② 정상공손은 효율적인 생산과정에서 발생하는 공손을 말한다.
③ 비정상공손원가는 영업외비용으로 처리한다.
④ 정상공손은 원가에 포함한다.

12. ㈜서울은 직접노무시간을 기준으로 제조간접원가를 배부하고 있다. 당해연도 초의 예상 직접노무시간은 50,000시간이고, 제조간접원가 예상액은 2,500,000원이었다. 6월의 제조간접원가 실제 발생액은 300,000원이고, 실제 직접노무시간이 5,000시간인 경우, 6월의 제조간접원가 배부차이는 얼마인가?

① 과대배부 40,000원 ② 과소배부 40,000원
③ 과대배부 50,000원 ④ 과소배부 50,000원

13. 다음 중 부가가치세법상 세부담의 역진성을 완화하기 위한 목적으로 도입한 제도는 무엇인가?

① 영세율제도 ② 사업자단위과세제도
③ 면세제도 ④ 대손세액공제제도

14. 다음 중 부가가치세법상 '재화의 공급으로 보지 않는 특례'에 해당하지 않는 것은?

① 담보의 제공 ② 제품의 외상판매 ③ 조세의 물납 ④ 법률에 따른 수용

15. 다음 중 부가가치세법상 과세표준에 포함하지 않는 것은?

① 할부판매 시의 이자상당액　② 개별소비세
③ 매출할인액　④ 대가의 일부로 받는 운송비

실 무

예은상사㈜(3111)는 사무용가구의 제조 · 도소매업 및 부동산임대업을 영위하는 중소기업으로 당기 회계기간은 20x1.1.1.~20x1.12.31.이다. 전산세무회계 수험용 프로그램을 이용하여 다음 물음에 답하시오.

문제 1 **다음은 [기초정보관리] 및 [전기분재무제표]에 대한 자료이다. 각각의 요구사항에 대하여 답하시오. (10점)**

[1] 다음 자료를 이용하여 아래의 계정과목에 대한 적요를 추가로 등록하시오. (3점)

• 계정과목 : 831. 수수료비용　• 현금적요 : (적요NO. 8) 결제 대행 수수료

[2] 당사는 여유자금 활용을 위하여 아래와 같이 신규 계좌를 개설하였다. [거래처등록] 메뉴를 이용하여 해당 사항을 추가로 입력하시오. (3점)

• 코드번호 : 98005　• 거래처명 : 수협은행　• 계좌번호 : 110-146-980558　• 유형 : 정기적금

[3] 다음의 자료를 토대로 각 계정과목의 거래처별 초기이월 금액을 올바르게 정정하시오. (4점)

계정과목	거래처명	수정 전 금액	수정 후 금액
지급어음	천일상사	9,300,000원	6,500,000원
	모닝상사	5,900,000원	8,700,000원
미지급금	대명㈜	8,000,000원	4,500,000원
	㈜한울	4,400,000원	7,900,000원

문제 2 **[일반전표입력] 메뉴를 이용하여 다음의 거래 자료를 입력하시오(일반전표입력의 모든 거래는 부가가치세를 고려하지 말 것). (18점)**

[1] 07월 10일 회사는 6월에 관리부 직원의 급여를 지급하면서 원천징수한 근로소득세 20,000원과 지방소득세 2,000원을 보통예금 계좌에서 이체하여 납부하였다. (3점)

[2] 07월 16일 ㈜홍명으로부터 원재료를 구입하기로 계약하고, 계약금 1,000,000원은 당좌수표를 발행하여 지급하였다. (3점)

[3] 08월 10일 비씨카드 7월분 결제대금 2,000,000원이 보통예금 계좌에서 인출되었다. 단, 회사는 신용카드 사용대금을 미지급금으로 처리하고 있다. (3점)

[4] 08월 20일 영업부 김시성 과장이 대구세계가구박람회 참가를 위한 출장에서 복귀하여 아래의 지출결의서와 출장비 600,000원(출장비 인출 시 전도금으로 회계처리함) 중 잔액을 현금으로 반납하였다. (3점)

지출결의서

- 왕복항공권 350,000원
- 식대 30,000원

[5] 09월 12일 제조공장의 기계장치를 우리기계에 처분하고 매각대금으로 받은 약속어음 8,000,000원의 만기가 도래하여 우리기계가 발행한 당좌수표로 회수하였다. (3점)

[6] 10월 28일 중국의 'lailai co. ltd'에 대한 제품 수출 외상매출금 30,000달러(선적일 기준환율 : ₩1,300/$)를 회수하여 즉시 원화 보통예금 계좌로 입금하였다(단, 입금일의 기준환율은 ₩1,380/$이다). (3점)

문제 3 [매입매출전표입력] 메뉴를 이용하여 다음의 거래 자료를 입력하시오. (18점)

[1] 07월 06일 ㈜아이닉스에 제품을 판매하고 다음과 같이 전자세금계산서를 발급하였으며, 대금은 한 달 뒤에 받기로 하였다. (3점)

전자세금계산서						승인번호	20230706-121221589148			
공급자	등록번호	142-81-05759		종사업장번호		공급받는자	등록번호	214-87-00556	종사업장번호	
	상호(법인명)	예은상사㈜		성명	한태양		상호(법인명)	㈜아이닉스	성명	이소방
	사업장주소	경기도 고양시 덕양구 통일로 101					사업장주소	서울시 용산구 한남대로 12		
	업태	제조도소매	종목	사무용가구			업태	도매 외	종목	의약외품 외
	이메일						이메일			
							이메일			

작성일자	공급가액	세액	수정사유	비고
20x1/07/06	23,000,000	2,300,000	해당 없음	

월	일	품목	규격	수량	단가	공급가액	세액	비고
7	6	사무용책상 등		1,000	23,000	23,000,000	2,300,000	

합계금액	현금	수표	어음	외상미수금	위 금액을 (청구) 함
25,300,000				25,300,000	

[2] 08월 10일 원재료 매입 거래처에 접대목적으로 당사의 제품(원가 300,000원)을 무상으로 제공하였다. 단, 해당 제품의 시가는 500,000원이다. (3점)

[3] 09월 16일 팔팔물산에 제품을 9,000,000원(부가가치세 별도)에 판매하고 전자세금계산서를 발급하였으며, 대금으로 팔팔물산이 발행한 당좌수표를 받았다. (3점)

[4] 09월 26일 회사 건물에 부착할 간판을 잘나가광고에서 주문 제작하였다. 대금 5,500,000원(부가가치세 포함)은 보통예금 계좌에서 송금하고 전자세금계산서를 발급받았다(단, 비품으로 처리할 것). (3점)

[5] 10월 15일 메타가구에서 원재료(50단위, @50,000원, 부가가치세 별도)를 매입하고 아래의 전자세금계산서를 발급받았다. 대금 중 1,000,000원은 ㈜은성가구로부터 제품 판매대금으로 받아 보관 중인 ㈜은성가구 발행 약속어음을 배서양도하고 잔액은 1개월 뒤에 지급하기로 하였다.(3점)

전자세금계산서						승인번호	20231015-154215452154			
공급자	등록번호	305-81-13428	종사업장번호		공급받는자	등록번호	142-81-05759	종사업장번호		
	상호(법인명)	메타가구	성명	윤은영		상호(법인명)	예은상사㈜	성명	한태양	
	사업장주소	전북 김제시 금산면 청도7길 9				사업장주소	경기도 고양시 덕양구 통일로 101			
	업태	제조	종목	가구		업태	제조·도소매	종목	사무용가구	
	이메일					이메일				
						이메일				

작성일자	공급가액	세액	수정사유	비고
20x1/10/15	2,500,000	250,000	해당 없음	

월	일	품목	규격	수량	단가	공급가액	세액	비고
10	15	원재료	PC-5	50	50,000	2,500,000	250,000	

합계금액	현금	수표	어음	외상미수금	위 금액을 (청구) 함
2,750,000			1,000,000	1,750,000	

[6] 12월 20일 대표이사 한태양은 본인 자녀의 대학교 입학 축하 선물로 니캉전자에서 디지털카메라를 3,800,000원(부가가치세 별도)에 구매하면서 당사 명의로 전자세금계산서를 발급받고, 대금은 보통예금 계좌에서 지급하였다(단, 대표이사 한태양의 가지급금으로 회계처리할 것). (3점)

문제 4 **[일반전표입력] 및 [매입매출전표입력] 메뉴에 입력된 내용 중 다음과 같은 오류가 발견되었다. 입력된 내용을 확인하여 정정하시오. (6점)**

[1] 08월 17일 사거리주유소에서 영업부가 사용하는 비영업용 소형승용차(800cc, 매입세액공제 가능 차량)에 경유를 주유하고 유류대 44,000원를 비씨카드(법인카드)로 결제한 건에 대하여 회계담당자는 매입세액을 공제받지 못하는 것으로 판단하였으며, 이를 매입매출전표에 카드면세로 입력하였다. (3점)

[2] 11월 12일 매출거래처 직원의 결혼축하금으로 현금 500,000원을 지급한 것으로 회계처리하였으나 이는 당사의 공장 제조부 직원의 결혼축하금인 것으로 밝혀졌다. (3점)

문제 5 결산정리사항은 다음과 같다. 관련 메뉴를 이용하여 결산을 완료하시오. (9점)

[1] 제2기 부가가치세 확정신고기간에 대한 부가세예수금은 49,387,500원, 부가세대급금은 34,046,000원이다. 부가가치세를 정리하는 회계처리를 하시오(단, 불러온 자료는 무시하고, 납부세액은 미지급세금, 환급세액은 미수금으로 회계처리할 것). (3점)

[2] 20x1년 7월 1일 제조부 공장의 화재보험료 1년분(20x1년 7월 1일~20x2년 6월 30일) 7,200,000원을 전액 납부하고 즉시 비용으로 회계처리하였다. 이에 대한 기간 미경과분 보험료를 월할계산하여 결산정리분개를 하시오. (3점)

[3] 다음은 20x1년 4월 15일 제조부에서 사용하기 위하여 취득한 화물차에 대한 자료이다. 아래 주어진 자료에 대해서만 감가상각을 하시오. (3점)

취득일	취득원가	자산코드/명	잔존가치	내용연수	상각방법
20x1.04.15.	30,000,000원	[101]/포터	0원	5	정액법

문제 6 다음 사항을 조회하여 알맞은 답안을 이론문제 답안작성 메뉴에 입력하시오. (9점)

[1] 4월(4월 1일~4월 30일)의 외상매출금 회수액은 얼마인가? (3점)

[2] 상반기(1월~6월) 중 제품매출액이 가장 많은 월(月)과 가장 작은 월(月)의 차액은 얼마인가? 단, 양수로 표시할 것) (3점)

[3] 20x1년 제1기 부가가치세 확정신고기간(4월~6월)에 세금계산서를 받은 고정자산매입세액은 얼마인가? (3점)

제111회 전산회계1급 답안 및 해설

이 론

1	2	3	4	5	6	7	8	9	10	11	12	13	14	15
④	①	②	①	④	②	②	①	③	③	①	④	③	②	③

01. 회계정보의 질적 특성 중 목적 적합성에 관련된 설명이며, **예측가치, 피드백가치, 적시성이 이에 해당**한다. 중립성은 표현의 충실성, 검증가능성과 함께 신뢰성에 해당하는 질적 특성이다.

02. 당좌자산은 유동자산으로 구분된다.

03. 원가흐름 가정 중 선입선출법은 먼저 입고된 자산이 먼저 출고된 것으로 가정하여 입고 일자가 빠른 원가를 출고 수량에 먼저 적용한다. **선입선출법은 실제 물량 흐름에 대한 원가흐름의 가정이 유사하다는 장점**이 있으나, **수익 · 비용 대응의 원칙에 부적합**하고, 물가 상승 시 이익이 과대 계상되는 단점이 있다.

04. 현금및현금성자산 = 배당금지급통지서(500,000) + 타인발행수표(500,000) = 1,000,000원

05. 주식배당 회계처리 : (차) 이익잉여금 XX (대) 자본금 XX

무상증자회계처리 : (차) 자본잉여금 또는 이익잉여금 XX (대) 자본금 XX

주식배당과 무상증자는 순자산의 증가가 발생하지 않는다.

06. 대손상각비, 기부금, 퇴직급여, 이자수익이 손익계산서에 나타나는 계정과목이다. 현금, 외상매출금은 재무상태표에 나타나는 자산 계정과목이다.

07. 20x0년 12월 31일 감가상각비 = 취득원가(10,000,000) × 상각률(45%) × 6/12 = 2,250,000원

20x1년 12월 31일 감가상각비 = [취득원가(10,000,000) - 감가상각누계액(2,250,000)] × 상각률(45%) = 3,487,500원

08. 기업의 정상적인 영업활동의 결과로써 재고자산은 제조와 판매를 통해 매출원가로 대체된다. 그러나 **재고자산이 외부 판매 이외의 용도로 사용될 경우 '타계정대체'라 하며 이때는 매출원가가 변동하지** 않는다.

09. 변동원가는 생산량이 증가할 경우 총원가는 증가하지만, **단위당 변동원가는 일정**하다.

10. 정유업, 제분업, 식품가공업은 종합원가계산의 적용이 가능한 업종으로 개별원가계산은 적합하지 않다.

11. **생산과정에서 나오는 원재료의 찌꺼기는 작업폐물**이다.

12. 예정배부율 = 제조간접원가 예상액(2,500,000)/예상 직접노무시간(50,000) = 50원/시간

예정배부액 = 실제 직접노무시간(5,000시간) × 예정배부율(50원) = 250,000원

배부차이 = 예정배부액(250,000) - 실제발생액(300,000) = △50,000원(과소배부)

14. 제품의 외상판매는 재화의 공급에 해당한다.

〈재화의 공급으로 보지 않는 특례〉

- 사업의 양도(사업양수 시 양수자 대리납부의 경우 재화의 공급으로 인정)
- 담보의 제공 · 조세의 물납 · 법률에 따른 공매 · 경매
- 법률에 따른 수용 · 신탁재산의 이전

15. **<u>매출할인액은 과세표준에서 제외</u>**한다.

실 무

문제 1 기초정보관리

[1] [계정과목및적요등록]

- 831.수수료비용>현금적요 NO.8, 결제 대행 수수료

[2] [거래처등록]〉[금융기관] 탭>

- 거래처코드 : 98005
- 거래처명 : 수협은행
- 유형 : 3.정기적금
- 계좌번호 : 110 - 146 - 980558

[3] [거래처별초기이월]

- 지급어음> · 천일상사 9,300,000원→6,500,000원으로 수정
  · 모닝상사 5,900,000원→8,700,000원으로 수정
- 미지급금> · 대명㈜ 8,000,000원→4,500,000원으로 수정
  · ㈜한울 4,400,000원→7,900,000원으로 수정

문제 2 일반전표입력

[1]	(차)	예수금	22,000	(대)	보통예금	22,000
[2]	(차)	선급금(㈜홍명)	1,000,000	(대)	당좌예금	1,000,000
[3]	(차)	미지급금(비씨카드)	2,000,000	(대)	보통예금	2,000,000
[4]	(차)	여비교통비(판)	380,000	(대)	전도금	600,000
		현금	220,000			

[5] (차) 현금 8,000,000 (대) 미수금(우리기계) 8,000,000
〈기계장치 처분시 - 어음수령(7/01)〉
(차) 미수금 8,000,000 (대) 기계장치 8,000,000

[6] (차) 보통예금 41,400,000 (대) 외상매출금(lailai co. ltd.) 39,000,000
외환차익 2,400,000

☞ 외환차손익(자산) = [회수가액(1,380) - 장부가액(1,300)] × $30,000 = 2,400,000원(차익)

문제 3 매입매출전표입력

문항	일자	유형	공급가액	부가세	거래처	전자
[1]	7/06	11.과세	23,000,000	2,300,000	㈜아이닉스	여
분개유형	(차) 외상매출금	25,300,000	(대) 부가세예수금	2,300,000		
외상(혼합)			제품매출	23,000,000		
문항	일자	유형	공급가액	부가세	거래처	전자
[2]	8/10	14.건별	500,000	50,000	없음	부
분개유형	(차) 기업업무추진비(제)	350,000	(대) 부가세예수금	50,000		
혼합			제품(8.타계정대체)	300,000		
문항	일자	유형	공급가액	부가세	거래처	전자
[3]	9/16	11.과세	9,000,000	900,000	팔팔물산	여
분개유형	(차) 현금	9,900,000	(대) 부가세예수금	900,000		
현금(혼합)			제품매출	9,000,000		
문항	일자	유형	공급가액	부가세	거래처	전자
[4]	9/26	51.과세	5,000,000	500,000	잘나가광고	여
분개유형	(차) 부가세대급금	500,000	(대) 보통예금	5,500,000		
현금	비품	5,000,000				
문항	일자	유형	공급가액	부가세	거래처	전자
[5]	10/15	51.과세	2,500,000	250,000	메타가구	여
분개유형	(차) 부가세대급금	250,000	(대) 받을어음(㈜은성가구)	1,000,000		
혼합	원재료	2,500,000	외상매입금	1,750,000		
문항	일자	유형	공급가액	부가세	거래처	전자
[6]	12/20	54.불공	3,800,000	380,000	니캉전자	여
		불공제사유:② 사업과 직접 관련 없는 지출				
분개유형	(차) 가지급금(한태양)	4,180,000	(대) 보통예금	4,180,000		
혼합						

문제 4 오류수정

[1] 매입매출전표 수정(8월 17일)

	유형	공급가액	부가세	거래처	신용
〈수정전〉	58.카면	44,000	-	사거리주유소	비씨카드
분개유형	(차) 차량유지비(판) 44,000		(대) 미지급금(비씨카드) 44,000		
카드(혼합)					

	유형	공급가액	부가세	거래처	신용
〈수정후〉	57.카과	40,000	4,000	사거리주유소	비씨카드
분개유형	(차) 부가세대급금 4,000		(대) 미지급금(비씨카드) 44,000		
카드(혼합)	차량유지비(판) 40,000				

[2] 일반전표입력 수정(11월 12일)

〈수정전〉

(차) 기업업무추진비(판) 500,000 (대) 현금 500,000

〈수정후〉

(차) 복리후생비(제) 500,000 (대) 현금 500,000

문제 5 결산

[1] 〈수동결산〉

(차) 부가세예수금 49,387,500 (대) 부가세대급금 34,046,000

미지급세금 15,341,500

[2] 〈수동결산〉

(차) 선급비용 3,600,000 (대) 보험료(제) 3,600,000

[3] 〈수동/자동결산〉

감가상각비 = 취득가액(30,000,000) ÷ 5년 ÷ 12개월 × 9개월 = 4,500,000원

(차) 감가상각비(제) 4,500,000 (대) 감가상각누계액 4,500,000

또는 [결산자료입력]>2. 매출원가 >2). 일반감가상각비>차량운반구 결산반영금액 입력>F3전표 추가

문제 6 장부조회

[1] 40,000,000원

- [계정별원장]>기간 : 4월 1일~4월 30일>계정과목 : 108.외상매출금 조회>대변 월계금액 확인

[2] 117,630,000원 = 6월 매출액(147,150,000) - 2월 매출액(29,520,000)

- [총계정원장]>[월별] 탭>기간 : 01월 01일~06월 30일>계정과목 : 404.제품매출 조회>대변 금액 확인

[3] 6,372,000원

- [부가가치세신고서]>기간 : 4월 1일~6월 30일>11.고정자산매입(세금계산서수취분) 세액란 금액 확인

제110회 전산회계1급

합격율	시험년월
30%	2023.10

이 론

01. 다음 중 재무상태표에 관한 설명으로 가장 옳은 것은?

① 일정 시점의 현재 기업이 보유하고 있는 자산과 부채 및 자본에 대한 정보를 제공하는 재무보고서이다.
② 일정 기간 동안의 기업의 수익과 비용에 대해 보고하는 보고서이다.
③ 일정 기간 동안의 현금의 유입과 유출에 대한 정보를 제공하는 보고서이다.
④ 기업의 자본변동에 관한 정보를 제공하는 재무보고서이다.

02. 다음 중 유동부채에 포함되지 않는 것은 무엇인가?

① 매입채무 ② 단기차입금 ③ 유동성장기부채 ④ 임대보증금

03. 다음 중 무형자산과 관련된 설명으로 옳지 않은 것은?

① 연구프로젝트에서 발생한 지출이 연구단계와 개발단계로 구분할 수 없는 경우에는 모두 연구단계에서 발생한 것으로 본다.
② 내부적으로 창출한 브랜드, 고객목록과 같은 항목은 무형자산으로 인식할 수 있다.
③ 무형자산은 회사가 사용할 목적으로 보유하는 물리적 실체가 없는 자산이다.
④ 무형자산의 소비되는 행태를 신뢰성 있게 결정할 수 없을 경우 정액법으로 상각한다.

04. 다음 중 일반기업회계기준에 의한 수익 인식 시점에 대한 설명으로 옳지 않은 것은?

① 위탁판매의 경우에는 수탁자가 위탁품을 소비자에게 판매한 시점에 수익을 인식한다.
② 시용판매의 경우에는 상품 인도 시점에 수익을 인식한다.
③ 광고 제작 수수료의 경우에는 광고 제작의 진행률에 따라 수익을 인식한다.
④ 수강료의 경우에는 강의 시간에 걸쳐 수익으로 인식한다.

05. 재고자산의 단가 결정 방법 중 매출 시점에서 해당 재고자산의 실제 취득원가를 기록하여 매출원가로 대응시킴으로써 가장 정확하게 원가 흐름을 파악할 수 있는 재고자산의 단가 결정 방법은 무엇인가?

① 개별법 ② 선입선출법 ③ 후입선출법 ④ 총평균법

06. 다음 중 영업이익에 영향을 주는 거래로 옳은 것은?

① 거래처에 대한 대여금의 전기분 이자를 받았다.
② 창고에 보관하고 있던 상품이 화재로 인해 소실되었다.
③ 차입금에 대한 전기분 이자를 지급하였다.
④ 일용직 직원에 대한 수당을 지급하였다.

07. 다음의 거래를 적절하게 회계처리하였을 경우, 당기순이익의 증감액은 얼마인가? 단, 주어진 자료 외의 거래는 없다고 가정한다.

- 매도가능증권 : 장부금액 5,000,000원, 결산일 공정가치 4,500,000원
- 단기매매증권 : 장부금액 3,000,000원, 결산일 공정가치 3,300,000원
- 투자부동산 : 장부금액 9,000,000원, 처분금액 8,800,000원

① 100,000원 감소 ② 100,000원 증가 ③ 400,000원 감소 ④ 400,000원 증가

08. ㈜수암골의 재무상태가 다음과 같다고 가정할 때, 기말자본은 얼마인가?

기초		기말		당기 중 추가출자	이익 배당액	총수익	총비용
자산	부채	부채	자본				
900,000원	500,000원	750,000원	(　　　)	100,000원	50,000원	1,100,000원	900,000원

① 500,000원 ② 550,000원 ③ 600,000원 ④ 650,000원

09. 다음 중 원가회계에 대한 설명이 아닌 것은?

① 외부의 정보이용자들에게 유용한 정보를 제공하기 위한 정보이다.
② 원가통제에 필요한 정보를 제공하기 위함이다.
③ 제품원가계산을 위한 원가정보를 제공한다.
④ 경영계획수립과 통제를 위한 원가정보를 제공한다.

10. 다음 중 원가행태에 따라 변동원가와 고정원가로 분류할 때 이에 대한 설명으로 올바른 것은?

① 변동원가는 조업도가 증가할수록 총원가도 증가한다.
② 변동원가는 조업도가 증가할수록 단위당 원가도 증가한다.
③ 고정원가는 조업도가 증가할수록 총원가도 증가한다.
④ 고정원가는 조업도가 증가할수록 단위당 원가도 증가한다.

11. 다음 중 보조부문의 원가 배분에 대한 설명으로 옳지 않은 것은?

① 보조부문의 원가 배분방법으로는 직접배분법, 단계배분법 및 상호배분법이 있으며, 어떤 방법을 사용하더라도 전체 보조부문의 원가는 차이가 없다.
② 상호배분법을 사용할 경우, 부문간 상호수수를 고려하여 계산하기 때문에 어떤 배분방법보다 정확성이 높다고 할 수 있다.
③ 단계배분법을 사용할 경우, 배분순서를 어떻게 하더라도 각 보조부문에 배분되는 금액은 차이가 없다.
④ 직접배분법을 사용할 경우, 보조부문 원가 배분액의 계산은 쉬우나 부문간 상호수수에 대해서는 전혀 고려하지 않는다.

12. 다음 중 개별원가계산과 종합원가계산에 대한 설명으로 옳지 않은 것은?

① 개별원가계산은 작업지시서에 의한 원가계산을 한다.
② 개별원가계산은 주문형 소량 생산 방식에 적합하다.
③ 종합원가계산은 공정별 대량 생산 방식에 적합하다.
④ 종합원가계산은 여러 공정에 걸쳐 생산하는 경우 적용할 수 없다.

13. 다음 중 부가가치세법상 사업자등록 정정 사유가 아닌 것은?

① 상호를 변경하는 경우
② 사업장을 이전하는 경우
③ 사업의 종류에 변동이 있는 경우
④ 증여로 인하여 사업자의 명의가 변경되는 경우

14. 다음 중 부가가치세법상 영세율에 대한 설명으로 가장 옳지 않은 것은?

① 수출하는 재화에 대해서는 영세율이 적용된다.
② 영세율은 수출산업을 지원하는 효과가 있다.
③ 영세율을 적용하더라도 완전면세를 기대할 수 없다.
④ 영세율은 소비지국과세원칙이 구현되는 제도이다.

15. 다음 중 영수증 발급 대상 사업자가 될 수 없는 업종에 해당하는 것은?

① 소매업 ② 도매업

③ 목욕, 이발, 미용업 ④ 입장권을 발행하여 영위하는 사업

실 무

오영상사㈜(3110)는 가방 등의 제조·도소매업 및 부동산임대업을 영위하는 중소기업으로 당기 회계기간은 20x1.1.1.~20x1.12.31.이다. 전산세무회계 수험용 프로그램을 이용하여 다음 물음에 답하시오.

문제 1 **다음은 [기초정보관리] 및 [전기분재무제표]에 대한 자료이다. 각각의 요구사항에 대하여 답하시오. (10점)**

[1] 다음 자료를 이용하여 거래처등록의 [신용카드] 탭에 추가로 입력하시오. (3점)

- 코드 : 99850
- 거래처명 : 하나카드
- 카드종류 : 사업용카드
- 유형 : 매입
- 카드번호 : 5531 - 8440 - 0622 - 2804

[2] [계정과목및적요등록] 메뉴에서 여비교통비(판매비및일반관리비) 계정에 아래의 적요를 추가로 등록하시오. (3점)

- 현금적요 6번 : 야근 시 퇴근택시비 지급
- 대체적요 3번 : 야근 시 퇴근택시비 정산 인출

[3] 전기분 손익계산서를 검토한 결과 다음과 같은 오류가 발견되었다. 전기분재무제표 중 관련 재무제표를 모두 적절하게 수정 또는 삭제 및 추가입력하시오. (4점)

공장 생산직 사원들에게 지급한 명절 선물 세트 1,000,000원이 회계 담당 직원의 실수로 인하여 본사 사무직 사원들에게 지급한 것으로 회계처리 되어 있음을 확인하다.

문제 2 **[일반전표입력] 메뉴를 이용하여 다음의 거래 자료를 입력하시오(일반전표입력의 모든 거래는 부가가치세를 고려하지 말 것). (18점)**

[1] 07월 04일 나노컴퓨터에 지급하여야 할 외상매입금 5,000,000원과 나노컴퓨터로부터 수취하여야 할 외상매출금 3,000,000원을 상계하여 처리하고, 잔액은 당좌수표를 발행하여 지급하였다. (3점)

[2] 09월 15일 투자 목적으로 보유 중인 단기매매증권(보통주 1,000주, 1주당 액면가액 5,000원, 1주당 장부가액 9,000원)에 대하여 1주당 1,000원씩의 현금배당이 보통예금 계좌로 입금되었으며, 주식배당 20주를 수령하였다. (3점)

[3] 10월 05일 제품을 판매하고 ㈜영춘으로부터 받은 받을어음 5,000,000원을 만기 이전에 주거래은행인 토스뱅크에 할인하고, 할인료 55,000원을 차감한 나머지 금액을 보통예금 계좌로 입금받았다. 단, 어음의 할인은 매각거래에 해당한다. (3점)

[4] 10월 30일 영업부에서 대한상공회의소 회비 500,000원을 보통예금 계좌에서 지급하고 납부영수증을 수취하였다. (3점)

[5] 12월 12일 자금 조달을 위하여 발행하였던 사채(액면금액 10,000,000원, 장부가액 10,000,000원)를 9,800,000원에 조기 상환하면서 보통예금 계좌에서 지급하였다. (3점)

[6] 12월 21일 보통예금 계좌를 확인한 결과, 결산이자 500,000원에서 원천징수세액 77,000원을 차감한 금액이 입금되었음을 확인하였다(단, 원천징수세액은 자산으로 처리할 것). (3점)

문제 3 [매입매출전표입력] 메뉴를 이용하여 다음의 거래 자료를 입력하시오. (18점)

[1] 07월 11일 성심상사에 제품을 판매하고 아래의 전자세금계산서를 발급하였다. (3점)

전자세금계산서					승인번호	20230711 - 1000000 - 00009329			
공급자	등록번호	124 - 87 - 05224	종사업장번호		공급받는자	등록번호	134 - 86 - 81692	종사업장번호	
	상호(법인명)	오영상사㈜	성명	김하현		상호(법인명)	성심상사	성명	황성심
	사업장주소	경기도 성남시 분당구 서판교로6번길 24				사업장주소	경기도 화성시 송산면 마도북로 40		
	업태	제조,도소매	종목	가방		업태	제조	종목	자동차특장
	이메일					이메일			
						이메일			

작성일자	공급가액	세액	수정사유	비고
20x1/07/11	3,000,000	300,000	해당 없음	

월	일	품목	규격	수량	단가	공급가액	세액	비고
07	11	제품				3,000,000	300,000	

합계금액	현금	수표	어음	외상미수금	위 금액을 (영수)(청구) 함
3,300,000	1,000,000			2,300,000	

[2] 08월 25일 본사 사무실로 사용하기 위하여 ㈜대관령으로부터 상가를 취득하고, 대금은 다음과 같이 지급하였다(단, 하나의 전표로 입력할 것). (3점)

- 총매매대금은 370,000,000원으로 토지분 매매가액 150,000,000원과 건물분 매매가액 220,000,000원(부가가치세 포함)이다.
- 총매매대금 중 계약금 37,000,000원은 계약일인 7월 25일에 미리 지급하였으며, 잔금은 8월 25일에 보통예금 계좌에서 이체하여 지급하였다.
- 건물분에 대하여 전자세금계산서를 잔금 지급일에 수취하였으며, 토지분에 대하여는 별도의 계산서를 발급받지 않았다.

[3] 09월 15일 총무부가 사용하기 위한 소모품을 골드팜㈜으로부터 총 385,000원에 구매하고 보통예금 계좌에서 이체하였으며, 지출증빙용 현금영수증을 발급받았다. 단, 소모품은 구입 즉시 비용으로 처리한다. (3점)

[4] 09월 30일 경하자동차㈜로부터 본사에서 업무용으로 사용할 승용차(5인승, 배기량 998cc, 개별소비세 과세 대상 아님)를 구입하고 아래의 전자세금계산서를 발급받았다. (3점)

<table>
<tr><td colspan="5">전자세금계산서</td><td colspan="2">승인번호</td><td colspan="3">20230930 - 145982301203467</td></tr>
<tr><td rowspan="5">공급자</td><td>등록번호</td><td>610 - 81 - 51299</td><td>종사업장번호</td><td></td><td rowspan="6">공급받는자</td><td>등록번호</td><td>124 - 87 - 05224</td><td>종사업장번호</td><td></td></tr>
<tr><td>상호(법인명)</td><td>경하자동차㈜</td><td>성명</td><td>정선달</td><td>상호(법인명)</td><td>오영상사㈜</td><td>성명</td><td>김하현</td></tr>
<tr><td>사업장주소</td><td colspan="3">울산 중구 태화동 150</td><td>사업장주소</td><td colspan="3">경기도 성남시 분당구 서판교로6번길 24</td></tr>
<tr><td>업태</td><td>제조,도소매</td><td>종목</td><td>자동차</td><td>업태</td><td>제조,도소매</td><td>종목</td><td>가방</td></tr>
<tr><td rowspan="2">이메일</td><td rowspan="2" colspan="3"></td><td>이메일</td><td colspan="3"></td></tr>
<tr><td></td><td>이메일</td><td colspan="3"></td></tr>
</table>

작성일자	공급가액	세액	수정사유	비고
20x1/09/30	15,000,000	1,500,000		

월	일	품목	규격	수량	단가	공급가액	세액	비고
09	30	승용차(배기량 998cc)		1		15,000,000	1,500,000	

합계금액	현금	수표	어음	외상미수금	위 금액을 (청구) 함
16,500,000				16,500,000	

[5] 10월 17일 미국에 소재한 MIRACLE사에서 원재료 8,000,000원(부가가치세 별도)을 수입하면서 인천세관으로부터 수입전자세금계산서를 발급받고 부가가치세는 보통예금 계좌에서 지급하였다(단, 재고자산에 대한 회계처리는 생략할 것). (3점))

[6] 10월 20일 개인 소비자에게 제품을 판매하고 현금 99,000원(부가가치세 포함)을 받았다. 단, 판매와 관련하여 어떠한 증빙도 발급하지 않았다. (3점)

문제 4 **[일반전표입력] 및 [매입매출전표입력] 메뉴에 입력된 내용 중 다음과 같은 오류가 발견되었다. 입력된 내용을 확인하여 정정하시오. (6점)**

[1] 08월 31일 운영자금 조달을 위해 개인으로부터 차입한 부채에 대한 이자비용 362,500원을 보통예금 계좌에서 이체하고 회계처리하였으나 해당 거래는 이자비용 500,000원에서 원천징수세액 137,500원을 차감하고 지급한 것으로 이에 대한 회계처리가 누락되었다(단, 원천징수세액은 부채로 처리하고, 하나의 전표로 입력할 것). (3점)

[2] 11월 30일 제품생산공장 출입문의 잠금장치를 수리하고 영포상회에 지급한 770,000원(부가가치세 포함)을 자본적지출로 회계처리하였으나 수익적지출로 처리하는 것이 옳은 것으로 판명되었다. (3점)

문제 5 **결산정리사항은 다음과 같다. 관련 메뉴를 이용하여 결산을 완료하시오. (9점)**

[1] 02월 11일에 소모품 3,000,000원을 구입하고 모두 자산으로 처리하였으며, 12월 31일 현재 창고에 남은 소모품은 500,000원으로 조사되었다. 부서별 소모품 사용 비율은 영업부 25%, 생산부 75%이며, 그 사용 비율에 따라 배부한다. (3점)

[2] 기중에 현금시재 잔액이 장부금액보다 부족한 것을 발견하고 현금과부족으로 계상하였던 235,000원 중 150,000원은 영업부 업무용 자동차의 유류대금을 지급한 것으로 확인되었으나 나머지는 결산일까지 그 원인이 파악되지 않아 당기의 비용으로 대체하다. (3점)

[3] 12월 31일 결산일 현재 재고자산의 기말재고액은 다음과 같다. (3점)

원재료	재공품	제품
• 장부수량 10,000개(단가 1,000원) • 실제수량 9,500개(단가 1,000원) • 단, 수량차이는 모두 정상적으로 발생한 것이다.	8,500,000원	13,450,000원

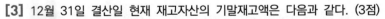

문제 6 **다음 사항을 조회하여 알맞은 답안을** 이론문제 답안작성 **메뉴에 입력하시오. (9점)**

[1] 20x1년 5월 말 외상매출금과 외상매입금의 차액은 얼마인가? (단, 양수로 기재할 것) (3점)

[2] 제1기 부가가치세 확정신고기간(4월~6월)의 영세율 적용 대상 매출액은 모두 얼마인가? (3점)

[3] 6월에 발생한 판매비와일반관리비 중 발생액이 가장 적은 계정과목과 그 금액은 얼마인가? (3점)

제110회 전산회계1급 답안 및 해설

이 론

1	2	3	4	5	6	7	8	9	10	11	12	13	14	15
①	④	②	②	①	④	②	④	①	①	③	④	④	③	②

01. ② 일정 기간 동안의 기업의 수익과 비용에 대해 보고하는 보고서는 손익계산서이다.
③ 일정 기간 동안의 현금의 유입과 유출의 정보를 제공하는 보고서는 현금흐름표이다.
④ 기업의 자본변동에 관한 정보를 제공하는 재무보고서는 자본변동표이다.

02. 임대보증금은 비유동부채에 해당한다.

03. 내부적으로 창출한 브랜드, 고객목록과 같은 항목은 무형자산으로 인식할 수 없다.

04. 시용판매의 경우에는 소비자가 매입의사를 표시하는 시점에 수익을 인식한다.

05. 매출 시점에 실제 취득원가를 기록하여 매출원가로 대응시켜 원가 흐름을 가장 정확하게 파악할 수 있는 재고자산의 단가 결정 방법은 개별법이다.

06. 일용직 직원에 대한 수당은 잡급(판)으로 처리한다. 이자수익은 영업외수익으로, 재해손실과 이자비용은 영업외비용으로 처리한다.

07. 매도가능증권의 평가손익→ 기타포괄손익누계액(자본)으로 회계처리
단기매매증권평가손익 = 공정가치(3,300,000) - 장부금액(3,000,000) = 300,000원(이익)
투자자산처분손익 = 처분금액(8,800,000) - 장부금액(9,000,000) = △200,000원(손실)
단기매매증권평가이익(300,000) - 투자자산처분손실(200,000) = 100,000원 이익증가

08. 당기순손익 = 총수익(1,100,000) - 총비용(900,000) = 200,000원(이익)
기초자본 = 기초자산(900,000) - 기초부채(500,000) = 400,000원
기말자본 = 기초자본(400,000) + 추가출자(100,0000 - 이익배당액(50,000)
+ 당기순이익(200,000) = 650,000원

09. 외부의 정보이용자들에게 유용한 정보를 제공하는 것은 재무회계의 목적이다.

10. ② 변동원가는 조업도가 증가할수록 총원가는 증가하지만 단위당 원가는 일정하다.
③ 고정원가는 조업도가 증가할 때 총원가는 일정하다.
④ 고정원가는 조업도가 증가할 단위당 원가는 감소한다.

11. 단계배분법을 사용할 경우, 배부순서에 따라 각 보조부문에 배분되는 금액은 차이가 발생한다.

12. 공정별 원가계산에 적합한 것이 종합원가계산이다.

13. 증여로 인하여 사업자의 명의가 변경되는 경우는 폐업 사유에 해당한다.
증여자는 폐업, 수증자는 신규 사업자등록 사유이다.

14. **영세율은 완전면세제도**이다.

15. 도매업은 영수증을 발급할 수 있으나, **영수증 발급대상 사업자는 아니다.**

실 무

문제 1 기초정보관리

[1] [거래처등록]>[신용카드] 탭

- 코드 : 99850
- 거래처명 : 하나카드
- 유형 : 2.매입
- 카드번호 : 5531 - 8440 - 0622 - 2804
- 카드종류 : 3.사업용카드

[2] [계정과목및적요등록]

812.여비교통비> · 현금적요 NO.6, 야근 시 퇴근택시비 지급
· 대체적요 NO.3, 야근 시 퇴근택시비 정산 인출

[3] [전기분 재무제표]

1. [전기분원가명세서]> · 511.복리후생비 9,000,000원>10,000,000원
   · 당기제품제조원가 94,200,000원>95,200,000원
2. [전기분손익계산서]> · 당기제품제조원가 94,200,000원>95,200,000원
   · 455.제품매출원가 131,550,000원>132,550,000원
   · 811.복리후생비 30,000,000원>29,000,000원
   · 당기순이익 61,390,000원 확인

[전기분이익잉여금처분계산서]>미처분이익잉여금이나 이월이익잉여금에 변동이 없으므로 정정 불필요

[전기분재무상태표]>당기순이익에 변동이 없으므로 정정 불필요

문제 2 일반전표입력

[1]	(차) 외상매입금(나노컴퓨터)	5,000,000	(대)	외상매출금(나노컴퓨터)	3,000,000
				당좌예금	2,000,000
[2]	(차) 보통예금	1,000,000	(대)	배당금수익	1,000,000

☞ 주식배당(투자자)의 경우 별도의 회계처리가 없습니다.

[3] (차) 보통예금 4,945,000 (대) 받을어음(㈜영춘) 5,000,000
매출채권처분손실 55,000

[4] (차) 세금과공과(판) 500,000 (대) 보통예금 500,000

[5] (차) 사채 10,000,000 (대) 보통예금 9,800,000
사채상환이익 200,000

☞ 상환손익(사채) = 상환가액(9,800,000) – 장부가액(10,000,000) = △200,000(이익)

[6] (차) 보통예금 423,000 (대) 이자수익 500,000
선납세금 77,000

문제 3 매입매출전표입력

문항	일자	유형	공급가액	부가세	거래처	전자
[1]	7/11	11.과세	3,000,000	300,000	성심상사	여
분개유형	(차) 외상매출금	2,300,000	(대) 부가세예수금	300,000		
혼합	현금	1,000,000	제품매출	3,000,000		

문항	일자	유형	공급가액	부가세	거래처	전자
[2]	8/25	51.과세	200,000,000	20,000,000	㈜대관령	여
분개유형	(차) 부가세대급금	20,000,000	(대) 선급금	37,000,000		
혼합	토지	150,000,000	보통예금	333,000,000		
	건물	200,000,000				

문항	일자	유형	공급가액	부가세	거래처	전자
[3]	9/15	61.현과	350,000	35,000	골드팜㈜	–
분개유형	(차) 부가세대급금	35,000	(대) 보통예금	385,000		
혼합	소모품비(판)	350,000				

☞ 소모품비가 과세 또는 면세 여부가 불명확하므로 유형을 62.현면으로 처리한 것도 정답 처리하였습니다.

문항	일자	유형	공급가액	부가세	거래처	전자
[4]	9/30	51.과세	15,000,000	1,500,000	경하자동차㈜	여
분개유형	(차) 부가세대급금	1,500,000	(대) 미지급금	16,500,000		
혼합	차량운반구	15,000,000				

☞ 개별소비세 과세 대상 차량이 아닌 승용차(1,000CC 이하)는 매입세액 공제 대상이다

문항	일자	유형	공급가액	부가세	거래처	전자
[5]	10/17	55.수입	8,000,000	800,000	인천세관	여
분개유형 / 혼합	(차) 부가세대급금	800,000	(대) 보통예금	800,000		

문항	일자	유형	공급가액	부가세	거래처	전자
[6]	10/20	14.건별	90,000	9,000	-	-
분개유형	(차) 현금		99,000	(대) 부가세예수금		9,000
혼합(현금)				제품매출		90,000

문제 4 오류수정

[1] 8월 31일 일반전표수정

〈수정전〉

(차) 이자비용 362,500 (대) 보통예금 362,500

〈수정후〉

(차) 이자비용 500,000 (대) 보통예금 362,500

예수금 137,500

[2] 11월 30일 매입매출전표 수정

	유형	공급가액	부가세	거래처	전자
〈수정전〉	51.과세	700,000	70,000	영포상회	여
분개유형	(차) 부가세대급금	70,000	(대) 보통예금		770,000
혼합	건물	700,000			

	유형	공급가액	부가세	거래처	전자
〈수정후〉	51.과세	700,000	70,000	영포상회	여
분개유형	(차) 부가세대급금	70,000	(대) 보통예금		770,000
혼합	수선비(제)	700,000			

문제 5 결산

[1] 〈수동결산〉

(차) 소모품비(제) 1,875,000 (대) 소모품 2,500,000

소모품비(판) 625,000

- 소모품비(판) = (3,000,000원 - 500,000원) × 25% = 625,000원
- 소모품비(제) = (3,000,000원 - 500,000원) × 75% = 1,875,000원

[2] 〈수동결산〉

(차) 차량유지비(판) 150,000 (대) 현금과부족 235,000

잡손실 85,000

[3] 〈자동결산〉

[결산자료입력]>기간 : 1월~12월>① 원재료 9,500,000원 입력
② 재공품 8,500,000원 입력
③ 제품 13,450,000원 입력>F3전표추가

• 원재료 : 9,500개×1,000원=9,500,000원(정상감모는 매출원가이다.)

문제 6 장부조회

[1] 40,465,000원=외상매출금(107,700,000)−외상매입금(67,235,000)

• [재무상태표]>기간 : 20x1년 05월 조회

[2] 48,450,000원 =12.영세(38,450,000)+16.수출(10,000,000)

1. [부가가치세신고서]>조회기간 : 20x1년 4월 1일~20x1년 6월 30일
>과세표준 및 매출세액
>영세>· 세금계산서발급분 금액
· 기타 금액

또는 2. [매입매출장]>조회기간 : 20x1년 04월 01일~20x1년 06월 30일
>구분 : 2.매출
>· 유형 : 12.영세>⓪ 전체>분기계 합계 금액 확인
· 유형 : 16.수출>분기계 합계 금액 확인

[3] 도서인쇄비, 10,000원

• [일계표(월계표)]>[월계표] 탭>조회기간 : 20x1년 06월~20x1년 06월

제109회 전산회계1급

합격율	시험년월
33%	2023.08

이 론

01. 회계분야 중 재무회계에 대한 설명으로 적절한 것은?

① 관리자에게 경영활동에 필요한 재무정보를 제공한다.
② 국세청 등의 과세관청을 대상으로 회계정보를 작성한다.
③ 법인세, 소득세, 부가가치세 등의 세무 보고서 작성을 목적으로 한다.
④ 일반적으로 인정된 회계원칙에 따라 작성하며 주주, 투자자 등이 주된 정보이용자이다.

02. 유가증권 중 단기매매증권에 대한 설명으로 옳지 않은 것은?

① 시장성이 있어야 하고, 단기시세차익을 목적으로 하여야 한다.
② 단기매매증권은 당좌자산으로 분류된다.
③ 기말평가방법은 공정가액법이다.
④ 단기매매증권은 투자자산으로 분류된다.

03. 다음 중 재고자산의 평가에 대한 설명으로 옳지 않은 것은?

① 성격이 상이한 재고자산을 일괄 구입하는 경우에는 공정가치 비율에 따라 안분하여 취득원가를 결정한다.
② 재고자산의 취득원가에는 취득과정에서 발생한 할인, 에누리는 반영하지 않는다.
③ 저가법을 적용할 경우 시가가 취득원가보다 낮아지면 시가를 장부금액으로 한다.
④ 저가법을 적용할 경우 발생한 차액은 전부 매출원가로 회계처리한다.

04. 다음 중 유형자산의 자본적지출을 수익적지출로 잘못 처리했을 경우 당기의 자산과 자본에 미치는 영향으로 올바른 것은?

	자산	자본		자산	자본
①	과대	과소	②	과소	과소
③	과소	과대	④	과대	과대

05. ㈜재무는 자기주식 200주(1주당 액면가액 5,000원)를 1주당 7,000원에 매입하여 소각하였다. 소각일 현재 자본잉여금에 감차차익 200,000원을 계상하고 있는 경우 주식소각 후 재무상태표상에 계상되는 감자차손익은 얼마인가?

① 감자차손 200,000원　　② 감자차손 400,000원
③ 감자차익 200,000원　　④ 감자차익 400,000원

06. 다음 중 손익계산서에 대한 설명으로 옳지 않은 것은?

① 매출원가는 제품, 상품 등의 매출액에 대응되는 원가로서 판매된 제품이나 상품 등에 대한 제조원가 또는 매입원가이다.
② 영업외비용은 기업의 주된 영업활동이 아닌 활동으로부터 발생한 비용과 차손으로서 기부금, 잡손실 등이 이에 해당한다.
③ 손익계산서는 일정 기간의 기업의 경영성과에 대한 유용한 정보를 제공한다.
④ 수익과 비용은 각각 순액으로 보고하는 것을 원칙으로 한다.

07. ㈜서울은 ㈜제주와 제품 판매계약을 맺고 ㈜제주가 발행한 당좌수표 500,000원을 계약금으로 받아 아래와 같이 회계처리하였다. 다음 중 ㈜서울의 재무제표에 나타난 영향으로 옳은 것은?

(차)	당좌예금	500,000원	(대)	제품매출	500,000원

① 당좌자산 과소계상　　② 당좌자산 과대계상
③ 유동부채 과소계상　　④ 당기순이익 과소계상

08. ㈜한국상사의 20x1년 1월 1일 자본금은 50,000,000원(발행주식 수 10,000주, 1주당 액면금액 5,000원)이다. 20x1년 10월 1일 1주당 6,000원에 2,000주를 유상증자하였을 경우, 20x1년 기말 자본금은 얼마인가?

① 12,000,000원　② 50,000,000원　③ 60,000,000원　④ 62,000,000원

09. 원가 및 비용의 분류항목 중 제조원가에 해당하는 것은 무엇인가?

① 생산공장의 전기요금 ② 영업용 사무실의 전기요금
③ 마케팅부의 교육연수비 ④ 생산공장 기계장치의 처분손실

10. 다음 중 보조부문 상호간의 용역수수관계를 고려하여 보조부문원가를 제조부문과 보조부문에 배분함으로써 보조부문간의 상호 서비스 제공을 완전히 반영하는 방법으로 옳은 것은?

① 직접배분법 ② 단계배분법 ③ 상호배분법 ④ 총배분법

11. 다음의 자료에 의한 당기직접재료원가는 얼마인가?

· 기초원재료	1,200,000원	· 기초재공품	200,000원
· 당기원재료매입액	900,000원	· 기말재공품	300,000원
· 기말원재료	850,000원	· 기초제품	400,000원
· 기말제품	500,000원	· 직접노무원가	500,000원

① 1,150,000원 ② 1,250,000원 ③ 1,350,000원 ④ 1,650,000원

12. ㈜성진은 직접원가를 기준으로 제조간접원가를 배부한다. 다음 자료에 의하여 계산한 제조지시서 no.1의 제조간접원가 배부액은 얼마인가?

공장전체 발생원가	제조지시서 no.1
· 총생산수량 : 10,000개	· 총생산수량 : 5,200개
· 기계시간 : 24시간	· 기계시간 : 15시간
· 직접재료원가 : 800,000원	· 직접재료원가 : 400,000원
· 직접노무원가 : 200,000원	· 직접노무원가 : 150,000원
· 제조간접원가 : 500,000원	· 제조간접원가 : (?)원

① 250,000원 ② 260,000원 ③ 275,000원 ④ 312,500원

13. 다음 중 부가가치세법상 과세기간에 대한 설명으로 옳지 않은 것은?

① 간이과세자의 과세기간은 1월 1일부터 12월 31일까지이다.
② 사업자가 폐업하는 경우의 과세기간은 폐업일이 속하는 과세기간의 개시일부터 폐업일까지로 한다.
③ 일반과세자가 간이과세자로 변경되는 경우에 그 변경되는 해의 간이과세자 과세기간은 7월 1일부터 12월 31일까지이다.
④ 간이과세자가 일반과세자로 변경되는 경우에 그 변경되는 해의 간이과세자 과세기간은 1월 1일부터 12월 31일까지이다.

14. 다음 중 세금계산서의 필요적 기재사항에 해당하지 않는 것은?

① 공급연월일
② 공급하는 사업자의 등록번호와 성명 또는 명칭
③ 공급받는자의 등록번호
④ 공급가액과 부가가치세액

15. 다음 중 부가가치세법에 따른 재화 또는 용역의 공급시기에 대한 설명으로 적절하지 않은 것은?

① 위탁판매의 경우 수탁자가 공급한 때이다.
② 상품권의 경우 상품권이 판매되는 때이다.
③ 장기할부판매의 경우 대가의 각 부분을 받기로 한 때이다.
④ 내국물품을 외국으로 반출하는 경우 수출재화를 선적하는 때이다.

실 무

정민상사㈜(3109)는 전자제품의 제조 및 도·소매업을 영위하는 중소기업으로 당기 회계기간은 20x1.1.1.~20x1.12.31.이다. 전산세무회계 수험용 프로그램을 이용하여 다음 물음에 답하시오.

문제 1 다음은 [기초정보관리] 및 [전기분재무제표]에 대한 자료이다. 각각의 요구사항에 대하여 답하시오. (10점)

[1] 다음 자료를 이용하여 [거래처등록] 메뉴에 등록하시오. (3점)

• 거래처코드 : 01230	• 거래처명 : 태형상사	• 유형 : 동시
• 사업자등록번호 : 107 – 36 – 25785	• 대표자 : 김상수	• 업태 : 도소매
• 종목 : 사무기기	• 사업장주소 : 서울시 동작구 여의대방로10가길 1(신대방동) ※ 주소 입력 시 우편번호 입력은 생략해도 무방함.	

[2] 정민상사㈜의 전기말 거래처별 채권 및 채무의 올바른 잔액은 다음과 같다. 주어진 자료를 검토하여 잘못된 부분은 오류를 정정하고, 누락된 부분은 추가하여 입력하시오. (3점)

채권 및 채무	거래처	금 액
받을어음	㈜원수	15,000,000원
	㈜케스터	2,000,000원
단기차입금	㈜이태백	10,000,000원
	㈜빛날통신	13,000,000원
	Champ사	12,000,000원

[3] 전기분 손익계산서를 검토한 결과 다음과 같은 오류가 발견되었다. 전기분재무제표 중 관련 재무제표를 모두 적절하게 수정 또는 삭제 및 추가입력하시오. (4점)

계정과목	오류내용
보험료	제조원가 1,000,000원을 판매비와관리비로 회계처리

문제 2 **[일반전표입력] 메뉴를 이용하여 다음의 거래 자료를 입력하시오(일반전표입력의 모든 거래는 부가가치세를 고려하지 말 것). (18점)**

[1] 08월 20일 인근 주민센터에 판매용 제품(원가 2,000,000원, 시가 3,500,000원)을 기부하였다. (3점)

[2] 09월 02일 대주주인 전마나 씨로부터 차입한 단기차입금 20,000,000원 중 15,000,000원은 보통예금 계좌에서 이체하여 상환하고, 나머지 금액은 면제받기로 하였다. (3점)

[3] 10월 19일 ㈜용인의 외상매입금 2,500,000원에 대해 타인이 발행한 당좌수표 1,500,000원과 ㈜수원에 제품을 판매하고 받은 ㈜수원 발행 약속어음 1,000,000원을 배서하여 지급하다. (3점)

[4] 11월 06일　전월분 고용보험료를 다음과 같이 현금으로 납부하다(단, 하나의 전표로 처리하고, 회사부담금은 보험료로 처리할 것). (3점)

고용보험 납부내역

사원명	소속	직원부담금	회사부담금	합계
김정직	제조부	180,000원	221,000원	401,000원
이성실	마케팅부	90,000원	110,500원	200,500원
합계		270,000원	331,500원	601,500원

[5] 11월 11일　영업부 직원에 대한 확정기여형(DC) 퇴직연금 7,000,000원을 하나은행 보통예금 계좌에서 이체하여 납입하였다. 이 금액에는 연금운용에 대한 수수료 200,000원이 포함되어 있다. (3점)

[6] 12월 03일　일시보유목적으로 취득하였던 시장성 있는 ㈜세무의 주식 500주(1주당 장부금액 8,000원, 1주당 액면금액 5,000원, 1주당 처분금액 10,000원)를 처분하고 수수료 250,000원을 제외한 금액을 보통예금 계좌로 이체받았다. (3점)

문제 3 **[매입매출전표입력] 메뉴를 이용하여 다음의 거래 자료를 입력하시오. (18점)**

[1] 07월 28일　총무부 직원들의 야식으로 저팔계산업(일반과세자)에서 도시락을 주문하고, 하나카드로 결제하였다. (3점)

신용카드매출전표

가 맹 점 명 : 저팔계산업
사 업 자 번 호 : 127-10-12343
대 표 자 명 : 김돈육
주 소 : 서울 마포구 상암동 332
롯 데 카 드 : 신용승인
거 래 일 시 : 20x1-07-28 20:08:54
카 드 번 호 : 3256-6455-****-1324
유 효 기 간 : 12/24
가 맹 점 번 호 : 123412341
매 입 사 : 하나카드(전자서명전표)

상품명	금액
도시락세트	220,000

공 급 가 액 : 200,000
부 가 세 액 : 20,000
합 계 : 220,000

[2] 9월 03일 공장에서 사용하던 기계장치(취득가액 50,000,000원, 처분 시점까지의 감가상각누계액 38,000,000원)를 보람테크㈜에 처분하고 아래의 전자세금계산서를 발급하였다(당기의 감가상각비는 고려하지 말고 하나의 전표로 입력할 것). (3점)

전자세금계산서					승인번호	20230903 - 145654645 - 58811657			
공급자	등록번호	680 - 81 - 32549	종사업장 번호		공급받는자	등록번호	110 - 81 - 02129	종사업장 번호	
	상호 (법인명)	정민상사㈜	성명	최정민		상호 (법인명)	보람테크㈜	성명	김종대
	사업장 주소	경기도 수원시 권선구 평동로79번길 45				사업장 주소	경기도 안산시 단원구 광덕서로 100		
	업태	제조,도소매	종목	전자제품		업태	제조	종목	반도체
	이메일					이메일			
						이메일			

작성일자	공급가액	세액	수정사유	비고
20x1.09.03.	13,500,000	1,350,000	해당 없음	

월	일	품목	규격	수량	단가	공급가액	세액	비고
09	03	기계장치 매각				13,500,000	1,350,000	

합계금액	현금	수표	어음	외상미수금	위 금액을 (청구) 함
14,850,000	4,850,000			10,000,000	

[3] 09월 22일 마산상사로부터 원재료 5,500,000원(부가가치세 포함)을 구입하고 전자세금계산서를 발급받았다. 대금은 ㈜서울에 제품을 판매하고 받은 ㈜서울 발행 약속어음 2,000,000원을 배서하여 지급하고, 잔액은 외상으로 하다. (3점)

[4] 10월 31일 NICE Co.,Ltd의 해외수출을 위한 구매확인서에 따라 전자제품 100개(@700,000원)를 납품하고 영세율전자세금계산서를 발행하였다. 대금 중 50%는 보통예금 계좌로 입금받고 잔액은 1개월 후에 받기로 하다. (3점)

[5] 11월 04일　영업부 거래처의 직원에게 선물할 목적으로 선물세트를 외상으로 구입하고 아래와 같은 전자세금계산서를 발급받았다. (3점)

전자세금계산서						승인번호	20231104 - 15454645 - 58811889		
공급자	등록번호	113 - 18 - 77299	종사업장번호		공급받는자	등록번호	680 - 81 - 32549	종사업장번호	
	상호(법인명)	손오공상사	성명	황범식		상호(법인명)	정민상사㈜	성명	최정민
	사업장주소	서울특별시 서초구 명달로 102				사업장주소	경기도 수원시 권선구 평동로79번길 45		
	업태	도매	종목	잡화류		업태	제조,도소매	종목	전자제품
	이메일					이메일			
						이메일			

작성일자	공급가액	세액	수정사유	비고
20x1.11.04.	1,500,000	150,000	해당 없음	

월	일	품목	규격	수량	단가	공급가액	세액	비고
11	04	선물세트		1	1,500,000	1,500,000	150,000	

합계금액	현금	수표	어음	외상미수금	위 금액을 (**청구**) 함
1,650,000				1,650,000	

[6] 12월 05일　공장 신축 목적으로 취득한 토지의 토지정지 등을 위한 토목공사를 하고 ㈜만듬건설로부터 아래의 전자세금계산서를 발급받았다. 대금 지급은 기지급한 계약금 5,500,000원을 제외하고 외상으로 하였다. (3점)

전자세금계산서						승인번호	20231205 - 15454645 - 58811886		
공급자	등록번호	105 - 81 - 23608	종사업장번호		공급받는자	등록번호	680 - 81 - 32549	종사업장번호	
	상호(법인명)	㈜만듬건설	성명	다만듬		상호(법인명)	정민상사㈜	성명	최정민
	사업장주소	서울특별시 동작구 여의대방로 24가길 28				사업장주소	경기도 수원시 권선구 평동로79번길 45		
	업태	건설	종목	토목공사		업태	제조,도소매	종목	전자제품
	이메일					이메일			
						이메일			

작성일자	공급가액	세액	수정사유	비고
20x1.12.05.	50,000,000	5,000,000	해당 없음	

월	일	품목	규격	수량	단가	공급가액	세액	비고
12	05	공장토지 토지정지 등			50,000,000	50,000,000	5,000,000	

합계금액	현금	수표	어음	외상미수금	위 금액을 (**청구**) 함
55,000,000		5,500,000		49,500,000	

문제 4 [일반전표입력] 및 [매입매출전표입력] 메뉴에 입력된 내용 중 다음과 같은 오류가 발견되었다. 입력된 내용을 확인하여 정정하시오. (6점)

[1] 11월 10일 공장 에어컨 수리비로 가나상사에 보통예금 계좌에서 송금한 880,000원을 수선비로 회계처리 하였으나, 해당 수선비는 10월 10일 미지급금으로 회계처리한 것을 결제한 것이다. (3점)

[2] 12월 15일 당초 제품을 $10,000에 직수출하고 선적일 당시 환율 1,000원/$을 적용하여 제품매출 10,000,000원을 외상판매한 것으로 회계처리하였으나, 수출 관련 서류 검토 결과 직수출이 아니라 내국신용장에 의한 공급으로 ㈜강서기술에 전자영세율세금계산서를 발급한 외상매출인 것으로 확인되었다. (3점)

문제 5 결산정리사항은 다음과 같다. 관련 메뉴를 이용하여 결산을 완료하시오. (9점)

[1] 거래처 ㈜태명에 4월 1일 대여한 50,000,000원(상환회수일 2025년 3월 31일, 연 이자율 6%)에 대한 기간경과분 이자를 계상하다. 단, 이자는 월할 계산하고, 매년 3월 31일에 받기로 약정하였다. (3점)

[2] 제조공장의 창고 임차기간은 20x1.04.01.~20x2.03.31.으로 임차개시일에 임차료 3,600,000원을 전액 지급하고 즉시 당기 비용으로 처리하였다. 결산정리분개를 하시오. (3점)

[3] 당기 중 단기간 시세차익을 목적으로 시장성이 있는 유가증권을 75,000,000원에 취득하였다. 당기말 해당 유가증권의 시가는 73,000,000원이다. (3점)

문제 6 **다음 사항을 조회하여 알맞은 답안을 [이론문제 답안작성] 메뉴에 입력하시오. (9점)**

[1] 20x1년 상반기(1월~6월) 중 판매비및관리비의 급여 발생액이 가장 많은 월(月)과 가장 적은 월(月)의 차액은 얼마인가? (단, 양수로만 기재할 것) (3점)

[2] 일천상사에 대한 제품매출액은 3월 대비 4월에 얼마나 감소하였는가? (단, 음수로 입력하지 말 것) (3점)

[3] 20x1년 제1기 예정신고기간(1월~3월) 중 ㈜서산상사에 발행한 세금계산서의 총발행매수와 공급가액은 얼마인가? (3점)

제109회 전산회계1급 답안 및 해설

이 론

1	2	3	4	5	6	7	8	9	10	11	12	13	14	15
④	④	②	②	①	④	③	③	①	③	②	③	④	①	②

01. ① 원가관리회계의 목적이다.
② 세무회계의 정보이용자에 해당한다.
③ 세무회계의 목적이다.

02. **단기매매증권은 유동자산 중 당좌자산**으로 분류된다.

03. 재고자산의 매입원가는 매입금액에 매입운임, 하역료 및 보험료 등 취득과정에서 정상적으로 발생한 부대비용을 가산한 금액이다. **매입과 관련된 할인, 에누리 및 기타 유사한 항목은 매입원가에서 차감**한다.

04. 자본적지출을 수익적지출로 잘못 처리하게 되면, **자산은 과소계상, 비용은 과대계상되므로 자본은 과소계상**하게 된다.

05. 감자차손 = [취득가액(7,000) - 액면가액(5,000)] × 200주 - 감자차익(200,000) = 200,000원
기인식된 감자차익 200,000원을 상계하고 감자차손은 200,000원만 인식한다.

06. **수익과 비용은 각각 총액**으로 보고하는 것을 원칙으로 한다.

07. 선수금을 제품매출로 인식함에 따라 **유동부채가 과소계상**된다.
당좌자산의 금액은 차이가 없으나, **영업수익(제품매출)은 과대계상**하였으므로 당기순이익도 과대계상된다.

08. 기말자본금 = 주식수(10,000 + 2,000) × 액면가액(5,000) = 60,000,000원

09. · 판매비와관리비 : 영업용 사무실의 전기요금, 마케팅부의 교육연수비
· 영업외손익 : 유형자산의 처분으로 인한 손익

11.

원재료

기초재고	1,200,000	**직접재료비**	**1,250,000**
구입	900,000	기말재고	850,000
계	2,100,000	계	2,100,000

12. 제조간접원가 배부율 = 제조간접원가(500,000) ÷ [직접재료원가(800,000) + 직접노무원가(200,000)]
= 0.5원/직접원가

no1. 제조간접원가배부액 = [직접재료원가(400,000) + 직접노무원가(150,000)] × 배부율(0.5)
= 275,000원

13. 간이과세자가 일반과세자로 변경(7.1.부터 일반과세자)되는 경우 : 그 변경되는 해의 1월 1일부터 6월 30일까지가 1기 과세기간(간이과세자)이 된다.

14. 공급연월일은 임의적 기재사항이며, **작성연월일이 필요적 기재사항**이다.

15. 상품권이 현물과 교환되어 **재화가 실제로 인도되는 때를 공급시기**로 본다.

실 무

문제 1 기초정보관리

[1] [거래처등록]

[일반거래처] > • 코드 : 01230 • 거래처명 : 태형상사 • 유형 : 3.동시
• 사업자등록번호 : 107 - 36 - 25785 • 대표자성명 : 김상수 • 업태 : 도소매
• 종목 : 사무기기 · 사업장주소 : 서울시 동작구 여의대방로10가길 1(신대방동)

[2] [거래처별 초기이월]

- 받을어음 > ㈜원수 10,000,000원→15,000,000원으로 수정
- 단기차입금 > ㈜이태백 10,000,000원 추가입력
- 단기차입금 > ㈜빛날통신 3,000,000원→13,000,000원으로 수정

[3] [전기분 재무제표]

1. [전기분원가명세서]
   - 보험료(제) 1,000,000원 추가입력
   - 당기제품제조원가 93,000,000원→94,000,000원 금액 변경 확인
2. [전기분손익계산서]
   - 제품매출원가 > 당기제품제조원가 93,000,000원→94,000,000원으로 수정
   - 매출원가 금액 120,350,000원→121,350,000원 변경 확
   - 보험료(판) 3,000,000원→2,000,000원으로 수정
   - 당기순이익 356,150,000원 변동 없음.
3. 재무상태표, 잉여금처분계산서는 변동사항 없음.

문제 2 일반전표입력

[1] (차) 기부금 2,000,000 (대) 제품(타계정대체 2,000,000

☞제품을 기부하였을 경우 해당 비용은 원가의 금액으로 한다.

[2] (차) 단기차입금(전마나) 20,000,000 (대) 보통예금 15,000,000

채무면제이익 5,000,000

[3] (차) 외상매입금(㈜용인) 2,500,000 (대) 현금 1,500,000

받을어음(㈜수원) 1,000,000

[4] (차) 예수금 270,000 (대) 현금 601,500

보험료(제) 221,000

보험료(판) 110,500

[5] (차) 퇴직급여(판) 6,800,000 (대) 보통예금 7,000,000

수수료비용(판) 200,000

☞ 확정기여형 퇴직연금 납입액은 당기 비용(퇴직급여) 처리한다.

[6] (차) 보통예금 4,750,000 (대) 단기매매증권 4,000,000

단기매매증권처분이익 750,000

- 처분금액 = 처분가액(10,000 × 500주) – 처분수수료(250,000) = 4,750,000원
- 장부금액 = 장부금액(8,000) × 500주 = 4,000,000원
- 처분손익 = 처분금액(4,750,000) – 장부금액(4,000,000) = 750,000원(이익)

문제 3 매입매출전표입력

문항	일자	유형	공급가액	부가세	거래처	신용
[1]	7/28	57.카과	200,000	20,000	저팔계산업	하나카드
분개유형		(차) 부가세대급금 20,000		(대) 미지급금(하나카드) 220,000		
카드(혼합)		복리후생비(판) 200,000				

문항	일자	유형	공급가액	부가세	거래처	전자
[2]	9/03	11.과세	13,500,000	1,350,000	보람테크㈜	여
분개유형		(차) 감가상각누계액(209) 38,000,000		(대) 부가세예수금 1,350,000		
혼합		현금 4,850,000		기계장치 50,000,000		
		미수금 10,000,000		유형자산처분이익 1,500,000		

· 처분손익 = 처분가액(13,500,000) – 장부가액(50,000,000 – 38,000,000) = 1,500,000원(이익)

문항	일자	유형	공급가액	부가세	거래처	전자
[3]	9/22	51.과세	5,000,000	500,000	마산상사	여
분개유형		(차) 부가세대급금 500,000		(대) 받을어음(㈜서울) 2,000,000		
혼합		원재료 5,000,000		외상매입금 3,500,000		

문항	일자	유형	공급가액	부가세	거래처	전자
[4]	10/31	12.영세	70,000,000	-	NICE Co.,Ltd	여
		영세율구분:③내국신용장 · 구매확인서에 의하여 공급하는 재화				
분개유형		(차) 외상매출금 35,000,000		(대) 제품매출 70,000,000		
혼합		보통예금 35,000,000				

문항	일자	유형	공급가액	부가세	거래처	전자
[5]	11/04	54.불공	1,500,000	150,000	손오공상사	여
		불공제사유:④기업업무추진비 및 이와 유사한 비용 관련				
분개유형		(차) 기업업무추진비(판) 1,650,000		(대) 미지급금 1,650,000		
혼합						

문항	일자	유형	공급가액	부가세	거래처	전자
[6]	12/05	54.불공	50,000,000	5,000,000	㈜만듬건설	여
		불공제사유:⑥ 토지의 자본적 지출 관련				
분개유형		(차) 토지 55,000,000		(대) 선급금 5,500,000		
혼합				미지급금 49,500,000		

문제 4 오류수정

[1] 11월 10일 일반전표수정

〈수정전〉

(차) 수선비(제) 880,000 (대) 보통예금 880,000

〈수정후〉

(차) 미지급금(가나상사) 880,000 (대) 보통예금 880,000

[2] 12월 15일 매입매출전표 수정

	유형	공급가액	부가세	거래처	전자
〈수정전〉	16.수출	10,000,000	-	㈜강서기술	부
	영세율구분:①직수출(대행수출 포함)				
분개유형	(차) 외상매출금 10,000,000		(대) 제품매출 10,000,000		
혼합					

	유형	공급가액	부가세	거래처	전자
〈수정후〉	12.영세	10,000,000	-	㈜강서기술	여
	영세율구분:③내국신용장 · 구매확인서에 의하여 공급하는 재화포함)				
분개유형	(차) 외상매출금 10,000,000 (대) 제품매출 10,000,000				
혼합					

문제 5 결산

[1] 〈수동결산〉

(차) 미수수익 2,250,000 (대) 이자수익 2,250,000

☞미수수익 = 대여금(50,000,000) × 연이자율(6%) ÷ 12개월 × 9개월(4.1~12.31) = 2,250,000원

[2] 〈수동결산〉

(차) 선급비용 900,000 (대) 임차료(제) 900,000

☞선급비용 = 임차료(3,600,000) ÷ 12개월 × 3개월(1.1~3.31) = 900,000원

[3] 〈수동결산〉

(차) 단기매매증권평가손실 2,000,000 (대) 단기매매증권 2,000,000

☞평가손익 = 공정가액(73,000,000) - 장부가액(75,000,000) = △2,000,000원(손실)

문제 6 장부조회

[1] 3,000,000원 : 3월(8,400,000) - 1월(5,400,000)

- [총계정원장]〉기간 : 1월 1일~6월 30일>계정과목 : 801.급여 조회

[2] 8,140,000원 : 3월(13,000,000) - 4월(4,860,000)

[거래처원장]

- 기간 : 3월 1일~3월 31일>계정과목 : 404.제품매출>거래처 : 일천상사 조회>대변합계
- 기간 : 4월 1일~4월 30일>계정과목 : 404.제품매출>거래처 : 일천상사 조회>대변합계

[3] 6매, 10,320,000원

- [세금계산서합계표]>매출>기간 : 1월~3월 조회

제108회 전산회계1급

합격율	시험년월
29%	2023.06

이 론

01. 자기주식을 취득가액보다 낮은 금액으로 처분한 경우, 다음 중 재무제표상 자기주식의 취득가액과 처분가액의 차액이 표기되는 항목으로 옳은 것은?

① 영업외비용　　② 자본잉여금
③ 기타포괄손익누계액　　④ 자본조정

02. ㈜전주는 ㈜천안에 제품을 판매하기로 약정하고, 계약금으로 제3자인 ㈜철원이 발행한 당좌수표 100,000원을 받았다. 다음 중 회계처리로 옳은 것은?

①	(차) 현금	100,000원	(대) 선수금	100,000원
②	(차) 당좌예금	100,000원	(대) 선수금	100,000원
③	(차) 현금	100,000원	(대) 제품매출	100,000원
④	(차) 당좌예금	100,000원	(대) 제품매출	100,000원

03. 다음 중 기말재고자산을 실제보다 과대계상한 경우 재무제표에 미치는 영향으로 잘못된 것은?

① 자산이 실제보다 과대계상된다.
② 자본총계가 실제보다 과소계상된다.
③ 매출총이익이 실제보다 과대계상된다.
④ 매출원가가 실제보다 과소계상된다.

04. 다음 중 일반기업회계기준상 무형자산의 상각에 관한 내용으로 옳지 않은 것은?

① 무형자산의 상각방법은 정액법, 체감잔액법 등 합리적인 방법을 적용할 수 있으며, 합리적인 방법을 정할 수 없는 경우에는 정액법을 적용한다.
② 내부적으로 창출한 영업권은 원가의 신뢰성 문제로 인하여 자산으로 인정되지 않는다.
③ 무형자산의 상각기간은 독점적·배타적인 권리를 부여하고 있는 관계 법령이나 계약에 정해진 경우에도 20년을 초과할 수 없다.
④ 무형자산의 잔존가치는 없는 것을 원칙으로 하나, 예외도 존재한다.

05. 다음 자료를 이용하여 단기투자자산의 합계액을 계산한 것으로 옳은 것은?

• 현금 5,000,000원	• 1년 만기 정기예금 3,000,000원	• 단기매매증권 4.000,000원
• 당좌예금 3,000,000원	• 우편환증서 50,000원	• 외상매출금 7,000,000원

① 7,000,000원 ② 8,000,000원 ③ 10,000,000원 ④ 11,050,000원

06. 다음 중 비유동부채에 해당하는 것은 모두 몇 개인가?

가. 사채	나. 퇴직급여충당부채
다. 유동성장기부채	라. 선수금

① 1개 ② 2개 ③ 3개 ④ 4개

07. 일반기업회계기준에 근거하여 다음의 재고자산을 평가하는 경우 재고자산평가손익은 얼마인가?

상품명	기말재고수량	취득원가	추정판매가격 (순실현가능가치)
비누	100개	75,000원	65,000원
세제	200개	50,000원	70,000원

① 재고자산평가이익 3,000,000원 ② 재고자산평가이익 4,000,000원
③ 재고자산평가손실 3,000,000원 ④ 재고자산평가손실 1,000,000원

08. 다음 중 수익의 인식에 대한 설명으로 가장 옳은 것은?

① 시용판매의 경우 수익의 인식은 구매자의 구매의사 표시일이다.
② 예약판매계약의 경우 수익의 인식은 자산의 건설이 완료되어 소비자에게 인도한 시점이다.
③ 할부판매의 경우 수익의 인식은 항상 소비자로부터 대금을 회수하는 시점이다.
④ 위탁판매의 경우 수익의 인식은 위탁자가 수탁자에게 제품을 인도한 시점이다.

09. 당기의 원재료 매입액은 20억원이고, 기말 원재료 재고액이 기초 원재료 재고액보다 3억원이 감소한 경우, 당기의 원재료원가는 얼마인가?

① 17억원 ② 20억원 ③ 23억원 ④ 25억원

10. 다음 중 제조원가명세서의 구성요소로 옳은 것을 모두 고른 것은?

가. 기초재공품재고액	나. 기말원재료재고액
다. 기말제품재고액	라. 당기제품제조원가
마. 당기총제조비용	

① 가, 나 ② 가, 나, 라 ③ 가, 나, 다, 라 ④ 가, 나, 라, 마

11. 당사는 직접노무시간을 기준으로 제조간접원가를 배부하고 있다. 당기의 제조간접원가 실제 발생액은 500,000원이고, 예정배부율은 200원/직접노무시간이다. 당기의 실제 직접노무시간이 3,000시간일 경우, 다음 중 제조간접원가 배부차이로 옳은 것은?

① 100,000원 과대배부 ② 100,000원 과소배부
③ 200,000원 과대배부 ④ 200,000원 과소배부

12. 다음 중 종합원가계산에 대한 설명으로 옳지 않은 것은?

① 각 공정별로 원가가 집계되므로 원가에 대한 책임소재가 명확하다.
② 일반적으로 원가를 재료원가와 가공원가로 구분하여 원가계산을 한다.
③ 기말재공품이 존재하지 않는 경우 평균법과 선입선출법의 당기완성품원가는 일치한다.
④ 모든 제품 단위가 완성되는 시점을 별도로 파악하기가 어려우므로 인위적인 기간을 정하여 원가를 산정한다.

13. 다음 중 세금계산서 발급 의무가 면제되는 경우로 틀린 것은?

① 간주임대료 ② 사업상 증여
③ 구매확인서에 의하여 공급하는 재화 ④ 폐업시 잔존 재화

14. 다음 중 부가가치세법상 업종별 사업장의 범위로 맞지 않는 것은?

① 제조업은 최종제품을 완성하는 장소
② 사업장을 설치하지 않은 경우 사업자의 주소 또는 거소
③ 운수업은 개인인 경우 사업에 관한 업무를 총괄하는 장소
④ 부동산매매업은 법인의 경우 부동산의 등기부상 소재지

15. 다음 중 부가가치세에 대한 설명으로 옳지 않은 것은?

① 법률상 면세 대상으로 열거된 것을 제외한 모든 재화나 용역의 소비행위에 대하여 과세한다.
② 납세의무자는 개인사업자나 영리법인으로 한정되어 있다.
③ 매출세액에서 매입세액을 차감하여 납부(환급)세액을 계산한다.
④ 납세의무자는 재화 또는 용역을 공급하는 사업자이지만, 담세자는 최종소비자가 된다.

실 무

고성상사㈜(3108)는 가방 등의 제조 · 도소매업 및 부동산임대업을 영위하는 중소기업으로 당기 회계기간은 20x1.1.1.~20x1.12.31.이다. 전산세무회계 수험용 프로그램을 이용하여 다음 물음에 답하시오.

문제 1 다음은 기초정보관리와 전기분 재무제표에 대한 자료이다. 각각의 요구사항에 대하여 답하시오.(10점)

[1] [거래처등록] 메뉴를 이용하여 다음의 신규 거래처를 추가로 등록하시오. (3점)

- 거래처코드 : 3000
- 거래처명 : ㈜나우전자
- 대표자 : 김나우
- 사업자등록번호 : 108-81-13579
- 업태 : 제조
- 종목 : 전자제품
- 유형 : 동시
- 사업장주소 : 서울특별시 서초구 명달로 104(서초동)

※ 주소 입력 시 우편번호 입력은 생략해도 무방함.

[2] 다음 자료를 이용하여 [계정과목및적요등록]을 하시오. (3점)

- 계정과목 : 퇴직연금운용자산
- 대체적요 1. 제조 관련 임직원 확정급여형 퇴직연금부담금 납입

[3] 전기분 재무상태표 작성 시 기업은행의 단기차입금 20,000,000원을 신한은행의 장기차입금으로 잘못 분류하였다. [전기분재무상태표] 및 [거래처별초기이월]을 수정, 삭제 또는 추가입력하시오. (4점)

문제 2 **다음 거래 자료를 일반전표입력 메뉴에 추가 입력하시오.(일반전표입력의 모든 거래는 부가가치세를 고려하지 말 것)(18점)**

[1] 08월 01일 미국은행으로부터 20x0년 10월 31일에 차입한 외화장기차입금 중 $30,000를 상환하기 위하여 보통예금 계좌에서 39,000,000원을 이체하여 지급하였다. 일자별 적용환율은 아래와 같다. (3점)

20x0.10.31. (차입일)	20x0.12.31. (직전연도 종료일)	20x1.08.01. (상환일)
1,210/$	1,250/$	1,300/$

[2] 08월 12일 금융기관으로부터 매출거래처인 ㈜모모가방이 발행한 어음 50,000,000원이 부도처리되었다는 통보를 받았다. (3점)

[3] 08월 23일 임시주주총회에서 6월 29일 결의하고 미지급한 중간배당금 10,000,000원에 대하여 원천징수세액 1,540,000원을 제외한 금액을 보통예금 계좌에서 지급하였다. (3점)

[4] 08월 31일 제품의 제조공장에서 사용할 기계장치(공정가치 5,500,000원)를 대주주로부터 무상으로 받았다. (3점)

[5] 09월 11일 단기매매차익을 목적으로 주권상장법인인 ㈜대호전자의 주식 2,000주를 1주당 2,000원(1주당 액면금액 1,000원)에 취득하고, 증권거래수수료 10,000원을 포함한 대금을 모두 보통예금 계좌에서 지급하였다. (3점)

[6] 09월 13일 ㈜다원의 외상매출금 4,000,000원 중 1,000,000원은 현금으로 받고, 나머지 잔액은 ㈜다원이 발행한 약속어음으로 받았다. (3점)

문제 3 다음 거래 자료를 매입매출전표입력 메뉴에 입력하시오.(18점)

[1] 07월 13일 ㈜남양가방에 제품을 판매하고, 대금은 신용카드(비씨카드)로 결제받았다(단, 신용카드 판매액은 매출채권으로 처리할 것). (3점)

신용카드 매출전표

결제정보

카드종류	비씨카드	카드번호	1234－5050－4646－8525
거래종류	신용구매	거래일시	20x1－07－13
할부개월	0	승인번호	98465213

구매정보

주문번호	511－B	과세금액	5,000,000원
구매자명	㈜남양가방	비과세금액	0원
상품명	크로스백	부가세	500,000원
		합계금액	5,500,000원

이용상점정보

판매자상호	㈜남양가방
판매자 사업자등록번호	105－81－23608
판매자 주소	서울특별시 동작구 여의대방로 28

[2] 09월 05일 특별주문제작하여 매입한 기계장치가 완성되어 특수운송전문업체인 쾌속운송을 통해 기계장치를 인도받았다. 운송비 550,000원(부가가치세 포함)을 보통예금 계좌에서 이체하여 지급하고 쾌속운송으로부터 전자세금계산서를 수취하였다. (3점)

[3] 09월 06일 정도정밀로부터 제품임가공계약에 따른 제품을 납품받고 전자세금계산서를 수취하였다. 제품임가공비용은 10,000,000원(부가가치세 별도)이며, 전액 보통예금 계좌에서 이체하여 지급하였다(단, 제품임가공비용은 외주가공비 계정으로 처리할 것). (3점)

[4] 09월 25일 제조공장 인근 육군부대에 3D프린터기를 외상으로 구입하여 기증하였고, 아래와 같은 전자세금계산서를 발급받았다. (3점)

전자세금계산서					승인번호	20230925-15454645-58811889			
공급자	등록번호	220-81-55976	종사업장번호		공급받는자	등록번호	128-81-32658	종사업장번호	
	상호(법인명)	㈜목포전자	성명	정찬호		상호(법인명)	고성상사㈜	성명	현정민
	사업장주소	서울특별시 서초구 명달로 101				사업장주소	서울시 중구 창경궁로5다길 13-4		
	업태	도소매	종목	전자제품		업태	제조,도소매	종목	가방 등
	이메일					이메일			
						이메일			

작성일자	공급가액	세액	수정사유	비고
20x1-09-25	3,500,000원	350,000원	해당 없음	

월	일	품목	규격	수량	단가	공급가액	세액	비고
09	25	3D 프린터		1	3,500,000원	3,500,000원	350,000원	

합계금액	현금	수표	어음	외상미수금	위 금액을 (**청구**) 함
3,850,000원				3,850,000원	

[5] 10월 06일 본사 영업부에서 사용할 복합기를 구입하고, 대금은 하나카드로 결제하였다. (3점)

매출전표

단말기번호 A-1000		전표번호 56421454
회원번호(CARD NO)		
3152-3155-****-****		
카드종류	**유효기간**	**거래일자**
하나카드	12/25	20x1.10.06.
거래유형		**취소시 원 거래일자**
신용구매		
결제방법	**판 매 금 액**	1,500,000원
일시불	**부 가 가 치 세**	150,000원
매입처	**봉 사 료**	
매입사제출	**합 계 (T O T A L)**	1,650,000원
전표매입사	**승인번호(APPROVAL NO)**	
하나카드	35745842	
가맹점명	**가맹점번호**	
㈜ok사무	5864112	
대표자명	**사업자번호**	
김사무	204-81-76697	
주소		
경기도 화성시 동탄대로 537, 101호		
	서명(SIGNATURE)	
	고성상사(주)	

[6] 12월 01일 ㈜국민가죽으로부터 고급핸드백 가방 제품의 원재료인 양가죽을 매입하고, 아래의 전자세금계산서를 수취하였다. 부가가치세는 현금으로 지급하였으며, 나머지는 외상거래이다. (3점)

전자세금계산서				승인번호	20231201 - 15454645 - 58811886		
공급자 등록번호	204 - 81 - 35774	종사업장번호		공급받는자 등록번호	128 - 81 - 32658	종사업장번호	
상호(법인명)	㈜국민가죽	성명	김국민	상호(법인명)	고성상사㈜	성명	현정민
사업장주소	경기도 안산시 단원구 석수로 555			사업장주소	서울시 중구 창경궁로5다길 13 - 4		
업태	도소매	종목	가죽	업태	제조,도소매	종목	가방 등
이메일				이메일			
				이메일			

작성일자	공급가액	세액	수정사유	비고
20x1 - 12 - 01	2,500,000원	250,000원	해당 없음	

월	일	품목	규격	수량	단가	공급가액	세액	비고
12	01	양가죽			2,500,000원	2,500,000원	250,000원	

합계금액	현금	수표	어음	외상미수금	
2,750,000원	250,000원			2,500,000원	위 금액을 (청구) 함

문제 4 **[일반전표입력] 및 [매입매출전표입력] 메뉴에 입력된 내용 중 다음과 같은 오류가 발견되었다. 입력된 내용을 확인하여 수정 또는 삭제, 추가 입력하여 오류를 정정하시오. (6점)**

[1] 07월 22일 제일자동차로부터 영업부의 업무용승용차(공급가액 15,000,000원, 부가가치세 별도)를 구입하여 대금은 전액 보통예금 계좌에서 지급하고 전자세금계산서를 받았다. 해당 업무용승용차의 배기량은 1,990cc이나 회계담당자는 990cc로 판단하여 부가가치세를 공제받는 것으로 회계처리하였다. (3점)

[2] 09월 15일 매출거래처 ㈜댕댕오디오의 파산선고로 인하여 외상매출금 3,000,000원을 회수불능으로 판단하고 전액 대손상각비로 대손처리하였으나, 9월 15일 파산선고 당시 외상매출금에 관한 대손충당금 잔액 1,500,000원이 남아있던 것으로 확인되었다. (3점)

문제 5 결산정리사항은 다음과 같다. 해당 메뉴에 입력하시오.(9점)

[1] 20x1년 9월 16일에 지급된 2,550,000원은 그 원인을 알 수 없어 가지급금으로 처리하였던바, 결산일인 12월 31일에 2,500,000원은 하나무역의 외상매입금을 상환한 것으로 확인되었으며 나머지 금액은 그 원인을 알 수 없어 당기 비용(영업외비용)으로 처리하기로 하였다. (3점)

[2] 결산일 현재 필립전자에 대한 외화 단기대여금($30,000)의 잔액은 60,000,000원이다. 결산일 현재 기준환율은 $1당 2,200원이다(단, 외화 단기대여금도 단기대여금 계정과목을 사용할 것). (3점)

[3] 대손충당금은 결산일 현재 미수금(기타 채권은 제외)에 대하여만 1%를 설정한다. 보충법에 의하여 대손충당금 설정 회계처리를 하시오(단, 대손충당금 설정에 필요한 정보는 관련 데이터를 조회하여 사용할 것). (3점)

문제 6 다음 사항을 조회하여 답안을 이론문제 답안작성 메뉴에 입력하시오.(9점)

[1] 당해연도 제1기 부가가치세 예정신고기간(1월~3월) 중 카드과세매출의 공급대가 합계액은 얼마인가? (3점)

[2] 20x1년 6월의 영업외비용 총지출액은 얼마인가? (3점)

[3] 20x1년 제1기 부가가치세 확정신고기간의 공제받지못할매입세액은 얼마인가? (3점)

제108회 전산회계1급 답안 및 해설

이 론

1	2	3	4	5	6	7	8	9	10	11	12	13	14	15
④	①	②	③	①	②	④	①	③	④	①	③	③	④	②

01. **자기주식처분손실은 자본조정 항목**이다.

02. **계약금은 선수금**으로 회계처리하고, **타인이 발행한 당좌수표를 수취한 경우에는 현금**으로 회계처리한다.

03. 기말재고자산을 실제보다 과대계상한 경우, **매출원가가 실제보다 과소계상**되고, **매출총이익 및 당기순이익은 과대계상**되어 **자본총계도 과대계상**된다.

04. 무형자산의 상각기간은 **독점적·배타적인 권리를 부여하고 있는 관계 법령이나 계약에 정해진 경우를 제외하고는 20년을 초과**할 수 없다.

05. 단기투자자산 = 1년 만기 정기예금(3,000,000) + 단기매매증권(4,000,000) = 7,000,000원

- 현금및현금성자산 : 현금, 당좌예금, 우편환증서
- 매출채권 : 외상매출금

06. • 비유동부채 : 사채, 퇴직급여충당부채

- 유동부채 : 유동성장기부채, 선수금

07. 재고자산은 저가법으로 평가한다. 따라서 세제의 평가이익은 인식하지 않는다.

재고자산평가손실(비누) = [취득원가(75,000) - 순실현가능가치(65,000)] × 100개 = 1,000,000원

08. ② 예약판매계약 : 공사결과를 신뢰성 있게 추정할 수 있을 때에 **진행기준을 적용하여 공사수익을 인식**한다.

③ 할부판매 : 이자부분을 제외한 **판매가격에 해당하는 수익을 판매시점에 인식**한다.

④ 위탁판매 : **수탁자가 해당 재화를 제3자에게 판매한 시점에 수익을 인식**한다.

09. 기말원재료 재고액(0)이 기초원재료(3억) 보다 3억원이 감소하였다.

원재료

기초재고	3억	직접재료비	23억
구입	20억	기말재고	0
계	23억	계	23억

10. **원재료와 재공품 T계정이 제조원가명세서**를 구성한다.
따라서 기초재공품재고액, 기말원재료재고액, 당기제품제조원가, 당기총제조비용은 제조원가명세서에서 확인할 수 있다.

11. 예정배부액 = 실제조업도(3,000시간) × 예정배부율(200) = 600,000원

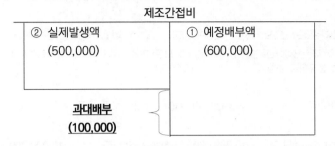

제조간접비	
② 실제발생액 (500,000)	① 예정배부액 (600,000)
과대배부 (100,000)	

12. **기초재공품이 존재하지 않는 경우에 평균법과 선입선출법의 당기완성품원가와 기말재공품원가가 일치**한다.

13. 구매확인서에 의하여 공급하는 재화는 영세율 적용 대상 거래로서 세금계산서 발급의무가 있다.

14. **부동산매매업은 법인의 경우 법인의 등기부상 소재지**

15. 사업자 또는 재화를 수입하는 자 중 어느 하나에 해당하는 자로서 개인, 법인(국가·지방자치단체와 지방자치단체조합을 포함한다), 법인격이 없는 사단·재단 또는 그 밖의 단체는 이 법에 따라 부가가치세를 납부할 의무가 있다.

실 무

문제 1 기초정보관리

[1] [거래처등록]

- 코드 : 3000 • 거래처명 : ㈜나우전자 • 유형 : 3.동시
- 사업자등록번호 : 108-81-13579 • 대표자성명 : 김나우
- 업종 : 업태 - 제조, 종목 - 전자제품 • 주소 : 서울특별시 서초구 명달로 104(서초동)

[2] [계정과목 및 적요 등록]

186. 퇴직연금운용자산> · 적요NO : 1 · 대체적요 : 제조 관련 임직원 확정급여형 퇴직연금부담금 납입

[3] [전기분재무상태표] 및 [거래처별초기이월]

1. [전기분재무상태표]
   - 260.단기차입금 20,000,000원 추가입력
   - 장기차입금 20,000,000원 → 0원으로 수정 또는 삭제
2. [거래처별초기이월]
   - 260.단기차입금 : 기업은행 20,000,000원 추가입력
   - 장기차입금 : 신한은행 20,000,000원 → 0원으로 수정 또는 삭제

문제 2 일반전표입력

[1] (차) 외화장기차입금(미국은행) 37,500,000 (대) 보통예금 39,000,000
외환차손 1,500,000

☞ 외환차손익 = 상환가액(39,000,000) – 장부가액($30,000×1,250) = 1,500,000(차손)

[2] (차) 부도어음과수표(㈜모모가방) 50,000,000 (대) 받을어음(㈜모모가방) 50,000,000

☞ 부도가 났다고 대손처리하면 안된다. 부도났다고 모든 매출채권이 회수가 불가능하지 않으므로 우선적으로 비유동자산으로 분류하고 추후 대손시 대손처리하면 된다.

[3] (차) 미지급배당금 10,000,000 (대) 보통예금 8,460,000
예수금 1,540,000

☞ 결의시점 : (차) 중간배당금 10,000,000 (대) 미지급배당금 10,000,000

[4] (차) 기계장치 5,500,000 (대) 자산수증이익 5,500,000

[5] (차) 단기매매증권 4,000,000 (대) 보통예금 4,010,000
수수료비용(984) 10.000

☞단기매매증권의 취득과 직접 관련된 거래원가는 영업외비용으로 처리한다.

[6] (차) 현금 1,000,000 (대) 외상매출금(㈜다원) 4,000,000
받을어음(㈜다원) 3,000,000

문제 3 매입매출전표입력

문항	일자	유형	공급가액	부가세	거래처	신용
[1]	7/13	17.카과	5,000,000	500,000	㈜남양가방	비씨카드
분개유형	(차) 외상매출금		5,500,000 (대) 부가세예수금			500,000
카드(혼합)	(비씨카드)			제품매출		5,000,000
문항	일자	유형	공급가액	부가세	거래처	전자
[2]	9/05	51.과세	500,000	50,000	쾌속운송	여
분개유형	(차) 부가세대급금		50,000 (대) 보통예금			550,000
혼합	기계장치		500,000			
문항	일자	유형	공급가액	부가세	거래처	전자
[3]	9/06	51.과세	10,000,000	1,000,000	정도정밀	여
분개유형	(차) 부가세대급금		1,000,000 (대) 보통예금			11,000,000
혼합	외주가공비(제)		10,000,000			

문항	일자	유형	공급가액	부가세	거래처	전자
[4]	9/25	54.불공(②)	3,500,000	350,000	㈜목포전자	여
분개유형		(차) 기부금 3,850,000	(대) 미지급금 3,850,000			
혼합						

· 국가 및 지방자치단체에 무상으로 공급하는 재화의 경우, 사업과 무관(기부금)하게 취득한 재화이면 매입세액을 공제하지 아니한다.

문항	일자	유형	공급가액	부가세	거래처	신용
[5]	10/06	57.카과	1,500,000	150,000	㈜ok사무	하나카드
분개유형		(차) 부가세대급금 150,000	(대) 미지급금(하나카드) 1,650,000			
카드(혼합)		비품 1,500,000				

문항	일자	유형	공급가액	부가세	거래처	전자
[6]	12/01	51.과세	2,500,000	250,000	㈜국민가죽	여
분개유형		(차) 부가세대급금 250,000	(대) 현금 250,000			
혼합		원재료 2,500,000	외상매입금 2,500,000			

문제 4 오류수정

[1] 7월 22일 매입매출전표 수정

〈수정전〉	유형	공급가액	부가세	거래처	전자
	51.과세	15,000,000	1,500,000	제일자동차	여
분개유형	(차) 부가세대급금 1,500,000	(대) 보통예금 16,500,000			
혼합	차량운반구 15,000,000				
〈수정후〉	유형	공급가액	부가세	거래처	전자
	54.불공(③)	15,000,000	1,500,000	제일자동차	여
분개유형	(차) 차량운반구 16,500,000	(대) 보통예금 16,500,000			
혼합					

[2] 9월 15일 일반전표 수정

〈수정전〉

(차) 대손상각비 3,000,000 (대) 외상매출금((주)댕댕오디오) 3,000,000

〈수정후〉

(차) 대손충당금(109) 1,500,000 (대) 외상매출금((주)댕댕오디오) 3,000,000

대손상각비(판) 1,500,000

문제 5 결산

[1] 〈수동결산〉

(차) 외상매입금(하나무역) 2,500,000 (대) 가지급금 2,550,000
잡손실 50,000

[2] 〈수동결산〉

(차) 단기대여금(필립전자) 6,000,000 (대) 외화환산이익 6,000,000

☞환산손익 = 공정가액($30,000×2,200) − 장부가액(60,000,000) = 6,000,000원(이익)

[3] 〈수동/자동결산〉

(차) 기타의대손상각비 300,000 (대) 대손충당금(121) 300,000

☞ 대손충당금(미수금) : 미수금 잔액(40,000,000)×1% − 대손충당금(121) 잔액(100,000) = 300,000원

[결산자료입력]>기간 : 1월~12월 >F8 대손상각>• 대손율(%) : 1.00 입력
• 미수금 외 채권 : 추가설정액 0원 입력>결산반영>F3 전표추가

문제 6 장부조회

[1] 1,330,000원

- [매입매출장]>기간 : 01월 01일~03월 31일>구분 : 2.매출>유형 : 17.카과 >분기계 합계 금액 확인

[2] 131,000원

- [일계표/월계표]>[월계표]>조회기간 : 6월~6월>8.영업외비용 차변 계 확인

[3] 3,060,000원

- [부가가치세신고서]>기간 : 4월 1일~6월 30일>16.세액(공제받지못할매입세액) 금액 확인

제107회 전산회계1급

합격율	시험년월
33%	2023.04

이 론

01. 다음 중 재무제표에 대한 설명으로 가장 올바른 것은?

① 자산은 현재 사건의 결과로 기업이 통제하고 있고 미래경제적효익이 기업에 유입될 것으로 기대되는 자원이다.

② 부채는 과거 사건에 의하여 발생하였으며, 경제적효익이 기업으로부터 유출됨으로써 이행될 것으로 기대되는 미래의무이다.

③ 수익은 자산의 유입 또는 부채의 감소에 따라 자본의 증가를 초래하는 특정 회계기간 동안에 발생한 경제적효익의 증가로서 지분참여자에 대한 출연과 관련된 것은 제외한다.

④ 비용은 자산의 유출 또는 부채의 증가에 따라 자본의 감소를 초래하는 특정 회계기간 동안에 발생한 경제적효익의 감소로서 지분참여자에 대한 분배를 제외하며, 정상영업활동의 일환이나 그 이외의 활동에서 발생할 수 있는 차손은 포함하지 않는다.

02. 다음 중 기말재고자산의 수량 결정 방법으로 옳은 것을 모두 고른 것은?

가. 총평균법	나. 계속기록법	다. 선입선출법	라. 후입선출법	마. 실지재고조사법

① 가, 다　　② 나, 마　　③ 가, 나, 다　　④ 다, 라, 마

03. 기업이 보유하고 있는 수표 중 현금및현금성자산으로 분류되지 아니하는 것은?

① 선일자수표　　② 당좌수표　　③ 타인발행수표　　④ 자기앞수표

04. 다음 중 유형자산에 대한 설명으로 옳은 것은?

① 기업이 보유하고 있는 토지는 기업의 보유목적에 상관없이 모두 유형자산으로 분류된다.

② 유형자산의 취득 시 발생한 부대비용은 취득원가로 처리한다.

③유형자산을 취득한 후에 발생하는 모든 지출은 발생 시 당기 비용으로 처리한다.

④ 모든 유형자산은 감가상각을 한다.

05. 다음은 ㈜한국의 단기매매증권 관련 자료이다. ㈜한국의 당기 손익계산서에 반영되는 영업외 손익의 금액은 얼마인가?

- A사 주식의 취득원가는 500,000원이고, 기말공정가액은 700,000원이다.
- B사 주식의 취득원가는 300,000원이고, 기말공정가액은 200,000원이다.
- 당기 중 A사로부터 현금배당금 50,000원을 받았다.
- 당기 초 250,000원에 취득한 C사 주식을 당기 중 300,000원에 처분하였다.

① 200,000원 ② 250,000원 ③ 300,000원 ④ 400,000원

06. 다음 중 사채의 발행과 관련한 내용으로 옳은 것은?

① 사채를 할인발행한 경우 매년 액면이자는 동일하다.
② 사채를 할증발행한 경우 매년 유효이자(시장이자)는 증가한다.
③ 사채발행 시 발행가액에서 사채발행비를 차감하지 않고 사채의 차감계정으로 처리한다.
④ 사채의 할인발행 또는 할증발행 시 발행차금의 상각액 또는 환입액은 매년 감소한다.

07. 다음 중 계정과목과 자본 항목의 분류가 올바르게 연결된 것은?

① 주식발행초과금 : 이익잉여금
② 자기주식처분손실 : 자본조정
③ 자기주식 : 자본잉여금
④ 매도가능증권평가손익 : 자본조정

08. 유형자산의 자본적지출을 수익적지출로 잘못 처리했을 경우, 당기의 당기순이익과 차기의 당기순이익에 미치는 영향으로 올바른 것은?

	당기 당기순이익	차기 당기순이익		당기 당기순이익	차기 당기순이익
①	과대	과소	②	과소	과소
③	과소	과대	④	과대	과대

09. 다음 중 매몰원가에 해당하지 않는 것은?

① 전기승용차 구입 결정을 함에 있어 사용하던 승용차 처분 시 기존 승용차의 취득원가
② 과거 의사결정으로 발생한 원가로 향후 의사결정을 통해 회수할 수 없는 취득원가
③ 사용하고 있던 기계장치의 폐기 여부를 결정할 때, 해당 기계장치의 취득원가
④ 공장의 원재료 운반용 화물차를 판매 제품의 배송용으로 전환하여 사용할지 여부를 결정할 때, 새로운 화물차의 취득가능금액

10. 다음 중 제조원가에 관한 설명으로 옳지 않은 것은?

① 간접원가는 제조과정에서 발생하는 원가이지만 특정 제품 또는 특정 부문에 직접 추적할 수 없는 원가를 의미한다.

② 조업도의 증감에 따라 총원가가 증감하는 원가를 변동원가라 하며, 직접재료원가와 직접노무원가가 여기에 속한다.

③ 고정원가는 관련범위 내에서 조업도가 증가할수록 단위당 고정원가가 감소한다.

④ 변동원가는 관련범위 내에서 조업도가 증가할수록 단위당 변동원가가 증가한다.

11. ㈜대한은 평균법에 의한 종합원가계산을 채택하고 있다. 재료원가는 공정 초기에 모두 투입되며, 가공원가는 공정 전반에 걸쳐 고르게 투입되는 경우 완성품환산량으로 맞는 것은?

- 기초재공품 : 100개(완성도 50%)
- 당기착수수량 : 2,000개
- 당기완성수량 : 1,800개
- 기말재공품 : 300개(완성도 70%)

	재료원가 완성품환산량	가공원가 완성품환산량		재료원가 완성품환산량	가공원가 완성품환산량
①	2,100개	2,010개	②	2,100개	2,100개
③	2,100개	1,960개	④	2,100개	1,950개

12. 다음은 제조기업의 원가 관련 자료이다. 매출원가 금액으로 옳은 것은?

- 당기총제조원가 1,500,000원
- 기초재공품재고액 500,000원
- 기초제품재고액 800,000원
- 기말재공품재고액 1,300,000원
- 기말제품재고액 300,000원
- 직접재료원가 700,000원

① 700,000원 ② 800,000원 ③ 1,200,000원 ④ 2,000,000원

13. 다음 중 부가가치세법상 면세에 해당하지 않는 것은?

① 도서대여 용역

② 여성용 생리 처리 위생용품

③ 주무관청에 신고된 학원의 교육 용역

④ 개인택시운송사업의 여객운송 용역

14. 다음 중 부가가치세 신고와 납부에 대한 설명으로 옳지 않은 것은?

① 간이과세를 포기하는 경우 포기신고일이 속하는 달의 마지막 날로부터 25일 이내에 신고, 납부하여야 한다.

② 확정신고를 하는 경우 예정신고 시 신고한 과세표준은 제외하고 신고하여야 한다.

③ 신규로 사업을 시작하는 경우 사업개시일이 속하는 과세기간의 종료일로부터 25일 이내에 신고, 납부하여야 한다.

④ 폐업하는 경우 폐업일로부터 25일 이내에 신고, 납부하여야 한다.

15. 다음 중 부가가치세법상 법인사업자의 사업자등록 정정 사유가 아닌 것은?

① 사업의 종류에 변경이 있는 때　　② 상호를 변경하는 때

③ 주주가 변동되었을 때　　④ 사업장을 이전할 때

실 무

세무사랑㈜(3107)은 부동산임대업 및 전자제품의 제조 · 도소매업을 영위하는 중소기업으로 당기 회계기간은 20x1.1.1.~20x1.12.31.이다. 전산세무회계 수험용 프로그램을 이용하여 다음 물음에 답하시오.

문제 1 다음은 [기초정보관리] 및 [전기분재무제표]에 대한 자료이다. 각각의 요구사항에 대하여 답하시오. (10점)

[1] 다음 자료를 이용하여 [계정과목 및 적요등록] 메뉴에서 견본비(판매비및일반관리비) 계정과목의 현금적요를 추가로 등록하시오. (3점)

• 코드 : 842	• 계정과목 : 견본비
• 현금적요 : NO.2 전자제품 샘플 제작비 지급	

[2] 세무사랑㈜의 기초 채권 및 채무의 올바른 잔액은 다음과 같다. 주어진 자료를 검토하여 잘못된 부분은 오류를 정정하고, 누락된 부분은 추가하여 입력하시오. (3점)

계정과목	거래처	금액
외상매출금	㈜홍금전기	30,000,000원
	㈜금강기업	10,000,000원
외상매입금	삼신산업	30,000,000원
	하나무역	26,000,000원
받을어음	㈜대호전자	25,000,000원

[3] 전기분 재무제표 중 아래의 계정과목에서 다음과 같은 오류를 발견하였다. 관련 재무제표를 적절하게 수정하시오. (4점)

계정과목	관련 부서	수정 전 잔액	수정 후 잔액
전력비	생산부	2,000,000원	4,200,000원
수도광열비	영업부	3,000,000원	1,100,000원

문제 2 다음의 거래 자료를 [일반전표입력] 메뉴를 이용하여 입력하시오(일반전표입력의 모든 거래는 부가가치세를 고려하지 말 것). (18점)

[1] 07월 03일 영업부 사무실로 사용하기 위하여 세무빌딩과 사무실 임대차계약을 체결하고, 보증금 6,000,000원 중 계약금 600,000원을 보통예금(우리은행) 계좌에서 이체하여 지급하였다. 잔금은 다음 달에 지급하기로 하였다. (3점)

[2] 08월 01일 하나카드의 7월분 매출대금 3,500,000원에서 가맹점수수료 2%를 차감한 금액이 당사의 보통예금 계좌로 입금되었다(단, 신용카드 매출대금은 외상매출금으로 처리하고 있다). (3점)

[3] 08월 16일 영업부 직원의 퇴직으로 인해 발생한 퇴직금은 8,800,000원이다. 당사는 모든 직원에 대해 전액 확정급여형(DB형) 퇴직연금에 가입하고 있으며, 현재 퇴직연금운용자산의 잔액은 52,000,000원이다. 단, 퇴직급여충당부채와 퇴직연금충당부채는 설정하지 않았다. (3점)

[4] 08월 23일 나라은행으로부터 차입한 대출금 20,000,000원(대출기간 : 2021.01.01.~20x2.12.31.)을 조기 상환하기로 하고, 이자 200,000원과 함께 보통예금 계좌에서 이체하여 지급하다. (3점)

[5] 11월 05일 ㈜다원의 제품매출 외상대금 4,000,000원 중 3,000,000원은 동점 발행 약속어음으로 받고, 1,000,000원은 금전소비대차계약(1년 대여)으로 전환하였다. (3점)

[6] 11월 20일 사업용 중고트럭 취득과 관련된 취득세 400,000원을 현금으로 납부하였다. (3점)

문제 3 다음 거래 자료를 [매입매출전표입력] 메뉴에 입력하시오. (18점)

[1] 08월 17일 구매확인서에 의해 수출용 제품의 원재료를 ㈜직지상사로부터 매입하고 영세율전자세금계산서를 발급받았다. 매입대금 중 10,000,000원은 외상으로 하고, 나머지 금액은 당사가 발행한 3개월 만기 약속어음으로 지급하였다. (3점)

영세율전자세금계산서					승인번호	20230817-15454645-58811574			
공급자	등록번호	136-81-29187	종사업장 번호		공급받는자	등록번호	123-81-95681	종사업장 번호	
	상호(법인명)	㈜직지상사	성명	나인세		상호(법인명)	세무사랑㈜	성명	이진우
	사업장 주소	서울특별시 동작구 여의대방로 35				사업장 주소	울산광역시 중구 종가로 405-3		
	업태	도소매	종목	전자제품		업태	제조 외	종목	전자제품 외
	이메일					이메일			
						이메일			

작성일자	공급가액	세액	수정사유	비고
20x1-08-17	15,000,000원	0원	해당 없음	

월	일	품목	규격	수량	단가	공급가액	세액	비고
08	17	원재료			15,000,000원	15,000,000원		

합계금액	현금	수표	어음	외상미수금	
15,000,000원			5,000,000원	10,000,000원	위 금액을 (청구) 함

[2] 08월 28일 제조부 직원들에게 지급할 작업복을 이진컴퍼니로부터 공급가액 1,000,000원(부가가치세 별도)에 외상으로 구입하고 종이세금계산서를 발급받았다. (3점)

[3] 09월 15일 우리카센타에서 공장용 화물트럭을 수리하고 수리대금 242,000원(부가가치세 포함)은 현금으로 결제하면서 지출증빙용 현금영수증을 받았다(단, 수리대금은 차량유지비로 처리할 것). (3점)

[4] 09월 27일 인사부가 사용할 직무역량 강화용 책을 ㈜대한도서에서 구입하면서 전자계산서를 수취하고 대금은 외상으로 하다. (3점)

전자계산서				승인번호	20230927-15454645-58811886		
공급자 등록번호	120-81-32052	종사업장번호		공급받는자 등록번호	123-81-95681	종사업장번호	
상호(법인명)	㈜대한도서	성명	박대한	상호(법인명)	세무사랑㈜	성명	이진우
사업장주소	인천시 남동구 서해2길			사업장주소	울산광역시 중구 종가로 405-3		
업태	도소매	종목	도서	업태	제조	종목	전자제품
이메일				이메일			
				이메일			

작성일자	공급가액	수정사유	비고
20x1-09-27	200,000원	해당 없음	

월	일	품목	규격	수량	단가	공급가액	비고
09	27	도서(직장생활 노하우 외)			200,000원	200,000원	

합계금액	현금	수표	어음	외상미수금	
200,000원				200,000원	위 금액을 (**청구**) 함

[5] 09월 30일 ㈜세무렌트로부터 영업부에서 거래처 방문용으로 사용하는 승용차(배기량 2,000cc, 5인승)의 당월분 임차료에 대한 전자세금계산서를 수취하였다. 당월분 임차료는 다음 달에 결제될 예정이다. (3점)

전자세금계산서				승인번호	20230930-15454645-58811886		
공급자 등록번호	105-81-23608	종사업장번호		공급받는자 등록번호	123-81-95681	종사업장번호	
상호(법인명)	㈜세무렌트	성명	왕임차	상호(법인명)	세무사랑㈜	성명	이진우
사업장주소	서울시 강남구 강남대로 8			사업장주소	울산광역시 중구 종가로 405-3		
업태	서비스	종목	임대	업태	제조	종목	전자제품
이메일				이메일			
				이메일			

작성일자	공급가액	세액	수정사유	비고
20x1-09-30	700,000원	70,000원	해당 없음	

월	일	품목	규격	수량	단가	공급가액	세액	비고
09	30	차량렌트대금(5인승)	2,000cc	1	700,000원	700,000원	70,000원	

합계금액	현금	수표	어음	외상미수금	
770,000원				770,000원	위 금액을 (**청구**) 함

[6] 10월 15일 우리자동차㈜에 공급한 제품 중 일부가 불량으로 판정되어 반품 처리되었으며, 수정전자세금계산서를 발행하였다. 대금은 해당 매출 관련 외상매출금과 상계하여 처리하기로 하였다(단, 음수(-)로 회계처리할 것). (3점)

전자세금계산서				승인번호	20231015-58754645-58811367		
공급자				공급받는자			
등록번호	123-81-95681	종사업장번호		등록번호	130-86-55834	종사업장번호	
상호(법인명)	세무사랑㈜	성명	이진우	상호(법인명)	우리자동차㈜	성명	신방자
사업장주소	울산광역시 중구 종가로 405-3			사업장주소	서울특별시 강남구 논현로 340		
업태	제조	종목	전자제품	업태	제조	종목	자동차(완성차)
이메일				이메일			
				이메일			

작성일자	공급가액	세액	수정사유	비고
20x1-10-15	-10,000,000원	-1,000,000원	일부 반품	품질 불량으로 인한 반품

월	일	품목	규격	수량	단가	공급가액	세액	비고
10	15	제품				-10,000,000원	-1,000,000원	

합계금액	현금	수표	어음	외상미수금	
-11,000,000원				-11,000,000원	위 금액을 (청구) 함

문제 4 **[일반전표입력] 및 [매입매출전표입력] 메뉴에 입력된 내용 중 다음과 같은 오류가 발견되었다. 입력된 내용을 확인하여 정정하시오. (6점)**

[1] 07월 06일 ㈜상문의 외상매입금 3,000,000원을 보통예금 계좌에서 이체한 것이 아니라 제품을 판매하고 받은 상명상사 발행 약속어음 3,000,000원을 배서하여 지급한 것으로 밝혀졌다. (3점)

[2] 12월 13일 영업부 사무실의 전기요금 121,000원(공급대가)을 현금 지급한 것으로 일반전표에 회계처리 하였으나, 이는 제조공장에서 발생한 전기요금으로 한국전력공사로부터 전자세금계산서를 수취한 것으로 확인되었다. (3점)

문제 5 결산정리사항은 다음과 같다. 해당 메뉴에 입력하시오. (9점)

[1] 결산일을 기준으로 대한은행의 장기차입금 50,000,000원에 대한 상환기일이 1년 이내에 도래할 것으로 확인되었다. (3점)

[2] 무형자산인 특허권(내용연수 5년, 정액법)의 전기 말 상각후잔액은 24,000,000원이다. 특허권은 20x0년 1월 10일에 취득하였으며, 매년 법정 상각범위액까지 무형자산상각비로 인식하고 있다. 특허권에 대한 당기분 무형자산상각비(판)를 계상하시오. (3점)

[3] 당기 법인세비용은 13,500,000원으로 산출되었다(단, 법인세 중간예납세액은 선납세금을 조회하여 처리할 것). (3점)

문제 6 다음 사항을 조회하여 답안을 이론문제 답안작성 메뉴에 입력하시오. (9점)

[1] 6월 30일 현재 현금및현금성자산의 전기말 현금및현금성자산 대비 증감액은 얼마인가? 단, 감소한 경우에도 음의 부호(-)를 제외하고 양수로만 입력하시오. (3점)

[2] 20x1년 제1기 부가가치세 확정신고기간(20x1.04.01.~20x1.06.30.)의 매출액 중 세금계산서발급분 공급가액의 합계액은 얼마인가? (3점)

[3] 6월(6월 1일~6월 30일) 중 지예상사에 대한 외상매입금 결제액은 얼마인가? (3점)

제107회 전산회계1급 답안 및 해설

이 론

1	2	3	4	5	6	7	8	9	10	11	12	13	14	15
③	②	①	②	①	①	②	③	④	④	①	③	④	④	③

01. ① 자산 : 자산은 **과거의 거래나 사건의 결과**로서 현재 기업실체에 의해 지배되고 미래에 경제적 효익을 창출할 것으로 기대되는 자원이다.
② 부채 : 부채는 과거의 거래나 사건의 결과로 현재 기업실체가 부담하고 있고 미래에 자원의 유출 또는 사용이 예상되는 의무이며, 기업실체가 **현재 시점에서 부담하는 경제적 의무**이다.
④ 비용은 차손을 포함한다.

02. 계속기록법과 실지재고조사법을 통해 기말재고자산의 수량을 결정한다.

03. **선일자수표는 받을어음 등으로 처리**한다.

04. ① 기업이 보유하고 있는 토지는 **보유목적에 따라 재고자산, 투자자산, 유형자산**으로 분류될 수 있다.
③ 유형자산을 취득한 후에 발생하는 비용은 성격에 따라 당기 비용 또는 자산의 취득가에 포함한다.
④ **토지와 건설중인자산은 감가상각을 하지 않는다.**

05. 단기매매증권(A)평가 = 기말공정가액(700,000) - 취득원가(500,000) = 200,000원(이익)
단기매매증권(B)평가 = 기말공정가액(200,000) - 취득원가(300,000) = △100,000원(손실)
단기매매증권(C)처분 = 처분가액(300,000) - 취득원가(250,000) = 50,000원(이익)
배당금(A) 수익 = 50,000원(이익)
영업외손익 = 단기매매증권평가이익(200,000) - 단기매매증권평가손실(100,000)
+ 배당금수익(50,000) + 단기매매증권처분이익(50,000) = 200,000원(수익)

06. 사채의 **액면발행, 할인발행, 할증발행 여부와 관계없이 액면이자는 매년 동일**하다.
② **할증발행 시 사채상환할증금 제거로 유효이자는 매년 감소**한다.
③ **사채발행비는 사채발행가액에서 차감**한다.
④ **할인발행 또는 할증발행 시 발행차금의 상각액 및 환입액은 매년 증가**한다.

07. ① 주식발행초과금 : 자본잉여금
③ 자기주식 : 자본조정
④ 매도가능증권평가손익 : 기타포괄손익누계액

08. 자본적지출을 수익적지출로 잘못 처리했을 경우 당기 **비용은 과대계상되어** 당기의 당기순이익은 과소계상되고, 차기의 감가상각비는 과소계상되어 **차기의 당기순이익은 과대계상**된다.

09. 자산을 다른 용도로 사용하는 것은 기회원가에 해당한다. 대체 자산 취득 시 **기존 자산의 취득원가는 의사결정에 영향을 주지 않는 경우 매몰원가에 해당**한다.

10. 변동원가는 관련범위 내에서 조업도가 증가하면 변동원가 총액이 증가하고, **단위당 변동원가는 일정**하다.

11.

<1단계> 물량흐름파악(평균법)			<2단계> 완성품환산량 계산	
평균법			재료비	가공비
	완성품	1,800(100%)	1,800	1,800
	기말재공품	300(70%)	300	210
	계	2,100	**2,100**	**2,010**

12. 재공품과 제품 T계정을 합쳐서 풀면 쉽게 풀 수 있다.

재공품+제품

기초	500,000+800,000	**매출원가**	**1,200,000**
당기총제조원가	1,500,000	기말	1,300,000+300,000
계	2,800,000	계	2,800,000

13. 여객운송 용역 중 **택시 여객운송용역은 과세**된다.

14. 폐업하는 경우 **폐업일이 속한 달의 다음 달 25일 이내**에 납세지 관할 세무서장에게 신고하여야 한다.

☞간이과세자가 간이과세를 포기하는 경우 포기일이 속하는 달의 말일까지 간이과세를 포기하고 다음달 25일까지 간이과세기간에 대한 부가가치세를 신고 · 납부하여야 한다.

15. **법인사업자의 주주가 변동된 것은 사업자등록 정정 사유**가 아니다.

실 무

문제 1 기초정보관리

[1] [계정과목 및 적요등록]

842. 견본비>현금적요>적요NO : 2, 전자제품 샘플 제작비 지급

[2] [거래처별초기이월]

- 외상매출금 : ㈜홍금전기 3,000,000원 → 30,000,000원으로 수정
- 외상매입금 : 하나무역 12,000,000원 → 26,000,000원으로 수정
- 받을어음 : ㈜대호전자 25,000,000원 추가 입력

[3] [전기분 재무제표]

원가명세서 ⇒ 손익계산서 ⇒ 잉여금처분계산서 ⇒ 재무상태표

1. [전기분원가명세서]
   - 전력비 수정 : 2,000,000원 → 4,200,000원
   - 당기제품제조원가 변경 확인 : 94,300,000원 → 96,500,000원
2. [전기분손익계산서]
   - 당기제품제조원가 수정 : 94,300,000원 → 96,500,000원
   - 제품매출원가 변경 확인 : 121,650,000원 → 123,850,000원
   - 수도광열비(판) 수정 : 3,000,000원 → 1,100,000원
   - 당기순이익 변경 확인 : 88,200,000원〉 → 87,900,000원
3. [전기분잉여금처분계산서]> · F6 불러오기
   - 당기순이익 변경 확인 88,200,000원 → 87,900,000원
   - 미처분이익잉여금 및 차기이월미처분이익잉여금 변경 확인 : 134,800,000원 → 134,500,000원
4. [전기분재무상태표]
   - 이월이익잉여금 수정 : 134,800,000원 → 134,500,000원
   - 대차 금액 일치 확인

문제 2 일반전표입력

[1]	(차)	선급금(세무빌딩)	600,000	(대)	보통예금	600,000

[2]	(차)	보통예금	3,430,000	(대)	외상매출금(하나카드)	3,500,000
		수수료비용(판)	70,000			

☞ 카드 가맹점수수료는 영업거래에 해당하므로 판매비와 관리비로 처리해야 한다.

[3]	(차)	퇴직급여(판)	8,800,000	(대)	퇴직연금운용자산	8,800,000

☞ 퇴직급여충당부채를 설정하지 않았으므로, 비용 처리하여야 한다.

[4]	(차)	장기차입금(나라은행)	20,000,000	(대)	보통예금	20,200,000
		이자비용	200,000			

☞ 장기차입금을 조기 상환시 해당 계정과목을 사용합니다.

[5]	(차) 받을어음(㈜다원)	3,000,000	(대)	외상매출금(㈜다원)	4,000,000
	단기대여금(㈜다원)	1,000,000			

[6]	(차) 차량운반구	400,000	(대)	현금	400,000

문제 3 매입매출전표입력

문항	일자	유형	공급가액	부가세	거래처	전자
[1]	8/17	52.영세	15,000,000	-	㈜직지상사	여
분개유형		(차) 원재료		15,000,000	(대) 지급어음	5,000,000
혼합					외상매입금	10,000,000
문항	일자	유형	공급가액	부가세	거래처	전자
[2]	8/28	51.과세	1,000,000	100,000	이진컴퍼니	부
분개유형		(차) 부가세대급금		100,000	(대) 미지급금	1,100,000
혼합		복리후생비(제)		1,000,000		
문항	일자	유형	공급가액	부가세	거래처	전자
[3]	9/15	61.현과	220,000	22,000	우리카센타	-
분개유형		(차) 부가세대급금		22,000	(대) 현금	242,000
현금(혼합)		차량유지비(제)		220,000		
문항	일자	유형	공급가액	부가세	거래처	전자
[4]	9/27	53.면세	200,000	-	㈜대한도서	여
분개유형		(차) 도서인쇄비(판)		200,000	(대) 미지급금	200,000
혼합		(또는 교육훈련비(판))				
문항	일자	유형	공급가액	부가세	거래처	전자
[5]	9/30	54.불공(③)	700,000	70,000	㈜세무렌트	여
분개유형		(차) 임차료(판)		770,000	(대) 미지급금	770,000
혼합						
문항	일자	유형	공급가액	부가세	거래처	전자
[6]	10/15	11.과세	-10,000,000	-1,000,000	우리자동차㈜	여
분개유형		(차) 외상매출금		-11,000,000	(대) 부가세예수금	-1,000,000
외상(혼합)					제품매출	-10,000,000
					(또는 매출환입및에누리(405))	

문제 4 오류수정

[1] 7월 6일 일반전표 수정

〈수정전〉

(차) 외상매입금(㈜상문) 3,000,000 (대) 보통예금 3,000,000

〈수정후〉

(차) 외상매입금(㈜상문) 3,000,000 (대) 받을어음(상명상사) 3,000,000

[2] 12월 13일 일반전표 삭제 후 매입매출전표 입력

〈수정전〉 일반전표입력 삭제

(차) 수도광열비(판) 121,000 (대) 현금 121,000

〈수정후〉	유형	공급가액	부가세	거래처	전자
	51.과세	110,000	11,000	한국전력공사	여
분개유형	(차) 부가세대급금	11,000	(대) 현금		121,000
현금(혼합)	전력비(제)	110,000			

문제 5 결산

[1] 〈수동결산〉

(차) 장기차입금(대한은행) 50,000,000 (대) 유동성장기부채(대한은행) 50,000,000

[2] 〈수동/자동결산〉

(차) 무형자산상각비(판) 6,000,000 (대) 특허권 6,000,000

- 무형자산상각비 = 장부가액(24,000,000) ÷ 잔여내용연수(5년 - 1년) = 6,000,000원
- [결산자료입력]

  기간 : 20x1년 01월~20x1년 12월>4. 판매비와 일반관리비>6). 무형자산상각비 >특허권 결산반영금액란>6,000,000원 입력>F3전표추가

[3] 〈수동/자동결산〉

(차) 법인세등 13,500,000 (대) 법인세등 6,800,000

미지급세금 6,700,000

[결산자료입력]

기간 : 20x1년 01월~20x1년 12월>9. 법인세등>• 1). 선납세금 6,800,000원 입력

• 2). 추가계상액 6,700,000원 입력>F3전표추가

문제 6 장부조회

[1] 191,786,000원

=6월 30일(284,609,000) - 전기말(92,823,000)

• [재무상태표]>기간 : 6월>[제출용] 탭

[2] [390,180,000원

=과세 세금계산서 발급분 공급가액(351,730,000)+영세 세금계산서발급분 공급가액 (38,450,000)

• [부가가치세신고서]>기간 : 4월 1일~6월 30일 조회

[3] 40,000,000원

• [거래처원장]>기간 : 6월 1일~6월 30일>계정과목 : 251.외상매입금>지예상사 차변금액

제103회 전산회계1급

합격율	시험년월
38%	2022.08

이 론

01. 다음 중 일반기업회계기준에서 말하는 재무제표에 해당하는 것을 모두 고르면 몇 개인가?

• 재무상태표	• 수입금액조정명세서	• 현금흐름표
• 손익계산서	• 자본변동표	• 제조원가명세서
• 합계잔액시산표	• 주석	• 주주명부

① 5개　　② 4개　　③ 3개　　④ 2개

02. 다음 자료는 20x1년 12월 31일 현재 재무상태표의 각 계정의 잔액이다. 외상매입금은 얼마인가?

• 보통예금 : 300,000원	• 외상매출금 : 700,000원	• 외상매입금 : ?
• 미지급금 : 150,000원	• 자본금 : 300,000원	• 이익잉여금 : 100,000원

① 450,000원　　② 550,000원　　③ 750,000원　　④ 850,000원

03. 도소매업을 영위하는 ㈜미래가 기말 결산 시 영업활동에 사용 중인 차량에 대한 아래의 회계처리를 누락한 경우 재무상태표와 손익계산서에 미치는 영향을 설명한 것으로 옳은 것은?

(차)	감가상각비	1,000,000원	(대)	감가상각누계액	1,000,000원

① 재무상태표상 유동자산이 1,000,000원 과대표시 된다.
② 재무상태표상 비유동자산이 1,000,000원 과소표시 된다.
③ 손익계산서상 영업이익이 1,000,000원 과대표시 된다.
④ 손익계산서상 영업외수익이 1,000,000원 과대표시 된다.

04. 다음 중 기말 결산 시 원장의 잔액을 차기로 이월하는 방법을 통하여 장부를 마감하는 계정과목이 아닌 것은?

① 선수금　　② 기부금　　③ 개발비　　④ 저장품

05. 다음 중 회계정보의 질적특성에 대한 설명으로 잘못된 것은?

① 회계정보의 질적특성이란 회계정보가 유용하기 위해 갖추어야 할 주요 속성을 말한다.
② 회계정보의 질적특성은 회계정보의 유용성의 판단기준이 된다.
③ 회계정보가 갖추어야 할 가장 중요한 질적특성은 목적적합성과 신뢰성이다.
④ 비교가능성은 목적적합성과 신뢰성보다 중요한 질적특성이다.

06. 다음 거래에 대한 회계처리 시 나타나는 거래요소의 결합관계를 아래의 보기에서 모두 고른 것은?

단기대여금 50,000원과 그에 대한 이자 1,000원을 현금으로 회수하다.

〈보기〉

가. 자산의 증가	나. 자산의 감소	다. 부채의 증가
라. 부채의 감소	마. 수익의 발생	바. 비용의 발생

① 가, 나, 바 ② 나, 다, 마
③ 나, 라, 바 ④ 가, 나, 마

07. 다음 중 자본에 대한 설명으로 가장 옳지 않은 것은?

① 자본은 기업의 자산에서 모든 부채를 차감한 후의 잔여지분을 의미한다.
② 잉여금은 자본거래에 따라 이익잉여금, 손익거래에 따라 자본잉여금으로 구분한다.
③ 주식의 발행금액 중 주권의 액면을 초과하여 발행한 금액을 주식발행초과금이라 한다.
④ 주식으로 배당하는 경우 발행주식의 액면금액을 배당액으로 하여 자본금의 증가와 이익잉여금의 감소로 회계처리한다.

08. 다음 중 일반기업회계기준에 의한 수익인식기준으로 가장 옳지 않은 것은?

① 상품권 판매 : 물품 등을 제공 또는 판매하여 상품권을 회수한 때 수익을 인식한다.
② 위탁판매 : 위탁자는 수탁자가 해당 재화를 제3자에게 판매한 시점에 수익을 인식한다.
③ 광고매체수수료 : 광고 또는 상업방송이 대중에게 전달될 때 수익을 인식한다.
④ 주문형 소프트웨어의 개발 수수료 : 소프트웨어 전달 시에 수익을 인식한다.

09. 원가 및 비용의 분류 중 제조원가에 해당하는 것은?

① 원재료 운반용 차량의 처분손실
② 영업용 차량의 처분손실
③ 생산부 건물 경비원의 인건비
④ 영업부 사무실의 소모품비

10. 다음 중 보조부문원가의 배분방법이 아닌 것은?

① 직접배분법 ② 비례배분법 ③ 상호배분법 ④ 단계배분법

11. 다음 자료를 이용하여 당기제품제조원가를 구하시오.

• 기초제품재고액 : 90,000원	• 기말제품재고액 : 70,000원
• 당기총제조비용 : 1,220,000원	• 매출원가 : 1,300,000원

① 1,280,000원 ② 1,400,000원 ③ 2,680,000원 ④ 2,860,000원

12. 다음 중 공손에 대한 설명으로 옳지 않은 것은?

① 공손품은 정상품에 비하여 품질이나 규격이 미달하는 불합격품을 말한다.
② 공손품은 원재료의 불량, 작업자의 부주의 등의 원인에 의해 발생한다.
③ 정상공손이란 효율적인 생산과정에서도 발생하는 공손을 말한다.
④ 정상 및 비정상 공손품의 원가는 발생한 기간의 손실로서 영업외비용으로 처리한다.

13. 다음 중 부가가치세에 대한 설명으로 잘못된 것은?

① 부가가치세 납부세액은 매출세액에서 매입세액을 뺀 금액으로 한다.
② 법인사업자는 부가가치세법상 전자세금계산서 의무발급 대상자이다.
③ 금전 외의 대가를 받은 경우 공급가액은 자기가 공급받은 재화 또는 용역의 시가로 한다.
④ 부가가치세는 납세의무자와 담세자가 다를 것을 예정하고 있는 세목에 해당한다.

14. 다음 중 부가가치세법에 따른 재화 또는 용역의 공급시기에 대한 설명으로 옳지 않은 것은?

① 현금판매, 외상판매의 경우 재화가 인도되거나 이용 가능하게 되는 때이다.
② 장기할부판매의 경우 대가의 각 부분을 받기로 한 때이다.
③ 반환조건부 판매의 경우 조건이 성취되거나 기한이 지나 판매가 확정되는 때이다.
④ 폐업 시 잔존재화의 경우 재화가 실제 사용하거나 판매되는 때이다.

15. 다음 중 부가가치세법상 납세지에 대한 설명으로 옳지 않은 것은?

① 사업자의 납세지는 각 사업장의 소재지로 한다.
② 제조업의 납세지는 최종제품을 완성하는 장소를 원칙으로 한다.
③ 광업의 납세지는 광구 내에 있는 광업사무소의 소재지를 원칙으로 한다.
④ 무인자동판매기를 통하여 재화를 공급하는 사업의 납세지는 무인자동판매기를 설치한 장소로 한다.

실 무

㈜일진자동차(3103)는 자동차특장을 제조하여 판매하는 중소기업으로, 당기의 회계 20x1.1.1.~20x1.12.31.이다. 전산세무회계 수험용 프로그램을 이용하여 다음 물음에 답하시오.

문제 1 다음은 [기초정보관리] 및 [전기분재무제표]에 대한 자료이다. 각각의 요구사항에 대하여 답하시오. (10점)

[1] 다음은 ㈜일진자동차의 사업자등록증이다. [회사등록] 메뉴에 입력된 내용을 검토하여 누락분은 추가입력하고 잘못된 부분은 정정하시오(주소입력 시 우편번호는 입력하지 않아도 무방함). (3점)

국세청 nts.go.kr

사 업 자 등 록 증

(법인사업자)

등록번호 : 134 - 86 - 81692

법인명(단체명) : ㈜일진자동차

대 표 자 : 김일진

개 업 연 월 일 : 2016년 05월 06일 법인등록번호 : 110111 - 1390212

사 업 장 소 재 지 : 경기도 화성시 송산면 마도북로 40

본 점 소 재 지 : 경기도 화성시 송산면 마도북로 40

사 업 의 종 류 : 업태 제조업 종목 자동차특장

발 급 사 유 : 신규

사업자 단위 과세 적용사업자 여부 : 여( ) 부(V)

전자세금계산서 전용 전자우편주소 :

2016 년 05 월 04 일

화 성 세 무 서 장

국세청

[2] 다음 자료를 이용하여 아래의 계정과목에 대한 적요를 추가로 등록하시오. (3점)

• 계정과목 : 831. 수수료비용	• 현금적요 : (적요NO. 8) 오픈마켓 결제대행 수수료

[3] 전기분 재무제표 중 아래의 계정과목에서 다음과 같은 오류를 발견하였다. 수정 후 잔액이 되도록 적절하게 관련 재무제표를 모두 수정하시오. (4점)

부서	계정과목	수정 전 잔액	수정 후 잔액
영업부	수도광열비	3,300,000원	2,750,000원
생산부	가스수도료	7,900,000원	8,450,000원

문제 2 **다음의 거래 자료를 [일반전표입력] 메뉴를 이용하여 입력하시오(일반전표입력의 모든 거래는 부가가치세를 고려하지 말 것). (18점)**

[1] 07월 30일 제품을 판매하고 ㈜초코로부터 받은 약속어음 5,000,000원을 만기가 도래하기 전에 보람은행에 할인하고, 할인료 30,000원을 차감한 후 보통예금 계좌로 입금되었다(단, 매각거래로 처리한다). (3점)

[2] 08월 10일 7월분 국민연금보험료를 현금으로 납부하였다. 납부한 총금액은 540,000원이며, 이 중 50%는 직원 부담분이고, 나머지 50%는 회사부담분(제조부문 직원분:180,000원, 관리부문 직원분:90,000원)이다. 단, 회사부담분은 세금과공과로 처리한다. (3점)

[3] 09월 26일 우리은행에 예치한 정기예금 50,000,000원의 만기일이 도래하여 정기예금 이자에 대한 원천징수세액을 차감한 후 보통예금 계좌로 입금되었다(단, 원천징수세액은 자산으로 처리한다). (3점)

확 인 증 **우리은행**

(입금증, 영수증, 계산서, 전자통장거래확인증 등 겸용)

해지계산서(영수증 겸용)

성 명	: ㈜일진자동차	발 행 일 자	: 20x1 - 09 - 26
계 좌 번 호	: 1563 - 1254 - 6856 - 933	구 분	: 만기후해지
신 규 일 자	: 20x0 - 09 - 26	만 기 일 자	: 20x1 - 09 - 26
기 간	: 365일	적 용 금 리	: 1.00%

계산내역

*해 지 원 금	: ₩50,000,000		
*이 자 합 계	: ₩500,000		
*지 급 이 자	: ₩500,000	*기지급이자	: ₩0
*총 세 액	: ₩77,000	*공 제 세 액	:
*소득/법인세	: ₩70,000	*지방소득세	₩77,000
*실 지 급 액	: ₩50,423,000		: ₩7,000

우리은행 항상 저희 우리은행을 이용해주셔서 감사합니다.

[4] 10월 26일 주당 발행가액 6,000원에 유상증자를 실시하여 신주 10,000주(주당 액면가액 5,000원)를 발행하였으며, 주금납입액은 보통예금 계좌에 입금되었다. 단, 증자 전 주식할인발행차금 계정의 잔액은 1,000,000원이다. (3점)

[5] 10월 29일 아주중고로부터 매입한 원재료에 대한 매입운임 50,000원을 현금으로 지급하였다. (3점)

[6] 11월 08일 제조부문이 사용하고 있는 건물의 증축공사에서 발생한 인건비 15,000,000원을 보통예금 계좌에서 이체하여 지급하였다(단, 해당 비용은 자본적지출에 해당하며, 해당 인건비에 대해 원천징수를 하지 않는다고 가정한다). (3점)

문제 3 **다음 자료를 이용하여 입력하시오.(6점)**

[1] 09월 30일 제조부문이 사용하는 기계장치의 원상회복을 위한 수선을 하고 수선비 330,000원을 전액 하나카드로 결제하고 다음의 매출전표를 수취하였다(미지급금으로 회계처리 할 것). (3점)

매 출 전 표

단말기번호 11213692 전표번호 234568

카드종류		거래종류	결제방법
하나카드		신용구매	일시불
회원번호(Card No)		취소시 원거래일자	
4140 - 0202 - 3245 - 9959			
유효기간		거래일시	품명
20x2.12.31.		20x1.09.30.	기계수선
전표제출	금 액/AMOUNT		300,000
	부 가 세/VAT		30,000
전표매입사	봉 사 료/TIPS		
	합 계/TOTAL		330,000
거래번호	승인번호/(Approval No.)		
	98421147		
가 맹 점	㈜다고쳐		
대 표 자	김세무	TEL	031 - 628 - 8624
가맹점번호	3685062	사업자번호	204 - 19 - 76690
주 소	경기 성남시 수정구 고등동 525 - 5		
		서명(Signature)	㈜일진자동차

[2] 10월 11일 아재자동차로부터 원재료 운반용 화물자동차를 매입하고 전자세금계산서를 발급받았으며, 대금 중 3,300,000원은 보관 중인 ㈜삼진의 약속어음을 배서하여 지급하고, 잔액은 외상으로 하였다. (3점)

전자세금계산서				승인번호	20221011 - 1000000 - 00009329		
공급자	등록번호	519 - 15 - 00319	종사업장번호	공급받는자	등록번호	134 - 86 - 81692	종사업장번호
	상호(법인명)	아재자동차	성명: 김아재		상호(법인명)	㈜일진자동차	성명: 김일진
	사업장주소				사업장주소	경기도 화성시 송산면 마도북로 40	
	업태	제조,도소매	종목: 자동차, 부품		업태	제조	종목: 자동차특장
	이메일				이메일		
					이메일		

작성일자	공급가액	세액	수정사유	비고
20x1 - 10 - 11	6,000,000원	600,000원	해당 없음	

월	일	품목	규격	수량	단가	공급가액	세액	비고
10	11	화물자동차				6,000,000원	600,000원	

합계금액	현금	수표	어음	외상미수금	위 금액을 (영수) (청구) 함
6,600,000원			3,300,000원	3,300,000원	

[3] 10월 15일 미국에 소재한 ANGEL사로부터 수입한 원재료에 대하여 수입전자세금계산서(공급가액 5,000,000원, 부가가치세 500,000원)를 인천세관으로부터 발급받고, 이에 관한 부가가치세를 보통예금 계좌에서 이체하였다. (3점)

[4] 11월 04일 ㈜삼양안전으로부터 제조부문에서 사용할 안전용품을 구입하고 아래의 전자세금계산서를 발급받았다. 단, 안전용품은 소모품(자산) 계정을 사용하여 회계처리한다. (3점)

전자세금계산서					승인번호	20221104-1000000-00009331			
공급자	등록번호	109-81-33618	종사업장번호		공급받는자	등록번호	134-86-81692	종사업장번호	
	상호(법인명)	㈜삼양안전	성명	이수진		상호(법인명)	㈜일진자동차	성명	김일진
	사업장주소	경기도 의정부시 부자로 11				사업장주소	경기도 화성시 송산면 마도북로 40		
	업태	도소매	종목	목재		업태	제조	종목	자동차특장
	이메일					이메일			
						이메일			

작성일자	공급가액	세액	수정사유	비고
20x1-11-04	1,600,000원	160,000원	해당 없음	

월	일	품목	규격	수량	단가	공급가액	세액	비고
11	04	안전용품				1,600,000원	160,000원	

합계금액	현금	수표	어음	외상미수금	
1,760,000원	300,000원			1,460,000원	위 금액을 (영수)/(청구) 함

[5] 11월 14일 제조부문에서 사용하던 기계장치(취득원가 50,000,000원, 감가상각누계액 43,000,000원)를 인천상사에 5,000,000원(부가가치세 별도)에 매각하면서 전자세금계산서를 발급하였으며, 대금 중 부가가치세는 현금으로 받고, 나머지는 전액 인천상사가 발행한 약속어음으로 수령하였다. (3점)

[6] 11월 22일 매출처인 ㈜성남의 야유회에 증정할 물품으로 미래마트에서 음료수 550,000원(부가가치세 포함)을 구입하고 전자세금계산서를 발급받고, 대금은 보통예금 계좌에서 이체하여 지급하였다. (3점)

문제 4 **[일반전표입력] 및 [매입매출전표입력] 메뉴에 입력된 내용 중 다음과 같은 오류가 발견되었다. 입력된 내용을 확인하여 삭제, 수정 또는 추가 입력하여 오류를 정정하시오. (6점)**

[1] 07월 03일 ㈜한성전자의 부도로 미수금 잔액 10,000,000원이 회수불능되어 전액 대손 처리하였으나, 확인 결과 ㈜한성전자의 미수금이 아니라 ㈜성한전기의 미수금이며, 부도 시점에 미수금에 대한 대손충당금 잔액 1,000,000원이 있었던 것으로 확인된다. (3점)

[2] 11월 29일 일시 보유목적으로 시장성 있는 태평상사의 주식 100주를 주당 10,000원에 취득하면서 취득과정에서 발생한 수수료 10,000원도 취득원가로 회계처리 하였다. (3점)

문제 5 **결산정리사항은 다음과 같다. 해당 메뉴에 입력하시오. (9점)**

[1] 국민은행의 정기예금에 대한 기간경과분 이자수익을 인식하다(단, 월할로 계산할 것). (3점)

• 예금금액 : 60,000,000원	• 예금기간 : 2년(20x1.10.01.~20x3.09.30.)
• 연이자율 : 2%	• 이자지급일 : 연 1회(매년 9월 30일)

[2] 10월 05일 영업부문에서 사용할 소모품 500,000원을 구입하고 자산으로 회계처리 하였다. 결산일 현재 소모품 사용액은 350,000원이다. (3점)

[3] 결산일 현재 외상매출금 잔액의 1%에 대하여 대손이 예상된다. 보충법에 의하여 대손충당금 설정 회계처리를 하시오(단, 대손충당금 설정에 필요한 정보는 관련 데이터를 조회하여 사용할 것). (3점)

문제 6 다음의 결산정리사항을 입력하여 결산을 완료하시오.(12점)

[1] 제1기 부가가치세 확정신고기간(4월~6월) 중 매입세액을 공제받지 않은 공급가액은 얼마인가? (3점)

[2] 제1기 부가가치세 예정신고기간(1월~3월)과 확정신고기간(4월~6월)의 매출세금계산서 발급매수의 차이는 얼마인가? (단, 답이 음수인 경우에도 양수로 입력한다.) (3점)

[3] 4월(4월 1일~4월 30일) 중 외상매출금 회수액은 얼마인가? (3점)

제103회 전산회계1급 답안 및 해설

이 론

1	2	3	4	5	6	7	8	9	10	11	12	13	14	15
①	①	③	②	④	④	②	④	③	②	①	④	③	④	④

01. **재무상태표, 손익계산서, 현금흐름표, 자본변동표, 주석까지 재무제표에 포함**한다.
수입금액조정명세서, 제조원가명세서, 합계잔액시산표, 주주명부는 재무제표에 포함하지 않는다.

02. 자산총계 = 보통예금(300,000) + 외상매출금(700,000) = 1,000,000원
부채총계 = 자산총계(1,000,000) - 자본금(300,000) - 이익잉여금(100,000) = 600,000원
부채총계(600,000) = 외상매입금(??) + 미지급금(150,000원) ∴외상매입금 = 450,000원

03. 비용누락과 자산차감계정(감가상누계액)이 누락되었으므로 손익계산서상에 **영업이익이 과대표시**되고, 재무상태표상 **비유동자산이 과대표시**된다.

04. 재무상태표 계정인 선수금(부채), 개발비(자산), 저장품(자산)은 잔액을 차기이월하는 방법을 통하여 장부 마감을 하여야 하지만, 손익계산서 계정인 ②기부금은 집합손익 원장에 대체하는 방식으로 장부 마감을 하여야 한다. 즉 **재무상태표계정만 차기로 이월**된다.

05. 재무정보의 **비교가능성은 목적적합성과 신뢰성만큼 중요한 질적특성은 아니나**, 목적적합성과 신뢰성을 갖춘 정보가 기업실체간에 비교가능하거나 또는 기간별 비교가 가능할 경우 재무정보의 유용성이 제고될 수 있다.

06.

(차) 현금(자산의 증가)	51,000원	(대) 단기대여금(자산의 감소)	50,000원
		이자수익(수익의 발생)	1,000원

07. 잉여금은 **자본거래에 따라 자본잉여금**, **손익거래에 따라 이익잉여금으로 구분**한다.

08. **주문개발하는 소프트웨어의 대가로 수취하는 수수료는 진행률에 따라 수익을 인식**한다. 이때 진행률은 소프트웨어의 개발과 소프트웨어 인도 후 제공하는 지원용역을 모두 포함하여 결정한다.

09. 자산의 처분으로 인한 손익은 영업외손익으로 처리한다. 영업부 사무실의 소모품비는 판매관리비 항목이다.

10. 보조부문원가 배분방법은 직접배분법, 단계배분법, 상호배분법이다.

11.

제품

기초제품	90,000	매출원가	1,300,000
당기제품제조원가	**1,280,000**	기말제품	70,000

12. **정상공손품의 원가는 제품 원가의 일부를 구성**한다.

13. 공급가액은 금전 외의 대가를 받는 경우 **자기가 공급한 재화 또는 용역의 시가**로 한다.

14. 폐업 시 잔존재화의 경우 공급시기는 **폐업하는 때**이다.

15. 무인자동판매기를 통하여 재화를 공급하는 사업의 납세지는 **사업에 관한 업무를 총괄하는 장소**로 한다.

실 무

문제 1 기초정보관리

[1] [회사등록]

1. 사업자등록번호 : 134-68-81692 → 134-86-81692
2. 사업장주소 : 경기도 화성시 송산면 봉가리 473-1 → 경기도 화성시 송산면 마도북로 40
3. 업태 : 도소매 → 제조업
4. 종목 : 자동차 → 자동차특장
5. 개업연월일 : 2016년 5월 4일→2016년 5월 6일

[2] [계정과목및적요등록]

831. 수수료비용 〉 현금적요No.8, 오픈마켓 결제대행 수수료

[3] [전기분 재무제표]

원가명세서 ⇒ 손익계산서 ⇒ 잉여금처분계산서 ⇒ 재무상태표

1. [전기분원가명세서]
 ① 가스수도료 7,900,000원 → 8,450,000원으로 수정
 ② 당기제품제조원가 553,935,000원 → 554,485,000원 변경 확인
2. [전기분손익계산서]
 ① 제품매출원가 〉 당기제품제조원가 553,935,000원 → 554,485,000원으로 수정
 ② 815.수도광열비 3,300,000원 → 2,750,000원으로 수정
 ③ 당기순이익 83,765,000원 → 83,765,000원 금액 확인
3. [전기분잉여금처분계산서]
 ① 당기순이익 83,765,000원 확인
 ② 미처분이익잉여금 합계액 121,665,000원 확인
4. [전기분재무상태표]
 이월이익잉여금 121,665,000원 확인, 대차 일치 여부 확인

문제 2 일반전표입력

[1] (차) 보통예금 4,970,000 (대) 받을어음(㈜초코) 5,000,000
매출채권처분손실 30,000

[2] (차) 예수금 270,000 (대) 현금 540,000
세금과공과(제) 180,000
세금과공과(판) 90,000

[3] (차) 보통예금 50,423,000 (대) 정기예금 50,000,000
선납세금 77,000 이자수익 500,000

[4] (차) 보통예금 60,000,000 (대) 자본금 50,000,000
주식할인발행차금 1,000,000
주식발행초과금 9,000,000

☞ 주식발행 = 발행가액(10,000주 × 6,000) – 액면가액(10,000 × 5,000) = 10,000,000원(할증발행)
주식할인발행차금 잔액(1,000,000) 우선 상계 후 주식발행초과금 계상

[5] (차) 원재료 50,000 (대) 현금 50,000

[6] (차) 건물 15,000,000 (대) 보통예금 15,000,000
☞ 증축공사란 기존 건물의 면적을 늘리는 것을 의미하므로 자본적 지출에 해당하며 건물로 회계처리합니다.

문제 3 매입매출전표입력

문항	일자	유형	공급가액	부가세	거래처	신용
[1]	9/30	57.카과	300,000	30,000	㈜다고쳐	하나카드
분개유형		(차) 수선비(제) 300,000		(대) 미지급금		330,000
카드(혼합)		부가세대급금 30,000		(하나카드)		
문항	일자	유형	공급가액	부가세	거래처	전자
[2]	10/11	51.과세	6,000,000	600,000	아재자동차	여
분개유형		(차) 차량운반구 6,000,000		(대) 받을어음((주)삼진)		3,300,000
혼합		부가세대급금 600,000		미지급금		3,300,000
문항	일자	유형	공급가액	부가세	거래처	전자
[3]	10/15	55.수입	5,000,000	500,000	인천세관	여
분개유형		(차) 부가세대급금 500,000		(대) 보통예금		500,000
혼합						

문항	일자	유형	공급가액	부가세	거래처	전자
[4]	11/04	51.과세	1,600,000	160,000	㈜삼양안전	여
분개유형		(차) 소모품	1,600,000	(대) 미지급금		1,460,000
혼합		부가세대급금	160,000	현금		300,000
문항	일자	유형	공급가액	부가세	거래처	전자
[5]	11/14	11.과세	5,000,000	500,000	인천상사	여
분개유형		(차) 미수금	5,000,000	(대) 기계장치		50,000,000
		현금	500,000	부가세예수금		500,000
혼합		감가상각누계액	43,000,000			
		유형자산처분손실	2,000,000			
☞ 처분손익 = 처분가액(5,000,000) – 장부가액(50,000,000 – 43,000,000) = △2,000,000원(손실)						
문항	일자	유형	공급가액	부가세	거래처	전자
[6]	11/22	54.불공	500,000	50,000	미래마트	여
		불공제사유:④기업업무추진비 및 이와 유사한 비용 관련				
분개유형		(차) 기업업무추진비(판)	550,000	(대) 보통예금		550,000
혼합						

문제 4 오류수정

[1] 7월 3일 일반전표 수정

〈수정전〉 (차) 기타의대손상각비 10,000,000 (대) 미수금((주)한성전자) 10,000,000

〈수정후〉 (차) 대손충당금(121) 1,000,000 (대) 미수금((주)성한전기) 10,000,000
기타의대손상각비 9,000,000

[2] 11월 29일 일반전표 수정

〈수정전〉 (차) 단기매매증권 1,010,000 (대) 현금 1,010,000

〈수정후〉 (차) 단기매매증권 1,000,000 (대) 현금 1,010,000
수수료비용(영업외비용) 10,000

문제 5 결산

[1] 〈수동결산〉

(차) 미수수익 300,000 (대) 이자수익 300,000

☞ 미수수익 = 60,000,000원 × 2%(연이자율) × 3/12 = 300,000원

[2] 〈수동결산〉

(차) 소모품비(판) 350,000 (대) 소모품 350,000

[3] 〈수동/자동결산〉

(차) 대손상각비(판) 1,251,560 (대) 대손충당금(109) 1,251,560

☞ 대손충당금(외상매출금) : 137,506,000원 × 1% - 123,500원 = 1,251,560원
또는 [결산자료입력] 〉 F8 대손상각 〉 대손율(%) 1% 입력 〉 결산반영 〉 F3 전표 추가

문제 6 조회

[1] 300,000원

- [매입매출장] > 조회기간 : 4월 1일~6월 30일 > 구분 : 3.매입 > 유형 : 54.불공, ⓪전체
- [부가가치세신고서] > 조회기간 : 4월 1일~6월 30일 > 공제받지못할매입세액

[2] 3매

= 36매(4월~6월) - 33매(1월~3월)

- [세금계산서합계표] > · 조회기간 : 1월~3월 • 조회기간 : 4월~6월

[3] 40,000,000원

- [계정별원장] > 기간 : 4월 1일~4월 30일 > 계정과목 : 108. 외상매출금 조회
  > 대변 합계금액 확인

제102회 전산회계1급

합격율	시험년월
35%	2022.06

이 론

01. 다음 중 거래의 8요소와 그 예시로 가장 적절하지 않은 것은?

① 자산증가/자본증가 : 회사의 설립을 위한 자본금 1,000만원을 보통예금에 입금하다.
② 자산증가/자산감소 : 마스크생산에 사용되는 원단 구입대금 3,000만원을 현금으로 지급하다.
③ 자산증가/부채증가 : 직원의 주택구입자금 1억원을 보통예금에서 이체하여 대여하다.
④ 부채감소/부채증가 : 약속어음을 발행하여 외상매입금을 지급하다.

02. 다음 자료를 이용하여 선입선출법에 따라 계산한 ㈜서울의 기말재고자산 금액은 얼마인가?

일자	적요	수량	단가
05월 06일	매입	200개	200원
09월 21일	매출	150개	500원
12월 12일	매입	100개	300원

① 30,000원 ② 35,000원 ③ 40,000원 ④ 45,000원

03. 다음 중 영업외비용으로 처리되는 계정과목은?

① 개발비 ② 경상연구개발비
③ 무형자산손상차손 ④ 소모품비

04. 다음 중 유형자산과 무형자산에 대한 설명으로 맞는 것은?

① 유형자산은 모두 감가상각을 해야 한다.
② 무형자산은 화폐성자산이다.
③ 무형자산은 미래 경제적 효익이 없다.
④ 무형자산은 물리적 실체가 없다.

05. 다음 거래를 모두 반영하였을 경우 나타날 결과에 대한 설명으로 옳지 않은 것은?

> • 2월 1일 : 시장성 있는 ㈜한국의 주식(액면금액 4,000원) 100주를 단기간 보유할 목적으로 주당 4,200원에 취득하였다. 취득과정에서 별도의 수수료 20,000원이 발생하였다.
> • 7월 1일 : ㈜한국의 주식 100주를 주당 4,300원에 처분하였다.

① 단기매매증권처분이익이 10,000원이 발생한다.
② 단기매매증권을 취득할 때 발생한 수수료는 자산처리 하지 않고, 비용처리한다.
③ 당기순이익이 10,000원 증가한다.
④ 당기순이익이 10,000원 감소한다.

06. 다음 중 부채를 인식하는 요건에 대한 설명으로 옳지 않은 것은?

① 과거 사건이나 거래의 결과로 현재 의무가 존재한다.
② 당해 의무를 이행하기 위하여 자원이 유출될 가능성이 매우 높다.
③ 당해 의무의 이행에 사용되는 금액을 신뢰성 있게 추정할 수 있다.
④ 우발부채는 부채로 인식하지 않아 의무를 이행하기 위하여 자원이 유출될 가능성이 높은 경우에도 주석으로 기재하지 않는다.

07. 재무상태표의 기본요소 중 하나인 자본에 대한 설명으로 잘못된 것은?

① 자본이란 기업실체의 자산에 대한 소유주의 잔여청구권이다.
② 배당금 수령이나 청산 시에 주주간의 권리가 상이한 경우 주주지분을 구분표시할 수 있다.
③ 재무상태표상 자본의 총액은 자산 및 부채를 인식, 측정함에 따라 결정된다.
④ 재무상태표상 자본의 총액은 주식의 시가총액과 일치하는 것이 일반적이다.

08. 다음 자료를 이용하여 아래의 (가)를 계산하면 얼마인가?

• 영업부 종업원의 급여 50,000원	• 상거래채권의 대손상각비 20,000원
• 상거래채권 외의 대손상각비 50,000원	• 이자비용 20,000원
• 기부금 40,000원	

매출총이익 - (　　가　　) = 영업이익

① 70,000원　　② 90,000원　　③ 130,000원　　④ 140,000원

09. 다음 중 제조기업의 원가계산 산식으로 가장 옳은 것은?

① 당기제품제조원가 = 직접재료비 + 직접노무비 + 제조간접비
② 직접재료비 = 기초원재료재고액 + 당기원재료순매입액 - 기말원재료재고액
③ 당기총제조원가 = 기초재공품재고액 + 당기총제조원가 - 기말재공품재고액
④ 매출원가 = 기초제품재고액 - 당기제품제조원가 + 기말제품재고액

10. 다음 중 개별원가계산과 종합원가계산의 비교 내용으로 잘못된 것은?

① 종합원가계산은 소품종 대량생산의 경우에 주로 사용된다.
② 종합원가계산은 원가를 제조공정별로 집계한다.
③ 개별원가계산은 원가보고서를 개별작업별로 작성한다.
④ 개별원가계산이 사용되는 산업은 정유업, 화학업, 제지업 등이 대표적이다.

11. 다음 자료에 의하여 평균법에 따라 재료비와 가공비 각각의 완성품환산량을 구하시오.

• 기초재공품 100개(완성도 25%)	• 당기착수 400개
• 기말재공품 200개(완성도 50%)	• 당기완성 300개
• 재료는 공정 초기에 투입되며, 가공비는 공정 전반에 걸쳐 균등하게 발생한다.	

	재료비	가공비
①	475개	300개
②	475개	400개
③	500개	400개
④	500개	300개

12. 다음 중 보조부문의 원가를 배부하는 방법에 대한 설명으로 옳지 않은 것은?

① 상호배분법은 보조부문 상호 간의 용역제공 관계를 완전히 고려하여 배부하므로 사전에 배부금액을 결정하는 방법이다.

② 단계배분법은 보조부문 상호 간의 용역제공 관계에 대해 우선순위를 정하고 배부하는 방법이다.

③ 직접배분법은 보조부문 상호 간의 용역제공 관계를 무시하고 배부하는 방법이다.

④ 원가계산의 정확성은 상호배분법>단계배분법>직접배분법 순이다.

13. 다음 중 부가가치세법상 세금계산서 및 영수증 발급의무면제 대상이 아닌 것은? (단, 주사업장총괄납부 및 사업자단위과세 사업자가 아니다.)

① 용역의 국외공급

② 무인자동판매기를 이용한 재화의 공급

③ 다른 사업장에 판매목적으로 반출되어 공급으로 의제되는 재화

④ 부동산임대용역 중 간주임대료에 해당하는 부분

14. 다음 중 부가가치세법상 세금계산서의 필요적 기재사항에 해당하는 것은?

① 공급연월일

② 공급받는자의 상호, 성명, 주소

③ 공급품목

④ 공급받는자의 사업자등록번호

15. 다음 중 부가가치세법상 면세되는 용역이 아닌 것은?

① 은행법에 따른 은행 업무 및 금융용역

② 주무관청의 허가 또는 인가 등을 받은 교육용역

③ 철도건설법에 따른 고속철도에 의한 여객운송용역

④ 주택임대용역

실 무

㈜금왕전자(3102)는 전자제품을 제조하여 판매하는 중소기업으로, 당기의 회계기간은 20x1.1.1.~20x1.12.31.이다. 전산세무회계 수험용 프로그램을 이용하여 다음 물음에 답하시오.

문제 1 다음은 기초정보관리와 전기분 재무제표에 대한 자료이다. 각각의 요구사항에 대하여 답하시오.(10점)

[1] 다음의 자료를 이용하여 [거래처등록] 메뉴에서 신규거래처를 등록하시오(단, 주어진 자료 외의 다른 항목은 입력할 필요 없음). (3점)

- 거래처코드 : 7171 • 거래처명 : ㈜천천상사 • 대표자성명 : 이부천 • 유형 : 매출
- 사업자등록번호 : 129-86-78690 • 업태 : 도매 • 종목 : 전자제품
- 사업장 주소 : 인천광역시 계양구 경명대로 1077 로얄프라자 201호(계산동)
  (단, 주소 입력 시 우편번호 입력은 생략함.)

[2] ㈜금왕전자의 기초 채권 및 채무의 올바른 잔액은 다음과 같다. [거래처별초기이월] 자료를 검토하여 오류가 있으면 삭제 또는 수정, 추가 입력하여 올바르게 정정하시오. (3점)

계정과목	거래처	금액
외상매출금	㈜대전전자	3,000,000원
	㈜목포전자	2,000,000원
외상매입금	손오공상사	1,500,000원
	사오정산업	800,000원
받을어음	㈜대구전자	300,000원

[3] 전기분 손익계산서를 검토한 결과 다음과 같은 오류가 발견되었다. [전기분재무상태표], [전기분손익계산서], [전기분원가명세서], [전기분잉여금처분계산서] 중 관련된 부분을 수정하시오. (4점)

계정과목	틀린 내용	올바른 내용
소모품비	판매비와관리비로 2,000,000원을 과다계상함	제조원가로 2,000,000원을 추가 반영할 것

문제 2 다음 거래 자료를 일반전표입력 메뉴에 추가 입력하시오.(일반전표입력의 모든 거래는 부가가치세를 고려하지 말 것)(18점)

[1] 07월 20일 회사가 보유하고 있던 매도가능증권(투자자산)을 다음과 같은 조건으로 처분하고 대금은 보통예금으로 회수하였다(단, 전기의 기말평가는 일반기업회계기준에 따라 처리하였다). (3점)

취득가액	20x0년 말 공정가치	처분가액	비고
24,000,000원	28,000,000원	29,000,000원	시장성이 있다.

[2] 09월 26일 창고에 보관 중인 원재료 550,000원(원가)을 공장에서 사용 중인 기계장치의 수리를 위하여 사용하였다. (3점)

[3] 11월 04일 세금계산서를 발급할 수 없는 간이과세자인 일백토스트에서 공장 생산직 직원들의 간식용 토스트를 주문하였다. 대금은 현금으로 지급하고, 아래와 같은 영수증을 받았다(일반전표에 입력할 것). (3점)

일백토스트

사업자번호 121-15-12340 김일백

경기도 이천시 가좌로1번길 TEL : 031-400-1158

홈페이지 http://www.kacpta.or.kr

현금(지출증빙용)

구매 20x1/11/04/10:06 거래번호 : 150

상품명	단가	수량	금액
햄토스트	2,500원	4	10,000원
치즈토스트	2,000원	5	10,000원
		합계	20,000원
		받은금액	20,000원

[4] 11월 05일 전기에 대손이 확정되어 대손충당금과 상계처리하였던 ㈜대전전자의 외상매출금 500,000원이 회수되어 당사의 보통예금 계좌에 입금되었다. (3점)

[5] 11월 08일 기계장치 구입으로 인하여 부가가치세 제2기 예정신고기간에 발생한 부가가치세 환급금 10,300,000원이 보통예금 계좌로 입금되었다. 부가가치세 제2기 예정신고기간의 부가가치세 환급금은 미수금으로 회계처리를 하였다. (3점)

[6] 11월 30일 해외거래처인 ACE에 수출(선적일 : 11월 1일)한 제품에 대한 외상매출금 $2,000를 회수하였다. 외화로 회수한 외상매출금은 즉시 원화로 환전하여 당사 보통예금 계좌에 입금하였다. (3점)

• 20x1년 11월 1일 환율 : 1,100원/$	• 20x1년 11월 30일 환율 : 1,150원/$

문제 3 다음 거래 자료를 매입매출전표입력 메뉴에 입력하시오.(18점)

[1] 10월 16일 ㈜한국마트에서 대표이사 신윤철이 업무와 무관하게 개인적으로 이용하기 위하여 노트북 1대를 2,500,000원(부가가치세 별도)에 외상으로 구매하고 전자세금계산서를 받았다. (단, 거래처를 입력할 것) (3점)

전자세금계산서					승인번호	20221016-15454645-58811886		
공급자	등록번호	105-81-23608	종사업장번호		공급받는자	등록번호	126-87-10121	종사업장번호
	상호(법인명)	㈜한국마트	성명	한만군		상호(법인명)	㈜금왕전자	성명: 신윤철
	사업장주소	서울특별시 동작구 여의대방로 28				사업장주소	경기도 이천시 가좌로1번길 21-26	
	업태	도소매	종목	전자제품		업태	제조,도소매	종목: 전자제품
	이메일					이메일		
						이메일		

작성일자	공급가액	세액	수정사유	비고
20x1-10-16	2,500,000원	250,000원	해당 없음	

월	일	품목	규격	수량	단가	공급가액	세액	비고
10	16	노트북		1	2,500,000원	2,500,000원	250,000원	

합계금액	현금	수표	어음	외상미수금	위 금액을 (청구) 함
2,750,000원				2,750,000원	

[2] 10월 21일 ㈜송송유통에 제품을 판매하고 다음과 같이 전자세금계산서를 발급하였다. 판매대금 중 10,000,000원은 지주상사가 발행한 어음으로 받았고, 나머지는 다음 달에 받기로 하였다. (3점)

전자세금계산서	승인번호	20221021-15454645-58811886

공급자	등록번호	126-87-10121	종사업장번호		공급받는자	등록번호	110-81-19066	종사업장번호	
	상호(법인명)	㈜금왕전자	성명	신윤철		상호(법인명)	㈜송송유통	성명	이송
	사업장주소	경기도 이천시 가좌로1번길 21-26				사업장주소	서울특별시 강남구 강남대로 30		
	업태	제조,도소매	종목	전자제품		업태	도소매	종목	전자제품
	이메일					이메일			
						이메일			

작성일자	공급가액	세액	수정사유	비고
20x1-10-21	40,000,000원	4,000,000원	해당 없음	

월	일	품목	규격	수량	단가	공급가액	세액	비고
10	21	전자제품				40,000,000원	4,000,000원	

합계금액	현금	수표	어음	외상미수금	위 금액을 (청구) 함
44,000,000원			10,000,000원	34,000,000원	

[3] 11월 02일 ㈜이에스텍으로부터 공장 시설보호를 목적으로 CCTV 설치를 완료하고 전자세금계산서를 발급받았다. 대금총액 3,300,000원(부가가치세 포함) 중 현금으로 300,000원을 지급하였고, 나머지는 10회에 걸쳐 매달 말 균등 지급하기로 하였다(계정과목은 시설장치 과목을 사용할 것). (3점)

[4] 11월 27일 당사는 본사의 사옥을 신축할 목적으로 기존 건물이 있는 토지를 취득하고 즉시 건물을 철거한 후 ㈜철거로부터 전자세금계산서를 발급받았다. 구건물 철거 비용 33,000,000원(공급가액 30,000,000원, 세액 3,000,000원) 중 15,000,000원은 보통예금으로 지급하고, 나머지는 외상으로 하였다. (3점)

[5] 12월 01일 개인 소비자인 권지우씨에게 제품을 2,400,000원(부가가치세 별도)에 판매하고, 판매대금은 신용카드로 결제받았다. 단, 신용카드에 의한 판매는 매출채권으로 처리한다. (3점)

카드매출전표		
카드종류	:	국민카드
회원번호	:	2224 - 1222 - **** - 1345
거래일시	:	20x1.12.1. 16:05:16
거래유형	:	신용승인
매출액	:	2,400,000원
부가세액	:	240,000원
합계액	:	2,640,000원
결제방법	:	일시불
승인번호	:	71999995
은행확인	:	국민은행
가맹점명	:	㈜금왕전자
-이 하 생 략-		

[6] 12월 20일 미국 소재 법인 dongho와 8월 4일 직수출 계약을 체결한 제품 $5,000의 선적을 완료하고, 수출대금은 차후에 받기로 하였다. 직수출 계약일의 기준환율은 1,180원/$, 선적일의 기준환율은 1,185원/$이다(수출신고번호 입력은 생략함). (3점)

문제 4 일반전표입력 및 매입매출전표입력 메뉴에 입력된 내용 중 다음과 같은 오류가 발견되었다. 입력된 내용을 확인하여 정정하시오.(6점)

[1] 08월 25일 제1기 확정신고기간의 부가가치세 납부세액과 가산세 162,750원을 보통예금으로 납부하고 일반전표에서 세금과공과(판)로 회계처리 하였다. 단, 6월 30일의 부가가치세 회계처리를 확인하고, 가산세는 세금과공과(판)로 처리하시오. (3점)

[2] 10월 17일 ㈜이플러스로부터 구매한 스피커의 대금 2,200,000원을 보통예금 계좌에서 이체하고 일반전표에서 상품으로 회계처리 하였으나, 사실은 영업부 사무실에서 업무용으로 사용할 목적으로 구입하고 지출증빙용 현금영수증을 발급받은 것으로 확인되었다. 회사는 이를 비품으로 처리하고 매입세액공제를 받으려고 한다. (3점)

문제 5 결산정리사항은 다음과 같다. 해당 메뉴에 입력하시오.(9점)

[1] 외상매입금 계정에는 중국에 소재한 거래처 상하이에 대한 외상매입금 2,200,000원($2,000)이 포함되어 있다(결산일 현재 적용환율 : 1,120원/$). (3점)

[2] 7월 1일 전액 비용으로 회계처리한 보험료(제조부문 : 2,400,000원, 영업부문 : 1,500,000원)는 1년분(20x1.7.1.~20x2.6.30.) 보험료를 일시에 지급한 것으로, 보험료는 월할계산 한다. (3점)

[3] 9월 15일 가수금으로 처리한 2,550,000원에 대한 원인을 조사한 결과, 그 중 2,530,000원은 ㈜인천의 외상매출금을 회수한 것으로 밝혀졌다. 나머지 금액은 결산일 현재까지 그 차이의 원인을 알 수 없어 당기 수익(영업외수익)으로 처리하였다. (3점)

문제 6 다음 사항을 조회하여 답안을 이론문제 답안작성 메뉴에 입력하시오.(9점)

[1] 1분기(1월~3월) 중 제품매출이 가장 많은 달(月)과 가장 적은 달(月)의 차이는 얼마인가? (단, 음수로 입력하지 말 것) (3점)

[2] 부가가치세 제1기 예정신고기간(1월~3월) 중 신용카드로 매입한 사업용 고정자산의 공급가액은 얼마인가? (3점)

[3] 6월 중 한일상회에서 회수한 외상매출금은 얼마인가? (3점)

제102회 전산회계1급 답안 및 해설

이 론

1	2	3	4	5	6	7	8	9	10	11	12	13	14	15
③	③	③	④	③	④	④	①	②	④	③	①	③	④	③

01. (차) 대여금(자산증가) ×××원 (대) 보통예금(자산감소) ×××원

02. 기말재고수량 = 매입(300개) - 매출(150개) = 150개
기말재고금액(선입선출법) = [100개(12.12) × 300원] + [50개(5.06) × 200원] = 40,000원

03. 무형자산손상차손은 영업외비용에 해당한다.

04. ① **유형자산 중 토지와 건설중인 자산은 감가상각을 하지 않는다.**
② **유형, 무형자산 모두 비화폐성 자산**이다.
③ 자산은 미래 경제적 효익이 있어야 한다.

05. 단기매매증권을 취득할 때 발생한 수수료는 비용(20,000원)으로 처리한다.
처분손익 = [처분가액(4,300) - 장부가액(4,200)] × 100주 = 10,000원(처분이익)
당기비용(△20,000) + 처분이익(10,000) = △10,000원(당기순이익 감소).

06. 우발부채는 부채로 인식하지 않지만, 의무를 이행하기 위하여 자원이 유출될 가능성이 아주 낮지 않은 한, 우발부채를 주석(재무제표)에 기재한다. 즉 **자원유출가능성이 높은 경우에는 주석에 기재한다.**

07. 재무상태표상의 **자본의 총액(장부상 자본총액)은 주식의 시가총액(시장거래가격)과는 일치하지 않는 것이 일반적**이다.

08. 판관비(가) = 영업부 종업원의 급여(50,000) + 상거래채권의 대손상각비(20,000) = 70,000원

09. ① 당기총제조원가 = 직접재료비 + 직접노무비 + 제조간접비
③ 당기제품제조원가 = 기초재공품재고액 + 당기총제조원가 - 기말재공품재고액
④ 매출원가 = 기초제품재고액 + 당기제품제조원가 - 기말제품재고액

10. 정유업, 화학업, 제지업은 종합원가계산이 사용되는 대표적인 산업이다.

11.

〈1단계〉 물량흐름파악(평균법)			〈2단계〉 완성품환산량 계산	
평균법			재료비	가공비
	완성품	300(100%)	300	300
	기말재공품	200(50%)	200	100
	계	500	*500*	*400*

12. 보조부문의 원가를 배부하는 것은 사전에 결정하는 것은 예정배부율법에 해당한다.

13. **판매목적 타사업장 반출로서 공급의제되는 재화는 세금계산서를 발급**해야 한다.

15. 철도건설법에 따른 **고속철도(KTX 등)에 의한 여객운송용역**은 항공기에 의한 여객운송용역과 경쟁관계에 있다는 점을 고려하여 과세대상으로 정하고 있다.

실 무

문제 1 기초정보관리

[1] [거래처등록]

[일반거래처] 탭 〉• 거래처코드 : 7171 • 거래처명 : ㈜천천상사 • 유형 : 1.매출
• 사업자등록번호 : 129-86-78690 • 대표자 : 이부천 • 업태 : 도매
• 종목 : 전자제품 • 주소 : 인천광역시 계양구 경명대로 1077 로얄프라자 201호(계산동)

[2] 거래처별 초기이월

- 외상매출금 : ㈜목포전자 2,000,000원 추가입력
- 외상매입금 : 저팔계산업 1,200,000원 삭제
- 받을어음 : ㈜대구전자 600,000원 → 300,000원으로 수정

[3] 전기분 재무제표 수정

원가명세서⇒손익계산서⇒잉여금처분계산서⇒재무상태표

1. [전기분원가명세서]
   - 소모품비(530) 3,000,000원 → 5,000,000원으로 수정
   - 당기제품제조원가 305,180,000원 → 307,180,000원으로 변경 확인
2. [전기분손익계산서]
   - 소모품비(830) 10,000,000원 → 8,000,000원으로 수정
   - 당기제품제조원가 305,180,000원 → 307,180,000원으로 수정입력
   - 매출원가 332,530,000원 → 334,530,000원으로 변경 확인
   - 당기순이익 144,970,000원 확인
3. [전기분이익잉여금처분계산서] : 미처분이익잉여금 및 이월이익잉여금 변동 없으므로 수정 불필요
4. [전기분재무상태표] : 당기순이익은 변동이 없으므로 수정 불필요

문제 2 일반전표입력

[1]	(차) 보통예금	29,000,000	(대) 매도가능증권(178)	28,000,000
	매도가능증권평가이익	4,000,000	매도가능증권처분이익	5,000,000

☞매도가능증권처분손익 = 처분가액(29,000,000) - 취득가액(24,000,000) = 5,000,000원(이익)

[2]	(차) 수선비(제)	550,000	(대) 원재료(8.타계정대체)	550,000

[3] (차) 복리후생비(제) 20,000 (대) 현금 20,000

[4] (차) 보통예금 500,000 (대) 대손충당금(109.외상매출금) 500,000

[5] (차) 보통예금 10,300,000 (대) 미수금 10,300,000

[6] (차) 보통예금 2,300,000 (대) 외상매출금(ACE) 2,200,000
외환차익 100,000

☞외환차손익(자산) = [회수가액(1,150/$) – 장부가액(1,100/$)] × $2,000 = 100,000원(이익)

문제 3 매입매출전표입력

문항	일자	유형	공급가액	부가세	거래처	전자
[1]	10/16	54.불공(②)	2,500,000	250,000	㈜한국마트	여
분개유형	(차) 가지급금		2,750,000	(대) 미지급금		2,750,000
혼합	(대표이사 신윤철)			((㈜한국마트)		
문항	일자	유형	공급가액	부가세	거래처	전자
[2]	10/21	11.과세	40,000,000	4,000,000	㈜송송유통	여
분개유형	(차) 받을어음		10,000,000	(대) 제품매출		40,000,000
혼합	**(지주상사)**			부가세예수금		4,000,000
	외상매출금		34,000,000			
문항	일자	유형	공급가액	부가세	거래처	전자
[3]	11/02	51.과세	3,000,000	300,000	㈜이에스텍	여
분개유형	(차) 시설장치		3,000,000	(대) 미지급금		3,000,000
혼합	부가세대급금		300,000	현금		300,000
문항	일자	유형	공급가액	부가세	거래처	전자
[4]	11/27	54.불공(⑥)	30,000,000	3,000,000	㈜철거	여
분개유형	(차) 토지		33,000,000	(대) 보통예금		15,000,000
혼합				미지급금(㈜철거)		18,000,000
문항	일자	유형	공급가액	부가세	거래처	신용
[5]	12/01	17.카과	2,400,000	240,000	권지우	국민카드
분개유형	(차) 외상매출금		2,640,000	(대) 제품매출		2,400,000
카드(혼합)	**(국민카드)**			부가세예수금		240,000
문항	일자	유형	공급가액	부가세	거래처	전자
[6]	12/20	16.수출(①)	5,925,000	0	dongho	–
분개유형	(차) 외상매출금		5,925,000	(대) 제품매출		5,925,000
외상(혼합)	(dongho)					
☞제품매출 = $5,000 × 1,185원/$(선적일 환율) = 5,925,000원						

문제 4 오류수정

[1] 〈수정전〉(8월 25일 일반전표)

(차)	세금과공과(판)	22,759,840	(대) 보통예금	22,759,840

〈수정후〉

(차)	미지급세금	22,597,090	(대) 보통예금	22,759,840
	세금과공과(판)	162,750		

[2] 〈수정전〉 10월 17일 일반전표 삭제

(차)	상품	2,200,000	(대) 보통예금	2,200,000

수정후	유형	공급가액	부가세	거래처	전자
	61.현과	2,000,000	200,000	㈜이플러스	-
분개유형	(차) 비품	2,000,000	(대) 보통예금		2,200,000
혼합	부가세대급금	200,000			

문제 5 결산

[1] 〈수동결산〉

(차)	외화환산손실	40,000	(대) 외상매입금(상하이)	40,000

☞환산손익(부채) = 공정가액($2,000 × 1,120원/$) – 장부가액(2,200,000) = 40,000원(손실)

[2] 〈수동결산〉

(차)	선급비용	1,950,000	(대) 보험료(제)	1,200,000
			보험료(판)	750,000

☞ 제조부문 : 2,400,000원 × 6/12 = 1,200,000원, · 영업부문 : 1,500,000원 × 6/12 = 750,000원

[3] 〈수동결산〉

(차)	가수금	2,550,000	(대) 외상매출금(㈜인천)	2,530,000
			잡이익	20,000

문제 6 장부조회

[1] 61,858,180원

=3월 120,480,000원 - 2월 58,621,820원

- [총계정원장]>조회기간 : 1월 1일~3월 31일>계정과목 : 제품매출(404) 조회

[2] 3,500,000원

[부가가치세신고서]>조회기간 : 1월 1일~3월 31일 조회 : >14. 그밖의 공제매입세액>42. 신용카드매출수령금액 합계표 : 고정매입 금액

[3] 10,000,000원

[거래처원장]>조회기간 : 6월 1일~6월 30일>계정과목 : 외상매출금(108)>거래처 : 한일상회 조회

제102회(특별) 전산회계1급

합격율	시험년월
35%	2022.06

이 론

01. 다음 중 거래의 결합관계가 나머지와 다른 회계상의 거래는?

① 사무실 청소비 5만원을 현금 지급하였다.
② 직원 결혼 축의금 10만원을 계좌이체 하였다.
③ 토지 5억원을 현물출자 받았다.
④ 관리비 30만원을 현금 지급하였다.

02. 다음 중 재무제표의 질적 특성 중 목적적합성에 대한 설명으로 옳지 않은 것은?

① 정보이용자들의 의사결정 목적과 관련이 있어야 한다.
② 객관적으로 검증가능해야 한다.
③ 예측가치를 가지고 있어야 한다.
④ 피드백가치를 지니고 있어야 한다.

03. 다음 자료에 의한 당기말 감가상각비는 얼마인가? 단, 기계장치는 정률법으로 상각한다.

- 기계장치 취득원가 15,000,000원
- 전기말 감가상각누계액 6,765,000원
- 잔존가치 취득원가의 5%
- 내용연수 5년
- 상각률 0.451

① 1,647,000원
② 3,000,000원
③ 3,713,985원
④ 6,765,000원

04. 아래의 계정과목을 유동성배열법으로 나열할 경우 배열 순서로 옳은 것은?

• 임차보증금	• 상품	• 건설중인자산	• 선급금

① 임차보증금, 상품, 선급금, 건설중인자산
② 건설중인자산, 상품, 선급금, 임차보증금
③ 선급금, 상품, 임차보증금, 건설중인자산
④ 선급금, 상품, 건설중인자산, 임차보증금

05. 다음 중 유형자산의 취득원가를 구성하는 항목이 아닌 것은?
① 설계와 관련하여 전문가에게 지급하는 수수료
② 자동차세, 재산세 등 유형자산의 유지와 직접 관련된 제세공과금
③ 취득과 관련하여 발생한 운송비
④ 유형자산이 정상적으로 작동되는지 여부를 시험하는 과정에서 발생하는 원가

06. 다음 중 무형자산에 대한 설명으로 틀린 것은?
① 무형자산은 식별가능하고 기업이 통제하고 있으며, 미래 경제적 효익이 있어야 한다.
② 무형자산을 상각할 때는 반드시 감가상각누계액이라는 자산의 차감적 계정을 사용한다.
③ 무형자산의 소비되는 형태를 신뢰성 있게 결정할 수 없을 경우 정액법으로 상각한다.
④ 무형자산의 잔존가치는 원칙적으로 없는 것으로 본다.

07. ㈜상록전자의 상장주식 10주를 1주당 560,000원에 취득하고, 대금은 거래수수료 56,000원을 포함하여 보통예금 계좌에서 이체하여 지급하였다. 해당 주식을 단기매매차익을 목적으로 보유하는 경우 일반기업회계기준에 따라 회계처리할 때 발생하는 계정과목이 아닌 것은?
① 단기매매증권　　② 만기보유증권
③ 수수료비용　　④ 보통예금

08. 다음의 자본항목 중 성격이 다른 하나는?
① 자기주식　　② 감자차익
③ 자기주식처분이익　　④ 주식발행초과금

09. 다음 중 원가회계에 대한 설명으로 옳지 않은 것은?

① 원가 발생형태에 따라 고정비와 변동비로 나눌 수 있다.
② 원가 추적 가능성에 따라 직접비와 간접비로 나눌 수 있다.
③ 직접재료비와 직접노무비를 합하여 가공원가라고 한다.
④ 조업도의 변동에 비례하여 총원가가 일정하게 발생하는 원가를 고정비라고 한다.

10. 다음 보조부문의 제조간접비 배부방법 중 계산방법이 가장 단순한 방법과 배부금액의 정확도가 가장 높은 방법을 순서대로 나열한 것은?

① 직접배분법, 단계배분법　　② 단계배분법, 상호배분법
③ 상호배분법, 단계배분법　　④ 직접배분법, 상호배분법

11. 다음 중 개별원가계산에 대한 설명으로 가장 옳지 않은 것은?

① 개별원가계산은 주문생산 형태에 적합하다.
② 개별원가계산은 제품의 소품종 대량생산에 적합하다.
③ 개별원가계산은 개별작업별로 구분하여 집계한다.
④ 개별원가계산은 제조간접비의 제품별 직접 추적이 불가능하다.

12. 다음 중 공손과 관련한 설명으로 틀린 것은?

① 비정상공손품에 투입된 제조원가는 영업외비용으로 처리한다.
② 제조과정에서 불가피하게 발생한 공손은 제조원가에 포함시킨다.
③ 공손품이라도 추가적인 작업을 수행하면 정상품이 될 수 있다.
④ 제조활동을 효율적으로 수행하였다면 방지할 수 있는 공손을 비정상공손이라고 한다.

13. 다음 중 부가가치세법상 세금계산서에 대한 설명으로 옳지 않은 것은?

① 세금계산서는 월별로 합계하여 발급할 수 있다.
② 영세율 거래에 대해서도 세금계산서를 발급할 수 있다.
③ 재화를 수입하는 사업자는 수입세금계산서를 발급해야 한다.
④ 세금계산서의 필요적 기재사항을 착오로 잘못 적은 경우 수정세금계산서를 발급할 수 있다.

14. 다음 중 부가가치세법상 과세표준 계산 시 공급가액에 포함되는 것은?

① 매출에누리, 매출환입, 매출할인액
② 공급받는 자에게 도달하기 전 파손된 재화의 가액
③ 장기할부판매 또는 할부판매에 의해 지급받는 이자상당액
④ 계약에 의해 확정된 대가의 지급지연으로 지급받는 연체이자

15. 다음 중 부가가치세법상 공제되는 매입세액에 해당하는 것은?

① 자기의 사업에 사용하기 위하여 수입한 재화의 부가가치세액
② 사업과 직접 관련이 없는 지출
③ 기업업무추진비와 이와 유사한 비용
④ 면세사업 등에 관련된 매입세액

실 무

우양산업㈜(3402)은 제조·도소매업을 영위하는 중소기업으로 당기의 회계기간은 20x1.1.1.~20x1.12.31.이다. 전산세무회계 수험용 프로그램을 이용하여 다음 물음에 답하시오.

문제 1 다음은 [기초정보관리] 및 [전기분재무제표]에 대한 자료이다. 각각의 요구사항에 대하여 답하시오. (10점)

[1] 다음 자료를 이용하여 [거래처등록] 메뉴의 [금융기관] 탭에 추가로 등록하시오. (3점)

• 거래처코드 : 98006	• 금융기관 : 하나은행
• 계좌번호 : 473073-04-237007	• 유형 : 보통예금
• 예금종류 : 자유예금	• 사업용계좌 : 여

[2] 다음 자료를 이용하여 [계정과목및적요등록] 메뉴에서 아래의 계정과목에 대한 적요를 등록하시오. (3점)

• 계정과목 : 826. 도서인쇄비	• 대체적요 : (적요NO. 3) 명함인쇄비 미지급

[3] 우양산업㈜의 전기말 현재 거래처별 채권 및 채무의 올바른 잔액은 다음과 같다. [거래처별초기이월] 메뉴에서 주어진 자료에 맞게 수정 또는 삭제, 추가 입력하여 올바르게 정정하시오. (4점)

계정과목	거래처	금액	재무상태표 금액
외상매출금	피에스폴㈜	10,000,000원	52,000,000원
	㈜코칭원	22,000,000원	
	㈜패션왕	20,000,000원	
지급어음	㈜대한	10,000,000원	20,000,000원
	러브앤쇼	10,000,000원	

문제 2 **다음의 거래 자료를 [일반전표입력] 메뉴를 이용하여 입력하시오(일반전표입력의 모든 거래는 부가가치세를 고려하지 말 것). (18점)**

[1] 08월 20일 해외 거래처인 화웨이사에 수출(선적일 : 8월 10일)한 제품에 대한 외상매출금을 회수하고, 이를 즉시 원화로 환전하여 보통예금에 입금하였다. (3점)

- 외상매출금 : $30,000
- 선적일자 : 08월 10일
- 8월 10일 기준환율 : 1,200원/$
- 8월 20일 기준환율 : 1,250원/$

[2] 09월 03일 사채 10,000,000원(액면금액)을 당좌수표를 발행하여 9,800,000원에 만기 전 매입상환하였다. 사채상환일 현재 사채할인발행차금 미상각잔액은 250,000원이다. (3점)

[3] 09월 30일 보통예금으로 입금된 846,000원은 보통예금에 대한 이자수익으로, 해당 이자수익의 원천징수세액은 154,000원이다(단, 원천징수세액은 관련 자산으로 처리할 것). (3점)

[4] 10월 25일 업무용 비품을 5,000,000원에 구매하면서 대금은 대표이사 김사공의 개인 현금으로 우선 지급하고, 추후 보통예금 계좌에서 이체하여 정산하기로 하였다. 가수금 계정으로 회계처리 하되, 거래처명을 입력하시오. (3점)

[5] 11월 08일 10월분 건강보험료 662,000원을 국민건강보험공단에 현금으로 납부하다. (3점)

- 건강보험료 회사부담분 : 331,000원
  (영업직 직원 건강보험료 220,000원, 생산직 직원 건강보험료 111,000원)
- 건강보험료 종업원부담분 : 331,000원
- 종업원부담분은 전월 급여에서 원천징수하며, 건강보험료 회사부담분은 복리후생비로 처리함.

[6] 11월 13일 당사의 창고에서 화재가 발생하여 창고에 보관하고 있던 제품 7,000,000원(장부가액)이 소실되었으며, 이와 관련된 보험에 가입되어 있지 않다. (3점)

문제 3 다음 자료를 이용하여 입력하시오.(6점)

[1] 08월 05일 ㈜영진어패럴에 판매했던 제품이 반품되어 수정전자세금계산서를 발급하고, 대금은 외상매출금과 상계처리하기로 하였다(분개는 (-)금액으로 표시할 것). (3점)

수정 전자세금계산서					승인번호	20220805-21058052-11726645			
공급자	등록번호	418-86-45105	종사업장번호		공급받는자	등록번호	114-81-81238	종사업장번호	
	상호(법인명)	우양산업㈜	성명	김사공		상호(법인명)	㈜영진어패럴	성명	김지현
	사업장주소	전라북도 전주시 덕진구 벚꽃로 1				사업장주소	청주시 상당구 대성로 220		
	업태	제조,도소매	종목	의류		업태	제조	종목	의류
	이메일					이메일			
						이메일			

작성일자	공급가액	세액	수정사유	비고
20x1-08-05	-2,500,000원	-250,000원	재화 환입	

월	일	품목	규격	수량	단가	공급가액	세액	비고
8	5	의류		-10개	250,000원	-2,500,000원	-250,000원	

합계금액	현금	수표	어음	외상미수금	위 금액을 (청구) 함
-2,750,000원				-2,750,000원	

[2] 08월 11일 수출신고필증에 의하여 미국LA테크놀로지에 직수출하는 제품(100개, 개당 $150)의 선적을 완료하였다. 대금은 선적 당일 원화로 환전하여 전액 당사의 보통예금 계좌로 입금되었으며, 선적일의 기준환율은 1,200원/$으로 가정한다(단, 수출신고번호 입력은 생략함). (3점)

[3] 08월 14일 ㈜영흥원단에서 원재료를 다음과 같이 구입하고 전자세금계산서를 교부받았다. 대금 중 부가가치세는 현금으로 즉시 지급하고, 나머지 잔액은 소지하고 있던 ㈜청청패션이 발행한 약속어음으로 지급하다. (3점)

품명	수량	단가	공급가액	부가가치세
청원단	1,300개	5,000원	6,500,000원	650,000원

[4] 09월 25일 사업자가 아닌 개인 박영희에게 여성용 정장을 현금으로 판매하고, 아래의 현금영수증을 발행하였다. (3점)

우양산업㈜			
사업자번호 418-86-45105 김사공			
전라북도 전주시 덕진구 벚꽃로 1 (진북동)			
홈페이지 http://www.kacpta.or.kr			
현금(소득공제)			
구매 20x1/09/25/12:06 거래번호 : 0031-0103			
상품명	단가	수량	금액
여성용 정장			330,000원
		공급가액	300,000원
		부가가치세	30,000원
		받은금액	330,000원

[5] 12월 28일 사업자인 정상숙부동산으로부터 공장건물 신축용 토지를 50,000,000원에 구입하고 전자계산서를 받았다. 대금은 전액 보통예금으로 지급하였다. (3점)

[6] 12월 30일 영업부 김영미 사원은 ㈜다이사에서 영업부 직원들을 위한 간식용 다과 및 음료 110,000원(부가가치세 포함)을 구입하고, 법인카드(국민카드)로 결제하였다. (3점)

문제 4 **[일반전표입력] 및 [매입매출전표입력] 메뉴에 입력된 내용 중 다음과 같은 오류가 발견되었다. 입력된 내용을 확인하여 삭제, 수정 또는 추가 입력하여 오류를 정정하시오. (6점)**

[1] 07월 30일 한국식당(일반과세자)으로부터 제조부 직원들이 회식비 330,000원(부가가치세 포함)에 대한 지출증빙용 현금영수증을 수취하였으나, 해당 영수증을 영업부의 비용으로 일반전표에 입력하였다. (3점)

[2] 12월 13일 일반전표에 멋진패션의 외상매출금이 보통예금 계좌에 입금된 것으로 회계처리 하였으나, 멋진패션에 대한 외상매입금 7,000,000원을 보통예금 계좌에서 이체하여 지급한 것으로 확인되었다. (3점)

문제 5 **결산정리사항은 다음과 같다. 해당 메뉴에 입력하시오. (9점)**

[1] 20x1년 10월 1일 영업부에서 사용할 목적으로 구입한 소모품을 자산으로 회계처리 하였다. 아래의 자료를 참조하여 올바른 기말 수정 분개를 하시오(단, 하나의 거래로 입력할 것). (3점)

품목명	수량	단가	총액	기말 현재 미사용액
문구	100개	1,000원	100,000원	30,000원
A4용지	200권	1,500원	300,000원	200,000원

[2] 미국 현지법인인 ㈜해일에 대한 원재료 수입대금 $500에 대한 결산분개를 하시오. 매입일 당시 기준환율은 1,000원/$이었으며, 12월 31일 기말 현재 기준환율은 1,300원/$이다. (3점)

[3] 기말 현재 기업은행으로부터 차입한 차입금 중 장기차입금 40,000,000원의 만기상환일이 1년 이내에 도래할 예정이다. (3점)

문제 6 다음의 결산정리사항을 입력하여 결산을 완료하시오.(12점)

[1] 20x1년 6월 30일 현재 단기매매증권 계정의 금액은 얼마인가? (3점)

[2] 20x1년 5월의 판매비와관리비 중 발생액이 가장 큰 계정과목은 무엇인가? (3점)

[3] 20x1년 5월의 매출 중 신용카드 판매분의 공급대가는 얼마인가? (3점)

제102회(특별) 전산회계1급 답안 및 해설

이 론

1	2	3	4	5	6	7	8	9	10	11	12	13	14	15
③	②	③	④	②	②	②	①	③	④	②	③	③	③	①

01. ③ 자산증가, 자본증가
①, ②, ④ 비용발생, 자산감소

02. ②는 신뢰성에 대한 설명이다.

03. **정률법의 상각은 장부가액법**이다.
장부가액 = 취득가액(15,000,000) - 전기말 감가상각누계액(6,765,000) = 8,235,000원
감가상각비(정률법) = 장부가액(8,235,000) × 상각률(0.451) = 3,713,985원

04. **유동성배열법으로 당좌자산(선급금), 재고자산(상품), 유형자산(건설중인자산), 기타의비유동자산(임차보증금) 순**으로 나열된다.

05. 자동차세, 재산세 등 **유형자산의 유지와 직접 관련된 제세공과금은 당기 비용**으로 처리한다.

06. 무형자산을 상각할 때는 **해당 자산계정을 직접 차감하여** 순액으로도 표시할 수 있다.

07. 유가증권은 취득한 후에 만기보유증권, 단기매매증권, 그리고 매도가능증권 중의 하나로 분류하여야 한다.

(차) 단기매매증권	5,600,000원	(대) 보통예금	5,656,000원
수수료비용	56,000원		

08. ① 자기주식은 자본조정(차감항목)이다.
②, ③, ④는 자본잉여금이다.

09. **직접재료비 + 직접노무비 = 기본원가**, 직접노무비 + 제조간접비 = 가공원가

10. 직접배부법 : 보조부문비를 배분하지 않고 직접 제조부문에만 배부, 간단, **정확도, 신뢰도 낮음**
단계배부법 : 직접배부법과 상호배부법의 절충
상호배부법 : 보조부문비를 다른 보조 부문과 제조부문에 배부, 복잡, 정확도, 신뢰도 높음

11. 개별원가계산은 제품의 **다품종 소량생산에 적합**하다.

12. 공손품은 품질 및 규격이 표준에 미달하는 불합격품으로서 재작업을 하더라도 정상적인 제품으로 만들 수 없는 불량품을 말한다.
공손품 중 재작업을 거쳐 완성품으로 매각되는 제품을 재작업품이라 하고, 폐기하는 것보다 유리하다는 점에서 공손품과 다르다.

13. 재화를 수입시 수입세금계산서는 세관장이 발행한다.

14. 과세표준 계산 시 공급가액에 포함되지 않는 것에는 매출에누리, 매출환입, 매출할인액, 공급받는 자에게 도달하기 전 파손된 재화의 가액, 계약에 의해 확정된 대가의 지급 지연으로 지급받는 연체이자, 재화 또는 용역의 공급과 직접 관련되지 않는 국고보조금과 공공보조금 등이 있다.

15. 사업자가 자기의 사업을 위하여 사용하였거나 사용할 목적으로 수입하는 재화의 수입에 대한 부가가치세액은 공제되는 매입세액에 해당한다.

실 무

문제 1 기초정보관리

[1] [거래처등록]

[금융기관] 탭> • 코드 : 98006 • 거래처명 : 하나은행 • 유형 : 1.보통예금
• 계좌번호 : 473073-04-237007 • 예금종류 : 자유예금 • 사업용계좌 : 1.여

[2] [계정과목및적요등록]

826. 도서인쇄비> • 적요No : 3 · 대체적요 : 명함인쇄비 미지급

[3] [거래처별초기이월]

• 외상매출금> • 피에스폴㈜ 30,000,000원 → 10,000,000원으로 수정
• ㈜패션왕 20,000,000원 추가 입력

• 지급어음> • ㈜대한 20,000,000원 → 10,000,000원으로 수정
• 러브앤쇼 10,000,000원 추가 입력

문제 2 일반전표입력

[1]	(차) 보통예금	37,500,000	(대) 외상매출금(화웨이사)	36,000,000
			외환차익	1,500,000

☞환산손익(자산) = 회수가액($30,000 × 1,250) - 장부가액($30,000 × 1,100) = 1,500,000원(차익)

[2]	(차) 사채	10,000,000	(대) 당좌예금	9,800,000
	사채상환손실	50,000	사채할인발행차금	250,000

☞사채의 장부가액 = 액면가액(10,000,000) - 사채할인발행차금 잔액(250,000) = 9,750,000원
☞상환손익(부채) = 상환가액(9,800,000) - 장부가액(9,750,000) = 50,000원(손실)

[3]	(차) 보통예금	846,000	(대) 이자수익	1,000,000
	선납세금	154,000		

[4]	(차) 비품	5,000,000	(대) 가수금(김사공)	5,000,000

[5] (차) 예수금 331,000 (대) 현금 662,000
복리후생비(제) 111,000
복리후생비(판) 220,000

[6] (차) 재해손실 7,000,000 (대) 제품(8.타계정대체) 7,000,000

문제 3 매입매출전표입력

문항	일자	유형	공급가액	부가세	거래처	전자
[1]	8/05	11.과세	-2,500,000	-250,000	㈜영진어패럴	여
분개유형		(차) 외상매출금 -2,750,000		(대) 제품매출 -2,500,000		
외상(혼합)		(㈜영진어패럴)		부가세예수금 -250,000		

문항	일자	유형	공급가액	부가세	거래처	전자
[2]	8/11	16.수출(1)	18,000,000	0	미국LA테크놀로지	-
분개유형		(차) 보통예금 18,000,000		(대) 제품매출 18,000,000		
혼합		☞ 매출액 = 100개 × @$150 × 선적일 기준환율(1,200원/$) = 18,000,000원				

문항	일자	유형	공급가액	부가세	거래처	전자
[3]	8/14	51.과세	6,500,000	650,000	㈜영흥원단	여
분개유형		(차) 원재료 6,500,000		(대) 받을어음 6,500,000		
혼합		부가세대급금 650,000		**(㈜청청패션)**		
				현금 650,000		

문항	일자	유형	공급가액	부가세	거래처	전자
[4]	9/25	22.현과	300,000	30,000	박영희	-
분개유형		(차) 현금 330,000		(대) 제품매출 300,000		
				부가세예수금 30,000		
현금(혼합)		☞ 여성용 정장이 제품인지 상품인지 명확하게 구분이 안되므로 상품매출도 정답처리함				

문항	일자	유형	공급가액	부가세	거래처	전자
[5]	12/28	53.면세	50,000,000	0	정상숙부동산	여
분개유형		(차) 토지 50,000,000		(대) 보통예금 50,000,000		
혼합						

문항	일자	유형	공급가액	부가세	거래처	신용
[6]	12/30	57.카과	100,000	10,000	㈜다이사	국민카드
분개유형		(차) 복리후생비(판) 100,000		(대) 미지급금 110,000		
카드(혼합)		부가세대급금 10,000		(국민카드)		

문제 4 오류수정

[1] 〈수정전〉 7월 30일 일반전표 삭제

〈수정후〉	일자	유형	공급가액	부가세	거래처	전자
	7/30	61.현과	330,000	30,000	한국식당	-
분개유형	(차) 복리후생비(제)		300,000	(대) 현금		330,000
현금(혼합)	부가세대급금		30,000			

[2] 〈수정전〉 일반전표 12월 13일

(차) 보통예금 7,000,000 (대) 외상매출금(멋진패션) 7,000,000

〈수정후〉

(차) 외상매입금(멋진패션) 7,000,000 (대) 보통예금 7,000,000

문제 5 결산(수동결산)

[1] (차) 소모품비(판) 170,000 (대) 소모품 170,000

☞소모품사용액 = 총액(400,000) – 미사용액(230,000) = 170,000원

[2] (차) 외화환산손실 150,000 (대) 외상매입금(㈜해일) 150,000

☞환산손익(부채) = [공정가액(1,300/$) – 장부가액(1,000/$)] × $500 = 150,000원(손실)

[3] (차) 장기차입금(기업은행) 40,000,000 (대) 유동성장기부채(기업은행) 40,000,000

문제 6 장부조회

[1] 33,000,000원

- [재무상태표] > 기간 : 20x1년 6월 > 단기매매증권 금액
- 또는 [총계정원장] > 조회기간 : 1월 1일~6월 30일 > 계정과목 : 단기매매증권(107) 조회

[2] 기업업무추진비

[일계표(월계표)] > 조회기간 : 5월 1일~5월 31일 조회

: 5.판매비및일반관리비 중 차변 계의 금액이 가장 큰 계정과목 확인

[3] 787,000원

[매입매출장] > 조회기간 : 5월 1일~5월 31일 > 구분 : 2.매출 > 유형 : 17.카과 조회

제99회 전산회계1급

합격율	시험년월
25%	2021.12

이 론

01. 다음 중 손익계산서 작성 시 따라야 할 원칙이 아닌 것은?

① 발생주의　② 순액주의
③ 수익과 비용의 대응　④ 구분계산의 원칙

02. 다음 중 유가증권에 대한 설명으로 옳지 않은 것은?

① 단기매매증권의 미실현보유손익은 당기손익으로 처리한다.
② 매도가능증권에 대한 미실현보유손익은 기타포괄손익누계액으로 처리한다.
③ 만기보유증권은 공정가치로 평가하여 재무상태표에 표시한다.
③ 단기매매증권은 유동자산으로 분류한다.

03. 다음 중 재고자산으로 분류되는 경우는?

① 도매업을 영위하는 회사가 판매 목적으로 보유하는 상품
② 제조업을 영위하는 회사가 공장 이전을 위하여 보유 중인 토지
③ 부동산매매업을 영위하는 회사가 단기 시세차익을 목적으로 보유하는 유가증권
④ 서비스업을 영위하는 회사가 사옥 이전 목적으로 보유 중인 건물

04. 다음 중 아래의 빈칸에 공통으로 들어갈 내용으로 가장 적합한 것은?

> 다른 종류의 자산과의 교환으로 취득한 유형자산의 취득원가는 교환을 위하여 제공한 자산의 (　　)로/으로 측정한다. 다만, 교환을 위하여 제공한 자산의 (　　)이/가 불확실한 경우에는 교환으로 취득한 자산의 (　　)을/를 취득원가로 할 수 있다.

① 공정가치　② 취득가액　③ 장부가액　④ 미래가치

05. 다음은 ㈜서울의 재고자산 관련 자료이다. 선입선출법과 총평균법에 따른 각 기말재고자산금액으로 옳은 것은?

일 자	적 요	수 량	단 가
01월 01일	기초재고	10개	100,000원
03월 14일	매입	30개	120,000원
09월 29일	매출	20개	140,000원
10월 17일	매입	10개	110,000원

	선입선출법	총평균법
①	2,500,000원	2,420,000원
②	2,500,000원	2,820,000원
③	3,500,000원	3,420,000원
④	3,500,000원	3,820,000원

06. ㈜한국은 20x1년 6월 1일 대한은행으로부터 50,000,000원(상환기간 2년, 이자율 연 12%)을 차입하여 단기투자를 목적으로 삼한전자의 주식을 매입하였다. 20x1년 10월 10일 주가가 상승하여 이 중 일부를 처분하였다. 이와 관련하여 ㈜한국의 20x1년 재무제표에 나타나지 않는 계정과목은 무엇인가?

① 이자비용
② 단기매매증권
③ 단기차입금
④ 단기매매증권처분이익

07. 기말 외상매출금 잔액 50,000,000원에 대하여 1%의 대손충당금을 설정하려 한다. 기초 대손충당금이 300,000원이 있었으며, 당기 중 회수가 불가능한 것으로 판명된 매출채권 150,000원을 대손 처리하였다. 보충법에 의한 기말 대손충당금 설정 분개로 올바른 것은?

① (차) 대손상각비 500,000원 (대) 대손충당금 500,000원
② (차) 대손상각비 350,000원 (대) 대손충당금 350,000원
③ (차) 대손상각비 300,000원 (대) 대손충당금 300,000원
④ (차) 대손상각비 150,000원 (대) 대손충당금 150,000원

08. 다음 중 자본잉여금 항목이 아닌 것은?

① 주식발행초과금
② 자기주식처분이익
③ 감자차익
④ 재평가차익

09. 다음은 제조원가와 관련된 자료이다. 당기제품제조원가는 얼마인가?

• 직접재료비 1,000,000원	• 직접노무비 500,000원
• 제조간접비 700,000원	• 기초재공품 300,000원
• 기말재공품 600,000원	• 기초제품 800,000원

① 1,100,000원 ② 1,900,000원 ③ 2,500,000원 ④ 2,700,000원

10. ㈜한국전자는 제조간접원가를 배부할 때 직접노무시간을 기준으로 배부하고 있다. 당기 제조간접원가 배부차이는 100,000원 과대배부이다. 당기말 실제 제조간접원가 발생액은 400,000원이고, 실제 직접노무시간이 2,000시간일 경우 직접노무시간당 제조간접원가 예정배부율은 얼마인가?

① 200원/직접노무시간 ② 250원/직접노무시간
③ 300원/직접노무시간 ④ 350원/직접노무시간

11. 다음 중 제조원가명세서를 작성하기 위하여 필요하지 않은 것은?

① 당기 직접노무원가 발생액 ② 당기 직접재료 구입액
③ 당기 기말제품 재고액 ④ 당기 직접재료 사용액

12. 다음은 의사결정과 관련된 원가의 분류 중 하나에 대한 설명이다. 가장 밀접한 관련이 있는 것은?

과거의 의사결정과 관련하여 이미 발생한 원가로 현재나 미래의 의사결정과는 관련이 없는 원가

① 매몰원가 ② 차액원가 ③ 기회비용 ④ 회피가능원가

13. 다음 중 부가가치세 면세대상이 아닌 것은?

① 항공기에 의한 여객운송 용역 ② 도서, 신문, 잡지, 관보
③ 연탄과 무연탄 ④ 우표, 인지, 증지, 복권

14. 다음 중 부가가치세 과세표준에 대한 설명으로 옳지 않은 것은?

① 대손금은 과세표준에서 공제하지 않는다.

② 공급에 대한 대가의 지급이 지체되었음을 이유로 받는 연체이자는 공급가액에 포함한다.

③ 금전 이외의 대가를 받는 경우 자기가 공급한 재화 또는 용역의 시가를 과세표준으로 한다.

④ 외화로 대가를 받은 후 공급시기가 되기 전에 환가한 경우 환가한 금액을 과세표준으로 한다.

15. 다음 중 부가가치세법상 사업자등록에 대한 설명으로 옳은 것은?

① 사업자는 사업장마다 사업개시일부터 20일 이내에 사업자등록을 신청하는 것이 원칙이다.

② 신규 사업자는 사업개시일 이전이라면 사업자등록 신청이 불가능하다.

③ 일반과세자가 3월 25일에 사업자등록을 신청하고 실제 사업개시일은 4월 1일인 경우 4월 1일부터 6월 30일까지가 최초 과세기간이 된다.

④ 사업자등록의 신청은 사업장 관할세무서장이 아닌 다른 세무서장에게는 불가능하다.

실 무

덕양상사㈜(3099)는 사무용가구를 제조하여 판매하는 중소기업으로, 당기 회계기간은 20x1.1.1.~20x1.12.31.이다. 전산세무회계 수험용 프로그램을 이용하여 다음 물음에 답하시오.

문제 1 다음은 기초정보관리에 대한 자료이다. 각각의 요구사항에 대하여 답하시오.(10점)

[1] 업무용승용차를 리스하여 사용하고자 한다. 다음 자료를 계정과목및적요등록에 반영하시오. (3점)

• 코드 : 851	• 계정과목 : 차량리스료
• 성격 : 3.경비	• 현금적요 1번 : 업무용승용차 리스료

[2] 다음 자료를 보고 거래처등록 메뉴에 등록하시오. (3점)

• 거래처코드 : 01230	• 거래처명 : ㈜백세가구	• 유형 : 동시
• 사업자등록번호 : 128-86-01280	• 대표자 : 김기백	• 업태 : 도소매
• 종목 : 가구	• 사업장주소 : 경기도 고양시 일산동구 강송로 14(백석동)	

※ 주소입력 시 우편번호 입력은 생략해도 무방함.

[3] 담당자의 실수로 전기 기말재공품재고액이 잘못 입력되었음이 확인되었다. 당사의 올바른 전기 기말재공품재고액은 2,500,000원이다. 이와 관련하여 관련 전기분 재무제표를 모두 수정하시오. (4점)

문제 2 다음 거래 자료를 일반전표입력 메뉴에 추가 입력하시오. (일반전표입력의 모든 거래는 부가가치세를 고려하지 말 것)(18점)

[1] 07월 22일 거래처 ㈜강남상사에서 받은 약속어음 1,350,000원의 만기가 도래하여 당좌수표로 수령하였다. (3점)

[2] 08월 03일 근로자들의 코로나19 진단 비용으로 3,000,000원을 보통예금 계좌에서 지급하였다. 이 금액 중 60%는 공장 생산직 근로자분이며 나머지는 본사 영업부 근로자분이다. (단, 코로나19 진단 비용은 복리후생을 위한 성격의 지출이다.) (3점)

[3] 09월 28일 국민은행으로부터 이자수익 200,000원 중 원천징수세액 15.4%를 제외한 나머지 금액인 169,200원이 보통예금 계좌로 입금되었다. (단, 원천징수세액은 자산으로 처리한다.) (3점)

[4] 10월 05일 수입한 원재료에 대한 관세 3,000,000원과 통관 수수료 300,000원을 인천세관에 현금으로 납부하였다. (3점)

[5] 11월 12일 보통주 10,000주를 주당 20,000원(주당 액면가 10,000원)에 신주 발행하고, 보통예금 계좌로 발행대금 납입액 200,000,000원이 입금되었음을 확인하였다. (단, 신주발행비용은 없는 것으로 가정하고, 관련 계정을 조회하여 처리한다.) (3점)

[6] 11월 16일 ㈜한국의 외상매입금 잔액 1,500,000원을 결제하기 위하여 ㈜세화로부터 받은 어음 1,500, 000원을 배서양도 하였다. (3점)

문제 3 다음 거래 자료를 매입매출전표입력 메뉴에 입력하시오.(18점)

[1] 07월 15일 거래처의 영업부 대리 이순재씨의 결혼식을 축하하기 위해 화환을 구입하고 다음의 전자계산서를 발급받았으며, 대금은 다음 달에 지급하기로 하였다.(3점)

전자계산서(공급받는자 보관용)					승인번호		20210715 - 21058052 - 11726691		
공급자	사업자 등록번호	118 - 90 - 52396	종사업장 번호		공급받는자	사업자 등록번호	128 - 88 - 12345	종사업장 번호	
	상호 (법인명)	플라워24	성명 (대표자)	이세영		상호 (법인명)	덕양상사㈜	성명 (대표자)	강성원
	사업장 주소	경기도 고양시 일산서구 가좌로1				사업장 주소	경기도 고양시 일산동구 중앙로1275번길		
	업태	소매	종목	꽃		업태	제조	종목	사무용가구
	이메일					이메일			

작성일자	공급가액	수정사유
20x1.07.15.	220,000원	
비고		

월	일	품목	규격	수량	단가	공급가액	비고
07	15	화환				220,000원	

합계금액	현금	수표	어음	외상미수금	이 금액을 **청구** 함
220,000원				220,000	

[2] 08월 01일 백두기계사에 원재료 운송용 트럭(취득가액 : 35,000,000원, 전기말 감가상각누계액 : 16,500,000원)을 20,000,000원(부가가치세 별도)에 처분하고 전자세금계산서를 발급하였다. 대금은 한 달 후에 수령하기로 하였으며, 처분 시점에 감가상각은 하지 않기로 한다. (3점)

[3] 10월 22일 비사업자인 김민국씨에게 제품을 판매하고 대금을 현금으로 수취하였으며, 다음과 같이 현금영수증을 발급하였다. (3점)

덕양상사㈜

128 - 88 - 12345 강성원

경기도 고양시 일상동구 중앙로 1275번길 TEL:3289 - 8085

현금(소득공제)

구매 20x1/10/22 거래번호 : 0026 - 0107

상품명	수량	금액
전자제품	1	550,000원

공 급 가 액	500,000원
부가가치세	50,000원
합 계	550,000원
받 은 금 액	550,000원

[4] 12월 01일 본사 영업부 임직원의 업무수행을 위하여 ㈜자동차로부터 승용차(6인승)를 렌트하였다. 월 이용료는 990,000원(부가가치세 포함)으로 보통예금 계좌에서 지급하고 전자세금계산서를 발급받았다. (3점)

[5] 12월 09일 공장건물 임대인인 ㈜동국개발로부터 임차료 4,400,000원(부가가치세 포함)과 공장 전기요금 770,000원(부가가치세 포함)에 대한 전자세금계산서 1매를 발급받고 당좌수표를 발행하여 지급하였다. (임대차계약서상 임차료는 매월 9일에 지급하기로 약정되어 있으며, 하나의 전표로 처리할 것) (3점)

[6] 12월 30일 내국신용장에 의하여 수출용 제품의 원재료(공급가액 50,000,000원)를 ㈜한울로부터 매입하고 영세율전자세금계산서를 발급받았다. 대금 중 50%는 동사로부터 받아 보관 중이던 약속어음을 배서양도 하였고, 나머지 금액은 6개월 만기의 당사 발행 약속어음으로 지급하였다. (3점)

영세율전자세금계산서					승인번호	20211230-1208020-00014287			
공급자	사업자등록번호	387-87-01232			공급받는자	사업자등록번호	128-88-12345		
	상호(법인명)	㈜한울	성명(대표자)	김화영		상호(법인명)	덕양상사㈜	성명(대표자)	강성원
	사업장 주소	서울시 관악구 봉천동 458				사업장 주소	경기도 고양시 일산동구 중앙로1275번길		
	업태	제조/도소매	종목	사무용가구		업태	제조/도소매	종목	사무용가구
	E-MAIL					E-MAIL			
작성일자	20x1.12.30.	공급가액	50,000,000원	세액		수정사유			
비고									
월	일	품목	규격	수량	단가	공급가액	세액	비고	
12	30	원재료				50,000,000원	0원		
합계금액	현금	수표	어음	외상미수금	이 금액을 **청구** 함				
50,000,000원			50,000,000원						

문제 4 **일반전표입력 및 매입매출전표입력 메뉴에 입력된 내용 중 다음과 같은 오류가 발견되었다. 입력된 내용을 확인하여 정정하시오.(6점)**

[1] 07월 25일 매출거래처 직원에 대한 조의금 300,000원을 현금으로 지급한 것으로 처리한 거래는 당사의 공장 생산부 직원의 결혼축하금인 것으로 확인되었다. (3점)

[2] 11월 02일 중앙전자(일반과세자)로부터 부품(원재료)을 매입하면서 매입대금 132,000원(부가가치세 포함)을 현금으로 지급하고 현금영수증(사업자지출 증빙용)을 수취하였으나, 이를 분실하여 지출결의서로 일반전표에 회계처리하였다. 이후 회사는 국세청 홈택스를 통하여 현금영수증 발급분임을 확인하였다. (3점)

문제 5 **결산정리사항은 다음과 같다. 해당메뉴에 입력하시오.(9점)**

[1] 단기차입금에 대한 미지급이자 150,000원을 계상하다. (3점)

[2] ㈜한미은행으로부터 차입한 장기차입금 50,000,000원 중 30,000,000원은 내년 2월 16일 만기가 도래하고, 회사는 만기의 연장 없이 상환할 계획이다. (3점)

[3] 단기대여금에 대한 당기 기간 경과분 이자미수액 300,000원을 계상하다. (이자 수령약정일은 다음연도 1월 20일이다.) (3점)

문제 6 **다음 사항을 조회하여 답안을** 이론문제 답안작성 **메뉴에 입력하시오.(9점)**

[1] 1월 말 현재 유동자산과 유동부채 간의 차액은 얼마인가? (단, 양수로 입력할 것) (3점)

[2] 2021년 제1기 부가가치세 확정신고기간(4월~6월)의 과세표준과 납부세액은 각각 얼마인가? (3점)

[3] 20x1년 5월 말 기준 ㈜세무가구에 대한 외상매입금 잔액은 얼마인가? (3점)

제99회 전산회계1급 답안 및 해설

이 론

1	2	3	4	5	6	7	8	9	10	11	12	13	14	15
②	③	①	①	③	③	②	④	②	②	③	①	①	②	①

01. **수익과 비용은 각각 총액으로 보고하는 것을 원칙**으로 한다. 다만, 다른 장에서 수익과 비용을 상계하도록 요구하는 경우에는 상계하여 표시하고, 허용하는 경우에는 상계하여 표시할 수 있다.

02. **만기보유증권은 상각후원가로 평가**하여 재무상태표에 표시한다.

03. 도매업을 운영하는 회사가 **판매 목적으로 보유하는 상품은 재고자산**에 해당한다.

- 제조업을 영위하는 회사가 공장 이전을 위하여 보유하는 토지 및 서비스업을 영위하는 회사가 사옥 이전을 목적으로 보유하는 건물은 모두 유형자산에 해당한다.
- 부동산매매업을 영위하는 회사가 **단기 시세차익을 목적으로 보유하는 유가증권**은 단기투자자산에 해당한다.

04. 다른 종류의 자산과의 교환(이종자산간 교환)으로 취득한 유형자산의 취득원가는 원칙적으로 **교환을 위하여 제공한 자산의 공정가치로 측정**한다. 다만, 교환을 위하여 제공한 자산의 **공정가치가 불확실한 경우에는 교환으로 취득한 자산의 공정가치**를 취득원가로 할 수 있다.

05. 기말재고수량 = 기초(10) + 매입(40) - 매출(20) = 30개

일 자	적 요	수 량	단 가	금액	선입선출법적용시 판매수량(20개)
01월 01일	기초재고	10개	100,000	1,000,000	10개
03월 14일	매입	30개	120,000	3,600,000	10개
10월 17일	매입	10개	110,000	1,100,000	
계		50개	114,000(총평균법)	5,700,000	

- 선입선출법 = (20개 × 120,000원) + 1,100,000(10.17) = 3,500,000원
- 총평균법 = 30개 × 114,000원 = 3,420,000원

06. 상환기간이 2년이므로 장기차입금으로 인식하여야 한다.

• 차입	(차)	현금	xx	(대)	**장기차입금**	xx
• 주식매입	(차)	**단기매매증권**	xx	(대)	현금등	xx
• 처분	(차)	현금	xx	(대)	단기매매증권	xx
		잡손실	xx	(대)	**단기매매증권처분익**	xx
• 이자발생	(차)	**이자비용**	xx	(대)	미지급비용 등	xx

07. 기말대손추산액 = 기말외상매출금잔액(50,000,000) × 1% = 500,000원

대손충당금

대손	150,000	기초	300,000
기말	500,000	*대손상각비(설정?)*	***350,000***
계	650,000	계	650,000

08. **재평가차익(재평가잉여금)은 기타포괄손익누계액** 항목이다.

09. 당기총제조원가 = 직접재료비(1,000,000) + 직접노무비(500,000) + 제조간접비(700,000)
= 2,200,000원

재공품

기초재고	300,000	*당기제품제조원가*	*1,900,000*
당기총제조원가	2,200,000	기말재고	600,000
계	2,500,000	계	2,500,000

10.

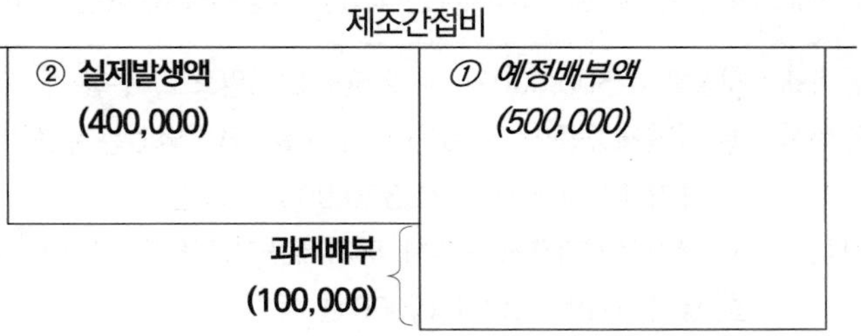

예정배부액(500,000) = 직접조업도(2,000시간) × 예정배부율

∴ 예정배부율 = 250원/직접노무시간

11. 당기 기말제품 재고액은 손익계산서에서 매출원가를 산출하는데 필요한 자료이므로 제조원가명세서와는 상관없는 자료이다.

12. 매몰원가에 대한 설명이다.

13. 항공법에 따른 **항공기에 의한 여객운송 용역은 부가가치세 과세대상**이다.

14. 공급에 대한 대가의 지급이 지체되었음을 이유로 받는 **연체이자는 공급가액에 포함하지 않는다.**

15.
- 신규로 사업을 시작하려는 자는 사업개시일 이전이라도 사업자등록 신청할 수 있다.
- **사업개시일 이전에 사업자등록을 신청**한 경우에는 그 **신청한 날부터 그 신청일이 속하는 과세기간의 종료일까지**로 한다.
- 사업자등록의 신청은 사업장 **관할세무서장이 아닌 다른 세무서장에게도 가능**하다.

실 무

문제 1 기초정보관리

[1] 계정과목 및 적요등록

[계정과목및적요등록] > 계정코드 851번 > • 오른쪽 상단 계정코드(명) : 차량리스료 입력
• 성격 : 3.경비 선택
• 현금적요 1.란 : 업무용승용차 리스료 입력

[2] 거래처등록

[기초정보관리] > [거래처등록] > [일반거래처] 탭에 위에서 제시한 항목과 내용을 모두 입력

[3] 전기분재무제표 수정

재무상태표(재고자산)⇒원가명세서⇒손익계산서⇒잉여금처분계산서⇒재무상태표

1. 전기분재무상태표 : 재공품 1,500,000원 → 2,500,000원으로 수정
2. 전기분원가명세서 : ① 기말재공품이 2,500,000원으로 변경되었는지 확인
   ② 당기제품제조원가 81,320,000원 확인
3. 전기분손익계산서 : ① 전기분원가명세서에서 당기제품제조원가 81,320,000원 수정
   ② 당기순이익 122,880,000원 확인
4. 전기분이익잉여금처분계산서 : ① 당기순이익이 122,880,000원으로 수정 반영
   ② 미처분이익잉여금 190,770,000원 확인
5. 전기분재무상태표 : 이월이익잉여금을 전기분이익잉여금처분계산서에서 확인한 미처분이익잉여금 190,770,000원으로 수정입력

문제 2 일반전표입력

[1]	(차) 현금	1,350,000	(대) 보통예금(㈜강남상사)	1,350,000
[2]	(차) 복리후생비(제)	1,800,000	(대) 보통예금	3,000,000
	복리후생비(판)	1,200,000		
[3]	(차) 보통예금	169,200	(대) 이자수익	200,000
	선납세금	30,800		
[4]	(차) 원재료	3,300,000	(대) 현금	3,300,000

[5] (차) 보통예금	200,000,000	(대)	자본금	100,000,000
			주식할인발행차금	20,000,000
			주식발행초과금	80,000,000

☞ 신주발행 = 발행가액(200,000,000) – 액면가액(10,000주 × 10,000원) = 100,000,000원(할증)
<u>합계잔액시산표(11/12) 조회 후 주식할인발행차금(20,000,000원)을 우선 상계</u>

[6] (차) 외상매입금(㈜한국)	1,500,000	(대)	받을어음((주)세화)	1,500,000

문제 3 매입매출전표입력

문항	일자	유형	공급가액	부가세	거래처	전자
[1]	7/15	53.면세	220,000	0	플라워24	여
분개유형		(차) 기업업무추진비(판/제) 220,000		(대) 미지급금		220,000
혼합						
문항	일자	유형	공급가액	부가세	거래처	전자
[2]	8/1	11.과세	20,000,000	2,000,000	백두기계사	여
분개유형		(차) 미수금	22,000,000	(대) 차량운반구		35,000,000
혼합		감가상각누계액(209)	16,500,000	부가세예수금		2,000,000
				유형자산처분이익		1,500,000
☞처분손익 = 처분가액(20,000,000) – 장부가액(35,000,000 – 16,500,000) = 1,500,000(이익)						
문항	일자	유형	공급가액	부가세	거래처	전자
[3]	10/22	22.현과	500,000	50,000	김민국	–
분개유형		(차) 현금	550,000	(대) 제품매출		500,000
현금(혼합)				부가세예수금		50,000
문항	일자	유형	공급가액	부가세	거래처	전자
[4]	12/01	54.불공(3)	900,000	90,000	㈜자동차	여
분개유형		(차) 임차료(판)	990,000	(대) 보통예금		990,000
혼합						
문항	일자	유형	공급가액	부가세	거래처	전자
[5]	12/09	51.과세	4,700,000	470,000	㈜동국개발	여
분개유형		(차) 임차료(제)	4,000,000	(대) 당좌예금		5,170,000
혼합		전력비(제)	700,000			
		부가세대급금	470,000			
문항	일자	유형	공급가액	부가세	거래처	전자
[6]	12/30	52.영세	50,000,000	0	㈜한울	여
분개유형		(차) 원재료	50,000,000	(대) 받을어음((주)한울)		25,000,000
혼합				지급어음((주)한울)		25,000,000

문제 4 오류수정

[1] 7월 25일 일반전표 입력

〈수정전〉 (차) 기업업무추진비(판) 300,000 (대) 현금 300,000

〈수정후〉 (차) 복리후생비(제) 300,000 (대) 현금 300,000

[2] 11월 02일 일반전표 삭제

〈수정전〉 (차) 원재료 132,000 (대) 현금 132,000

	일자	유형	공급가액	부가세	거래처	전자
〈수정후〉	11/02	61.현과	120,000	12,000	중앙전자	-
분개유형	(차) 원재료		120,000	(대) 현금		132,000
현금(혼합)	부가세대급금		12,000			

문제 5 결산

[1] 〈수동결산〉

(차) 이자비용 150,000 (대) 미지급비용 150,000

[2] 〈수동결산〉

(차) 장기차입금((주)한미은행) 30,000,000 (대) 유동성장기부채((주)한미은행) 30,000,000

[3] 〈수동결산〉

(차) 미수수익 300,000 (대) 이자수익 300,000

문제 6 장부조회

[1] 483,358,000원

- 1월 말 재무상태표 조회 : 유동자산(701,000,000) - 유동부채(217,642,000) = 483,358,000원

[2] 과세표준 : 297,000,000원, 납부세액 : 7,621,000원

- 부가가치세 신고서 메뉴에서 4.1.~6.30.을 입력한 후 확인

[3] 27,000,000원

- 거래처원장에서 5월 말 기준 외상매입금 과목으로 조회

제99회(특별) 전산회계1급

합격율	시험년월
25%	2021.12

이 론

01. 다음 중 재무제표에 대한 설명으로 옳지 않은 것은?

① 재무상태표는 일정 시점의 기업의 재무상태를 나타내는 보고서이다.
② 손익계산서는 일정 기간 동안의 기업의 경영성과에 대한 정보를 제공한다.
③ 기업의 현금유입과 유출에 대한 현금흐름을 나타내는 보고서는 현금흐름표이다.
④ 재무제표는 재무상태표, 손익계산서, 현금흐름표, 자본변동표로 구성되며 주석은 포함되지 않는다.

02. 다음 설명은 재고자산의 원가흐름의 가정 중 어떤 방법에 해당하는가?

> 나중에 매입한 상품을 먼저 판매한다는 가정 하에 출고단가를 산정하는 방법으로 가장 최근 매입분이 매출원가로 기록되므로 수익·비용의 대응이 적절히 이루어진다는 장점이 있다. 반면, 기말재고자산이 오래전의 매입분으로 구성되므로 시가에 가깝게 표시되지 않는다는 단점이 있다.

① 선입선출법 ② 후입선출법 ③ 개별법 ④ 총평균법

03. 자본적 지출과 수익적 지출에 대한 회계처리의 오류로 인하여 발생하는 영향에 대해 빈칸 (a)와 (b)에 각각 들어갈 말로 모두 옳은 것은?

구분	자산	비용	당기순이익	자본
자본적 지출을 수익적 지출로 인식한 경우	(a)	(b)	(과소)	(과소)

	(a)	(b)
①	과소	과소
②	과대	과소
③	과대	과대
④	과소	과대

04. 다음 중 무형자산에 대한 설명으로 옳지 않은 것은?

① 내부적으로 창출하여 계상한 영업권은 인정하지 않는다.
② 무형자산 상각 시 잔존가치는 원칙적으로 0원인 것으로 한다.
③ 장기간에 걸쳐 영업 활동에 사용할 목적으로 보유하는 물리적 형체가 없는 자산이다.
④ 무형자산의 상각은 취득 시점부터 시작한다.

05. 아래의 보기에서 주식배당을 하였을 때 발생하는 영향으로 올바른 것들로 짝지어진 것은?

가. 자본금이 증가한다.	나. 이익잉여금이 감소한다.
다. 자본잉여금이 감소한다.	라. 발행 주식 수가 증가한다.

① 가, 나, 라 ② 가, 나, 다 ③ 가, 다, 라 ④ 나, 다, 라

06. 다음의 자료에서 비유동부채에 속하는 계정들의 금액 합계는 얼마인가?

• 미지급금 50,000원	• 매입채무 150,000원
• 임차보증금 200,000원	• 퇴직급여충당부채 350,000원
• 유동성장기부채 70,000원	• 사채 300,000원

① 650,000원 ② 720,000원 ③ 850,000원 ④ 920,000원

07. 다음 중 각 거래 형태별 수익 인식 시점으로 옳은 것은?

① 상품권 발행 : 상품권을 판매한 시점
② 시용판매 : 고객에게 제품을 인도한 시점
③ 공연입장료 : 입장권을 판매하는 시점
④ 주문개발 소프트웨어 : 진행기준으로 인식

08. 다음의 자료를 이용하여 매출총이익을 계산하시오.

• 매출액 1,700,000원	• 매입액 1,200,000원
• 기초상품재고액 400,000원	• 기말상품재고액 300,000원
• 상품매출운반비 40,000원	• 상품매입운반비 50,000원

① 300,000원 ② 350,000원 ③ 390,000원 ④ 400,000원

09. 다음 중 제조간접비로 집계되는 항목이 아닌 것은?

① 공장 감가상각비　　② 공장 임차료
③ 원재료 구입 운반비　　④ 공장전력비

10. 다음 자료에 의하면 10월 중 제조간접비 실제 발생액과 예정배부액 간의 배부차이로 올바른 것은?

- 10월 중 제조간접비 실제 발생액은 600,000원이다.
- 10월 중 실제 직접노동시간 : 1,000시간
- 10월 중 예정 직접노동시간 : 1,200시간
- 제조간접비 예정배부율은 직접노동시간당 @550원이다

① 50,000원 과소배부　　② 50,000원 과대배부
③ 60,000원 과소배부　　④ 60,000원 과대배부

11. 다음 중 개별원가계산과 종합원가계산의 차이점에 관한 내용으로 가장 옳지 않은 것은?

	개별원가계산	종합원가계산
①	선박 3척일 경우, 각각 별도로 원가를 집계	자동차 100대일 경우, 모두 묶어서 원가를 집계
②	제조간접비 배부의 정확성이 중요	기말 재공품 평가의 정확성이 중요
③	여러 가지 개별제품의 주문생산일 경우 적합	단일제품의 연속대량생산일 경우 적합
④	직접재료비와 가공비로 분류하여 집계	직접비와 제조간접비로 분류하여 집계

12. 다음 중 공손품에 대한 설명으로 가장 옳지 않은 것은?

① 정상공손의 원가는 제품제조원가에 포함된다.
② 비정상공손원가는 영업비용으로 처리해야 한다.
③ 정상공손은 제품을 생산하는 과정에서 불가피하게 발생한다.
④ 비정상공손은 비효율적인 생산관리로 인해 발생한다.

13. 부가가치세법상 영세율 적용 대상 중 세금계산서 발급 의무가 있는 것은?

① 직수출하는 재화　　② 구매확인서에 의한 수출재화
③ 국외에서 제공하는 용역　　④ 항공기의 외국항행용역

14. 다음 자료에 의하면 일반과세 사업자인 ㈜무릉의 부가가치세 납부세액은 얼마인가?

- 전자세금계산서 발급에 의한 제품매출액 : 7,000,000원(부가가치세 별도)
- 신용카드에 의한 원재료 매입액(매입세액공제 가능) : 2,750,000원(공급대가)
- 세금계산서를 받고 구입한 거래처 선물 구입비 300,000원(부가가치세 별도)

① 425,000원 ② 435,000원 ③ 444,000원 ④ 450,000원

15. 다음 중 세금계산서 발급과 관련한 내용으로 틀린 것은?

① 직전년도(2023년) 사업장별 재화 및 용역의 공급가액의 합계액이 0.8억원 이상인 개인사업자는 2024년 제2기부터 2025년 제1기까지 전자세금계산서 의무발급대상에 해당한다.
② 소매업 또는 미용, 욕탕 및 유사서비스업을 경영하는 자가 공급하는 재화 또는 용역의 경우 세금계산서를 발급하지 아니할 수 있다.
③ 간이과세자는 세금계산서를 발급할 수 없다.
④ 수입세금계산서 발급자는 세관장이다.

실 무

스마트패션㈜(3399)은 패션의류를 제조하여 판매하는 중소기업으로, 당기 회계기간은 20x1.1.1.~20x1.12.31.이다. 전산세무회계 수험용 프로그램을 이용하여 다음 물음에 답하시오.

문제 1 다음은 기초정보관리 및 전기분재무제표에 대한 자료이다. 각각의 요구사항에 대하여 답하시오. (10점)

[1] 계정과목및적요등록 메뉴에서 다음의 내용을 추가 등록하시오. (3점)

- 계정과목 : 차량유지비(522)
- 현금적요 6 : 차량 유류비 지급

[2] 미수금과 미지급금의 초기이월은 다음과 같다. 거래처별초기이월 메뉴에서 수정 또는 추가 입력하시오. (3점)

구분	거래처	금액(원)
미수금	경기상사	2,500,000
	강원상사	3,700,000
	충청상사	4,800,000
미지급금	전라상사	1,500,000
	제주상사	2,100,000
	경상상사	1,400,000

[3] 전기분 재무상태표에서 다음과 같은 오류를 확인하였다. 관련 전기분 제무제표를 모두 적절히 수정하시오. (4점)

원재료 재고액은 50,000,000원이나 45,000,000원으로 잘못 입력된 것을 확인하였다.

문제 2 다음 거래 자료를 일반전표입력 메뉴에 추가 입력하시오. (일반전표입력의 모든 거래는 부가가치세를 고려하지 말 것) (18점)

[1] 07월 20일 본사 영업부 직원의 직무능력 강화를 위하여 외부강사를 초청하여 교육하고, 강사료 1,000,000원 중 원천징수세액 33,000원을 제외한 나머지 금액 967,000원을 보통예금 계좌에서 지급하였다. (3점)

[2] 07월 25일 제1기 확정신고분 부가가치세를 신용카드(농협카드)로 납부하면서 납부세액의 0.8%에 상당하는 수수료를 포함한 금액이 결제되었다. (미지급세금 잔액을 확인하고 회계처리할 것) (3점)

[3] 08월 05일 창고에서 화재가 발생하여 보관하고 있던 상품 40,000,000원(장부가액)이 소실되었다. (3점)

[4] 09월 10일 다음과 같이 8월분 고용보험료를 보통예금으로 납부하였다. (3점)

- 회사부담분 : 200,000원(영업부 직원), 300,000원(생산직 직원)
- 근로자부담분 : 500,000원(급여지급 시 근로자부담분은 원천징수하여 예수금으로 처리)
- 회사부담분 고용보험료는 복리후생비로 처리한다.

[5] 09월 28일 거래처 ㈜한성이 전년도에 파산하여 받을어음 350,000원이 회수 불가능해진 것을 뒤늦게 이번에 확인하였다. 그 금액이 중요하지 않아 전기분 재무제표는 수정하지 않고 당기 손익에 반영하기로 하였다. (3점)

[6] 12월 29일 회사가 발행한 주식 1,000주를 주당 5,000원에 현금을 지급하고 매입하여 소각하였다. (단, 주식의 액면금액은 주당 10,000원이며, 소각 전 감자차익 혹은 감자차손은 없다.) (3점)

문제 3 다음 거래 자료를 매입매출전표입력 메뉴에 입력하시오.(18점)

[1] 09월 10일 제품 $50,000를 Newyork에 직수출하고 대금은 당일 $30,000를 받아 원화로 환전하여 즉시 보통예금 계좌에 입금하고 잔액 $20,000은 9월 30일에 받기로 하다. (3점)

판매대금	대금 수령일	기준환율	비 고
$30,000	9월 10일	$1당 1,100원	선적일
$20,000	9월 30일	$1당 1,150원	잔금청산일

[2] 09월 20일 수출업체인 강남무역에 구매확인서에 의하여 제품을 다음과 같이 판매하고 영세율전자세금계산서를 발급하였다. 대금 중 1,000,000원은 동사가 발행한 당좌수표로 받고 나머지 잔액은 월말에 받기로 하였다. (3점)

품명	수량	단가	공급가액	부가가치세
모자	1,000개	5,000원	5,000,000원	0원

[3] 10월 07일 공장에서 사용하던 기계장치(취득원가 30,000,000원, 감가상각누계액 18,000,000원)를 ㈜미샤패션에 공급가액 10,000,000원(부가세 별도)에 매각하면서 전자세금계산서를 발급하였다. 대금은 ㈜미샤패션이 발행한 약속어음으로 받았다. (3점)

[4] 10월 11일 영업부에서 사용하기 위한 승용차(배기량 998cc)를 ㈜광릉자동차에서 구입하고 다음의 전자세금계산서를 발급받았다. 차량을 인수하면서 승용차 매입대금과 별도로 취득세 40,000원과 번호판 부착비용 등 제비용 50,000원은 현금으로 지급하였다. (3점)

(청색)

전자세금계산서	(공급받는자 보관용)			승인번호			
공급자	등록번호	125-81-01229		공급받는자	등록번호	418-86-45105	
	상호	광릉자동차(주)	성명(대표자): 김도철		상호	스마트패션㈜	성명(대표자): 고민중
	사업장 주소	남양주시 광릉수목원로 150-7			사업장 주소	전북 전주시 덕진구 벚꽃로1	
	업태	도소매	종사업장번호		업태	제조/도소매	종사업장번호
	종목	자동차			종목	의류	
	E-Mail				E-Mail		

작성일자			공급가액			세액		
월	일	품목명	규격	수량	단가	공급가액	세액	비고
10	11	모닝(프레스티지)				13,500,000	1,350,000	

합계금액	현금	수표	어음	외상미수금	이 금액을 ○ 영수 ◉ 청구 함
14,850,000	4,850,000			10,000,000	

[5] 11월 10일 공장직원의 작업화 구매비용(복리후생비)을 아래와 같이 법인카드로 결제하였다. 적절한 회계처리를 하시오. (3점)

신용카드매출전표

카드종류 : 국민카드
회원번호 : 2224-1222-****-1345
거래일시 : 20x1.11.10. 11:05:16
거래유형 : 신용승인
매 출 : 300,000원
부 가 세 : 30,000원
합 계 : 330,000원
결제방법 : 일시불
승인번호 : 71999995
은행확인 : 국민은행

가맹점명 : 안전물산㈜
- 이 하 생 략 -

[6] 11월 15일 대표이사의 자택에서 사용할 목적으로 한국마트에서 냉난방기를 4,400,000원(부가가치세 별도)에 구입하고, 회사 명의로 전자세금계산서를 발급받았다. 대금은 당사의 보통예금 계좌에서 이체하여 지급하였으며, 대표이사에 대한 가지급금으로 처리하였다.

문제 4 일반전표입력 및 매입매출전표입력 메뉴에 입력된 내용 중 다음과 같은 오류가 발견되었다. 입력된 내용을 확인하여 정정하시오. (6점)

[1] 08월 10일 공장 건물 취득에 대한 취득세 12,500,000원을 현금으로 납부하고 세금과공과(판)로 처리하였다. 올바르게 수정하시오. (고정자산등록은 생략한다) (3점)

[2] 09월 15일 매출처에 추석 선물을 주기 위해 무등정미소에서 간척쌀 500,000원을 구입하고 법인명의 신용카드(신한카드)로 결제하였다. (3점)

문제 5 결산정리사항은 다음과 같다. 해당 메뉴에 입력하시오. (9점)

[1] 지난 12월 12일 보통예금 계좌에 입금된 2,500,000원(가수금 처리)은 ㈜광릉통상의 외상매출금 중 일부가 회수된 것으로 확인되었다. (3점)

[2] 기말 외상매출금 계정 중에는 미국 '투식스'사의 외상매출금 5,500,000원(미화 $5,000)이 포함되어 있다. 결산일 현재 적용환율은 1,120원/$이다. (3점)

[3] 기말 현재 당기 법인세비용은 15,500,000원이며, 관련 자료는 다음과 같다. (3점)

법인세비용	중간예납세액
15,500,000원	6,000,000원

문제 6 다음 사항을 조회하여 답안을 이론문제 답안작성 메뉴에 입력하시오. (9점)

[1] 5월에 지출된 판매비와관리비 계정과목 중 대체거래 지출액이 가장 적은 계정과목명은 무엇인가? (3점)

[2] 1기 부가가치세 예정신고기간의 매출영세율세금계산서 공급가액 합계액은 얼마인가? (3점)

[3] 6월 말 현금및현금성자산 금액은 전년도 12월 말에 비하여 얼마만큼 변동되었는가? 단, 감소된 경우 마이너스(-) 부호를 숫자 앞에 표기할 것. (3점)

제99회(특별) 전산회계1급 답안 및 해설

이 론

1	2	3	4	5	6	7	8	9	10	11	12	13	14	15
④	②	④	④	①	①	④	②	③	①	④	②	②	④	②③

01. 재무제표는 재무상태표, 손익계산서, 현금흐름표, 자본변동표로 구성되며, **주석을 포함한다.**

03. **자본적 지출을 수익적 지출로 인식**하게 되면 자산으로 인식할 금액이 반영되지 않으므로 **자산은 과소계상**되고, **비용은 과대계상**되어 **당기순이익이 감소**함으로써 자본이 감소하는 영향을 미친다.

04. 무형자산의 상각은 **사용 가능한 시점부터 시작**한다.

05. 주식배당 : (차) 이월이익잉여금(자본) XXX (대) 자본금(자본) XXX

자본잉여금은 불변이다.

06. 비유동부채 = 퇴직급여충당부채(350,000) + 사채(300,000) = 650,000원

- 미지급금, 매입채무, 유동성장기부채는 유동부채에 속하며, 임차보증금은 자산에 속한다.

07.
- 상품권을 발행한 경우 상품권을 회수하고 **재화를 인도하는 시점**에 수익을 인식한다.
- 시용판매는 **고객이 구매의사를 표시한 시점**에 수익을 인식한다.
- 공연입장료는 **행사가 개최되는 시점**에 수익을 인식한다.

08. 순매입액 = 총매입액(1,200,000) + 상품매입운반비(50,000) = 1,250,000원

상 품

기초상품	400,000	**매출원가**	**1,350,000**
순매입액	1,250,000	기말상품	300,000
계	1,650,000	계	1,650,000

매출총이익 = 매출액(1,700,000) − 매출원가(1,350,000) = 350,000원

09. 원재료 구입 시 발생하는 운반비는 원재료의 원가에 가산하므로 직접재료비에 해당한다.

10. 예정배부액 = 실제조업도(1,000) × 예정배부율(@550원) = 550,000원

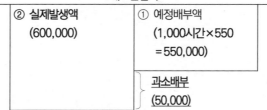

제조간접비

② 실제발생액 (600,000)	① 예정배부액 (1,000시간×550 =550,000)
	과소배부 (50,000)

11. **개별원가계산은 직접비와 제조간접비**로, **종합원가계산은 직접재료비와 가공비**로 분류하여 원가를 집계한다.

12. **비정상공손원가는 발생한 기간의 영업외비용**으로 처리하여야 한다.

13. **내국신용장 또는 구매확인서에 의한 수출재화는 세금계산서 발급 대상**이다.

14. 매출세액 = 제품매출액(7,000,000) × 10/100 = 700,000원
매입세액 = 원재료 매입액(공급대가, 2,750,0000) × 10/110 = 250,000원
납부세액 = 매출세액(700,000) - 매입세액(250,000) = 450,000원

15. ② 소매업의 경우 매입자가 요청하는 경우 세금계산서 발급이 가능하다.
③ **일정한 요건을 갖춘 간이과세자의 경우 세금계산서 발급 의무가 부여**된다.

실 무

문제 1 기초정보관리

[1] 계정과목 및 적요등록
[기초정보관리] > [계정과목및적요등록] > 차량유지비(522) > 현금적요 > 6번, '차량 유류비 지급' 등록

[2] 거래처별 초기이월
- 미수금 : 경기상사 3,700,000원 → 2,500,000원으로 수정 입력
강원상사 2,500,000원 → 3,700,000원으로 수정 입력
- 미지급금 : 경상상사 1,400,000원 추가 입력

[3] 전기분재무제표 수정

재무상태표(재고자산)⇒원가명세서⇒손익계산서⇒잉여금처분계산서⇒재무상태표

1. 전기분재무상태표 : 원재료 45,000,000원 → 50,000,000원으로 수정 입력
2. 전기분원가명세서 : 당기제품제조원가 128,000,000원 확인
3. 전기분손익계산서 : 당기제품매출원가의 당기제품제조원가 133,000,000원 → 128,000,000원으로 수정 입력
4. 전기분잉여금처분계산서 : 당기순이익 41,000,000원 → 46,000,000원으로 수정 입력
6. 전기분재무상태표 : 이월이익잉여금 62,000,000원 → 67,000,000원으로 수정 입력

문제 2 일반전표입력

[1]	(차)	교육훈련비(판)	1,000,000	(대)	보통예금	967,000
					예수금	33,000
[2]	6월 30일 일반전표의 미지급세금(10,000,000) 조회					
	(차)	미지급세금	10,000,000	(대)	미지급금(농협카드)	10,080,000
		수수료비용(판)	80,000			
[3]	(차)	재해손실	40,000,000	(대)	상품(8.타계정대체)	40,000,000
[4]	(차)	복리후생비(판)	200,000	(대)	보통예금	1,000,000
		복리후생비(제)	300,000			
		예수금	500,000			
[5]	(차)	전기오류수정손실(962)	350,000	(대)	받을어음(㈜한성)	350,000

☞ 전기분 재무제표를 수정하지 않는다는 의미는 중요하지 않은 오류를 의미한다. 따라서 영업외비용으로 처리한다. 당기손익에 반영한다는 표현으로 인하여 아래의 답안도 인용하였다.

인용	(차)	대손충당금(111)	165,000	(대)	받을어음((주)한성)	350,000
		대손상각비(판)	185,000			
or	(차)	대손상각비(판)	350,000	(대)	받을어음((주)한성)	350,000
[6]	(차)	자본금	10,000,000	(대)	현금	5,000,000
					감자차익	5,000,000

☞ 감자 = 감자대가(1,000주 × 5,000) − 액면가(1,000주 × 10,000원) = △5,000,000원(차익)

문제 3 매입매출전표입력

문항	일자	유형	공급가액	부가세	거래처	전자
[1]	9/10	16.수출(1)	55,000,000	0	Newyork	-
분개유형	(차) 보통예금	33,000,000	(대) 제품매출			55,000,000
혼합	외상매출금	22,000,000				
☞과세표준(제품매출) = $50,000 × 1,100원(선적일 환율) = 55,000,000원						
문항	일자	유형	공급가액	부가세	거래처	전자
[2]	9/20	12.영세(3)	5,000,000	0	강남무역	여
분개유형	(차) 현금	1,000,000	(대) 제품매출			5,000,000
혼합	외상매출금	4,000,000				

문항	일자	유형	공급가액	부가세	거래처	전자
[3]	10/07	11.과세	10,000,000	1,000,000	㈜미샤패션	여
분개유형	(차) 미수금		11,000,000	(대) 기계장치		30,000,000
혼합	감가상각누계액(207)		18,000,000	부가세예수금		1,000,000
	유형자산처분손실		2,000,000			
☞처분손익 = 처분가액(10,000,000) – 장부가액(30,000,000 – 18,000,000) = △2,000,000(손실)						

문항	일자	유형	공급가액	부가세	거래처	전자
[4]	10/11	51.과세	13,500,000	1,350,000	광릉자동차(주)	여
분개유형	(차) 차량운반구		13,590,000	(대) 현금		4,940,000
혼합	부가세대급금		1,350,000	미지급금		10,000,000

문항	일자	유형	공급가액	부가세	거래처	신용
[5]	11/10	57.카과	300,000	30,000	안전물산㈜	국민카드
분개유형	(차) 복리후생비		300,000	(대) 미지급금(국민카드)		330,000
카드(혼합)	부가세대급금		30,000			

문항	일자	유형	공급가액	부가세	거래처	전자
[6]	11/15	54.불공(2)	4,400,000	440,000	한국마트	여
분개유형	(차) 가지급금		4,840,000	(대) 보통예금		4,840,000
혼합						

문제 4 오류수정

[1] 7월 10일 일반전표 수정

〈수정전〉

(차) 세금과공과 12,500,000 (대) 현금 12,500,000

〈수정후〉

(차) 건물 12,500,000 (대) 현금 12,500,000

[2] 9월 15일 매입매출전표 수정

〈수정전〉	유형	공급가액	부가세	거래처	전자
	54.불공	500,000	50,000	무등정미소	–
분개유형	(차) 기업업무추진비(판)	550,000	(대) 미지급금(신한카드)		550,000
혼합					

〈수정후〉	유형	공급가액	부가세	거래처	전자
	58.카면	500,000	0	무등정미소	여
분개유형	(차) 기업업무추진비(판)	500,000	(대) 미지급금(신한카드)		500,000
카드(혼합)					

문제 5 결산

[1] 〈수동결산〉

(차) 가수금((주)광릉통상) 2,500,000 (대) 외상매출금((주)광릉통상) 2,500,000

[2] 〈수동결산〉

(차) 외상매출금(투식스) 100,000 (대) 외화환산이익 100,000

☞환산손익 = 공정가액($5,000 × 1,120) − 장부가액(5,500,000) = 100,000원(이익)

[3] 〈수동/자동결산〉

(차) 법인세등 15,500,000 (대) 선납세금 6,000,000

미지급세금 9,500,000

결산자료입력 메뉴를 선택한 후 법인세등란의 해당 칸에 각각 다음의 금액을 입력한 후 전표 추가

• 선납세금 : 6,000,000원 • 추가계상액 : 9,500,000원

문제 6 장부조회

[1] 복리후생비

→ 월계표에서 5월로 조회

[2] 50,000,000원(모두 정답)

→ 매입매출장 → 기간 : 1월 1일 ~ 3월 31일, 구분 : 2 매출, 유형 : 12 영세로 조회

[3] △63,000,000원(모두 정답)

→ 재무상태표 6월분에서 제출용을 선택하여 당기와 전기를 비교한다.

제98회(특별) 전산회계1급

합격율	시험년월
37%	2021.10

이 론

01. 다음 중 재무상태표에 대한 설명으로 가장 적절한 것은?

① 기업의 자산, 부채, 자본을 보여주며 유동성이 큰 항목부터 배열한다.
② 자산과 부채의 유동성과 비유동성을 구분하지 않는다.
③ 자산과 부채는 상계하여 처리하는 것을 원칙으로 한다.
④ 일정 기간 동안의 기업에 대한 경영성과를 나타내는 보고서이다.

02. 다음 중 물가가 지속적으로 상승하는 경우 매출총이익 및 기말재고자산 금액이 가장 높게 평가되는 재고자산평가방법으로 올바른 것은?(단, 기초재고자산 수량과 기말재고자산 수량은 동일하다고 가정함)

	매출총이익	기말재고자산금액		매출총이익	기말재고자산금액
①	후입선출법	선입선출법	②	선입선출법	후입선출법
③	후입선출법	후입선출법	④	선입선출법	선입선출법

03. 다음 중 유형자산의 취득원가에 포함되는 항목이 아닌 것은?

① 취득세 ② 설치원가 및 조립원가
③ 설계와 관련하여 전문가에게 지급하는 수수료 ④ 관리 및 기타 일반간접원가

04. 시장성 있는 ㈜진성의 주식 10주를 장기투자 목적으로 1주당 50,000원에 매입하고 거래수수료 5,000원을 포함하여 보통예금으로 결제하였다. 기말 공정가치는 1주당 52,000원이다. 일반기업회계기준에 따라 회계처리 하는 경우 다음 중 맞는 것은?

① 매도가능증권의 취득가액은 500,000원이다.
② 매도가능증권의 취득시점 분개는 아래와 같다.
(차) 매도가능증권 505,000원 (대) 보통예금 505,000원
③ 매도가능증권평가이익은 20,000원이다.
④ 매도가능증권평가손익은 당기손익에 반영한다.

05. 다음 퇴직급여와 관련하여 당기에 인식할 퇴직급여 비용은?

㈜전산은 퇴직금추계액의 100%를 퇴직급여충당금부채로 설정하는 법인으로 전기말 5,000,000원을 퇴직급여충당부채로 설정하였으며, 20x1년 7월 30일에 7,000,000원의 퇴직급여를 지급하였으며, 기말 현재 종업원의 퇴직으로 지급해야할 퇴직금추계액은 8,000,000원이다.

① 8,000,000원 ② 10,000,000원 ③ 12,000,000원 ④ 15,000,000원

06. 다음 중 자본에 대한 설명으로 가장 옳지 않은 것은?

① 이익잉여금은 기업과 주주간의 자본거래에서 발생한 이익을 말한다.
② 현물출자로 취득한 자산은 공정가치를 취득원가로 한다.
③ 자본조정은 자본에 차감하거나 가산하여야 하는 임시적 계정을 말한다.
④ 주식의 발행은 할증발행, 액면발행 및 할인발행이 있으며, 어떠한 발행을 하여도 자본금은 동일하다.

07. 다음 중 수익적지출을 자본적지출로 회계처리한 경우의 효과로 옳지 않은 것은?

① 자산과소 ② 비용과소 ③ 이익과대 ④ 자본과대

08. 다음 중 회계상의 거래와 가장 관련이 없는 것은?

① 화재, 도난에 의한 자산의 소멸 ② 채권, 채무의 발생
③ 자산의 가치 감소 ④ 종업원의 고용계약

09. 제조원가 중 원가행태가 다음과 같은 원가의 예로 가장 부적합한 것은?

생산량	1,000개	2,000개	2,500개
총원가	1,000,000원	1,000,000원	1,000,000원

① 공장 화재보험료 ② 임차료
③ 정액법에 따른 감가상각비 ④ 제품포장비용

10. 다음 중 보조부문원가의 배분방법에 대한 설명으로 가장 옳지 않은 것은?

① 상호배분법은 계산과정이 복잡한 단점이 있다.
② 상호배분법은 보조부문원가 배분방법 중 가장 정확성이 높은 방법이다.
③ 단계배분법은 보조부문원가 배분방법 중 배분순위를 고려하여 배분한다.
④ 직접배분법은 보조부문 상호 간의 용역 수수를 완전히 고려하여 배분한다.

11. 다음은 어떤 원가 계산에 대한 설명인가?

> 제품 단위별로 제조되는 제품 수량과 형태에 관해 제조지시서에 기입된 것을 근간으로 제조지시서별로 개별적인 원가를 집계하여 계산하는 방법이다. 이것은 다품종소량생산의 경우 가능한 방법이며, 주문생산이나 반복적이지 않은 제품의 생산방식에 적용한다.

① 개별원가계산 ② 표준원가계산 ③ 종합원가계산 ④ 변동원가계산

12. 다음 자료에서 선입선출법에 의한 직접재료비의 완성품환산량을 계산하면 얼마인가?

> • 기초재공품 : 15,000단위(완성도:40%) • 기말재공품 : 10,000단위(완성도:60%)
> • 당기착수량 : 35,000단위 • 완성품수량 : 40,000단위
> • 직접재료비는 공정초기에 전량 투입되고, 가공비는 공정전반에 걸쳐 균등하게 발생함

① 35,000단위 ② 40,000단위 ③ 46,000단위 ④ 50,000단위

13. 다음은 부가가치세법상 납세의무자에 대한 설명이다. 가장 옳은 것은?

① 간이과세자는 직전 1역년 공급대가가 8,000만원 미만인 법인사업자를 말한다.
② 영리를 추구하지 않는다면 재화 또는 용역을 공급하여도 사업자에 해당하지 않는다.
③ 사업자가 아니라면 재화를 수입하는 경우 부가가치세 납세의무가 발생하지 않는다.
④ 영세율을 적용받는 사업자도 납세의무자에 해당된다.

14. 다음 자료에서 부가가치세법상 일반과세자의 부가가치세 과세표준은 얼마인가? 단, 다음의 금액에는 부가가치세액이 포함되어있지 않다.

> • 총매출액 : 5,000,000원 • 매출환입액 : 500,000원
> • 총매입액 : 3,000,000원 • 금전지급 판매장려금 : 200,000원

① 4,500,000원 ② 4,300,000원 ③ 3,600,000원 ④ 1,700,000원

15. 다음 간이과세자 중 세금계산서 발급의무가 있는 사업자는?

① 직전 연도의 공급대가의 합계액이 5,000만원인 목욕탕업을 운영하는 간이과세자
② 직전 연도의 공급대가의 합계액이 3,000만원인 여관업을 운영하는 간이과세자
③ 직전 연도의 공급대가의 합계액이 7,000만원인 제조업을 운영하는 간이과세자
④ 직전 연도의 공급대가의 합계액이 4,000만원인 미용실을 운영하는 간이과세자

실 무

금정가구㈜(3398)는 사무용가구등을 제조 · 판매하는 중소기업이며, 당기 회계기간은 20x1.01.01.~20x1.12.31.이다. 전산세무회계 수험용 프로그램을 이용하여 다음 물음에 답하시오.

문제 1 다음은 기초정보관리 및 전기분재무제표에 대한 자료이다. 각각의 요구사항에 대하여 답하시오.(10점)

[1] 해외 진출을 위해 ㈜로즈퍼니처와 협약을 맺었다. 다음의 내용을 거래처등록메뉴에 등록하시오. (3점)

- 코드 : 1200 • 구분 : 매출 • 거래처명 : ㈜로즈퍼니처 • 대표자명 : 박장미
- 사업자등록번호 : 128-81-42248 • 업태 : 도소매 • 종목 : 가구
- 주소 : 서울 중구 남대문로 112 (우편번호 주소 생략)

[2] 전기말 거래처별 채권· 채무의 잔액은 다음과 같다. 거래처별 초기이월메뉴에 수정 · 추가입력하시오. (3점)

계정과목	거래처	금액(원)
외상매출금	㈜성신	30,000,000
	㈜유은	45,000,000
외상매입금	㈜시티	25,000,000
	㈜민국	23,000,000

[3] 전기분 손익계산서의 임차료 10,000,000원은 제조공장 임차료로 판명되었다. 전기분 원가명세서 및 전기분 손익계산서를 수정하시오.(4점)

문제 2 **다음 거래 자료를 일반전표입력 메뉴에 추가 입력하시오.(일반전표입력의 모든 거래는 부가가치세를 고려하지 말 것)(18점)**

[1] 8월 7일 매출거래처 ㈜대들보의 사업장 이전행사에 참석하여 200,000원의 축의금을 현금으로 지급하였다. (3점)

[2] 9월 1일 1주당 액면금액이 5,000원인 보통주를 주당 6,000원씩 1,000주를 발행하고 대금은 현금으로 받았다. 주식발행비로 200,000원을 현금 지급하였다. (기존 주식할인발행차금 300,000원이 존재함)(3점)

[3] 9월 10일 다음과 같이 8월분 국민연금보험료를 보통예금에서 이체하여 납부하였다.(3점)

· 회사부담분 : 400,000원(영업부직원), 700,000원(생산부직원)
· 종업원부담분 : 1,100,000원(급여지급시 이 금액을 차감하고 지급함)
· 회사부담분 국민연금보험료는 세금과공과로 회계 처리한다.

연금 보험료 20x1년 8월 영수증(납부자용)

사 업 장 명	금정가구(주)
사 용 자	부산 금정구 금정로 219번길 3

납부자번호	5700000123	사 업 장 관리번호	21308432560

납부할보험료 (ⓐ+ⓑ+ⓒ+ⓓ+ⓔ)	2,200,000 원
납 부 기 한	20x1.9.10 까지

보험료	건 강 ⓐ	원	연금 ⓐ	2,200,000원
	장기요양 ⓑ	원	고용 ⓔ	원
	소계(ⓐ+ⓑ)	원	산재 ⓔ	원

납기후금액	2,266,000원	납기후기한	20x1.11.10까지

◉ 납부기한까지 납부하지 않으면 연체금이 부과됩니다.
※ 납부장소 : 전 은행, 우체국, 농·수협(지역조합 포함), 새마을금고, 신협, 증권사, 산림조합중앙회, 인터넷지로(www.giro.or.kr)
※ 2D코드 : GS25, 세븐일레븐, 미니스톱, 바이더웨이, 씨유에서 납부 시 이용.(우리·신한은행 현금카드만 수납가능)

20x1년 8 월 20 일

국민건강보험공단 이 사 장 국민건강보험공단 수납인

자동이체 신청 납부자번호 :

[4] 9월 30일 이자수익 900,000원 중 원천징수세액 138,600원을 제외한 나머지 금액이 보통예금 계좌에 입금되었다.(단, 원천징수세액은 자산으로 처리할 것.) (3점)

[5] 10월 13일 제품창고에 보관중인 제품 1단위(원가 40,000원)를 공장(생산시설) 경비직원의 생일선물로 무상 제공하였다.(3점)

[6] 10월 15일 거래처인 ㈜서울기업으로부터 받아 보관 중인 받을어음 3,000,000원을 거래은행인 대한은행에 할인하고 할인료 100,000원을 제외한 금액은 받은 즉시 보통예금에 입금하였다.(매각거래로 회계처리할 것)(3점)

문제 3 다음 거래 자료를 매입매출전표입력 메뉴에 입력하시오.(18점)

[1] 7월 16일 ㈜세무에 판매한 제품에 하자가 있어 환입받고 수정전자세금계산서를 발급하였다. 대금은 전액 외상매출금과 상계처리하였다. (단, 외상매출금 계정과 제품매출 계정에서 (-)의 금액으로 상계처리한다.)(3점)

품명	환입수량	단가	공급가액	부가가치세
제품	10	20,000원	200,000원	20,000원

[2] 9월 7일 업무용 승용차(2,500cc) 사고로 인해 중부정비소에서 엔진을 교체하였다. 이는 자본적 지출에 해당하는 것으로 엔진교체비용 4,400,000원(부가가치세 별도)은 당사 발행 약속어음을 지급하고 전자세금계산서를 발급받았다.(3점)

[3] 10월 3일 양촌통상㈜에 제품을 판매하고 다음의 전자세금계산서를 발급하였다. 대금은 9월 27일에 현금으로 수령한 계약금을 제외하고, 잔액 중 2,000,000원은 동사가 발행한 수표로, 나머지는 외상으로 하였다.(3점)

전자세금계산서(공급자 보관용)	승인번호	20211003-21058052-11726645

공급자	사업자등록번호	621-87-12342	종사업장번호		공급받는자	사업자등록번호	114-81-81238	종사업장번호	
	상호(법인명)	금정가구㈜	성 명(대표자)	금나라		상호(법인명)	양촌통상㈜	성 명	남상오
	사업장주소	부산 금정구 금정로 219번길3				사업장주소	서울 송파구 거마로 6		
	업 태	제조업	종 목	가구외		업 태	제조	종 목	전자부품
	이메일					이메일			

작성일자	공급가액	세액	수정사유
20x1.10.3	5,000,000원	500,000원	
비고			

월	일	품 목	규 격	수 량	단 가	공 급 가 액	세 액	비 고
10	3	제품A		50개	100,000원	5,000,000원	500,000원	

합 계 금 액	현 금	수 표	어 음	외 상 미 수 금	이 금액을 영수/청구 함
5,500,000원	500,000원	2,000,000원		3,000,000원	

[4] 10월 5일 공장에서 사용하던 실험용 기계(취득원가 15,000,000원, 감가상각누계액 10,470,750원)를 강남통상㈜에 5,500,000원(부가가치세 별도)매각하고 전자세금계산서를 발급하였다. 대금 중 1,050,000원은 현금으로 받고 나머지 잔액은 1개월후에 받기로 하였다.(3점)

[5] 10월 17일 다음과 같이 ㈜해피가구에 제품을 판매하였다. 외상매출금 중 현금으로 받지 못한 부분은 기존 해피가구에게 지급하여야할 외상매입금과 상계하기로 하였다.(3점)

세금계산서(공급자 보관용)						승인번호			
공급자	사업자등록번호	621 - 87 - 12342	종사업장 번호		공급받는자	사업자등록번호	621 - 87 - 25639	종사업장 번호	
	상호(법인명)	금정가구㈜	성 명 (대표자)	금나라		상호(법인명)	㈜해피가구	성 명	김빛나
	사업장주소	부산 금정구 금정로 219번길3				사업장 주소	서울시 마포구 상암로 331		
	업 태	제조업	종 목	가구외		업 태	도매업	종 목	가구
	이메일					이메일			

작성일자	공급가액	세액	수정사유
20x1. 10. 17.	5,000,000원	500,000원	
비고			

월	일	품 목	규 격	수 량	단 가	공 급 가 액	세 액	비 고
10	17	의자		100개	50,000원	5,000,000원	500,000원	

합 계 금 액	현 금	수 표	어 음	외 상 미 수 금	이 금액을 영수 청구 함
5,500,000원	3,300,000원			2,200,000원	

[6] 10월 30일 매출거래처 직원 신수빈씨의 결혼식을 축하하기 위해 플라워화원에서 화환(공급가액 110,000원)을 구입하고 전자계산서를 발급 받았다. 대금은 다음 달에 지급하기로 하였다.(3점)

문제 4 **일반전표입력 및 매입매출전표입력 메뉴에 입력된 내용 중 다음과 같은 오류가 발견되었다. 입력된 내용을 확인하여 정정하시오.(6점)**

[1] 8월 14일 비품 구입에 대해 ㈜강남에서 프린터를 구입하면서 330,000원(부가가치세 포함)을 전자세금계산서를 발급받고 자기앞수표로 지급하였으나 당좌수표를 발행하여 지급한 것으로 잘못 처리하였다. (3점)

[2] 8월 20일 영업부 건물 출입구 대형 유리문이 파손되어 ㈜현대유리에서 수리한 뒤 수리비(공급가액 4,500,000원, 부가가치세 별도)를 보통예금에서 이체지급하고 전자세금계산서를 발급받았다. 회계처리시 수익적 지출로 해야 할 것을 자본적 지출로 잘못 처리하였다. (3점)

문제 5 결산정리사항은 다음과 같다. 해당메뉴에 입력하시오.(9점)

[1] 무형자산인 특허권에 대한 당기 상각비는 3,000,000원이다.(3점)

[2] 기말 현재 당사가 장기투자목적으로 보유한 매도가능증권의 ㈜각각오의 주식의 취득원가, 전년도말 및 당해연도말 공정가액은 다음과 같다. (3점)

주식명	계정과목	전전기 취득원가	20x0년 12월 31일 공정가액	20x1년 12월 31일 공정가액
㈜각각오	매도가능증권	5,000,000원	4,000,000원	6,600,000원

[3] 퇴직급여추계액이 다음과 같을 때 퇴직급여충당부채를 설정하시오, 회사는 퇴직급여추계액의 100%를 퇴직급여충당부채로 설정하고 있다. (3점)

구분	퇴직금추계액	설정 전 퇴직급여충당부채 잔액
생산팀	100,000,000원	20,000,000원
관리팀	200,000,000원	50,000,000원

문제 6 다음 사항을 조회하여 답안을 이론문제 답안작성 메뉴에 입력하시오.(9점)

[1] 상반기(1월~6월) 중 원재료 매입액이 가장 큰 달과 가장 적은 달의 차액은 얼마인가?(3점)

[2] 부가가치세 1기 확정(4월~6월)신고기간의 납부세액 혹은 환급세액은 얼마인가?(3점)

[3] 제1기 부가가치세 예정신고기간(1월~3월)의 과세표준 금액은 얼마인가? (3점)

제98회(특별) 전산회계1급 답안 및 해설

이 론

1	2	3	4	5	6	7	8	9	10	11	12	13	14	15
①	④	④	②	②	①	①	④	④	④	①	①	④	①	③

01. ① 재무상태표란 기업의 재무상태를 보여주는 보고서로서 기업이 보유하고 있는 자산, 부채, 자본을 보여주며 **자산과 부채는 유동성이 큰 항목부터 배열하는 것을 원칙**으로 한다.
② 자산과 부채는 유동성과 비유동성을 구분한다.
③ 자산과 부채는 원칙적으로 상계하여 표시하지 않는다.
④ 손익계산서에 대한 설명이다.

02. **자산과 이익은 비례관계**이다. 따라서 ①②은 정답이 될 수 없다.
물가가 상승하는 경우 매출원가가 가장 적은 선입선출법이 매출총이익과 기말재고액이 가장 크게 평가 됨.

03. 관리 및 기타 일반간접원가는 유형자산의 취득원가에 포함되지 않고 비용처리한다.

04. ① 매도가능증권의 취득부대비용은 매도가능증권의 취득원가로 처리한다.
③ 매도가능증권 평가이익 = 공정가액(520,000) - 취득가액(505,000) = 15,000원
④ **매도가능증권평가손익은 자본(기타포괄손익누계액)으로 인식**한다.

05. 퇴직급여충당부채 기말 = 퇴직급여추계액(8,000,000)

퇴직급여충당부채

퇴사	5,000,000	기초	5,000,000
기말	8,000,000	*퇴직급여*	*8,000,000*
계	13,000,000	계	13,000,000

→ 당기퇴직급여 = 퇴사시 비용(2,000,000) + 설정(8,000,000) = 10,000,000원

06. **이익잉여금은 영업활동의 손익거래에서 발생한 이익**을 말하고, **주주와의 자본거래에서 발생한 이익은 자본잉여금**을 말한다.

07. **자산과 이익은 비례관계**이다. 비용과소 → 이익과대 → 자본과대

자본적지출을 수익적지출로 회계처리한 경우 (자산을 비용으로)	자산과소, 비용과대, 이익과소, 자본과소
수익적지출을 자본적지출로 회계처리한 경우 (비용을 자산으로)	자산과대, 비용과소, 이익과대, 자본과대

08. 종업원의 고용계약은 사회통념상의 거래이다.

09. 포장비용의 경우 제품 생산량에 따라 증가하는 변동비에 해당한다.

10. 보조부문 상호간 용역수수를 전부 고려하는 **가장 정확한 원가배분방식은 상호배분법**이다.

12.

<1단계> 물량흐름파악(선입선출법) **<2단계> 완성품환산량 계산**

	선입선출법		재료비	
	완성품	40,000		
	- **기초재공품**	**15,000(60%)**	0	
	- 당기투입분	25,000(100%)	25,000	
	기말재공품	10,000(60%)	10,000	
	계	50,000	**35,000**	

13. ① 법인은 간이과세자가 될 수 없다.
② **영리목적여부를 불문**하고 사업자에 해당할 수 있다.
③ **사업자가 아니라도 재화의 수입 시 납세의무가 발생**한다.

14. 과세표준 = 총매출액액(5,000,000) - 매출환입액(500,000) = 4,500,000원
매출환입액은 과세표준에서 차감항목, 판매장려금(금전지급)은 공제되지 않는 항목임.

15. 세금계산서 발급의무가 있는 사업을 영위하는 **직전연도 공급대가의 합계액이 4,800만원 이상인 간이과세자**는 세금계산서를 발급하는 것이 원칙이다. 다만 목욕탕업은 영수증발급대상 사업이다.

실 무

문제 1 기초정보관리

[1] 거래처등록

- 코드 : 1200 • 거래처명 : ㈜로즈퍼니처 • 구분 : 매 출
- 사업자등록번호 : 128 - 81 - 42248 • 대표자명 : 박장미 • 업태 : 도소매
- 종목 : 가구 • 주소 : 서울 중구 남대문로 112

[2] 거래처별 초기이월

외상매출금:(주)성신 20,000,000원 → 30,000,000원, ㈜유은 35,000,000 → 45,000,000원
외상매입금:(주)시티 5,000,000원 → 25,000,000원, ㈜민국 : 23,000,000원 반영

[3] 전기분 재무제표

1. 전기분원가명세서 : 519.임차료 10,000,000원 입력
2. 전기분손익계산서 : 455.제품매출원가에서 당기제품제조원가를 295,622,500원으로 수정
   손익계산서 임차료(판) 10,000,000원 삭제

문제 2 일반전표입력

[1]	(차) 기업업무추진비(판)	200,000	(대)	현 금	200,000
[2]	(차) 현 금	5,800,000	(대)	자본금	5,000,000
				주식발행초과금	500,000
				주식할인발행차금	300,000

☞ 발행가액 = 1,000주 × 6,000 − 200,000(주식발행비) = 5,800,000원
발행가액(5,800,000) − 액면가액(1,000주 × 5,000) = 800,000원(할증발행)→할인차금 300,000원 우선상계

[3]	(차) 세금과공과(판)	400,000	(대)	보통예금	2,200,000
	세금과공과(제)	700,000			
	예수금	1,100,000			
[4]	(차) 보통예금	761,400	(대)	이자수익	900,000
	선납세금	138,000			
[5]	(차) 복리후생비(제)	40,000	(대)	제품(8.타계정대체)	40,000
[6]	(차) 보통예금	2,900,000	(대)	받을어음((주)서울기업)	3,000,000
	매출채권처분손실(영·비)	100,000			

문제 3 매입매출전표입력

문항	일자	유형	공급가액	부가세	거래처	전자
[1]	7/16	11.과세	−200,000	−20,000	㈜세무	여
분개유형		(차) 외상매출금	−220,000	(대) 제품매출		−200,000
외상(혼합)				부가세예수금		−20,000

문항	일자	유형	공급가액	부가세	거래처	전자
[2]	9/7	54.불공(3)	4,400,000	440,000	중부정비소	여
분개유형		(차) 차량운반구	4,840,000	(대) 미지급금(중부정비소)		4,840,000
혼합(외상)						

문항	일자	유형	공급가액	부가세	거래처	전자
[3]	10/3	11.과세	5,000,000	500,000	양촌통상(주)	여

분개유형					
혼합	(차)	현금	2,000,000	(대) 제품매출	5,000,000
		외상매출금	3,000,000	부가세예수금	500,000
		선수금	500,000		

문항	일자	유형	공급가액	부가세	거래처	전자
[4]	10/5	11.과세	5,500,000	550,000	강남통상(주)	여

분개유형					
혼합	(차)	감가상각누계액(207)	10,470,750	(대) 기계장치	15,000,000
		현금	1,050,000	부가세예수금	550,000
		미수금	5,000,000	유형자산처분이익	970,750

☞처분손익 = 처분가액(5,500,000) - 장부가액(15,000,000 - 10,470,750) = 970,750원(이익)

문항	일자	유형	공급가액	부가세	거래처	전자
[5]	10/17	11.과세	5,000,000	500,000	㈜해피가구	부

분개유형					
혼합	(차)	현금	3,300,000	(대) 제품매출	5,000,000
		외상매입금	2,200,000	부가세예수금	500,000

☞거래처원장 외상매입금(2,200,000) 잔액 조회

문항	일자	유형	공급가액	부가세	거래처	전자
[6]	10/30	53.면세	110,000	0	플라워화원	여

분개유형					
외상(혼합)	(차)	기업업무추진비(판)	110,000	(대) 미지급금	110,000

문제 4 오류수정

1. 8월 14일 매입매출전표 수정

	유형	공급가액	부가세	거래처	전자
〈수정전〉	51.과세	300,000	30,000	㈜강남	-

분개유형					
혼합	(차)	비품	300,000	(대) 당좌예금	330,000
		부가세대급금	30,000		

	유형	공급가액	부가세	거래처	전자
〈수정후〉	51.과세	300,000	30,000	㈜강남	-

분개유형					
현금(혼합)	(차)	비품	300,000	(대) 현금	330,000
		부가세대급금	30,000		

2. 8월 20일 매입매출전표 수정

	유형	공급가액	부가세	거래처	전자
〈수정전〉	51.과세	4,500,000	450,000	㈜현대유리	여

분개유형					
혼합	(차)	건물	4,500,000	(대) 보통예금	4,950,000
		부가세대급금	450,000		

〈수정후〉	유형	공급가액	부가세	거래처	전자
	51.과세	4,500,000	450,000	㈜현대유리	여

분개유형	(차) 수선비(판) 4,500,000	(대) 보통예금 4,950,000
혼합	부가세대급금 450,000	

문제 5 결산

[1] 〈수동/자동결산〉

(차) 무형자산상각비 3,000,000 (대) 특허권 3,000,000

또는 결산자료입력 중 무형자산 상각비 입력란에 특허권 3,000,000원 입력 후 전표 추가

[2] 〈수동결산〉

(차) 매도가능증권(178) 2,600,000 (대) 매도가능증권평가이익 1,600,000

매도가능증권평가손실 1,000,000

☞ 매도가능증권 평가손익

	취득가액	공정가액	평가이익	평가손실
전기	5,000,000	4,000,000		1,000,000
당기		6,600,000	+1,600,000	△1,000,000
계			1,600,000	0

[3] 〈수동/자동결산〉

(차) 퇴직급여(제) 80,000,000 (대) 퇴직급여충당부채 230,000,000

퇴직급여(판) 150,000,000

또는 결산자료 입력 메뉴 - 아래항목을 입력한 후 전표추가

노무비 퇴직급여 : 80,000,000원, 판관비 퇴직급여 : 150,000,000원

☞ 생산 : 퇴직급여 (제) 100,000,000원×100% - 20,000,000원 = 80,000,000원

관리 : 퇴직급여 (판) 200,000,000원×100% - 50,000,000원 = 150,000,000원

문제 6 장부조회

[1] 58,000,000원

총계정원장:1월~6월 원재료계정 차변금액 조회 71,400,000원(2월) - 13,400,000원(6월)

[2] 2,855,100원

부가가치세신고서 메뉴에서 4월 1일과 6월 30일을 입력한 후 납부(환급)세액 확인

[3] 340,666,365원, 부가가치세 신고서 1월~3월 조회

제97회 전산회계1급

합격율	시험년월
36%	2021.08

이 론

01. 다음 중 분개의 구조 상 차변 요소가 아닌 것은?

① 자본의 감소 ② 자산의 감소 ③ 비용의 발생 ④ 부채의 감소

02. 다음 중 재무상태표에 유동부채로 분류되는 것은?

① 예수금 ② 장기차입금 ③ 사채 ④ 임대보증금

03. 다음은 ㈜세무의 20x1년 결산일 현재 기준 보유 자산의 잔액이다. 결산을 통해 재무상태표에 현금 및 현금성자산으로 표시될 금액은?

- 통화 : 303,000원
- 매출채권 : 22,000원
- 단기금융상품(취득일부터 만기가 3개월 이내임) : 150,000원
- 우편환 : 6,000원
- 단기매매증권 : 40,000원

① 459,000원 ② 449,000원 ③ 475,000원 ④ 453,000원

04. 다음 자료를 정률법으로 감가상각할 경우 1차 회계연도(20x1년 1월 1일 ~ 20x1년 12월 31일)에 재무상태표에 계상될 감가상각누계액은 얼마인가?

- 취득원가 : 3,750,000원(취득일 : 20x1년 1월 1일)
- 내용연수 : 5년
- 상각률 : 0.451

① 1,691,250원 ② 660,000원 ③ 1,100,000원 ④ 1,320,000원

05. 다음 중 무형자산에 해당하지 않은 것을 모두 고른 것은?

a. 특허권	b. 내부적으로 창출된 영업권	c. 광업권
d. 전세권	e. 저작권	

① a, e ② b, e ③ b, d ④ c, e

06. 다음 중 충당부채를 부채로 인식하기 위한 요건에 대한 설명으로 가장 옳지 않은 것은?

① 과거사건이나 거래의 결과로 현재의무가 존재한다.
② 그 의무의 이행에 소요되는 금액을 신뢰성 있게 추정할 수 있다.
③ 우발부채도 충당부채에 포함되므로 재무상태표에 부채로 인식하여야 한다.
④ 당해 의무를 이행하기 위하여 자원이 유출될 가능성이 매우 높다.

07. 회사가 증자할 때 발행가액이 액면가액을 초과하여 발행한 경우 그 차액은 어느 것에 해당되는가?

① 이익준비금 ② 이익잉여금 ③ 자본잉여금 ④ 자본조정

08. ㈜무릉의 재무상태가 다음과 같을 때, 기말자산은 얼마인가?

기 초		기 말		총수익	총비용
부채	자본	자산	부채		
400,000원	160,000원	(?)	450,000원	300,000원	240,000원

① 110,000원 ② 170,000원 ③ 540,000원 ④ 670,000원

09. 다음의 원가분류 중 추적가능성에 따른 분류가 아닌 항목은?

① 직접재료비 ② 간접재료비 ③ 직접노무비 ④ 제조경비

10. 다음의 원가자료에서 '기초원가 – 가공원가 – (당기총)제조원가'의 금액의 순으로 옳게 연결된 항목은?

- 원재료매입액 : 350,000원
- 직접재료비 : 400,000원
- 간접재료비 : 50,000원
- 직접노무비 : 250,000원
- 공장전력비 : 150,000원
- 공장건물 임차료 : 50,000원

① 400,000원 – 250,000원 – 900,000원 ② 400,000원 – 500,000원 – 900,000원
③ 650,000원 – 500,000원 – 900,000원 ④ 650,000원 – 500,000원 – 1,250,000원

11. 다음 중 개별원가계산에 관한 설명으로 옳지 않은 것은?

① 직접비와 제조간접비의 구분이 중요하다.
② 건설업, 조선업 등 다품종소량생산 업종에서 주로 사용되는 원가계산 방법이다.
③ 제품별로 원가계산을 하게 되므로 원가를 직접비와 간접비로 구분하여 공통원가인 간접비는 합리적인 방법에 의하여 제품별로 배부한다.
④ 완성품환산량의 계산이 원가계산의 핵심과제이다.

12. 기초재공품 20,000개(완성도 30%), 당기완성품 수량은 130,000개, 기말재공품은 50,000개(완성도 10%)이다. 평균법하에서 가공비에 대한 완성품 환산량은 얼마인가? (단, 재료는 공정초에 전량 투입되고, 가공비는 공정 전반에 걸쳐 균등하게 투입됨)

① 110,000개 ② 129,000개 ③ 135,000개 ④ 180,000개

13. 우리나라 부가가치세법에 대한 설명 중 가장 거리가 먼 항목은?

① 세부담의 역진성을 완화하기 위해 면세제도를 두고 있다.
② 소비지국 과세원칙에 따라 수입하는 재화에는 부가가치세가 과세된다.
③ 사업자가 아닌 자가 일시적으로 재화를 공급하는 경우, 부가가치세 납부의무가 없다.
④ 부가가치세의 과세대상은 크게 재화와 용역의 공급 그리고 재화와 용역의 수입으로 구분된다.

14. 부가가치세법상 재화의 공급으로 보지 아니하는 거래를 모두 고른 것은?

a. 저당권 등 담보 목적으로 부동산을 제공하는 것
b. 사업장별로 그 사업에 관한 모든 권리와 의무를 포괄적으로 승계시키는 사업의 양도
c. 매매계약에 의한 재화의 인도
d. 폐업시 잔존재화(해당 재화의 매입 당시 매입세액공제 받음)
e. 상속세를 물납하기 위해 부동산을 제공하는 것

① a, d ② b, c, e ③ a, b, e ④ a, b, d, e

15. 다음 중 부가가치세법상 대손세액공제에 관한 설명 중 틀린 것은?

① 부가가치세가 과세되는 재화 또는 용역의 공급과 관련된 채권이어야 한다.
② 부도발생일로부터 3개월 이상 지난 수표 · 어음 · 중소기업의 외상매출금은 대손세액공제 대상이다.
③ 확정신고와 함께 대손금액이 발생한 사실을 증명하는 서류를 제출하여야 한다.
④ 대손이 확정되면 공급자는 대손이 확정된 날이 속하는 과세기간의 매출세액에서 대손세액을 차감한다.

실 무

㈜석모기계(3097)는 기계설비를 제조하여 판매하는 중소기업이며, 당기 회계기간은 20x1.1.1.~20x1. 12.31.이다. 전산세무회계 수험용 프로그램을 이용하여 다음 물음에 답하시오.

문제 1 다음은 기초정보관리에 대한 자료이다. 각각의 요구사항에 대하여 답하시오. (10점)

[1] 다음 자료를 보고 [거래처등록]메뉴에서 등록하시오.(3점)

- 회 사 명 : ㈜가나전자(거래처코드 : 01056)
- 유형 : 매입
- 대 표 자 : 이은성
- 사업자등록번호 : 129-86-78690
- 업 태 : 제조, 도소매
- 종 목 : 전자제품
- 사업장 주소 : 서울특별시 서초구 신반포로 47길 118 101호

※ 주소 입력 시 우편번호 입력은 생략해도 무방함.

[2] 다음 자료를 보고 거래처별 초기이월을 수정 또는 입력하시오. (3점)

계정과목	거래처명	전기로부터 이월된 금액	올바른 금액
받을어음	㈜송강산업	300,000원	3,000,000원
	㈜강림상사	2,800,000원	12,800,000원
미지급금	㈜더라벨	6,100,000원	3,600,000원
	㈜통진흥업	-	2,500,000원

[3] 전기분손익계산서를 검토한 결과 다음과 같은 오류가 발견되었다. 전기분재무제표 메뉴에서 관련된 부분을 모두 수정하시오.(4점)

- 오류내용 : 생산부 직원의 회식비 지출액 2,400,000원이 영업부의 복리후생비(811)로 반영되어 있음.

문제 2 **다음 거래 자료를 일반전표입력 메뉴에 추가 입력하시오.**
(일반전표입력의 모든 거래는 부가가치세를 고려하지 말 것)(18점)

[1] 7월 7일 매출 거래처인 ㈜달라일러가 회생계획인가결정을 받음에 따라 ㈜달라일러에 대한 외상매출금 12,000,000원을 대손처리하였다. 대손발생일 직전의 외상매출금에 대한 대손충당금 잔액은 5,000,000원이다. (3점)

[2] 7월 15일 매출거래처인 ㈜희망기계의 외상매출금 6,500,000원에 대하여 다음의 전자어음을 받고, 나머지 금액은 보통예금으로 받았다.(3점)

전 자 어 음

석모기계㈜ 귀하 00520151020123456789

금 오백만원정 5,000,000원

위의 금액을 귀하 또는 귀하의 지시인에게 지급하겠습니다.

지급기일	20x1년 8월 20일	**발행일**	20x1년 7월 15일
지 급 지	신한은행	**발행지 주 소**	서울 성북구 돈암로 10
지급장소	영등포지점		
		발행인	(주)희망기계

[3] 7월 20일 보유 중인 자기주식 12,000주를 처분하였다. 자기주식 12,000주에 대한 장부가액은 12,000,000원이고 12,000주 전부를 11,500,000원에 처분하고 그 대가를 전부 보통예금으로 입금받았다.(단, 자기주식처분이익 계정의 잔액이 300,000원 있고, 처분수수료는 없는 것으로 가정한다.)(3점)

[4] 8월 5일 신주 20,000주를 발행하여 건물을 취득하였다. 주당 액면가액은 5,000원이며 발행시점의 공정가액은 주당 8,000원이다. (3점)

[5] 11월 19일 영업부서에서 홍보물을 배포하기 위해 고용한 일용직 근로자에게 일당 120,000원을 현금으로 지급하였다.(3점)

[6] 12월 5일 영업부서 임직원의 퇴직금에 대하여 확정기여형(DC형) 퇴직연금에 가입하고 있으며, 12월분 퇴직연금 5,300,000원을 당사 보통예금계좌에서 이체하여 납부하였다.(3점)

문제 3 다음 거래 자료를 매입매출전표입력 메뉴에 입력하시오.(18점)

[1] 8월 3일 판매부서 사무실로 사용하기 위해 입주해있는 ㈜에이스오피스텔의 관리실로부터 7월분 관리비 중 면세품목에 대하여 전자계산서(공급가액 30,000원, 부가가치세 0원)를 발급받고 보통예금에서 바로 지급하였다. (3점)

[2] 8월 21일 새로운 기계로 교체하기 위하여 ㈜강남자원에 기존에 사용하던 기계장치(취득원가 80,000,000원, 감가상각누계액 77,000,000원)를 2,200,000원(부가가치세 포함)에 매각하면서 전자세금계산서를 발급하였으며, 대금은 전액 ㈜강남자원이 발행한 약속어음으로 받았다.(3점)

[3] 10월 15일 다음 자료를 보고 적절한 회계처리를 하시오. (단, 수표 1,000,000원은 모두 당좌수표임)(3점)

<table>
<tr><td colspan="6">전자세금계산서</td><td>승인번호</td><td colspan="3">20211015-1000000-00009329</td></tr>
<tr><td rowspan="5">공급자</td><td>사업자 등록번호</td><td>130-85-56442</td><td>종사업장 번호</td><td></td><td rowspan="5">공급받는자</td><td>사업자 등록번호</td><td>506-81-94325</td><td>종사업장 번호</td><td></td></tr>
<tr><td>상호(법인명)</td><td>㈜백두</td><td>성명 (대표자)</td><td>이학주</td><td>상호(법인명)</td><td>석모기계㈜</td><td>성 명</td><td>임병수</td></tr>
<tr><td>사업장주소</td><td colspan="3">경기도 의정부시 신곡로 1588</td><td>사업장주소</td><td colspan="3">경기도 남양주시 경춘로 855-11</td></tr>
<tr><td>업 태</td><td>제조</td><td>종 목</td><td>기계</td><td>업 태</td><td>제조, 도소매외</td><td>종 목</td><td>기계설비</td></tr>
<tr><td>이메일</td><td colspan="3"></td><td>이메일</td><td colspan="3"></td></tr>
</table>

<table>
<tr><td>작성일자</td><td>공급가액</td><td>세액</td><td>수정사유</td></tr>
<tr><td>20x1.10.15</td><td>3,300,000원</td><td>330,000원</td><td></td></tr>
<tr><td>비고</td><td colspan="3"></td></tr>
</table>

월	일	품목	규격	수량	단가	공급가액	세액	비고
10	15	A원재료		100	33,000원	3,300,000원	330,000원	

합계금액	현금	수표	어음	외상미수금	이 금액을 영수/청구 함
3,630,000원		1,000,000원		2,630,000원	

[4] 11월 30일 ㈜렌트로부터 11월 1일에 임차 개시한 영업부 직원의 거래처 방문용 차량(배기량 2,000cc인 4인승 승용차)과 관련하여 11월분 임차료(공급가액 600,000원, 부가가치세 60,000원)에 대한 전자세금계산서를 수취하였다. 11월분 임차료는 12월 10일에 보통예금에서 자동이체될 예정이다. (3점)

[5] 12월 12일 구매확인서에 의하여 유성산업㈜에 C제품(100단위, @150,000)을 판매하고 영세율전자세금계산서를 발급하였다. 대금은 10일 후에 받기로 하였다. (3점)

[6] 12월 30일 중국에 소재한 NewYork.com으로부터 수입한 원재료와 관련하여 인천세관으로부터 전자수입세금계산서(공급가액 40,000,000원, 부가가치세 4,000,000원)를 발급받았고, 이와 관련한 부가가치세는 당좌수표로 납부하였다. (3점)

문제 4 일반전표입력 및 매입매출전표입력 메뉴에 입력된 내용 중 다음과 같은 오류가 발견되었다. 입력된 내용을 확인하여 정정하시오.(6점)

[1] 8월 10일 이자수익 300,000원 중 원천징수세액인 46,200원을 제외한 나머지 금액인 253,800원이 보통예금으로 입금되어 입금된 금액에 대해서만 회계처리하였다.(원천징수세액은 자산으로 처리하고 하나의 전표로 입력하시오.)(3점)

[2] 12월 10일 원재료 매입시 현금으로 지급한 운송비 110,000원(부가가치세 포함)을 신규직원의 실수로 일반전표에 입력하였다. 운송은 일양택배가 하였으며, 별도의 전자세금계산서를 발급받았다.(3점)

문제 5 결산정리사항은 다음과 같다. 해당메뉴에 입력하시오.(9점)

[1] 9월 5일에 판매부서에서 사용할 A4용지 10박스를 110,000원(부가가치세 포함)에 구입하고 공급가액인 100,000원에 대하여 소모품으로 회계처리 하였다. 결산일 현재 판매부서에는 A4용지 4박스가 남아있다. 이에 대한 기말 수정분개를 입력하시오.(3점)

[2] 20x1년 5월 1일 공장화재보험료 1년분(20x1년 5월 1일 ~ 20x2년 4월 30일) 3,600,000원을 보통예금으로 납부하면서 전액 보험료(제조경비)로 회계처리 되어있다.(단, 보험료는 월할계산하며 거래처입력은 생략함)(3점)

[3] 기중에 현금시재가 부족하여 현금과부족으로 계상하였던 차변금액 20,000원에 대하여 결산일 현재에도 그 차이원인을 알 수 없어 당기 비용(영업외비용)으로 처리하였다. (3점)

문제 6 **다음 사항을 조회하여 답안을** 이론문제 답안작성 **메뉴에 입력하시오.(9점)**

[1] 20x1년 제1기 확정신고기간(4월~6월)의 차가감하여 납부할 부가가치세액은 얼마인가? (단, 20x1년 제1기 예정신고기간(1월~3월)의 부가가치세 예정신고미환급세액은 2,000,000원이 있다.)(3점)

[2] 상반기(1월~6월) 중 기업업무추진비(판)가 가장 많이 발생한 월과 그 월의 기업업무추진비 금액은 얼마인가?(3점)

[3] 6월 말 현재 유동부채는 전월 말 대비 얼마가 증가(또는 감소)되었는가? 단, 양수로 입력하시오.(3점)

제97회 전산회계1급 답안 및 해설

이 론

1	2	3	4	5	6	7	8	9	10	11	12	13	14	15
②	①	①	①	③	③	③	④	④	③	④	③	④	③	②

01. 자산의 감소는 대변 요소이다.

02. 예수금은 유동부채이며, 나머지는 모두 비유동부채이다.

03. 통화(303,000원) + 단기금융상품(150,000원) + 우편환(6,000원) = 459,000원

☞ 취득일로부터 만기가 3개월이내인 금융상품은 현금성 자산에 해당한다.

04. 감가상상각비(정률법) = 장부가액(3,750,000원) × 상각률(0.451) = 1,691,250원

05. 내부적으로 창출된 영업권은 무형자산으로 인식할 수 없으며, 전세권은 기타비유동자산에 해당한다.

06. **우발부채**는 재무상표에 부채로 인식하지 아니하고, **주석으로 기재한다.**

07. 주식발행초과금은 자본잉여금에 해당한다.

08. 당기순이익 = 총수익(300,000원) - 총비용(240,000원) = 60,000원

기말자본 = 기초자본(160,000) + 당기순이익(60,000) = 220,000원

기말자산 = 기말부채(450,000) + 기말자본(220,000) = 670,000원

09. 제조경비는 생산요소별 분류로 직접비와 간접비 모두를 포함한다.

10. 기초원가 = 직접재료비(400,000) + 직접노무비(250,000) = 650,000원

제조간접비 = 간접재료비(50,000) + 공장전력비(150,000) + 공장임차료(50,000) = 250,000원

가공원가 = 직접노무비(250,000) + 제조간접비(250,000) = 500,000원

(당기총)제조원가 = 기초원가(650,000) + 제조간접비(250,000) = 900,000원

11. **완성품환산량은 종합합원가계산의 핵심과제**이다.

12.

〈1단계〉 물량흐름파악(평균법) 〈2단계〉 완성품환산량 계산

평균법			가공비
	완성품 130,000(100%)		130,000
	기말재공품 50,000(10%)		5,000
	계 180,000		*135,000*

13. 부가가치세의 과세대상은 크게 재화와 용역의 공급 그리고 재화의 수입으로 구분된다.
용역의 수입은 부가가치세 과세대상에서 제외된다.

14. c는 재화의 실질공급, d는 재화의 간주공급에 해당한다.

15. **부도발생일로부터 6개월 이상 지난 수표 · 어음 · 중소기업의 외상매출금**은 대손세액공제 대상이다.

실 무

문제 1 기초정보관리

[1] 거래처 등록

□	코드	거래처명	등록번호	유형
■	01056	(주)가나전자	129-86-78690	매입
□				
□				
□				
□				
□				
□				
□				

1. 사업자등록번호 129-86-78690 사업자등록상태조회
2. 주민 등록 번호 ______-_______ 주 민 기 재 분 부 0:부 1:여
3. 대 표 자 성 명 이은성
4. 업 종 업태 제조,도소매 종목 전자제품
5. 주 소 서울특별시 서초구 신반포로47길 118 101호

[2] 거래처별 초기이월

받을어음 거래처에서 ㈜송강산업은 3,000,000원으로, ㈜강림상사는 12,800,000원으로 입력,
미지급금 거래처에서 ㈜더라벨은 3,600,000원, ㈜통진흥업은 2,500,000원으로 입력하고
재무상태표 금액과 거래처 합계액이 일치하는지 확인

[3] 전기분 재무제표 수정

원가명세서 ⇒ 손익계산서

1. 전기분원가명세서 : 복리후생비 5,900,000원을 8,300,000원으로 수정입력
2. 전기분손익계산서
   - 제품매출원가에서 당기제품제조원가 437,000,000원을 439,400,000원으로 수정입력
   - 복리후생비 9,800,000원을 7,400,000원으로 수정입력

   당기순이익은 변동이 없으므로 잉여금처분계산서와 재무상태표는 수정할 필요가 없음.

문제 2 일반전표입력

[1] (차) 대손충당금(외상) 5,000,000 (대) 외상매출금(㈜달라일러) 12,000,000
대손상각비(판) 7,000,000

[2] (차) 받을어음(㈜희망기계) 5,000,000 (대) 외상매출금(㈜희망기계) 6,500,000
보통예금 1,500,000

[3] (차) 보통예금 11,500,000 (대) 자기주식 12,000,000
자기주식처분이익 300,000
자기주식처분손실 200,000

☞처분손익 = 처분가액(11,500,000) - 장부가액(12,000,000) = △500,000원(손실)
자기주식처분이익(300,000)을 우선 상계하고 자기주식처분손실 200,000원 인식

[4] (차) 건물 160,000,000 (대) 자본금 100,000,000
주식발행초과금 60,000,000

[5] (차) 잡급(판) 120,000 (대) 현금 120,000

[6] (차) 퇴직급여(판) 5,300,000 (대) 보통예금 5,300,000

문제 3 매입매출전표입력

문항	일자	유형	공급가액	부가세	거래처	전자
[1]	8/3	53.면세	30,000	0	㈜에이스오피스텔	여
분개유형	(차) 건물관리비(판) 30,000			(대) 보통예금 30,000		
혼합						

문항	일자	유형	공급가액	부가세	거래처	전자
[2]	8/21	11.과세	2,000,000	200,000	㈜강남자원	여
분개유형	(차) 미수금 2,200,000			(대) 기계장치 80,000,000		
혼합	감가상각누계액 77,000,000			부가세예수금 200,000		
	유형자산처분손실 1,000,000					
☞처분손익 = 처분가액(2,000,000) - 장부가액(80,000,000 - 77,000,000) = △1,000,000(손실)						

문항	일자	유형	공급가액	부가세	거래처	전자
[3]	10/15	51.과세	3,300,000	330,000	㈜백두	여
분개유형	(차) 원재료 3,300,000			(대) 외상매입금 2,630,000		
혼합	부가세대급금 330,000			당좌예금 1,000,000		

문항	일자	유형	공급가액	부가세	거래처	전자
[4]	11/30	54.불공(3)	600,000	60,000	㈜렌트	여
분개유형		(차) 임차료(판)	660,000	(대) 미지급금		660,000
혼합						

문항	일자	유형	공급가액	부가세	거래처	전자
[5]	12/12	12.영세(3)	15,000,000	0	유성산업㈜	여
분개유형		(차) 외상매출금	15,000,000	(대) 제품매출		15,000,000
외상(혼합)						

문항	일자	유형	공급가액	부가세	거래처	전자
[6]	12/30	55.수입	40,000,000	4,000,000	인천세관	여
분개유형		(차) 부가세대급금	4,000,000	(대) 당좌예금		4,000,000
혼합						

문제 4 오류수정

[1] 8월 10일 일반전표 입력

〈수정전〉

(차) 보통예금	253,800	(대) 이자수익		253,800

〈수정후〉

(차) 보통예금	253,800	(대) 이자수익		300,000
선납세금	46,200			

[2] 〈수정전〉 12월 10일 일반전표입력 삭제

(차) 운반비(판)	110,000	(대) 현금		110,000

	일자	유형	공급가액	부가세	거래처	전자
〈수정후〉	12/10	51.과세	100,000	10,000	일양택배	여
분개유형		(차) 원재료	100,000	(대) 현금		110,000
현금(혼합)		부가세대급금	10,000			

문제 5 결산

[1] 〈수동결산〉

(차) 소모품비(판) 60,000 (대) 소모품 60,000

☞당기비용 = 100,000(소모품) – 4박스 × 10,000(기말미사용분) = 60,000원

[2] 〈수동결산〉

(차) 선급비용 1,200,000 (대) 보험료(제) 1,200,000

☞선급비용 = 3,600,000원(1년) × 4개월/12개월 = 1,200,000원

[3] 〈수동결산〉

(차) 잡손실 20,000 (대) 현금과부족 20,000

문제 6 장부조회

[1] 2,377,100원

부가가치세 신고서에서 4월 ~ 6월분 조회 후 납부할 세액 확인

4,377,100 – 2,000,000 = 2,377,100원

[2] 5월, 3,425,000원 (총계정원장 조회, 월별 탭)

[3] 79,444,000원

재무상태표에서 조회

6월말 잔액(413,682,300원) – 5월말 잔액(334,238,300원) = 79,444,000원

제96회 전산회계1급

합격율	시험년월
42%	2021.06

이 론

01. 「재무정보가 정보이용자의 의사결정에 유용하기 위해서는 신뢰할 수 있는 정보이어야 한다」는 내용과 가장 거리가 먼 항목은?

① 중립성　② 비교가능성　③ 검증가능성　④ 표현의 충실성

02. 당기말 결산을 위한 장부마감 전에 다음과 같은 오류사항이 발견되었다. 오류 정리시 당기순이익에 영향을 미치는 항목은?

① 전기 주식할인발행차금 미상각
② 매도가능증권평가손실 미계상
③ 단기매매증권평가이익 미계상
④ 당기의 기타대손상각비를 대손상각비로 계상

03. 다음 중 일반기업회계기준에 따른 재고자산의 회계처리에 대한 설명으로 옳지 않은 것은?

① 재고자산은 이를 판매하여 수익을 인식한 기간에 매출원가로 인식한다.
② 재고자산의 시가가 장부금액 이하로 하락하여 발생한 평가손실은 재고자산의 장부금액에서 직접 차감한다.
③ 재고자산의 장부상 수량과 실제 수량과의 차이에서 발생하는 감모손실의 경우 정상적으로 발생한 감모손실은 매출원가에 가산한다.
④ 재고자산의 장부상 수량과 실제 수량과의 차이에서 발생하는 감모손실의 경우 비정상적으로 발생한 감모손실은 영업외비용으로 분류한다.

04. 다음 중 유형자산의 취득원가에 포함되는 부대비용을 모두 고른 것은?

a. 설치장소 준비를 위한 지출	b. 종합부동산세
c. 자본화 대상인 차입원가	d. 재산세
e. 유형자산의 취득과 직접 관련된 취득세	

① a, e ② c, d ③ b, c, d ④ a, c, e

05. 일반기업회계기준에 따르면 무형자산의 창출과정은 연구단계와 개발단계로 구분할 수 있다. 다음 중 개발단계에 속하는 활동의 일반적인 예로 적절하지 않은 것은?

① 새로운 지식을 얻고자 하는 활동
② 생산 전 또는 사용 전의 시작품과 모형을 설계, 제작 및 시험하는 활동
③ 새로운 기술과 관련된 공구, 금형, 주형 등을 설계하는 활동
④ 상업적 생산목적이 아닌 소규모의 시험공장을 설계, 건설 및 가동하는 활동

06. 다음은 ㈜은혜상사가 당기에 구입하여 보유하고 있는 단기매매증권이다. 다음 자료에 따라 당기 말 재무제표에 표시될 단기매매증권 및 영업외손익은 얼마인가?

- 4월 1일 : ㈜장현테크가 발행한 보통주 200주를 주당 10,000원에 취득하였다.
- 8월 31일 : ㈜장현테크로부터 중간배당금(주당 1,000원)을 수령하였다.
- 12월 31일 : ㈜장현테크의 보통주 시가는 주당 12,000원으로 평가된다.

	단기매매증권	영업외수익		단기매매증권	영업외수익
①	2,400,000원	200,000원	②	2,400,000원	600,000원
③	2,000,000원	200,000원	④	2,000,000원	600,000원

07. 다음 ( )안에 들어갈 용어와 해당계정이 올바르게 짝지어진 항목은?

> 자본항목에서, ( )이란 자본거래에 해당하지만 자본금이나 자본잉여금으로 분류할 수 없는 항목을 말한다.

① 자본조정 - 매도가능증권평가손실 ② 자본조정 - 자기주식처분손실
③ 기타포괄손익누계액 - 감자차손 ④ 기타포괄손익누계액 - 자기주식처분손실

08. 다음 중 재화의 판매로 인한 수익 인식 요건이 아닌 것은?

① 재화의 소유에 따른 유의적인 위험과 보상이 구매자에게 이전된다.
② 판매자는 판매한 재화에 대하여, 소유권이 있을 때 통상적으로 행사하는 정도의 관리나 효과적인 통제를 할 수 있다.
③ 수익금액을 신뢰성 있게 측정할 수 있다.
④ 경제적 효익의 유입 가능성이 매우 높다.

09. 다음 원가관리회계에 관한 설명 중 가장 거리가 먼 항목은?

① 제품원가계산을 위한 원가정보를 제공한다.
② 경영계획수립과 통제를 위한 원가정보를 제공한다.
③ 예산과 실제 간의 차이분석을 위한 원가정보를 제공한다.
④ 외부 이해관계자들에게 기업분석을 위한 원가정보를 제공한다.

10. 다음의 자료를 근거로 매출원가를 계산하면 얼마인가?

• 기초 재공품재고액 : 100,000원	• 당기 총제조원가 : 350,000원
• 기말 재공품재고액 : 130,000원	• 기초 제품재고액 : 300,000원
• 기말 제품재고액 : 280,000원	

① 160,000원 ② 220,000원 ③ 290,000원 ④ 340,000원

11. 다음 중 보조부문의 원가를 배부하는 방법과 관련된 내용으로 틀린 것은?

① 직접배부법은 보조부문 상호 간의 용역제공관계를 무시하므로 계산이 가장 간단한 방법이다.
② 단계배부법과 상호배부법은 보조부문 상호 간의 용역제공관계를 고려한다.
③ 원가계산의 정확성은 상호배부법>단계배부법>직접배부법 순이다.
④ 단일배부율법은 보조부문원가를 변동원가와 고정원가로 구분하여 각각 다른 배부기준을 적용하여 배분한다.

12. 다음 중 종합원가계산의 특징으로 옳지 않은 것은?

① 다양한 종류의 제품을 소량 생산하는 경우에 적합한 방법이다.
② 일반적으로 직접원가와 간접원가로 나누어 계산하지 않는다.
③ 기말시점에는 공정별로 재공품이 존재한다.
④ 개별원가계산에 비해 상대적으로 적은 운영비용이 소요된다.

13. 부가가치세법상 재화의 공급시기로 옳지 않은 것은?

① 현금판매, 외상판매의 경우 : 재화가 인도되거나 이용가능하게 되는 때
② 무인판매기에 의한 공급 : 무인판매기에서 현금을 인취하는 때
③ 반환조건부 판매, 동의조건부 판매, 그 밖의 조건부 판매의 경우 : 그 조건이 성취되거나 기한이 지나 판매가 확정되는 때
④ 장기할부판매, 완성도기준지급 또는 중간지급조건부로 재화를 공급하는 경우 : 대가의 전부를 실제 받았을 때

14. 다음 중 그 공급이 부가가치세 면세대상에 해당하지 않는 것은?

① 토지　② 복권　③ 신문광고　④ 수돗물

15. 다음 중 부가가치세법상 세금계산서 제도와 관련한 설명 중 틀린 것은?

① 공급시기가 도래하기 전에 세금계산서를 발급하고 발급일로부터 7일 이내에 대가를 지급받는 경우에는 적법한 세금계산서를 발급한 것으로 본다.
② 세금계산서의 필요적 기재사항의 일부가 기재되지 않은 경우에도 그 효력이 인정된다.
③ 월합계 세금계산서등의 경우에는 재화 또는 용역의 공급일이 속하는 달의 다음달 10일까지 발급 가능하다.
④ 법인사업자는 전자세금계산서 의무발급대상자이다.

실 무

㈜소담패션(3096)은 스포츠의류 등을 제조하여 판매하는 중소기업이며, 당기 회계기간은 20x1.1.1.~20x1.12.31.이다. 전산세무회계 수험용 프로그램을 이용하여 다음 물음에 답하시오.

문제 1 다음은 기초정보관리에 대한 자료이다. 각각의 요구사항에 대하여 답하시오.(10점)

[1] 다음 자료를 이용하여 거래처등록의 해당 탭에 추가로 입력하시오.(3점)

• 거래처코드 : 99605	• 카드사명 : 시티카드
• 카드번호 : 9410-0900-5580-8352	• 유형 : 매입
• 카드종류 : 사업용카드	• 사용여부 : 여

[2] 다음 계정과목에 대하여 적요를 추가적으로 등록하시오.(3점)

• 코드 : 0819	• 계정과목 : 임차료
• 현금적요 : 7. 공기청정기임차료 지급	• 대체적요 : 7. 공기청정기임차료 미지급

[3] 전기분 재무제표를 검토한 결과 다음과 같은 오류가 발견되었다. 모든 전기분 재무제표의 관련된 부분을 수정하시오.(4점)

계정과목	틀린 금액	올바른 금액	내용
운반비(524)	660,000원	6,600,000원	입력 오류

문제 2 다음 거래 자료를 일반전표입력 메뉴에 추가 입력하시오.(일반전표입력의 모든 거래는 부가가치세를 고려하지 말 것)(18점)

[1] 7월 20일 국민은행에서 20x1년 8월 30일까지 상환하기로 하고 5,000,000원을 차입하여 즉시 ㈜강남의 미지급금 5,000,000원을 지급하였다. (3점)

[2] 8월 21일 공장이전을 위해 신축중이던 건물이 완공되어 취득세 등 관련 소요 공과금 7,500,000원을 보통예금 계좌에서 이체 지급하였다. (3점)

[3] 8월 30일 국민은행에서 차입한 단기차입금을 상환하기 위하여 보통예금 계좌에서 5,000,000원을 국민은행에 이체하였다. (3점)

[4] 9월 10일 지난달 영업팀 임직원들에게 급여를 지급하면서 원천징수한 소득세 160,000원을 신용카드(비씨카드)로 납부하였다. (3점)

[5] 10월 22일 영통산업에 제품을 판매하면서 발생한 화물운송비 150,000원을 보통예금 계좌에서 이체하였다. (3점)

[6] 11월 1일 사채 액면총액 20,000,000원, 상환기간 3년, 발행가액 22,000,000원으로 발행하고 납입금은 보통예금에 입금되었다. (3점)

문제 3 **다음 거래 자료를 매입매출전표입력 메뉴에 입력하시오.(18점)**

[1] 8월 3일 새로 출시한 제품의 홍보를 위하여 판매부서에서 광고대행사인 ㈜블루에게 홍보물(영상콘텐츠) 제작을 의뢰하여 배포하고 전자세금계산서를 발급받았다. 해당 대금 1,100,000원(부가가치세 포함)은 8월 31일에 지급하기로 하였다.(미지급금 계정을 사용할 것) (3점)

[2] 8월 10일　㈜삼성상회에 제품을 판매하고 다음의 전자세금계산서를 발급하였다. 대금은 7월 30일에 보통예금으로 수령한 계약금을 제외하고 ㈜삼성상회가 발행한 약속어음(만기 20x1년 10월 31일)을 수취하였다. (3점)

전자세금계산서(공급자 보관용)					승인번호			
공급자	사업자 등록번호	206 - 81 - 95706	종사업장 번호		공급받는자	사업자 등록번호	102 - 81 - 42945	종사업장 번호	
	상호 (법인명)	㈜소담패션	성 명 (대표자)	황희상		상호 (법인명)	㈜삼성상회	성 명	이현희
	사업장 주소	경상남도 고성군 동해면 외산로 592				사업장 주소	인천광역시 남동구 구월남로 129		
	업 태	제조,도소매	종 목	스포츠의류		업 태	도매	종 목	의류
	이메일	JI1234@gmail.net				이메일	samsung@naver.com		

작성일자	공급가액	세액	수정사유
20x1.08.10	50,000,000원	5,000,000원	
비고			

월	일	품목	규격	수량	단가	공급가액	세액	비고
8	10	전자부품		10	5,000,000원	50,000,000원	5,000,000원	

합계금액	현금	수표	어음	외상미수금	이 금액을 영수/청구 함
55,000,000원	11,000,000원		44,000,000원		

[3] 11월 10일　선적완료한 제품은 미국 소재법인인 ebay에 11월 2일 $10,000에 직수출하기로 계약한 것이며, 수출대금은 차후에 받기로 하였다. 계약일 시점 기준환율은 $1 = 1,210원이며, 선적일 시점 기준환율은 $1 = 1,250원이다. (3점)

[4] 11월 20일　경리부의 업무용 도서를 구입하면서 현금을 지급하고 ㈜설영문고로부터 다음과 같이 현금영수증을 발급받았다. (3점)

```
㈜설영문고
116 - 81 - 80370                홍지안
서울특별시 서초구 명달로 105
홈페이지 http://www.kacpta.or.kr
현금(지출증빙)
구매 20x1/11/20/15:34   거래번호 : 0026 - 0107
  상품명              수량          금액
  법인세 조정 실무      1       100,000원

  합    계                      100,000원
  받은금액                       100,000원
```

[5] 11월 30일 내국신용장에 의해 수출용 제품에 필요한 원자재(공급가액 : 10,000,000원)를 ㈜금강으로부터 매입하고 영세율전자세금계산서를 발급받았다. 매입금액 전액에 대해 약속어음을 발행(만기 : 20x1년 12월 31일)하여 지불하였다.(3점)

[6] 12월 7일 당사가 생산한 제품(원가 350,000원, 시가 500,000원이며 부가가치세는 제외된 금액임)을 매출 거래처 직원 결혼선물용으로 사용하였다. (3점)

문제 4 일반전표입력 및 매입매출전표입력 메뉴에 입력된 내용 중 다음과 같은 오류가 발견되었다. 입력된 내용을 확인하여 정정하시오.(6점)

[1] 8월 3일 매출처 ㈜네오전자의 부도로 외상매출금 잔액 1,100,000원이 회수불능하여 전액 대손상각비로 처리하였는데, 확인 결과 부도시점에 외상매출금에 대한 대손충당금잔액이 800,000원이었던 것으로 확인된다. (3점)

[2] 12월 20일 업무용 승용차(모닝, 배기량 1,000cc인 경차임)를 현금으로 구입(11,950,000원, 부가가치세별도)하면서 과세유형을 불공제로 입력하였다. 원재료 매입으로 되어있는 현재의 전표를 수정하시오. (3점)

차량명	판매가격 (부가가치세 별도)	제조사	구입점	비고
모닝 (스탠다드)	11,950,000원	기아자동차㈜	기아차 남양주점 (208-81-56451)	전자세금계산서 수취

문제 5 결산정리사항은 다음과 같다. 해당메뉴에 입력하시오.(9점)

[1] 기말 외상매입금 계정 중에는 미국 ABC Ltd.의 외상매입금 3,000,000원(미화 $2,500)이 포함되어 있다.(결산일 현재 적용환율 : 1,150원/$) (3점)

[2] 20x1년 6월 1일에 공장 건물 중 일부를 임대(임대기간 : 20x1.6.1.~20x2.5.31.)하고, 일시에 수령한 12개월분 임대료 50,400,000원을 전액 임대료(영업외수익)로 회계처리하였다. 월할계산 하시오. (3점)

[3] 당해 사업연도 법인세등은 10,000,000원이다. 법인세의 중간예납세액 6,000,000원(선납세금 계정)을 8월 15일에 납부하였고 나머지 금액에 대해서는 다음연도 3월 31일까지 납부할 예정이다. (3점)

문제 6 **다음 사항을 조회하여 답안을** 이론문제 답안작성 **메뉴에 입력하시오.(9점)**

[1] 상반기(1월~6월) 중 제품매출액이 가장 많은 달과 그 금액은 얼마인가? (3점)

[2] 4월말 현재 미지급금이 가장 많은 거래처명과 그 금액은 얼마인가? (3점)

[3] 20x1년 제1기 예정신고기간(1월~3월) 동안 베에로패션으로부터 수취한 매입세금계산서의 매수와 공급가액은 얼마인가? (3점)

제96회 전산회계1급 답안 및 해설

이 론

1	2	3	4	5	6	7	8	9	10	11	12	13	14	15
②	③	②	④	①	②	②	②	④	④	④	①	④	③	②

01. 회계정보의 질적특성중 신뢰성에 대한 질문이다. 비교가능성은 신뢰성에 해당하지 않는다.

02. 전기의 주식할인발행차금 미상각 → 자본조정 항목
매도가능증권평가손실 미계상 → 기타포괄손익누계액 항목
당기의 기타대손상각비를 판매비와관리비로 계산 → 당기순이익 계산에는 영향없음.

03. 재고자산의 시가가 장부금액 이하로 하락하여 발생한 **평가손실은 재고자산의 차감계정(재고자산평가충당금)**으로 표시하고 매출원가에 가산한다.

04. 종합부동산세와 재산세는 유형자산의 보유 단계에서 발생하는 비용이므로 발생기간의 비용으로 인식하여야 한다.

05. **새로운 지식을 얻고자 하는 활동은 연구단계**에 속하는 활동의 일반적인 예에 해당한다

06. 단기매매증권 = 200주 × 공정가액(12,000) = 2,400,000원
배당금수익 = 200주 × 1,000원 = 200,000원(영업외수익)
단기매매증권평가손익 = 200주 × (12,000원 - 10,000원) = 400,000원(이익)
영업외수익 = 배당금수익(200,000) + 단기매매증권평가이익(400,000) = 600,000원

08. 판매자는 판매한 재화에 대하여, 소유권이 있을 때 **통상적으로 행사하는 정도의 관리나 효과적인 통제를 할 수 없다.**

10.

재공품

기초	100,000	당기제품제조원가	320,000
당기총제조원가	350,000	기말	130,000
계	450,000	계	450,000

⇒

제 품

기초	300,000	*매출원가*	*340,000*
당기제품제조원가	320,000	기말	280,000
계	620,000	계	620,000

11. 보조부문원가를 변동원가와 고정원가로 구분하여 각각 다른 배부기준을 적용하여 배부하는 방법은 이중배부율법이다.

12. 종합원가계산은 단일 종류의 제품을 연속적으로 대량 생산하는 경우에 적용하는 방법이다.

13. **장기할부판매등은 대가의 각 부분을 받기로 한 때**가 공급시기이다.

14. 신문을 공급하는 경우에는 부가가치세가 면제되지만, **신문광고에 대해서는 부가가치세가 과세**된다.

15. <u>세금계산서의 필요적 기재사항이 일부라도 기재되지 않은 경우 그 효력이 인정되지 않는다.</u>

실 무

문제 1 기초정보관리

[1] 기초정보등록의 거래처등록 메뉴(신용카드 탭)에 입력

[2] [계정과목및적요등록] 메뉴에서 임차료(코드 : 0819)의 현금적요 및 대체적요 추가 입력

[3] 전기분 재무제표 수정

원가명세서⇒손익계산서⇒잉여금처분계산서⇒재무상태표

① 전기분원가명세서 : 운반비 6,600,000원으로 수정 입력되면서 전기분원가명세서 당기제품제조원가 300,660,000원 → 306,600,000원으로 수정됨

② 전기분손익계산서 : 당기제품제조원가 306,600,000원으로 수정 입력하면 당기순이익 99,340,000원 → 93,400,000원으로 수정됨

③ 전기분잉여금처분계산서 : 당기순이익 93,400,000원으로 수정 입력하면(또는 F6. 불러오기), 미처분이익잉여금 122,340,000원 → 116,400,000원으로 수정됨

④ 전기분재무상태표 : 이월이익잉여금 116,400,000원으로 수정입력함.

문제 2 일반전표입력

[1]	(차) 미지급금(㈜강남)	5,000,000	(대)	단기차입금(국민은행)	5,000,000
[2]	(차) 건　물	7,500,000	(대)	보통예금	7,500,000
[3]	(차) 단기차입금(국민은행)	5,000,000	(대)	보통예금	5,000,000
[4]	(차) 예수금	160,000	(대)	미지급금(비씨카드)	160,000
[5]	(차) 운반비(판)	150,000	(대)	보통예금	150,000

☞제품판매에 대한 운송비이므로 판매비와 관리비로 처리해야 한다.

[6]	(차) 보통예금	22,000,000	(대)	사　채	20,000,000
				사채할증발행차금	2,000,000

문제 3 매입매출전표입력

문항	일자	유형	공급가액	부가세	거래처	전자
[1]	8/3	51.과세	1,000,000	100,000	㈜블루	여
분개유형		(차) 광고선전비(판)	1,000,000	(대) 미지급금		1,100,000
혼합		부가세대급금	100,000			
문항	일자	유형	공급가액	부가세	거래처	전자
[2]	8/10	11.과세	50,000,000	5,000,000	㈜삼성상회	여
분개유형		(차) 선수금	11,000,000	(대) 제품매출		50,000,000
혼합		받을어음	44,000,000	부가세예수금		5,000,000
문항	일자	유형	공급가액	부가세	거래처	전자
[3]	11/10	16.수출(1)	12,500,000	0	ebay	부
분개유형		(차) 외상매출금	12,500,000	(대) 제품매출		12,500,000
외상(혼합)						
문항	일자	유형	공급가액	부가세	거래처	전자
[4]	11/20	62.현면	100,000	0	㈜설영문고	부
분개유형		(차) 도서인쇄비(판)	100,000	(대) 현 금		100,000
현금(혼합)						
문항	일자	유형	공급가액	부가세	거래처	전자
[5]	11/30	52.영세	10,000,000	0	㈜금강	여
분개유형		(차) 원재료	10,000,000	(대) 지급어음		10,000,000
혼합						
문항	일자	유형	공급가액	부가세	거래처	전자
[6]	12/7	14.건별	500,000	50,000	생략	-
		간주공급 중 사업상 증여에 해당하며, 부가가치세 과세표준은 시가이다.				
분개유형		(차) 기업업무추진비(판)	400,000	(대) 제 품(타계정대체)		350,000
혼합				부가세예수금		50,000

문제 4 오류수정

[1] 8월 3일 일반전표 수정

〈수정전〉

(차) 대손상각비(판)	1,100,000	(대) 외상매출금((주)네오전자)	1,100,000

〈수정후〉

(차) 대손충당금(외상)	800,000	(대) 외상매출금((주)네오전자)	1,100,000
대손상각비(판)	300,000		

[2] 12월 20일 매입매출전표 수정

	유형	공급가액	부가세	거래처	전자
〈수정전〉	54.불공(3)	11,950,000	1,195,000	기아차 남양주점	여
분개유형	(차) 원재료	13,145,000	(대) 현금		13,145,000
현금(혼합)					

	유형	공급가액	부가세	거래처	전자
〈수정후〉	51.과세	11,950,000	1,195,000	기아차 남양주점	여
분개유형	(차) 차량운반구	11,950,000	(대) 현금		13,145,000
현금(혼합)	부가세대급금	1,195,000			

문제 5 결산

[1] 〈수동결산〉

(차) 외상매입금(ABC Ltd.) 125,000 (대) 외화환산이익 125,000

☞환산손익(부채) = 공정가액($2,500 × 1,150) − 장부가액(3,000,000) = △125,000(이익)

[2] 〈수동결산〉

(차) 임대료(영업외수익) 21,000,000 (대) 선수수익 21,000,000

☞차기이후 수익(선수수익) = 50,400,000÷12개월×5개월 = 21,000,000원

[3] 〈수동/자동결산〉

(차) 법인세등 10,000,000 (대) 선납세금 6,000,000

미지급세금 4,000,000

또는 결산자료입력에서 선납세금 6,000,000원 미지급세금 4,000,000원 입력 후 전표추가

문제 6 장부조회

[1] 5월, 223,800,000원(총계정원장에서 제품매출 계정 조회)

[2] 남해백화점(주), 2,200,000원(거래처원장에서 기간을 4월 30일까지로 조회)

[3] 13매, 21,750,000원(세금계산서합계표에서 1~3월로 조회한 후, 매입 탭 - 전체데이터 탭을 조회)

제95회 전산회계1급

합격율	시험년월
42%	2021.04

이 론

01. 다음 중 기말 결산 과정에서 가장 먼저 수행해야 할 절차는 무엇인가?

① 재무제표의 작성　　② 수정전시산표의 작성
③ 기말수정분개　　④ 수익 · 비용계정의 마감

02. 다음 자료에 의하여 결산시 재무상태표에 표시되는 현금 및 현금성자산금액은 얼마인가?

- 국세환급통지서 : 200,000원
- 선일자수표 : 300,000원
- 우편환증서 : 10,000원
- 직원가불금 : 100,000원
- 자기앞수표 : 30,000원
- 취득당시에 만기가 3개월 이내에 도래하는 정기적금 : 500,000원

① 540,000원　　② 640,000원　　③ 740,000원　　④ 1,140,000원

03. 다음 자료에 의하여 다음 빈칸에 들어갈 금액은 얼마인가?

대손충당금

(단위:원)

4/30 외상매출금	XXX	1/1 전기이월	50,000
12/31 차기이월	70,000	12/31 대손상각비	(　　)
	XXX		XXX

당기 중 회수가 불가능한 것으로 판명되어 대손처리된 외상매출금은 5,000원이다.

① 10,000원　　② 15,000원　　③ 20,000원　　④ 25,000원

04. 다음 중 기업회계기준에서 자산을 타인에게 사용하게 함으로써 발생하는 수익의 유형으로 옳지 않은 것은?

① 이자수익 ② 배당금수익 ③ 로열티수익 ④ 상품판매수익

05. 다음 중 유형자산의 감가상각비를 계산하기 위한 필수요소가 아닌 것은? (감가상각방법은 정액법으로 가정함)

① 생산량 ② 취득원가 ③ 내용연수 ④ 잔존가치

06. 다음 중 무형자산과 관련된 설명으로 옳지 않은 것은?

① 무형자산은 회사가 사용할 목적으로 보유하는 물리적 실체가 없는 비화폐성 자산이다

② 개발비는 개발단계에서 발생하여 미래 경제적 효익을 창출할 것이 기대되는 자산이다.

③ 내부적으로 창출한 브랜드, 고객목록과 이와 실질이 유사한 항목은 무형자산으로 인식할 수 있다.

④ 연구단계와 개발단계에 따라 무형자산이나 비용으로 구분할 수 없는 경우 발생한 지출은 모두 연구단계에서 발생한 것으로 본다.

07. 다음 자료를 바탕으로 자본조정의 금액을 계산하면 얼마인가?(단, 각 계정과목은 독립적이라고 가정함)

• 감자차손 : 200,000원	• 주식발행초과금 : 600,000원
• 자기주식처분이익 : 300,000원	• 자기주식 : 400,000원

① 600,000원 ② 900,000원 ③ 950,000원 ④ 1,000,000원

08. 다음 중 전자제품 도소매업을 영위하는 ㈜세무의 당기 손익계산서상 영업이익에 영향을 미치는 거래로 볼 수 있는 것은?

① 노후화된 업무용 차량을 중고차매매상사에 판매하고 유형자산처분손실을 계상하였다.

② 사업 운영자금에 관한 대출이자를 지급하고 이자비용으로 계상하였다.

③ 상품을 홍보하기 위해 광고물을 제작하고 광고선전비로 계상하였다.

④ 기말 결산 시 외화예금에 대해 외화환산손실을 계상하였다.

09. 다음 중 원가에 대한 설명으로 가장 옳지 않은 것은?

① 제조원가는 직접재료원가, 직접노무원가, 제조간접원가를 말한다.

② 직접재료원가는 기초원재료재고액과 당기원재료매입액의 합계에서 기말원재료재고액을 차감한 금액을 말한다.

③ 제품생산량이 증가하여도 관련 범위 내에서 제품 단위당 고정원가는 일정하다.

④ 혼합원가는 조업도의 증감에 관계없이 발생하는 고정비와 조업도의 변화에 따라 일정 비율로 증가하는 변동비로 구성된 원가이다.

10. 회사는 제조간접비를 직접노무시간을 기준으로 배부하고 있다. 당기말 현재 실제제조간접비 발생액은 70,000원이고, 실제직접노무시간은 700시간이며, 예정배부율은 시간당 95원일 경우 배부차이는 얼마인가?

① 3,500원 과대배부
② 3,500원 과소배부
③ 7,000원 과대배부
④ 7,000원 과소배부

11. 다음 중 보조부문원가의 배부 방법 중 가장 정확한 배부법은 무엇인가?

① 직접배부법
② 간접배부법
③ 상호배부법
④ 단계배부법

12. 다음 자료를 이용하여 평균법에 의한 가공비 완성품 환산량을 계산하시오.(재료비는 공정 초기에 전량 투입되며, 가공비는 공정 전반에 걸쳐 균등하게 발생함)

• 기초재공품수량 : 500개(완성도 30%)	• 당기완성품수량 : 1,000개
• 당기착수량 : 600개	• 기말재공품수량 : 100개(완성도 50%)

① 500개
② 550개
③ 1,000개
④ 1,050개

13. 다음 중 현행 부가가치세법에 대한 설명으로 틀린 것은?

① 부가가치세는 사업장마다 신고 및 납부하는 것이 원칙이다

② 부가가치세 부담은 전적으로 최종소비자가 하는 것이 원칙이다.

③ 사업상 독립적으로 재화를 공급하는 자는 영리를 목적으로 하는 경우에만 납세의무가 있다.

④ 부가가치세의 납세의무자는 과세대상인 재화 또는 용역을 공급하는 사업자와 재화를 수입하는 자이다.

14. 다음 중 부가가치세법상 재화의 공급으로 간주되어 과세대상이 되는 항목은?(아래 항목은 전부 매입세액 공제받음)

① 직장 연예 및 직장 문화와 관련된 재화를 제공하는 경우
② 사업을 위해 착용하는 작업복, 작업모 및 작업화를 제공하는 경우
③ 사용인 1인당 연간 10만원 이내의 경조사와 관련된 재화 제공
④ 사업자가 자기생산 · 취득재화를 자기의 고객이나 불특정 다수에게 증여하는 경우

15. 다음 중 세금계산서의 필요적 기재사항이 아닌 것은?

① 공급가액 ② 부가가치세액 ③ 공급품목 ④ 작성연월일

실 무

㈜옥산테크(3095)은 운동기구을 제조하여 판매하는 중소기업이며, 당기 회계기간은 20x1.1.1.~20x1.12.31.이다. 전산세무회계 수험용 프로그램을 이용하여 다음 물음에 답하시오.

문제 1 다음은 기초정보관리에 대한 자료이다. 각각의 요구사항에 대하여 답하시오.(10점)

[1] 다음은 ㈜옥산테크의 사업자등록증이다. [기초정보관리]의 [회사등록] 메뉴에 입력된 내용을 검토하여 누락분은 추가입력하고 잘못된 부분은 정정하시오.(단, 주소 입력 시 우편번호는 입력하지 않아도 무방함) (3점)

사 업 자 등 록 증
(법인사업자)
등록번호 : 220－81－62517

법 인 명 (단 체 명) : ㈜옥산테크
대 표 자 : 이필재

개 업 연 월 일 : 2017년 8월 14일 법 인 등 록 번 호 : 110181－0095668
사 업 장 소 재 지 : 경상북도 경주시 강변로 214(성건동)
본 점 소 재 지 : 경상북도 경주시 강변로 214(성건동)
사 업 의 종 류 : 업태 제조 종목 운동기구

발 급 사 유 : 신규

사업자 단위 과세 적용사업자 여부 : 여( ) 부(V)
전자세금계산서 전용 전자우편주소 :

2017 년 09 월 11 일

경 주 세 무 서 장

[2] 다음 자료를 보고 계정과목 및 적요등록에 반영하시오. (3점)

• 코드 : 853	• 계정과목 : 행사비
• 성격 : 경비	• 대체적요 : 1. 학회 행사비용 지급

[3] 외상매출금과 외상매입금의 초기이월은 다음과 같다. [거래처별초기이월]메뉴에서 수정 또는 추가 입력하시오.(4점)

구 분	거래처	올바른금액(원)
외상매출금	㈜대원	2,000,000
	㈜동백	4,500,000
	㈜소백	2,000,000
외상매입금	비바산업	-
	우송유통	43,000,000
	공간기업	2,000,000

문제 2 다음 거래 자료를 일반전표입력 메뉴에 추가 입력하시오.(일반전표입력의 모든 거래는 부가가치세를 고려하지 말 것)(18점)

[1] 7월 3일 공장에서 사용 중인 기계장치 수리비로 15,000,000원을 ㈜한국의 보통예금으로 이체하였으며, 기계장치의 가치가 증가한 자본적 지출이다. (3점)

[2] 7월 5일 태종빌딩과 전월에 체결한 본사 건물 임대차계약의 잔금일이 도래하여 임차보증금 50,000,000원 중 계약일에 지급한 5,000,000원을 제외한 45,000,000원을 보통예금 계좌에서 이체하였다.(단, 하나의 전표로 처리할 것)(3점)

[3] 7월 7일 사무실에서 사용할 에어컨을 ㈜금강전자에서 2,000,000원에 구입하고 그 대금은 2주 후에 지급하기로 하였다. 에어컨 설치비용 250,000원은 보통예금 계좌에서 바로 지급하였다. (단, 에어컨은 자산으로 처리할 것)(3점)

[4] 8월 6일 ㈜달리자의 외상매출금 10,000,000원 중 6,000,000원은 보통예금에 입금받았고, 나머지 4,000,000원은 자기앞수표로 받았다. (3점)

[5] 8월 19일 전자부품용 기계장치(취득가액 35,000,000원, 감가상각누계액 31,500,000원)를 성능저하로 폐기처분하였다. (당기의 감가상각비는 고려하지 않음)(3점)

[6] 11월 20일 제품의 판매용 사진 촬영을 위해서 손 모델인 이아람씨를 고용하고 수수료 3,000,000원 중 원천징수세액 99,000원을 제외한 나머지 금액을 보통예금 계좌에서 지급하였다. (단, 수수료비용 계정과목은 판매비와 관리비 항목을 사용할 것.) (3점)

문제 3 다음 거래 자료를 매입매출전표입력 메뉴에 입력하시오.(18점)

[1] 8월 7일 생산부서에서 회식을 하고 법인체크카드(비씨)로 결제하자마자 바로 보통예금에서 인출되었다.(3점)

단말기번호		
8002124738	120524128234	
카드종류		
IBK비씨카드	신용승인	
카드번호		
2224-1222-1014-1345		
판매일자		
20x1/08/07 13:52:46		
거래구분		
일시불	금액	300,000원
은행확인	세금	30,000원
비씨		
판매자	봉사료	0원
	합계	330,000원
대표자		
이성수		
사업자등록번호		
117-09-52793		
가맹점명		
금강성		
가맹점주소		
서울 양천구 신정4동 973-12		
	서명	
		Semusa

[2] 10월 1일 천안 제1공장에서 사용하던 기계장치(취득가액 50,000,000원, 감가상각누계액 40,000,000원)를 ㈜재생에 4,400,000원(부가가치세 포함)에 매각하고 현금영수증을 발급하였다. 매각대금은 전액 자기앞수표로 받았다. (3점)

[3] 10월 11일 희망상사에 제품을 판매하고 다음과 같이 전자세금계산서를 발급하였다. (3점)

전자세금계산서						승인번호	20211011-1000000-00009329	
공급자	사업자 등록번호	220-81-62517	종사업장 번호		공급받는자	사업자 등록번호	127-44-61631	종사업장 번호
	상호(법인명)	㈜옥산테크	성명(대표자)	이필재		상호(법인명)	희망상사	성명: 김마리
	사업장주소	경상북도 경주시 강변로 214				사업장주소	서울시 마포구 광성로 11	
	업태	제조	종목	운동기구		업태	도매	종목: 운동기구
	이메일					이메일		

작성일자	공급가액	세액	수정사유
20x1.10.11	5,000,000원	500,000원	
비고			

월	일	품목	규격	수량	단가	공급가액	세액	비고
10	11	A제품		100	50,000원	5,000,000원	500,000원	

합계금액	현금	수표	어음	외상미수금	이 금액을 영수/청구 함
5,500,000원	3,500,000원			2,000,000원	

[4] 10월 30일 다음은 구매한 원재료에 하자가 있어 반품을 한 후 발급받은 수정세금계산서이다. 수정세금계산서 수취와 동시에 원재료 및 외상매입금과 상계처리하였다.(3점)

수정전자세금계산서(공급받는자보관용)						승인번호	20211030-21058052-117266459	
공급자	사업자 등록번호	484-81-88130	종사업장 번호		공급받는자	사업자 등록번호	220-81-62517	종사업장 번호
	상호(법인명)	㈜한강	성명(대표자)	김서울		상호(법인명)	㈜옥산테크	성명: 이필재
	사업장 주소	경기도 광명시 광명로 58(가학동)				사업장 주소	경상북도 경주시 강변로 214	
	업태	제조, 도소매	종목	원목		업태	제조	종목: 운동기구
	이메일					이메일		

작성일자	공급가액	세액	수정사유
20x1. 10. 30.	-3,000,000원	-300,000원	
비고			

월	일	품목	규격	수량	단가	공급가액	세액	비고
10	30	철강원자재(원재료)		-100	30,000원	-3,000,000원	-300,000원	

합계금액	현금	수표	어음	외상미수금	이 금액을 영수/청구 함
-3,300,000원				-3,300,000원	

[5] 11월 10일 ㈜남서울로부터 원재료를 13,200,000원(부가가치세 포함)에 매입하고 전자세금계산서를 받았다. 동 일자에 매입대금 중 11월 2일에 지급한 선급금 1,000,000원을 제외한 나머지 금액을 보통예금에서 이체하였다(단, 하나의 전표로 처리할 것). (3점)

[6] 11월 19일 일본의 미즈노사에 수출제품(공급가액 ￥2,000,000)을 다음과 같이 직접 납품(선적)하고, 선수 계약금을 제외한 잔여대금은 11월 말일에 받기로 하였다. 수출신고번호 입력은 생략한다.(3점)

거래일자	외화	기준환율	거래내역
11월 9일	￥100,000	1,055원/￥100	계약금이 입금되었으며 외화 보통예금에 외화로 보유 중
11월 19일	￥1,900,000	1,100원/￥100	수출제품 전체 선적됨.

문제 4 일반전표입력 및 매입매출전표입력 메뉴에 입력된 내용 중 다음과 같은 오류가 발견되었다. 입력된 내용을 확인하여 정정하시오.(6점)

[1] 8월 10일 본사 판매부서가 사용하고 있는 화물자동차에 대해 ㈜만능공업사에서 정비를 받으면서 583,000원(부가가치세 포함)을 현금으로 결제하고 현금영수증을 발급받았다. 회계담당자는 매입세액을 공제받지 못하는 것으로 처리하여 일반전표에 입력하였다.(3점)

[2] 12월 20일 대한적십자사에 현금으로 기부한 30,000원이 세금과공과(판매비와 관리비)로 처리되어 있음을 확인하였다. (3점)

문제 5 결산정리사항은 다음과 같다. 해당메뉴에 입력하시오.(9점)

[1] 기말 현재 당사가 장기투자를 목적으로 보유하고 있는 ㈜하나가 발행한 주식의 취득원가, 전년도 말 및 당해연도 말 공정가액은 다음과 같다. 단, 하나의 전표로 입력할 것. (3점)

주식명	취득원가	전년도 말 공정가액	당해연도 말 공정가액
㈜하나 보통주	30,000,000원	32,000,000원	28,000,000원

[2] 12월 31일 기말현재, 장기차입금 현황은 다음과 같다. (3점)

구분	금액	차입일자	상환(예정)일자	거래처
장기차입금1	15,000,000원	2018. 12. 1	20x3. 12. 1	국민은행
장기차입금2	25,000,000원	2018. 7. 1	20x2. 6. 30	한일물산

[3] 당사는 매 회계연도말에 외상매출금과 받을어음 잔액의 1%를 대손충당금으로 설정하고 있다. 이에 대한 기말 수정분개를 입력하시오. (당기에 발생한 대손채권은 없는 것으로 가정하며, 대손충당금 설정에 필요한 정보는 관련 데이터를 조회하여 사용할 것) (3점)

문제 6 다음 사항을 조회하여 답안을 이론문제 답안작성 메뉴에 입력하시오.(9점)

[1] 20x1년 제1기 확정신고기간(4월~6월)의 세금계산서 수취분 중 고정자산매입을 제외한 일반매입의 세액은 얼마인가?(3점)

[2] 2월 원재료매입액은 얼마인가?(3점)

[3] 제1기 확정 부가가치세 신고에 반영된 내역 중 6월에 카드로 매출된 공급대가는 얼마인가?(3점)

제95회 전산회계1급 답안 및 해설

이 론

1	2	3	4	5	6	7	8	9	10	11	12	13	14	15
②	③	④	④	①	③	①	③	③	②	③	④	③	④	③

01. 기말 결산을 위해 가장 먼저 수정전시산표를 작성한다.

02. 200,000(국세환급통지서)+10,000(우편환증서)+30,000(수표)+500,000(취득당시 만기가 3개월 이내 금융상품)=740,000원

03.

대손충당금

대손	5,000	기초	50,000
기말	70,000	<u>대손상각비(설정?)</u>	<u>25,000</u>
계	75,000	계	75,000

04. 이자수익, 배당금수익, 로열티수익은 자산을 타인에게 사용하게 함으로써 발생하는 수익의 유형에 해당하나, 상품판매수익은 재화를 구매자에게 이전함에 따라 발생하는 수익에 해당한다.

05. 정액법으로 상각하는 경우 생산량은 감가상각비를 계산하기 위한 요소가 아니다.

06. **<u>내부적으로 창출한 브랜드, 고객목록과 이와 실질이 유사한 항목은 무형자산으로 인식할 수 없다.</u>**

07. 자본조정 항목은 감자차손(200,000)과 자기주식(400,000)이다.

08. 광고선전비는 판매비와 관리비에 해당하여 영업이익에 영향을 미치지만, 유형자산처분손실, 이자비용, 외화환산손실은 영업외비용에 해당하므로 영업이익에는 영향을 미치지 않는다.

09. 제품 생산량이 증가함에 따라 제품 단위당 고정원가는 감소한다.

10.

제조간접비

② 실제발생액 (70,000)	① 예정배부액 (700시간×95 =66,500)
	<u>과소배부</u> <u>(3,500)</u>

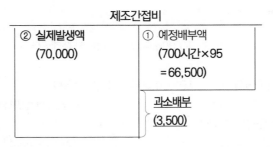

11. **<u>상호배부법</u>**은 둘 이상의 보조부문이 있을 경우 **<u>보조부문 간의 용역 수수관계를 완전히 반영</u>**하기 때문에 보조부문원가의 배부 방법 중 가장 정확하다.

12.

<1단계> 물량흐름파악(평균법)		<2단계> 완성품환산량 계산	
평균법		재료비	가공비
완성품	1,000 (100%)		1,000
기말재공품	100 (50%)		50
계	1,100		1,050

13. **영리목적이 없는 경우에도 사업상 독립적으로 재화를 공급하면 납세의무**가 있다.

14. ①,②,③은 실비변상적이거나 복리후생적인 목적으로 제공해 재화의 공급으로 보지 않는 경우에 해당하며 ④는 재화의 공급으로 간주하는 경우에 해당한다,

15. 공급품목은 임의적 기재사항이다.

실 무

문제 1 기초정보관리

[1] 회사등록

1. 법인등록번호 : 110181-0096550을 110181-0095668로 수정
2. 종목 : 철근을 운동기구로 수정
3. 사업장관할세무서 : 경산세무서를 경주세무서로 수정

[2] 계정과목 및 적요등록

행사비(코드 : 853) 계정과목 및 대체적요 추가 입력

[3] 거래처별초기이월

1. 외상매출금 : ㈜대원 2,000,000원으로 수정, ㈜동백 4,500,000원으로 추가
2. 외상매입금 : 비바산업 삭제, 우성유통 43,000,000원으로 수정

문제 2 일반전표입력

[1]	(차) 기계장치	15,000,000	(대) 보통예금	15,000,000
[2]	(차) 임차보증금(태종빌딩)	50,000,000	(대) 보통예금	45,000,000
			선급금(태종빌딩)	5,000,000

☞6월 5일 전표 조회(선급금) 후 입력

[3]	(차) 비 품	2,250,000	(대)	미지급금(㈜금강전자)	2,000,000
				보통예금	250,000
[4]	(차) 보통예금	6,000,000	(대)	외상매출금(㈜달리자)	10,000,000
	현 금	4,000,000			
[5]	(차) 감가상각누계액(기계)	31,500,000	(대)	기계장치	35,000,000
	유형자산처분손실	3,500,000			

☞처분손익 = 처분가액(0) – 장부가액(35,000,000 – 31,500,000) = △3,500,000원(손실)

[6]	(차) 수수료비용(판)	3,000,000	(대)	보통예금	2,901,000
				예수금	99,000

문제 3 매입매출전표입력

문항	일자	유형	공급가액	부가세	거래처	전자
[1]	8/7	57.카과	300,000	30,000	금강성	–

분개유형					
혼합	(차) 복리후생비(제)	300,000	(대)	보통예금	330,000
	부가세대급금	30,000			

문항	일자	유형	공급가액	부가세	거래처	전자
[2]	10/1	22.현과	4,000,000	400,000	㈜재생	–

분개유형					
혼합	(차) 감가상각누계액(207)	40,000,000	(대)	기계장치	50,000,000
	현 금	4,400,000		부가세예수금	400,000
	유형자산처분손실	6,000,000			

☞처분손익 = 처분가액(4,000,000) – 장부가액(50,000,000 – 40,000,000) = △6,000,000원(손실)

문항	일자	유형	공급가액	부가세	거래처	전자
[3]	10/11	11.과세	5,000,000	500,000	희망상사	여

분개유형					
혼합	(차) 현금	3,500,000	(대)	제품매출	5,000,000
	외상매출금	2,000,000		부가세예수금	500,000

문항	일자	유형	공급가액	부가세	거래처	전자
[4]	10/30	51.과세	–3,000,000	–300,000	㈜한강	여

분개유형					
외상(혼합)	(차) 원재료	–3,000,000	(대)	외상매입금	–3,300,000
	부가세대급금	–300,000			

문항	일자	유형	공급가액	부가세	거래처	전자
[5]	11/10	51.과세	12,000,000	1,200,000	㈜남서울	여

분개유형					
혼합	(차) 원재료	12,000,000	(대)	보통예금	12,200,000
	부가세대급금	1,200,000		선급금	1,000,000

문항	일자	유형	공급가액	부가세	거래처	전자
[6]	11/19	16.수출(1)	22,000,000	0	미즈노사	부
분개유형	(차) 선수금		1,055,000	(대) 제품매출		22,000,000
혼합	외상매출금		20,900,000			
	외환차손		45,000			

☞과세표준 및 제품매출 = ¥2,000,000×11(선적일 환율) = 22,000,000원 (인용된 답안이 정확한 답안임.)

문제 4 오류수정

[1] 8월 10일 일반전표 삭제 후 매입매출전표 입력

〈수정전〉

(차) 차량유지비(판) 583,000 (대) 현금 583,000

	일자	유형	공급가액	부가세	거래처	전자
수정후	8/10	61.현과	530,000	53,000	㈜만능공업사	-
분개유형	(차) 차량유지비(판)		530,000	(대) 현금		583,000
현금(혼합)	부가세대급금		53,000			

[2] 12월 20일 일반전표수정

〈수정전〉

(차) 세금과공과(판) 30,000 (대) 현금 30,000

〈수정후〉

(차) 기부금 30,000 (대) 현금 30,000

문제 5 결산

[1] 〈수동결산〉

(차) 매도가능증권평가이익 2,000,000 (대) 매도가능증권(178) 4,000,000

매도가능증권평가손실 2,000,000

☞ 매도가능증권 평가손익

	취득가액	공정가액	평가이익	평가손실
전기	30,000,000	32,000,000	2,000,000	0
당기		28,000,000	△2,000,000	2,000,000
계			0	2,000,000

[2] 〈수동결산〉

(차) 장기차입금(한일물산) 25,000,000 (대) 유동성장기부채(한일물산) 25,000,000

[3] 〈수동/자동결산〉

(차)	대손상각비(판)	2,850,430	(대) 대손충당금(109)	2,178,930
			대손충당금(111)	671,500

☞외상매출금 = 226,393,000 × 1% – 85,000 = 2,178,930원
받을어음 = 82,900,000 × 1% – 157,500 = 671,500원

문제 6 장부조회

[1] 700,000원, 부가가치세 신고서 4월~6월 매입세액 – 세금계산서수취분 – 일반매입 – 세액에서 확인

[2] 86,300,000원 (월계표 조회)

[3] 484,000원

[장부관리] – [매입매출장] 메뉴에서 6월 1일과 6월 30일 입력한 후 구분 2.매출 유형 17.카과를 선택

제95회(특별) 전산회계1급

합격율	시험년월
38%	2021.04

이 론

01. 다음 괄호에 들어갈 계정과목으로 옳은 것은?

> 발생주의 회계는 발생과 이연의 개념을 포함한다. 발생이란 (A)과 같이 미래에 수취할 금액에 대한 자산을 관련된 부채나 수익과 함께 인식하거나, 또는 (B)과 같이 미래에 지급할 금액에 대한 부채를 관련된 자산이나 비용과 함께 인식하는 회계과정을 의미한다.

① (A) : 미수수익 (B) : 선급비용
② (A) : 선수수익 (B) : 선급비용
③ (A) : 선수수익 (B) : 미지급비용
④ (A) : 미수수익 (B) : 미지급비용

02. 다음 중 사채의 평가계정으로 사채에서 차감하여 표시되는 것은?

① 사채할증발행차금
② 사채할인발행차금
③ 사채이자
④ 사채발행비상각

03. 다음은 단기매매증권의 취득 · 보유 · 처분에 대한 현황이다. 일련의 회계처리 중 옳지 않은 것은?

> • 제1기 기중 단기매매증권 100주를 주당 1,000원에 현금으로 취득하였다.
> • 제1기 결산일 현재 단기매매증권의 1주당 시가는 1,200원이다.
> • 제2기 기중 단기매매증권 50주를 주당 1,500원에 현금을 받고 처분하였다.
> • 제2기 결산일 현재 단기매매증권의 1주당 시가는 1,100원이다.

① 1기 취득시 : (차) 단기매매증권 100,000원 (대) 현 금 100,000원
② 1기 결산일 : (차) 단기매매증권 20,000원 (대) 단기매매증권평가이익 20,000원
③ 2기 처분시 : (차) 현 금 75,000원 (대) 단기매매증권 50,000원
단기매매증권처분이익 25,000원
④ 2기 결산일 : (차) 단기매매증권평가손실 5,000원 (대) 단기매매증권 5,000원

04. 다음에서 설명하는 자산 중 유형자산에 해당하는 것은?

① 부동산매매업을 하는 회사가 판매목적으로 보유한 부동산
② 서비스 회사가 시세차익을 얻기 위해 보유한 아파트
③ 제조회사가 생산활동에 사용하기 위해 보유한 기계장치
④ 서비스 회사가 영업활동에 사용하기 위해 보유한 소프트웨어 프로그램

05. 1기 회계연도(20x0.1.1.~20x0.12.31.)에 기계장치의 구입관련 다음의 자료를 참고하여 당사의 2기 (20x1.1.1.~20x1.12.31.) 회계연도에 계상될 감가상각비는 얼마인가? (감가상각비는 월할상각한다)

- 기계장치 구입가격 : 12,000,000원
- 취득일 : 20x0.01.03.
- 내용연수 : 5년
- 잔존가치 : 0원
- 정률법 : 상각률 (0.45)

① 2,475,000원 ② 2,675,000원 ③ 2,970,000원 ④ 12,800,000원

06. 주식배당을 실시한 경우, 배당 후 재무상태표 및 발행주식수 등의 상태변화로 옳지 않은 것은?

① 이익잉여금은 감소한다. ② 자본금은 증가한다.
③ 총자본은 증가한다. ④ 발행주식수는 증가한다.

07. 다음은 ㈜진성상사의 제1기(1.1~12.31) 재고자산 내역이다. 이동평균법에 의한 기말재고자산의 단가는 얼마인가?

일자	적요	수량	단가
1월 23일	매입	2,000개	250원
5월 15일	매출	1,000개	500원
12월 24일	매입	1,000개	400원

① 250원 ② 300원 ③ 325원 ④ 400원

08. 기업의 영업활동 외의 활동에서 발생한 수익이나 비용으로 볼 수 없는 것은?

① 은행에서 받은 예금이자
② 단기매매증권을 기말 결산시 공정가액으로 평가할 때 기말 현재 공정가액이 평가 전 장부가액보다 작을 경우 그 차액
③ 외화자산의 회수시 환율의 차이로 인해 발생하는 손실
④ 영업을 목적으로 거래처와의 관계를 유지하기 위하여 발생하는 비용

09. 제조과정에 있는 작업자에게 제공하는 작업복과 관련된 비용은 어느 원가에 해당하는가?

	기본원가	가공원가	제품제조원가	판매비와 관리비
①	포함	포함	포함	미포함
②	포함	미포함	포함	포함
③	미포함	포함	포함	미포함
④	미포함	미포함	미포함	포함

10. ㈜성창의 제품 A와 제품 B에 대한 제조원가 자료는 다음과 같다. 실제개별원가계산 방법에 따라 기계시간을 기준으로 제조간접비를 배부하였을 때 제품 A에 배부될 제조간접비는?

구분	제품 A	제품 B	합계
직접재료비	5,000,000원	10,000,000원	15,000,000원
직접노무비	4,000,000원	6,000,000원	10,000,000원
제조간접비(실제)	?	?	10,500,000원
기계시간	500시간	1,000시간	1,500시간

① 10,500,000원 ② 5,250,000원 ③ 3,500,000원 ④ 7,000,000원

11. 다음 자료를 이용하여 당기제품제조원가를 구하라.

• 기초재공품재고액 : 1,500,000원	• 기말재공품재고액 : 1,700,000원
• 당기총제조비용 : 9,000,000원	• 매출원가 : 3,000,000원

① 6,190,000원 ② 8,800,000원 ③ 9,200,000원 ④ 12,200,000원

12. 개별원가계산과 종합원가계산의 차이점을 설명한 것 중 옳지 않은 것은?

① 개별원가계산은 다품종 소량주문 생산, 종합원가계산은 동종제품을 연속적으로 대량 생산하는 업종에 적합한 방법이다.

② 개별원가계산은 종합원가계산에 비해 제품별 정확한 원가계산이 가능하나 원가계산 비용이 많이 소요되는 단점이 있다.

③ 종합원가계산은 제조지시서별 원가계산을 위하여 직접비, 간접비의 구분과 제조간접비의 배부가 중요한 방식이다.

④ 종합원가계산은 완성품환산량을 기준으로 원가를 완성품과 기말재공품에 배부하며, 개별원가계산은 작업원가표에 의해 원가를 배부한다.

13. 다음은 과세사업을 영위하는 ㈜부동산에서 발생한 매입세액이다. 이 중 부가가치세법상 매입세액불공제 금액은?

- 토지 취득시 발생한 중개수수료 매입세액 : 2,200,000원
- 건물의 취득과 관련된 감정평가수수료(건물분) 매입세액 : 5,500,000원
- 과세사업에 사용하던 건물과 부속토지를 양도하면서 발생한 중개수수료 매입세액 : 3,000,000원

① 7,700,000원 ② 2,200,000원 ③ 8,500,000원 ④ 5,200,000원

14. 과세사업자인 ㈜삼원전자는 20x1년 당사 제품인 기계장치를 공급하는 계약을 아래와 같이 체결하였다. 이 거래와 관련하여 20x1년 1기 확정신고기간의 과세표준에 포함되어야 할 공급가액은 얼마인가?

- 총판매대금 : 35,000,000원(이하 부가가치세 별도)
- 계약금(4월 15일) : 20,000,000원 지급
- 1차 중도금(5월 15일) : 5,000,000원 지급
- 2차 중도금(7월 15일) : 5,000,000원 지급
- 잔금(11월 30일) : 5,000,000원 지급
- 제품인도일 : 11월 30일

① 20,000,000원 ② 25,000,000원 ③ 30,000,000원 ④ 35,000,000원

15. 다음 중 재화의 공급에 대한 부가가치세 과세표준에 대한 설명 중 틀린 것은?

① 재화의 수입에 대한 부가가치세의 과세표준은 관세의 과세가격에 관세, 개별소비세 등도 포함한다.

② 금전 외의 대가를 받는 경우 : 자기가 공급한 재화 또는 용역의 시가

③ 폐업하는 경우 : 폐업 시 남아 있는 재고자산의 장부가액(원가)

④ 사업자가 재화 또는 용역을 공급하고 그 대가로 받은 금액에 부가가치세가 포함되어 있는지가 분명하지 아니한 경우에는 그 대가로 받은 금액에 110분의 100을 곱한 금액을 공급가액으로 한다.

실 무

덕봉전자㈜(3395)는 전자제품을 판매하는 중소기업이며, 당기 회계기간은 20x1.01.01.~20x1.12.31.이다. 전산세무회계 수험용 프로그램을 이용하여 다음 물음에 답하시오.

문제 1 다음은 기초정보관리 및 전기분재무제표에 대한 자료이다. 각각의 요구사항에 대하여 답하시오.(10점)

[1] 아래의 자료를 거래처등록메뉴에 등록하시오.(3점)

- 거래처코드 : 00751
- 회사명 : ㈜은빛상사
- 유형 : 매출
- 사업자등록번호 : 610-85-25241
- 대표자 : 김빛나
- 업태 : 도소매
- 종목 : 가전
- 사업장 : 서울특별시 강남구 테헤란로 101 비즈타워 1001호(주소입력시 우편번호 입력은 생략하여도 무방함)

[2] 거래처별 초기이월 내역이 다음과 같을 경우, 해당 메뉴에서 거래처와 금액을 정확하게 입력하시오. (4점)

계정과목 및 금액	거래처	입력된 금액	정확한 금액
미 수 금 (90,650,000원)	동해㈜	28,500,000원	28,850,000원
	샛별전자㈜	20,850,000원	24,500,000원
	희망카드	41,300,000원	37,300,000원
단기차입금 (46,000,000원)	㈜천안	13,500,000원	0원
	대한은행	15,000,000원	15,300,000원
	㈜진성	17,200,000원	30,700,000원

[3] 전기분 결산사항을 검토한 결과 다음과 같은 입력누락이 발견되었다. 전기분손익계산서, 전기분잉여금처분계산서, 전기분재무상태표 중 관련된 부분을 수정하시오. 단, 법인세에 미치는 영향은 고려하지 않는다. (3점)

차변		대변	
계정과목	금액	계정과목	금액
선급비용	1,200,000원	보험료(판)	1,200,000원

문제 2 **다음 거래 자료를 일반전표입력 메뉴에 추가 입력하시오.(일반전표입력의 모든 거래는 부가가치세를 고려하지 말 것)(18점)**

[1] 7월 3일 개인 최윤진으로부터 차입한 단기차입금의 이자비용 500,000원을 지급할 때, 원천징수세액 137,500원을 차감한 금액을 현금으로 지급하였다.(3점)

[2] 8월 19일 ㈜대율에 업무용으로 사용 중인 기계장치를 외상 처분한 대금 7,000,000원이 회수기일이 도래하여 전액 당좌예금 계좌로 받다. (3점)

[3] 9월 10일 ㈜케이지물산으로부터 공장부지 사용목적으로 토지를 80,000,000원에 구입하면서, 대금 중 50,000,000원은 보통예금에서 지급하고, 잔액은 9월말 지급하기로 하였다. 또한 당일 취득세 5,000,000원은 현금 지급하다. (3점)

[4] 10월 1일 ㈜서울부품으로부터 매출대금으로 받은 약속어음 20,000,000원에 대하여 부도가 발생하여 상환청구를 하였다. 해당어음은 부도처리 되었으나 회수가능성이 있어 대손처리는 하지 않았다. (3점)

[5] 11월 15일 전년도 대손이 확정되어 대손충당금과 상계처리한 외상매출금 15,000,000원이 당사의 보통예금에 입금된 것을 확인하였다. (단, 부가가치세는 고려하지 않는다.)(3점)

[6] 12월 27일 ㈜인천상사에 대한 외상매출금 12,000,000원 중 7,000,000원은 약속어음으로 받고, 잔액은 당좌예금으로 회수하였다.(3점)

문제 3 **다음 거래 자료를 매입매출전표입력 메뉴에 입력하시오.(18점)**

[1] 7월 2일 수출용 제품생산에 필요한 원재료(공급가액 2,300,000원)를 소래상사로부터 내국신용장에 의하여 외상 매입하고 영세율전자세금계산서를 발급받았다.(3점)

[2] 7월 25일 당사가 소유한 토지의 형질변경을 위해 명성 건축사사무소에 3,300,000원(부가가치세 포함)의 수수료를 전액 보통예금으로 지급하고 전자세금계산서를 발급받았다.(3점)

[3] 8월 2일 ㈜혜진냉동으로부터 매출 거래처 접대목적으로 냉동고 5대(대당 3,000,000원, 부가가치세 별도)를 외상으로 매입하고, 전자세금계산서를 발급 받았다.(대변에 미지급금 계정과목을 사용할 것)(3점)

[4] 8월 10일 미국에 소재한 Pokhara에 제품을 $20,000에 직수출하기로 하고, 제품을 선적 완료하였다. (수출 신고 번호 입력 생략) 수출대금은 8월 30일 받기로 하였다. 선적일 시점 기준환율은 $1 = 1,150원이다. (3점)

[5] 9월 19일 ㈜대명으로부터 제조과정에 투입되는 재료A 1,000개(@8,000, 부가세 별도)를 전액 당좌수표 발행하여 구입하고, 다음과 같은 전자세금계산서를 발급받다. (3점)

전자세금계산서(공급받는자 보관용)					승인번호	20210919-1111115		
공급자	사업자 등록번호	136-81-20250	종사업장 번호		공급받는자	사업자 등록번호	136-81-29187	종사업장 번호
	상호 (법인명)	㈜대명	성 명 (대표자)	임한수		상호 (법인명)	덕봉전자㈜	성 명: 오두연
	사업장 주소	경기도 안성시 가사길 7-5				사업장 주소	경기도 안성시 강변남로 2-6	
	업 태	제조	종 목	전자부품		업 태	제조	종 목: 전자제품
	전자 우편					전자 우편		

작성일자	공급가액	세액	수정사유
20x1.09.19.	8,000,000원	800,000원	
비고			

월	일	품 목	규 격	수 량	단 가	공 급 가 액	세 액	비 고
9	19	재료A		1,000	8,000원	8,000,000원	800,000원	

합 계 금 액	현 금	수 표	어 음	외 상 미 수 금	이 금액을 영수/청구 함
8,800,000원		8,800,000원			

[6] 10월 20일 대한제작에게 제품의 임가공을 의뢰하여 제품을 납품받고 전자세금계산서를 발급받았다. 임가공비용 12,000,000원(부가가치세 별도)은 전액 현금으로 결제하였다. (외주가공비(제조) 계정으로 처리할 것)(3점)

문제 4 일반전표입력 및 매입매출전표입력 메뉴에 입력된 내용 중 다음과 같은 오류가 발견되었다. 입력된 내용을 확인하여 정정하시오.(6점)

[1] 8월 17일 제조공장의 창문이 파손되어 대한유리에서 수선(수익적 지출)한 후 관련 회계 처리를 일반전표에 입력하였다. 대금 550,000원을 법인카드(국민카드)로 결제하였고, 이 거래는 부가가치세 포함금액으로 매입세액 공제가 가능하다.(신용카드사용분은 미지급비용으로 처리할 것)(3점)

[2] 11월 22일 ㈜영천으로부터 외상으로 구입한 물품(전자세금계산서 수취)은 특정거래처에 지급하기 위한 것이 아니라 불특정다수에게 배부하여 기업의 이미지를 제고시킬 목적으로 구입한 것이다. (3점)

문제 5 결산정리사항은 다음과 같다. 해당메뉴에 입력하시오.(9점)

[1] 5월 1일 전액 판매관리비로 회계처리 된 보험료(거래처:메리츠 화재보험) 8,400,000원 중 2,800,000원은 다음연도에 귀속될 보험료이다.(3점)

[2] 결산일 현재 창고에 실제 재고자산에 대한 내역은 다음과 같다. (3점)

계정과목	금 액
원 재 료	5,300,000원
재 공 품	8,800,000원
제 품	10,500,000원

[3] 결산일 현재 유형자산에 대한 당기에 해당하는 감가상각의 내역은 다음과 같다. (3점)

계정과목	감가상각비 금액	비고
건 물	15,000,000원	영업부에서 사용되고 있음
차량운반구	5,600,000원	공장에서 사용되고 있음
비 품	1,800,000원	영업부에서 사용되고 있음

문제 6 **다음 사항을 조회하여 답안을 이론문제 답안작성 메뉴에 입력하시오.(9점)**

[1] 4월말 현재 외상매출금 잔액이 가장 큰 거래처명과 그 금액은 얼마인가? (3점)

[2] 제1기 부가가치세 확정신고시 예정신고미환급세액은 얼마인가? (3점)

[3] 5월에 지출된 제조경비 중 가장 큰 계정과목 코드와 금액은 얼마인가? (3점)

제95회(특별) 전산회계1급 답안 및 해설

이 론

1	2	3	4	5	6	7	8	9	10	11	12	13	14	15
④	②	③	③	③	③	③	④	③	③	②	③	②	②	③

01. 발생이란 미수수익과 같이 미래에 수취할 금액에 대한 자산을 관련된 부채나 수익과 함께 인식하거나, 또는 미지급비용과 같이 미래에 지급할 금액에 대한 부채를 관련된 자산이나 비용과 함께 인식하는 회계과정을 의미한다.

02. **사채할증발행차금은 사채에 가산**하여 표시하고, **사채할인발행차금은 사채에 차감하여 표시**한다.

03. 1기 결산일 평가손익 = [시가(1,200) - 취득가(1,000)] × 100주 = 20,000원(평가이익)
2기 처분시 처분이익 = [처분가(1,500) - 처분시 장부가액(1,200)] × 50주 = 15,000원(이익)
(처분당시 장부가액은 전기말 공정가액 주당 1,200원으로 평가)
2기 처분시 올바른 회계처리

(차)	현금	75,000	(대)	단기매매증권	60,000
				단기매매증권처분이익	15,000

04. 유형자산은 영업활동에 사용하기 위해 보유한 물리적형체가 있는 자산이다.
① 재고자산 ② 투자자산 ④ 무형자산

05. 1기 상각액(장부가액법) = 12,000,000 × 0.45 = 5,400,000원
2기 상각액 = (12,000,000 - 5,400,000) × 0.45 = 2,970,000원

06. 주식배당 (차) 이월이익잉여금(자본) XXX (대) 자본금(자본) XXX
주식배당으로 이익잉여금은 감소하고 자본금은 증가한다. 총자본은 불변이다.

07. 이동평균법(단가) = [(1,000개 × @250, 1/23) + (1,000개 × 400원, 12/24)] ÷ 2,000개 = @325원

08. 영업을 목적으로 거래처와의 관계를 유지하기 위하여 발생하는 비용은 판매관리비항목인 기업업무추진비에 해당한다.
① 이자수익(영업외수익) ② 단기매매증권평가손실(영업외비용)
③ 외환차손(영업외비용) ④ 기업업무추진비(판관비)

09. 제조공정에 있는 작업자에게 제공하는 작업복은 제조간접원가(복리후생비)로 처리되며, 제조간접원가는 가공원가와 제품제조원가에 포함된다. 일반적으로 작업자의 작업복은 제품 제조에 추적할 수 있는 대상에서 제외되어 간접원가로 보는 것이 타당하나, 추적이 가능한 직접경비로 본다해도 가공원가에 해당한다.

10. 제조간접비 실제배부율 = 실제 제조간접비(10,500,000) ÷ 실제 조업도(1,500시간)
= @7,000원 / 기계시간

제조간접비(A) = A작업의 실제조업도(500) × 실제배부율(7,000) = 3,500,000원

11.

재공품

기초	1,500,000	<u>당기제품제조원가</u>	<u>8,800,000</u>
당기총제조비용	9,000,000	기말	1,700,000

12. 제조지시서별 원가계산을 위하여 직접비, 간접비의 구분과 제조간접비의 배부가 중요한 방식은 개별원가계산이다.

13. <u>**토지 취득**</u>시 발생한 <u>**중개수수료 매입세액은 불공제대상**</u>이다.

<u>**과세사업용 건물과 부속토지를 양도시 발생한 중개수수료 매입세액은 공제대상**</u>이다.

부가, 부가가치세과-480 , 2012.04.30

관련주제어 ▶ 납부세액

[제 목]

부동산임대업에 사용하던 건물 및 그 부속토지를 양도하면서 지급한 중개수수료 관련 매입세액이 공제 가능한 지 여부

[요 지]

부동산 임대업을 영위하던 사업자가 과세사업에 사용하던 건물과 그 부속 토지를 양도하기 위하여 중개수수료를 지급하면서 부담한 매입세액은 자기의 매출세액에서 공제되는 것임

[회 신]

부동산 임대업을 영위하던 사업자가 과세사업에 사용하던 건물과 그 부속 토지를 양도하기 위하여 중개수수료를 지급하면서 부담한 매입세액은「부가가치세법」제17조제1항의 규정에 의하여 자기의 매출세액에서 공제되는 것임

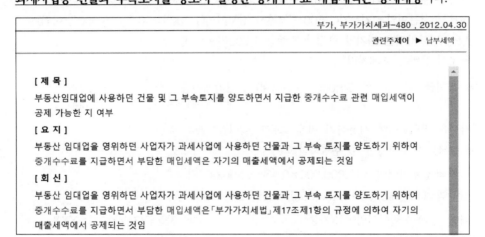

14. 중간지급조건부 재화공급(<u>**계약금 이외 대가 분할&계약금지급일부터 잔금지급일까지 6개월 이상**</u>)이므로 공급시기는 대가의 각 부분을 받기로 한 날임

1기 과세표준 = 계약금(4/15, 20,000,000) + 1차 중도금(5/15, 5,000,000) = 25,000,000원

15. 폐업하는 경우 재고자산의 시가가 과세표준이다.

실 무

문제 1 기초정보관리

[1] 일반거래처 등록

[2] 거래처별초기이월 - 불러오기 - 계정과목 선택 - 각 거래처별 금액 입력

[3] 전기분재무제표

손익계산서(보험료)⇒잉여금처분계산서⇒재무상태표

1. 전기분손익계산서 : 보험료(판) 7,200,000원을 6,000,000원으로 수정입력, 당기순이익 26,000,000원 확인
2. 전기분잉여금처분계산서 : 당기순이익 24,800,000원이 26,000,000원으로 상단 F6(불러오기)하여 반영, 미처분이익잉여금 합계 확인
3. 전기분재무상태표 : 선급비용 1,200,000원 추가입력, 이월이익잉여금 24,800,000원을 27,200,000원으로 수정입력

문제 2 일반전표입력

[1]	(차) 이자비용	500,000	(대) 현　　금	362,500
			예수금	137,500
[2]	(차) 당좌예금	7,000,000	(대) 미수금(㈜대율)	7,000,000
[3]	(차) 토　　지	85,000,000	(대) 보통예금	50,000,000
			미지급금(㈜케이지물산)	30,000,000
			현　　금	5,000,000
[4]	(차) 부도어음과수표(㈜서울부품)	20,000,000	(대) 받을어음(㈜서울부품)	20,000,000
[5]	(차) 보통예금	15,000,000	(대) 대손충당금(109)	15,000,000
[6]	(차) 당좌예금	5,000,000	(대) 외상매출금(㈜인천상사)	12,000,000
	받을어음(㈜인천상사)	7,000,000		

☞부도가 났다고 대손이 확정이 된 것이 아니므로 추후 회수가능성을 판단하여 대손처리한다.

문제 3 매입매출전표입력

문항	일자	유형	공급가액	부가세	거래처	전자
[1]	7/2	52.영세	2,300,000	0	소래상사	여
분개유형	(차) 원재료		2,300,000	(대) 외상매입금		2,300,000
외상(혼합)						
문항	일자	유형	공급가액	부가세	거래처	전자
[2]	7/25	54.불공(6)	3,000,000	300,000	명성건축사사무소	여
분개유형	(차) 토 지		3,300,000	(대) 보통예금		3,300,000
혼합						
문항	일자	유형	공급가액	부가세	거래처	전자
[3]	8/2	54.불공(4)	15,000,000	1,500,000	㈜혜진냉동	여
분개유형	(차) 기업업무추진비(판)		16,500,000	(대) 미지급금		16,500,000
혼합						
문항	일자	유형	공급가액	부가세	거래처	전자
[4]	8/10	16.수출(1)	23,000,000	0	Pokhara	-
분개유형	(차) 외상매출금		23,000,000	(대) 제품매출		23,000,000
외상(혼합)						
문항	일자	유형	공급가액	부가세	거래처	전자
[5]	9/19	51.과세	8,000,000	800,000	㈜대명	-
분개유형	(차) 원재료		8,000,000	(대) 당좌예금		8,800,000
혼합	부가세대급금		800,000			
문항	일자	유형	공급가액	부가세	거래처	전자
[6]	10/20	51.과세	12,000,000	1,200,000	대한제작	여
분개유형	(차) 외주가공비(제)		12,000,000	(대) 현금		13,200,000
현금(혼합)	부가세대급금		1,200,000			

문제 4 오류수정

[1] 〈수정전〉 일반전표(8/17) 삭제

(차) 수선비(제) 550,000 (대) 미지급비용(국민카드) 550,000

〈수정후〉 매입매출전표(8/17) 입력

	유형	공급가액	부가세	거래처	신용카드
	57.카과	500,000	50,000	대한유리	국민카드
분개유형	(차) 수선비(제)	500,000	(대) 미지급비용(국민카드)		550,000
혼합(카드)	부가세대급금	50,000			

문제 5 결산

[1] [수동결산]

(차) 선급비용 3,000,000원 (대) 보험료(판) 3,000,000원

☞ 선급비용 = 6,000,000 × 6/12 = 3,000,000원

[2] [수동결산]

(차) 단기매매증권평가손실 400,000원 (대) 단기매매증권 400,000원

☞ 평가손익 = 13,600,000(20x1.12.31.공정가액) − 14,000,000(20x0.12.31.공정가액) = △400,000(손실)

[3] [수동/자동결산]

구분	퇴직급여 추계액(A)	설정 전 잔액(B)	추가설정액(A − B)
영업부	28,000,000원	25,000,000원	3,000,000
제조부	26,000,000원	22,000,000원	4,000,000

(차) 퇴직급여(판) 3,000,000원 (대) 퇴직급여충당부채 7,000,000원

퇴직급여(제) 4,000,000원

결산자료입력메뉴에서 퇴직급여(제) 26,000,000원, 퇴직급여(판) 28,000,000원 입력 후 결산반영하고 전표추가

문제 6 장부조회

[1] 거래처명 : 경기상사, 매수 : 4매 − 세금계산서합계표 조회(조회기간 : 1월 − 3월)

[2] 1,376,000원 일계표(월계표) 조회기간 : 월~6월 조회

[3] 321,000원 [부가가치세 신고서]를 조회하여 기간은 1.01.~3.31.을 입력하고, 매입세액 중 공제받지 못할 매입세액을 조회한다.

제93회(특별) 전산회계1급

합격율	시험년월
35%	2020.11

이 론

01. 다음 중 재고자산을 기말 장부금액에 포함할 것인지의 여부를 설명한 것으로 틀린 것은?

① 적송품 : 기말 현재 판매되지 않은 적송품은 수탁자의 재고자산에 포함된다.
② 시송품 : 고객이 구매의사를 표시하기 전까지는 판매자의 재고자산에 포함된다.
③ 할부판매상품 : 대금이 모두 회수되지 않았다고 하더라도 상품의 판매시점에서 판매자의 재고자산에서 제외한다.
④ 미착상품 : 선적지인도조건인 경우에는 상품이 선적된 시점에 소유권이 매입자에게 이전되기 때문에 미착상품은 매입자의 재고자산에 포함된다.

02. 다음 중 재무상태표에 대한 설명으로 틀린 것은?

① 재무상태표는 일정 시점 현재 기업실체의 재무상태에 대한 정보를 제공하는 보고서로서 구성요소는 자산, 부채 및 자본이다.
② 자산에 내재된 미래의 경제적 효익이란 직접 또는 간접적으로 기업실체의 미래 현금흐름 창출에 기여하는 잠재력을 말한다.
③ 기업실체의 자산은 미래에 발생할 것으로 예상되는 거래나 사건만으로도 취득이 가능하다.
④ 자본은 기업실체의 자산 총액에서 부채 총액을 차감한 잔여액 또는 순자산으로서 기업실체의 자산에 대한 소유주의 잔여청구권이다.

03. 다음은 재무제표의 기본가정에 대한 설명이다. 재무제표의 기본가정 중 무엇에 대한 설명인가?

> 기업을 소유주와는 독립적으로 존재하는 회계단위로 간주하고 이 회계단위의 관점에서 그 경제활동에 대한 재무정보를 측정, 보고하는 것을 말한다.

① 계속기업　　② 기업실체　　③ 기간별 보고　　④ 검증가능성

04. 다음 중 무형자산에 해당하지 않는 것은?

① 어업권 ② 개발비 ③ 컴퓨터 소프트웨어 ④ 임차보증금

05. 다음 중 자본의 분류와 해당 계정과목의 연결이 잘못된 것은?

① 자본금 : 보통주 자본금
② 자본잉여금 : 주식발행초과금
③ 자본조정 : 감자차익
④ 기타포괄손익누계액 : 재평가잉여금

06. 다음은 회계상 거래의 결합관계를 표시한 것이다. 옳지 않은 것은?

	거 래	거래의 결합관계
①	사무실청소비 30만원을 현금지급하였다.	비용의 발생 - 자산의 감소
②	책상을 100만원에 현금 구입하였다.	자산의 감소 - 자산의 감소
③	상품을 90만원에 현금으로 매출하였다.	자산의 증가 - 수익의 발생
④	관리부 직원의 결혼 축의금 10만원을 현금 지급하였다.	비용의 발생 - 자산의 감소

07. 기말 현재 보유하고 있는 유가증권의 현황이 다음과 같을 경우 손익계산서에 계상될 금액은 얼마인가?

- 취득원가 1,000,000원의 갑회사 주식(단기보유목적, 시장성 있음), 기말공정가액 1,200,000원
- 취득원가 9,000,000원의 을회사 주식(장기투자목적, 시장성 있음), 기말공정가액 8,500,000원

① 100,000원 ② 200,000원 ③ 500,000원 ④ 700,000원

08. 다음 중 재무상태표상 비유동부채로 분류되는 것은?

① 매입채무 ② 유동성장기부채 ③ 미지급비용 ④ 장기차입금

09. 다음의 제조경비 항목 중 당기 원가의 계산방식이 다른 하나는?

① 수선비 ② 운반비 ③ 외주가공비 ④ 감가상각비

10. ㈜서울의 당기 직접재료비는 60,000원이고, 제조간접비는 99,000원이다. ㈜서울의 직접노무비는 가공비의 10%에 해당하는 경우, 당기의 직접노무비는 얼마인가?

① 9,000원　② 10,000원　③ 11,000원　④ 12,000원

11. 다음 중 의사결정과 관련한 원가에 대한 설명으로 옳지 않은 것은?

① 관련원가란 특정 의사결정과 직접적으로 관련 있는 원가로 선택 가능한 대안 사이에 발생할 수 있는 미래의 원가차이를 의미한다.

② 매몰원가란 과거의 의사결정의 결과로 인해 이미 발생된 원가로, 현재의 의사결정에는 아무런 영향을 미치지 못하는 원가를 말한다.

③ 기회원가란 자원을 다른 대체적인 용도로 사용할 경우 발생할 수 있는 최대손실을 의미한다.

④ 회피가능원가란 의사결정에 따라 절약할 수 있는 원가로 관련원가에 해당한다.

12. 개별원가계산과 종합원가계산의 차이점을 설명한 것 중 틀린 것은?

① 종합원가계산은 동종 제품의 연속 대량생산형태에 적합하다.

② 종합원가계산의 핵심과제는 완성품환산량을 계산하는 것이다.

③ 개별원가계산은 공정별로 원가를 집계한다.

④ 개별원가계산은 종합원가계산에 비해 제품별 정확한 원가계산이 가능하다.

13. 다음 중 부가가치세법상 수정(전자)세금계산서를 발급할 수 없는 경우는 어느 것인가?

① 처음 공급한 재화가 환입된 경우

② 해당거래에 대하여 세무조사 통지를 받은 후에, 세금계산서의 필요적 기재사항이 잘못 기재된 것을 확인한 경우

③ 착오로 전자세금계산서를 이중으로 발급한 경우

④ 과세기간의 확정신고기한까지 경정할 것을 전혀 알지 못한 경우로서 필요적 기재사항이 착오 외의 사유로 잘못 적힌 경우

14. 부가가치세법상 다음의 매입세액 중 매출세액에서 공제되는 매입세액은?

① 기업업무추진비 관련 매입세액

② 토지관련 매입세액

③ 면세사업 관련 매입세액

④ 과세사업용 화물차 구입 관련 매입세액

15. 다음 중 부가가치세법상 면세되는 재화 또는 용역은?

① 광고 용역
② 인 · 허가받은 교육용역(무도학원과 자동차학원은 제외)
③ 일반의약품 판매
④ 항공기에 의한 여객운송용역

실 무

㈜보라패션(3393)은 의류를 제조하여 판매하는 중소기업이며, 당기 회계기간은 20x1.1.1.~20x1.12.31.이다. 전산세무회계 수험용 프로그램을 이용하여 다음 물음에 답하시오.

문제 1 다음은 기초정보관리에 대한 자료이다. 각각의 요구사항에 대하여 답하시오.(10점)

[1] 다음의 무형자산 계정을 추가로 등록하시오.(3점)

- 코드 : 229
- 계정과목 : 임차권리금
- 성격 : 일반
- 대체적요 : 1. 임차권리금 지급

[2] 거래처별 초기이월 자료를 검토하여 올바르게 수정 또는 추가 입력하시오.(3점)

계정과목	거래처	금액	재무상태표 금액
단기차입금	미래은행	100,000,000원	300,000,000원
	한라은행	200,000,000원	
장기차입금	미래은행	200,000,000원	500,000,000원
	경제은행	300,000,000원	

[3] 전기분 원가명세서에서 임차료(제조원가에 속함) 2,000,000원이 누락된 것으로 확인된다. 관련된 전기분 재무제표를 적절히 수정하시오.(4점)

문제 2 다음 거래 자료를 일반전표입력 메뉴에 추가 입력하시오.(일반전표입력의 모든 거래는 부가가치세를 고려하지 말 것)(18점)

[1] 9월 30일　영업부서 직원 김성실에게 지급한 9월분 급여는 다음과 같다. 공제 후 차감지급액은 당사 보통예금 계좌에서 이체하였다.(3점)

20x1년 9월 김성실 급여내역

(단위 : 원)

이　름	김성실	지 급 일	9월 30일
기본급여	3,200,000	소 득 세	84,850
		지방소득세	8,480
		국민연금	135,000
		건강보험	96,900
		고용보험	19,500
		장기요양보험	8,240
급 여 계	3,200,000	공제합계	352,970
노고에 감사드립니다.		지급총액	2,847,030

[2] 10월 5일　단기시세차익을 목적으로 ㈜미래통상의 주식 100주(액면가 @1,000원)를 2,000,000원에 취득하였으며 취득대금은 보통예금으로 이체하였다.(주식은 시장성이 있으며, 수수료는 무시함)(3점)

[3] 10월 25일　공장건물을 신축하기 위하여 ㈜서산개발로부터 건물과 건물에 부수되는 토지를 일괄 구입하고 건물을 즉시 철거하였다. 일괄 구입대금 260,000,000원은 하나은행으로부터 대출(대출기간 5년)받아 지급하였다.(3점)

[4] 11월 20일　㈜대한의 외상매입금 30,000,000원을 지급하기 위해 20,000,000원은 보통예금에서 이체하고 10,000,000원은 매출처인 대웅전자로부터 받은 받을어음을 배서 양도하였다.(3점)

[5] 12월 13일 부산으로 출장갔던 영업부 사원 김철수(거래처를 입력할 것)로부터 내용불명의 돈 5,760,000원이 회사 보통예금 계좌에 입금되었다.(3점)

[6] 12월 22일 일양패션으로부터 받아 보관하던 받을어음 5,000,000원을 만기일이 되어 결제은행에 제시하였으나 잔액부족을 이유로 지급거절되었다.(3점)

문제 3 다음 거래 자료를 매입매출전표입력 메뉴에 입력하시오.(18점)

[1] 7월 17일 영업부서는 매출거래처에 접대하기 위하여 ㈜이마트로부터 코로나19 방역에 좋은 마스크와 손세정제 세트를 구입하고 전자세금계산서(공급가액 2,300,000원, 부가가치세 230,000원)를 발급받았다. 대금은 보통예금에서 지급하였다.(3점)

[2] 8월 14일 ㈜리아에 제품을 판매하고 다음의 신용카드매출전표를 발급하였다.(3점)

카드종류 **하나카드**		거래종류 신용구매	결제방법 일시불
회원번호(Card No) 8210-0504-1176-5885		취소시 원거래일자	
유효기간 **/**	거래일시 20x1.08.14. 10:33		품명
전표제출		금 액	1,200,000
		부 가 세	120,000
전표매입사	하나카드	봉 사 료	
		합 계	**1,320,000**
거래번호	승인번호/(Approval No.) 91324457		
가맹점	㈜보라패션		
대표자	허영호	TEL	02-276-5325
가맹점번호	1532453	사업자번호	104-86-40536
주소	서울특별시 중구 장충단로 6길 5		
		서명(Signature) **(주)리아**	

[3] 8월 17일 수출업체인 ㈜화일건영에 구매확인서에 의하여 제품 300개를 1개당 100,000원에 납품하고 영세율 전자세금계산서를 발급하였다. 매출대금 중 20%는 자기앞수표로 받고 잔액은 외상으로 하였다.(3점)

[4] 10월 2일 효원기계로부터 절단용 기계장치를 구입하고, 3개월 만기 약속어음을 발행하여 주었고 전자세금계산서(공급가액 72,000,000원, 부가가치세 7,200,000원)를 발급받았다.(단, 고정자산 등록은 생략할 것)(3점)

[5] 11월 10일 당사 제품인 의류 100개(원가 5,000,000원)를 접대 목적으로 매출거래처인 영남상사에 무상으로 제공하였다.(단, 제품의 원가와 시가는 동일하다고 가정함)(3점)

[6] 12월 2일 매출거래처 나인상사에 제품을 판매하고 아래와 같이 전자세금계산서를 발급하였다.(3점)

전자세금계산서(공급자 보관용)				승인번호	20201202-1234-5678

공급자	등록번호	104-86-40536			공급받는자	등록번호	227-02-34429		
	상호	㈜보라패션	성명(대표자)	허영호		상호	나인상사	성명(대표자)	권용식
	사업장 주소	서울특별시 중구 장충단로 6길 5				사업장 주소	서울 종로구 동숭2길 5		
	업태	제조	종사업장번호			업태	도소매업	종사업장번호	
	종목	의류				종목	의류		

비고		수정사유			
작성일자	20x1.12.2	공급가액	15,000,000원	세액	1,500,000원

월	일	품목	규격	수량	단가	공급가액	세액	비고
12	2	의류		3	5,000,000원	15,000,000원	1,500,000원	

합계금액	현금	수표	어음	외상미수금	이 금액을 영수/청구 함
16,500,000원				16,500,000원	

문제 4 **일반전표입력 및 매입매출전표입력 메뉴에 입력된 내용 중 다음과 같은 오류가 발견되었다. 입력된 내용을 확인하여 정정하시오.(6점)**

[1] 9월 7일 대웅전자로부터 관리부서에서 사용할 컴퓨터(유형자산)를 구입하고 종이세금계산서(공급가액 2,000,000원, 부가가치세 200,000원)를 발급받았다. 대금은 한달 뒤에 지급하기로 하였다.(3점)

[2] 9월 15일 보통예금 입금액 10,253,800원을 ㈜웅이의 외상매출금 회수로 처리하였으나, 이는 대한은행 정기예금이 만기가 되어 보통예금에 정산하여 입금한 것으로 확인되었다. 정기예금의 정산 내역은 원금 10,000,000원, 이자수익 300,000원 그리고 이자수익에 대한 원천징수세액(선납세금) 46,200원이다.(3점)

문제 5 **결산정리사항은 다음과 같다. 해당메뉴에 입력하시오.(9점)**

[1] 10월 1일에 보통예금에 입금된 9,000,000원은 6개월분(임대기간 20x1.10.1.~20x2.3.31.) 임대료(영업외수익)이다.(장부를 조회하여 월할 계산할 것)(3점)

[2] 기말 외상매입금 계정 중에는 미국 스마트사(거래처를 입력할 것)의 외상매입금 5,000,000원(미화 $5,000)이 포함되어 있다.(결산일 현재 적용환율 : 1,100원/$)(3점)

[3] 당사는 일반기업회계기준에 의하여 퇴직급여충당부채를 설정하고 있다. 이와 관련된 자료는 다음과 같다.(3점)

구분	기초 금액	기중 감소(사용)금액	퇴직금 추계액
제조부문	60,000,000원	18,000,000원	62,000,000원
관리부문	57,000,000원	17,000,000원	59,000,000원

문제 6 다음 사항을 조회하여 답안을 **이론문제 답안작성** 메뉴에 입력하시오.(9점)

[1] 1월부터 3월까지의 현금 입금액 합계는 얼마인가?(3점)

[2] 5월 8일 복리후생비(판)의 금액은 얼마인가?(3점)

[3] 4월분~6월분 영세율 과세표준은 얼마인가?(3점)

제93회(특별) 전산회계1급 답안 및 해설

이 론

1	2	3	4	5	6	7	8	9	10	11	12	13	14	15
①	③	②	④	③	②	②	④	④	③	③	③	②	④	②

01. 적송품은 고객에게 판매되기 전까지는 위탁자의 소유 자산이므로, **기말 현재 판매되지 않은 적송품**은 수탁자의 창고에 보관되어 있더라도 **위탁자의 재고자산에 포함**한다.

02. 미래에 발생할 것으로 예상되는 거래나 사건만으로는 자산이 취득되지 않는다.

03. 기업실체의 가정에 관한 내용이다.

04. 일반기업회계기준은 투자자산, 유형자산, 무형자산으로 분류하기 어려운 성격의 비유동 자산은 기타비유동자산으로 분류하도록 하고 있다. 이렇게 기타비유동자산으로 분류되는 자산에는 임차보증금, 이연법인세자산(유동자산으로 분류되는 부분 제외), 장기매출 채권 및 장기미수금 등이 있다.

05. 자본조정 중 자기주식은 별도 항목으로 구분하여 표시한다. 주식할인발행차금, 주식선택권, 출자전환채무, 감자차손 및 자기주식처분손실 등은 기타자본조정으로 통합하여 표시 할 수 있다. 그러나 감자차익은 자본잉여금으로 분류한다.

06.

①	(차)	수수료비용(비용)	xx	(대)	현금(자산)	xx
②	(차)	비품(자산)	xx	(대)	현금(자산)	xx
③	(차)	현금(자산)	xx	(대)	상품매출(수익)	xx
④	(차)	복리후생비(비용)	xx	(대)	현금(자산)	xx

07. 단기매매증권평가손익 = 공정가액(1,200,000) - 장부가액(1,000,000) = 200,000원(이익, 영업외수익

매도가능증권평가손익 = 공정가액(8,500,000) - 장부가액(9,000,000) = △500,000원(자본)

(차) 단기매매증권 200,000원 (대) 단기매매증권평가이익(영업외수익) 200,000원

(차) 매도가능증권평가손실 500,000원 (대) 매도가능증권 500,000원

(기타포괄손익누계액)

08. 매입채무, 유동성장기부채, 미지급비용은 모두 유동부채이다.

09. 감가상각비는 월할경비에 속하여 월별로 할당하며, 나머지는 지급경비로서 지급 및 소비액으로 결정된다.

10. 직접노무비 = 가공비(직접노무비 + 제조간접비) × 10% = (직접노무비 + 99,000원) × 10%
∴ 직접노무비 = 11,000원

11. 기회원가란 자원을 다른 대체적인 용도로 사용할 경우 얻을 수 있는 최대이익을 의미한다.

12. 개별원가계산은 각 작업별로 원가를 집계한다.

13. 해당거래에 대하여 세무조사 통지를 받은 후에, 세금계산서의 필요적 기재사항이 잘못 기재된 것을 확인한 경우 수정세금계산서를 발급할 수 없다.

14. 과세사업용 화물차 구입 관련 매입세액은 공제되는 매입세액이다.

15. **인 · 허가받은 교육용역은 부가가치세법상 면세대상**에 해당한다.

실 무

문제 1 기초정보관리

[1] 계정과목 및 적요등록

코드 : 229 계정과목 : 임차권리금 성격 : 1.일반 대체적요 : 1번에 "임차권리금 지급" 입력

[2] 거래처별 초기이월

단기차입금 미래은행 50,000,000원을 미래은행 100,000,000원으로 수정
한라은행 200,000,000원을 추가입력

장기차입금 미래은행 45,000,000원을 200,000,000원으로 수정
경제은행 99,000,000원을 300,000,000원으로 수정

[3] 전기분재무제표에서 수정

재무제표 수정순서 : 원가명세서⇒손익계산서⇒잉여금처분계산서⇒재무상태표

① 전기분원가명세서 : 임차료 2,000,000원 추가입력, 당기제품제조원가 132,010,000원 확인

② 전기분손익계산서 : 제품매출원가의 당기제품제조원가 수정입력 확인
당기순이익 45,123,000원 확인

③ 전기분잉여금처분계산서 : 당기순이익 불러오기 수정

④ 전기분재무상태표 : 이월이익잉여금 52,352,000원 입력(대차차액 0원 확인)

문제 2 일반전표입력

[1]	(차) 급여(판)	3,200,000	(대)	보통예금	2,847,030
				예수금	352,970
[2]	(차) 단기매매증권	2,000,000	(대)	보통예금	2,000,000
[3]	(차) 토 지	260,000,000	(대)	장기차입금(하나은행)	260,000,000
[4]	(차) 외상매입금(㈜대한)	30,000,000	(대)	받을어음(대웅전자)	10,000,000
				보통예금	20,000,000
[5]	(차) 보통예금	5,760,000	(대)	가수금(김철수)	5,760,000
[6]	(차) 부도어음과수표(일양패션)	5,000,000	(대)	받을어음(일양패션)	5,000,000

문제 3 매입매출전표입력

문항	일자	유형	공급가액	부가세	거래처	전자
[1]	7/17	54.불공(4)	2,300,000	230,000	㈜이마트	여
분개유형		(차) 기업업무추진비	2,530,000	(대) 보통예금		2,530,000
혼합		(판)				
문항	일자	유형	공급가액	부가세	거래처	신용
[2]	8/14	17. 카과	1,200,000	120,000	㈜리아	하나카드
분개유형		(차) 외상매출금	1,320,000	(대) 제품매출		1,200,000
카드(혼합)		(하나카드)		부가세예수금		120,000
문항	일자	유형	공급가액	부가세	거래처	전자
[3]	8/17	12.영세(3)	30,000,000	0	㈜화일건영	여
분개유형		(차) 현금	6,000,000	(대) 제품매출		30,000,000
혼합		외상매출금	24,000,000			
문항	일자	유형	공급가액	부가세	거래처	전자
[4]	10/2	51. 과세	72,000,000	7,200,000	효원기계	여
분개유형		(차) 기계장치	72,000,000	(대) 미지급금		79,200,000
혼합		부가세대급금	7,200,000			
문항	일자	유형	공급가액	부가세	거래처	전자
[5]	11/10	14. 건별	5,000,000	500,000	영남상사	–
분개유형		(차) 기업업무추진비	5,500,000	(대) 제품(8.타계정대체)		5,000,000
혼합		(판)		부가세예수금		500,000
문항	일자	유형	공급가액	부가세	거래처	전자
[6]	12/2	11.과세	15,000,000	1,500,000	나인상사	여
분개유형		(차) 외상매출금	16,500,000	(대) 제품매출		15,000,000
외상				부가세예수금		1,500,000

문제 4 오류수정

[1] 9월 7일 매입매출전표입력

〈수정전〉 전자세금 : 여

(차)	소모품비	200,000	(대) 미지급금	220,000
	부가세대급금	20,000		

〈수정후〉 전자세금 : 부

(차)	비품	2,000,000	(대) 미지급금	2,200,000
	부가세대급금	200,000		

[2] 9월 15일 일반전표입력

〈수정전〉

(차)	보통예금	10,253,800	(대) 외상매출금(㈜웅이)	10,253,800

〈수정후〉

(차)	보통예금	10,253,800	(대) 정기예금	10,000,000
	선납세금	46,200	이자수익	300,000

문제 5 결산

[1] 〈수동결산〉

(차)	선수수익	4,500,000	(대) 임대료	4,500,000

☞ 선수수익 = 9,000,000 ÷ 6개월 × 3개월 = 4,500,000원

[2] 〈수동결산〉

(차)	외화환산손실	500,000	(대) 외상매입금(미국 스마트사)	500,000

☞ 환산손익(부채) = 기말평가액($5,000 × 1,100) – 장부가액(5,000,000) = 500,000원(환산손실)

[3] 제조부문 : 퇴직급여(제) 62,000,000원 - (60,000,000원 - 18,000,000원) = 20,000,000원

관리부문 : 퇴직급여(판) 59,000,000원 - (57,000,000원 - 17,000,000원) = 19,000,000원

〈자동결산〉 ①, ② 중 선택하여 입력

① 결산자료 입력 메뉴에서 아래항목을 입력 후 전표추가

노무비 퇴직급여 : 20,000,000원, 판관비 퇴직급여 : 19,000,000원

② 결산자료 입력 메뉴(CF8 퇴직충당)에서 아래항목을 입력 후 전표추가

제조 퇴직급여 추계액 : 62,000,000원, 판관비 퇴직급여 추계액 : 59,000,000원

〈수동결산〉

(차)	퇴직급여(제)	20,000,000	(대) 퇴직급여충당부채	39,000,000
	퇴직급여(판)	19,000,000		

문제 6 장부조회

[1] 81,956,000원(총계정원장에서 1월~3월 기간으로 조회 후 차변합계에서 전기이월액을 차감함)

[2] 186,000원(일계표 5월 8일 조회)

[3] 35,500,000원(부가가치세 신고서 4월~6월분 조회)

제91회 전산회계1급

합격율	시험년월
35%	2020.08

이 론

01. 다음 중 재고자산에 대한 설명으로 가장 옳지 않은 것은?

① 재고자산 매입시 발생하는 매입부대비용은 취득원가에 가산한다.
② 재고수량의 결정방법 중 계속기록법을 적용하면 기말재고자산 수량이 정확하게 계산되고, 실지재고조사법을 적용하면 매출수량이 정확하게 계산된다.
③ 재고자산의 감모손실은 정상감모와 비정상감모로 구분한다.
④ 평균법은 기초재고자산과 당기에 매입한 상품에 대해 평균 단위당 원가를 구하여 기말재고자산과 매출원가를 계산하는 것이다.

02. 다음 거래에 대한 회계처리를 정확히 하였을 경우 영업외비용에 포함되는 것은?

> ㉠ 매출거래처로부터 받은 약속어음을 만기 전에 금융기관에 매각거래 조건으로 할인받다.
> ㉡ 매입거래처에 지급한 약속어음이 만기 전에 금융기관에 매각되었다고 통보받다.
> ㉢ 매출거래처 파산으로 외상대금 중 일부를 회수하지 못하다.
> ㉣ 매입거래처의 외상대금을 조기상환하고 일정비율을 할인받다.

① ㉠ ② ㉡ ③ ㉢ ④ ㉣

03. 다음의 내용을 결산시점에 결산수정분개로 반영하였을 경우 당기순이익의 변동은?

> • 매출채권잔액 5,500,000원에 대해 2%의 대손충당금을 설정하지 않았다.
> 단, 설정전 대손충당금 기말잔액은 30,000원이라고 가정한다.
> • 12월 15일에 가수금으로 회계 처리하였던 50,000원에 대하여 기말에 가수금에 대한 원인이 파악되지 아니하여 결산수정분개를 해야 하는데 하지 않고 있다.

① 당기순이익을 30,000원 감소시킨다. ② 당기순이익을 60,000원 감소시킨다.
③ 당기순이익을 130,000원 감소시킨다. ④ 당기순이익을 160,000원 감소시킨다.

04. 다음 일반기업회계기준에서 분류되는 계정과목 중 성격이 다른 것은?

① 자기주식 ② 미교부주식배당금 ③ 미지급배당금 ④ 감자차손

05. 다음은 유가증권에 대한 일반기업회계기준의 설명이다. 가장 옳지 않은 것은?

① 유가증권은 증권의 종류에 따라 지분증권과 채무증권으로 분류한다.
② 단기매매증권과 매도가능증권은 공정가치로 평가하는 것을 원칙으로 한다.
③ 만기보유증권은 상각후원가로 평가하며, 유효이자율법을 적용하여 상환기간에 걸쳐 배분한다.
④ 유가증권 처분 시 발생하는 증권거래 수수료 등의 비용은 판매비와일반관리비로 회계처리 한다.

06. 다음 중 유형자산의 감가상각과 관련한 설명으로 가장 옳지 않은 것은?

① 감가상각의 주목적은 취득원가의 배분에 있다.
② 정률법은 자산의 내용연수 동안 감가상각액이 매기간 증가하는 방법이다.
③ 감가상각비는 자산의 제조와 관련된 경우 관련자산의 제조원가로 계상한다.
④ 감가상각방법은 해당 자산으로부터 예상되는 미래경제적효익의 소멸형태에 따라 선택하고, 소멸형태가 변하지 않는 한 매기 계속 적용한다.

07. 다음 일반기업회계기준에 의한 손익계산서의 작성기준 중 옳지 않은 것은?

① 현금 유·출입시점에 관계없이 당해 거래나 사건이 발생한 기간에 수익·비용을 인식하는 발생주의에 따른다.
② 수익은 실현주의로 인식한다.
③ 비용은 관련 수익이 인식된 기간에 인식한다.
④ 서로 연관된 수익과 비용은 직접 상계함으로써 순액으로 기재해야 한다.

08. 다음 중 사채에 대한 설명으로 옳지 않은 것은?

① 사채란 채권자들로부터 자금을 조달하는 방법이다.
② 사채발행과 관련하여 직접 발생한 사채발행수수료 등은 사채발행가액에서 직접 차감한다.
③ 사채할인발행차금과 사채할증발행차금은 유효이자율법에 따라 상각한다.
④ 시장이자율이 액면이자율보다 더 크다면 사채는 할증발행 된다.

09. 공장에서 사용하던 밀링머신이 파손되어 처분하려 한다. 취득원가는 3,000,000원이며 파손시점까지 감가상각누계액은 1,500,000원이다. 동 기계를 바로 처분하는 경우 1,000,000원을 받을 수 있고, 200,000원을 추가로 지출하여 수리하는 경우 1,300,000원을 받을 수 있다. 이때 매몰원가는 얼마인가?

① 1,500,000원 ② 1,300,000원 ③ 1,000,000원 ④ 200,000원

10. 다음 중 제조원가명세서에 포함되지 않는 항목은 무엇인가?

① 직접재료원가 ② 당기제조원가 ③ 기초제품재고액 ④ 기말재공품재고액

11. 다음 자료를 이용하여 제조부문 Y 에 배부되는 보조부문의 제조간접비 총액을 계산하면 얼마인가?(단, 단계배분법을 사용하고, A부문을 먼저 배분할 것)

	보조부문		제조부문	
	A부문	B부문	X부문	Y부문
A부문	–	40%	20%	40%
B부문	20%	–	30%	50%
발생원가	300,000원	400,000원	400,000원	600,000원

① 120,000원 ② 315,000원 ③ 325,000원 ④ 445,000원

12. 원가는 여러 가지 방법을 통해서 분류할 수 있다. 다음 중 원가분류에 대한 설명으로 옳지 않은 것은?

① 자산화 여부에 따라 제품원가와 기간원가로 분류한다.
② 원가행태에 따라 기초원가와 가공원가로 분류한다.
③ 의사결정의 관련성에 따라 관련원가와 비관련원가로 분류한다.
④ 제조활동과의 관련성에 따라 제조원가와 비제조원가로 분류한다.

13. 다음 중 부가가치세법상 면세에 해당하지 않는 것은?

① 택시에 의한 여객운송용역
② 도서대여 용역
③ 미술관에의 입장
④ 식용으로 제공되는 임산물

14. 다음 중 현행 부가가치세법에 대한 설명으로 가장 틀린 것은?
① 부가가치세는 전단계세액공제법을 채택하고 있다.
② 주사업장총괄납부시 종된 사업장은 부가가치세 신고와 납부의무가 없다.
③ 부가가치세는 0% 또는 10%의 세율을 적용한다.
④ 사업자는 사업장 관할 세무서장이 아닌 다른 세무서장에게도 사업자등록의 신청을 할 수 있다.

15. 다음 중 사업자등록 정정사유가 아닌 것은?
① 통신판매업자가 사이버몰의 명칭 또는 인터넷 도메인 이름을 변경하는 때
② 공동사업자의 구성원 또는 출자지분의 변동이 있는 때
③ 증여로 인하여 사업자의 명의가 변경되는 때
④ 법인사업자의 대표자를 변경하는 때

실 무

㈜용문전자(3091)은 전자제품을 제조하여 판매하는 중소기업이며, 당기 회계기간은 20x1.1.1.~20x1.12.31.이다. 전산세무회계 수험용 프로그램을 이용하여 다음 물음에 답하시오.

문제 1 다음은 기초정보관리에 대한 자료이다. 각각의 요구사항에 대하여 답하시오.(10점)

[1] 아래의 자료를 거래처등록메뉴에 등록하시오.(3점)

• 거래처코드 : 02020	• 회사명 : ㈜유미상사	• 유형 : 매출
• 사업자등록번호 : 609-85-18769	• 대표자 : 김유미	• 업태 : 도소매
• 종목 : 가전	• 사업장주소 : 서울시 강남구 테헤란로 275	

※ 주소입력 시 우편번호 입력은 생략.

[2] 본사 영업부 직원 휴게실에서 사용할 음료 등 구입이 빈번한 내용을 복리후생비(판) 적요에 기입하고자 한다. 다음 내용의 적요를 각각 작성하시오.(3점)

• 현금 적요 9. 휴게실 음료 및 차 구입 • 대체 적요 3. 휴게실 음료구입 보통인출

[3] 당해 연도의 정확한 기초 원재료 금액은 5,000,000원이다. 전기분재무상태표, 전기분원가명세서, 전기분손익계산서 및 전기분잉여금처분계산서를 모두 수정 입력하시오.(4점)

문제 2 다음 거래 자료를 일반전표입력 메뉴에 추가 입력하시오. (일반전표입력의 모든 거래는 부가가치세를 고려하지 말 것)(18점)

[1] 7월 4일 당사가 4월 4일 원재료 매입대금으로 거래처인 백두전자에 발행하였던 어음 13,000,000원이 만기가 되어 7월 4일에 당좌수표를 발행하여 지급하였다.(3점)

[2] 8월 5일 당사는 ㈜봄날의 주식 100주(액면가 @5,000원)를 900,000원에 취득하였다. 취득시 수수료 30,000원을 포함하여 930,000원을 보통예금에서 이체하였다.(단, ㈜봄날의 주식은 시장성이 있으며 단기시세차익 목적이다. 하나의 전표로 처리할 것)(3점)

[3] 8월 13일 미국의 ABC MART에 수출(선적일 : 8월 3일)한 제품에 대한 외상매출금을 회수하여 원화로 당사 보통예금 계좌에 입금하였다.(3점)

• 외상매출금 : 10,000＄ • 8월 3일 환율 : 1,100원/＄ • 8월 13일 환율 : 1,050원/＄

[4] 9월 10일 주주총회에서 결의된 바에 따라 유상증자를 실시하여 신주 10,000주(액면가액 1주당 1,000원)를 주당 1,500원에 발행하고, 증자와 관련하여 수수료 120,000원을 제외한 나머지 증자대금이 보통예금계좌에 입금되었다.(단, 당사는 '주식할인발행차금' 잔액 2,000,000원이 있으며, 하나의 전표로 입력할 것)(3점)

[5] 10월 15일 제조과정에 사용될 원재료 300,000원(시가 500,000원)을 공장 기계장치를 수선하는데 사용하였다.(단, 기계장치의 수선은 수익적 지출에 해당한다.)(3점)

[6] 10월 28일 생산부서에서 새로운 기술적 지식을 얻기 위해 계획적인 탐구활동을 하면서 사용한 물품의 대금 1,000,000원을 당좌수표를 발행하여 지급하였다.(단, 이는 자산 인식 조건을 충족하지 못하였다)(3점)

문제 3 **다음 거래 자료를 매입매출전표입력 메뉴에 입력하시오.(18점)**

[1] 8월 4일 매출거래처인 ㈜성진상사의 대표이사 취임식 행사에 보내기 위한 화분을 ㈜건우농원에서 구입하고 아래와 같이 전자계산서를 발급받았다. 대금은 전액 현금으로 지급 하였다. 적절한 회계처리를 하시오.(3점)

전자계산서(공급받는자 보관용)										승인번호	20200804-2208000-10014267	
공급자	사업자등록번호	202-81-00978	종사업장번호			공급받는자	사업자등록번호	206-81-95706		종사업장번호		
	상호(법인명)	㈜건우농원	성 명(대표자)	김건우			상호(법인명)	㈜용문전자		성 명(대표자)	김민재	
	사업장주소	서울 광진구 광장동 143-210					사업장 주소	경기도 양평군 용문면 용문로 300				
	업태	소매업	종목	꽃,화환			업태	제조, 도소매		종목	전자제품외	
비고						수정사유						
작성일자		20x1-08-04				공급가액		110,000원				
월	일	품목		규격	수량	단가		공급가액		비고		
8	4	화분						110,000원				
합계금액		현금	수표		어음			외상미수금		이 금액을 영수 함		
110,000원		110,000원										

[2] 8월 16일 ㈜카씽으로부터 업무용 승용차(2,000cc, 5인승, 공급가액 19,000,000원, 부가가치세 별도)를 구입하고 전자세금계산서를 발급받았으며, 대금은 전액 외상으로 하였다.(3점)

[3] 9월 25일 ㈜용산으로부터 원재료A를 구입하고 전자세금계산서를 발급받았으며, 대금 중 10,000,000원은 제품을 판매하고 받아 보관 중인 ㈜개포의 약속어음을 배서하여 지급하고 잔액은 약속어음을 발행하여 지급하다.(3점)

전자세금계산서(공급받는자 보관용)											승인번호	20200925-1205500-20014255	
공급자	사업자등록번호	220-81-19591	종사업장번호			공급받는자	사업자등록번호	206-81-95706		종사업장번호			
	상호(법인명)	㈜용산	성 명(대표자)	백열음			상호(법인명)	㈜용문전자		성 명(대표자)	김민재		
	사업장주소	서울 용산구 한강로 700					사업장주소	경기도 양평군 용문면 용문로 300					
	업태	제조 도소매	종목	컴퓨터외			업태	제조 도소매		종목	전자제품외		
	이메일						이메일						
비고						수정사유							
작성일자		20x1-09-25				공급가액		25,000,000원		세액	2,500,000원		
월	일	품목		규격	수량	단가		공급가액		세액		비고	
9	25	원재료A			1,000	25,000원		25,000,000원		2,500,000원			
합계금액		현금	수표		어음			외상미수금		이 금액을 **영수** 함			
27,500,000원					27,500,000원								

[4] 10월 2일　영업부서에서 사용할 A4용지를 일반과세자인 꽃비문구센터에서 현금으로 구입하고, 다음의 현금영수증(지출증빙)을 수령하였다.(소모품비로 처리할 것)(3점)

꽃비문구센터

109 - 14 - 87811　　신화영

경기 양평군 용문면 용문로 147 TEL:3489 - 8076

홈페이지 http://www.kacpta.or.kr

현금(지출증빙)

거래일시 : 20x1/10/02/14:06:22　거래번호 : 01 - 0177

상품명	수량	금액
A4용지	10 Box	250,000원

	공 급 가 액	250,000원
	부 가 세	25,000원
합 계		275,000원
승인금액		275,000원

[5] 11월 18일　무역업을 영위하는 ㈜케이상사에 구매확인서에 의하여 제품을 25,000,000원에 납품하고, 영세율전자세금계산서를 발급하였다. 대금 중 10,000,000원은 동사가 발행한 당좌수표로 받고, 나머지 잔액은 월말에 받기로 하다.(3점)

[6] 12월 11일　영업부 사무실에서 사용하던 비품인 냉장고(취득가액 3,200,000원, 처분시 감가상각누계액 1,600,000원)를 ㈜민국에 1,000,000원(부가가치세 별도)에 처분하고 전자세금계산서를 발급하였다. 대금은 현금으로 받았다.(3점)

문제 4 일반전표입력 및 매입매출전표입력 메뉴에 입력된 내용 중 다음과 같은 오류가 발견되었다. 입력된 내용을 확인하여 정정하시오.(6점)

[1] 8월 17일　제조공장의 창문이 파손되어 대한유리에서 수선(수익적 지출)한 후 관련 회계 처리를 일반전표에 입력 하였다. 대금은 법인카드(신한카드)로 결제하였고, 이 거래는 부가가치세 포함금액으로 매입세액 공제가 가능하다.(3점)

[2] 10월 15일 둘둘마트에서 선물세트 100개(공급가액 @50,000원, 부가세 별도)를 당좌예금으로 구입하여 영업부 직원에게 제공한 것으로 회계 처리하였으나 실제로는 매출거래처 직원에게 선물용으로 제공한 것으로 파악되었다.(단, 둘둘마트에서 선물세트를 구입하면서 전자세금계산서를 수취하였다.)(3점)

문제 5 결산정리사항은 다음과 같다. 해당메뉴에 입력하시오.(9점)

[1] 8월 1일 현금으로 받아 영업외수익인 임대료로 회계처리한 1,800,000원 중 임대기간(20x1년 8월 1일 ~ 20x2년 7월 31일)이 경과되지 아니한 것이 있다.(단, 월할 계산하며 음수로 입력하지 말 것)(3점)

[2] 매출채권(외상매출금, 받을어음) 잔액에 대하여 1%의 대손충당금을 보충법으로 설정하다.(3점)

[3] 결산일 현재 다음과 같이 제조원가명세서와 손익계산서에 감가상각비를 계상하고자 한다.(3점)

- 기계장치(제조부) : 2,000,000원
- 차량운반구(제조부) : 3,500,000원
- 비품(영업부) : 1,000,000원

문제 6 다음 사항을 조회하여 답안을 이론문제 답안작성 메뉴에 입력하시오.(9점)

[1] 20x1년 5월 중 영업외수익 합계금액과 영업외비용 합계금액의 차이는 얼마인가?
(음수로 입력하지 말 것)(3점))

[2] 3월 중 ㈜대한전자에 결제한 외상매입금은 얼마인가?(3점)

[3] 제1기 부가가치세 예정신고기간 중 면세사업수입금액은 얼마인가?(3점)

제91회 전산회계1급 답안 및 해설

이 론

1	2	3	4	5	6	7	8	9	10	11	12	13	14	15
②	①	①	③	④	②	④	④	①	③	④	②	①	②	③

01. 재고수량의 결정방법 중 **계속기록법을 적용하면 매출 수량이 정확하게 계산**되고, **실지재고조사법을 적용하면 기말재고자산 수량이 정확하게 계산**된다.

02. ㉠은 매출채권처분손실, ㉡은 거래 아님, ㉢은 대손충당금(또는 대손상각비), ㉣은 매입할인에 해당한다. 이중 매출채권처분손실은 영업외비용에 영향을 준다.

03. • 보충법에 의해 12월31일 매출채권 5,500,000원×2% - 기말잔액 30,000원 = 80,000원 추가 설정

(차) 대손상각비 80,000원 (대) 대손충당금 80,000원

• 가수금에 대한 원인이 파악되지 않았으므로

(차) 가 수 금 50,000원 (대) 잡 이 익 50,000원

따라서 당기순이익은 30,000원(=80,000원 - 50,000원)을 감소시킨다.

04. 미지급배당금 - 유동부채, 자기주식, 미교부주식배당금, 감자차손 - 자본조정

05. 유가증권 **처분시 발생하는 증권거래 수수료 등의 비용은 처분가액에서 차감**하여 회계처리한다.

06. 유형자산의 감가상각방법에는 정액법, 체감잔액법(예를 들면, 정률법 등), 연수합계법, 생산량비례법 등이 있다. 정액법은 자산의 내용연수 동안 일정액의 감가상각액을 인식하는 방법이다. 체감잔액법과 연수합계법은 자산의 내용연수 동안 감가상각액이 매기간 감소하는 방법이다. 생산량비례법은 자산의 예상조업도 혹은 예상생산량에 근거하여 감가상각액을 인식하는 방법이다. 감가상각방법은 해당 자산으로부터 예상되는 미래경제적효익의 소멸형태에 따라 선택하고, 소멸형태가 변하지 않는 한 매기 계속 적용한다. 또한, 감가상각비는 다른 자산의 제조와 관련된 경우 관련자산의 제조원가로 계상한다.

07. **수익과 비용은 각각 총액으로 보고하는 것을 원칙**으로 한다. 다만, 다른 장에서 수익과 비용을 상계하도록 요구하는 경우에는 상계하여 표시하고, 허용하는 경우에는 상계하여 표시할 수 있다.

08. **액면이자율보다 시장이자율이 더 크다면 사채는 할인발행**된다.

09. 매몰원가는 과거 의사결정의 결과로 이미 발생된 원가로서 현재 또는 미래의 의사결정과 관련이 없는 비관련원가이다. 기계의 장부가액인 1,500,000원은 이미 지출된 비용으로서 향후 의사결정에 영향을 미치지 않으므로 기계장치의 처분여부와 관련 없는 매몰원가이다.

10. 기초제품재고액은 손익계산서 항목이다.

11.

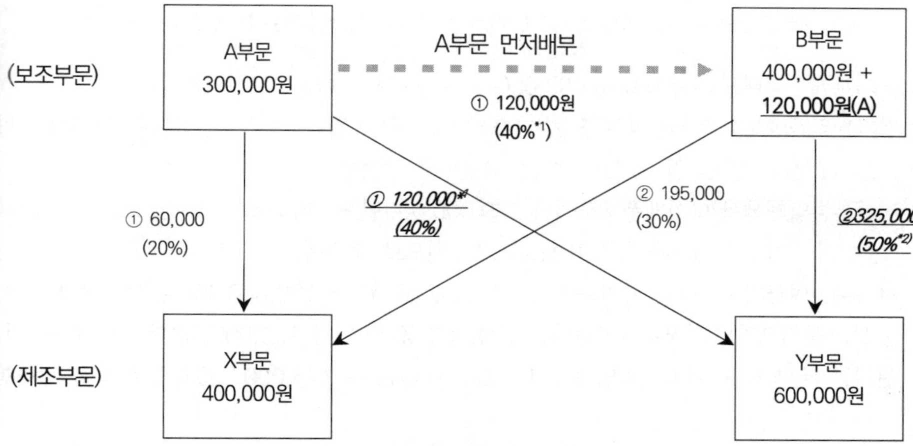

*1. 300,000×40% *2. 520,000×50%/(30%+50%)

Y부문에 배부되는 보조부문의 총액 = 120,000원 + 325,000원 = 445,000원

12. 원가행태에 따라 변동원가와 고정원가로 분류한다.

13. 택시에 의한 여객운송용역은 면세에 해당하지 아니하며, 식용으로 제공되는 임산물은 면세에 해당된다.

14. 주사업장총괄납부 시 종된 사업장은 부가가치세 납부의무가 없으나 **신고는 각 사업장별로 해야 한다.** 따라서 종된 사업장도 부가가치세 신고는 해야 한다

15. **상속의 경우에는 정정사유**이나, **증여로 인하여 사업자의 명의가 변경**되는 경우에는 정정사유가 아닌 **폐업사유**가 된다.

실 무

문제 1 기초정보관리

[1] [거래처등록]

코드 02020, 거래처명:㈜유미상사, 유형:1.매출, 사업자등록번호:609-85-18769, 대표자성명:김유미, 업태:도소매, 종목:가전, 주소:서울시 강남구 테헤란로 275

[2] 계정과목 및 적요등록에서 811. 복리후생비 현금적요, 대체적요 입력

[3] 전기분 재무제표

재무제표 수정순서 : 재무상태표⇒원가명세서⇒손익계산서⇒잉여금처분계산서⇒재무상태표

① 전기분재무상태표의 원재료 6,000,000원 → 5,000,000원으로 수정입력
② 전기분원가명세서 기말원재료 5,000,000원으로 수정 입력되면서 전기분원가명세서 당기제품제조원가 299,000,000원 → 300,000,000원으로 수정됨
③ 전기분손익계산서 당기제품제조원가 299,000,000원 → 300,000,000원으로 수정 입력하면 당기순이익 101,000,000원에서 100,000,000원으로 수정됨.
④ 전기분잉여금처분계산서 당기순이익 101,000,000원 → 100,000,000원으로 수정 입력하면(또는 F6. 불러오기), 미처분이익잉여금 124,000,000원에서 123,000,000원으로 수정 됨.
⑤ 전기분재무상태표 이월이익잉여금 124,000,000원 → 123,000,000원으로 수정 입력함.

문제 2 일반전표입력

[1]	(차)	지급어음(백두전자)	13,000,000	(대)	당좌예금	13,000,000
[2]	(차)	단기매매증권	900,000	(대)	보통예금	930,000
		수수료비용(984)	30,000			
[3]	(차)	보통예금	10,500,000	(대)	외상매출금	11,000,000
		외환차손	500,000		(ABC MART))	

☞ 외환차손익 = $10,000×(1,050 – 1,100) = △500,000원(손실)

[4]	(차)	보통예금	14,880,000	(대)	자본금	10,000,000
					주식할인발행차금	2,000,000
					주식발행초과금	2,880,000

☞ 자본금 = 주식수(10,000주) × 1,000원(액면가액)
발행가액 = 발행가액(1,500) × 주식수(10,000주) – 신주발행비(120,000) = 14,880,000원

[5]	(차)	수선비(제)	300,000	(대)	원재료(8.타계정대체)	300,000
[6]	(차)	경상연구개발비(제)	1,000,000	(대)	당좌예금	1,000,000

문제 3 매입매출전표입력

문항	일자	유형	공급가액	부가세	거래처	전자
[1]	8/4	53.면세	110,000	0	㈜건우농원	여
분개유형	(차) 기업업무추진비(판)	110,000	(대) 현금			110,000
현금(혼합)						
문항	일자	유형	공급가액	부가세	거래처	전자
[2]	8/16	54.불공(3)	19,000,000	1,900,000	(주)카씽	여
분개유형	(차) 차량운반구	20,900,000	(대) 미지급금			20,900,000
혼합						
문항	일자	유형	공급가액	부가세	거래처	전자
[3]	9/25	51.과세	25,000,000	2,500,000	㈜용산	여
분개유형	(차) 원재료	25,000,000	(대) 받을어음((주)개포			10,000,000
혼합	부가세대급금	2,500,000	지급어음			17,500,000
문항	일자	유형	공급가액	부가세	거래처	전자
[4]	10/2	61.현과	250,000	25,000	꽃비문구센터	-
분개유형	(차) 소모품비(판)	250,000	(대) 현금			275,000
현금(혼합)	부가세대급금	25,000				
문항	일자	유형	공급가액	부가세	거래처	전자
[5]	11/18	12.영세(3)	25,000,000	0	㈜케이상사	여
분개유형	(차) 현 금	10,000,000	(대) 제품매출			25,000,000
혼합	외상매출금	15,000,000				
문항	일자	유형	공급가액	부가세	거래처	전자
[6]	12/11	11.과세	1,000,000	100,000	㈜민국	여
분개유형	(차) 감가상각누계액	1,600,000	(대) 비 품			3,200,000
혼합	현 금	1,100,000	부가세예수금			100,000
	유형자산처분손실	600,000				

☞처분손익 = 처분가액(1,000,000) - 장부가액(3,200,000 - 1,600,000) = △600,000(처분손실)

문제 4 오류수정

[1] 8월 17일 일반전표 입력에서 삭제하고 매입매출전표 추가입력

〈수정전〉 : 일반전표 (차) 수선비(제) 440,000원 (대) 미지급금(신한카드) 440,000원

〈수정후〉	유형	공급가액	부가세	거래처	신용
8/17	57.카과	400,000	40,000	대한유리	신한카드
분개유형	(차) 수선비(제)	400,000	(대) 미지급금		440,000
카드(혼합)	부가세대급금	40,000	(신한카드)		

[2] 10월 15일 매입매출전표 과세(전자, 혼합)를 불공(사유:4)(전자, 혼합)으로 수정

〈수정전〉

(차)	복리후생비(판)	5,000,000	(대)	당좌예금	5,500,000
	부가세대급금	500,000			

〈수정후〉

(차)	기업업무추진비(판)	5,500,000	(대)	당좌예금	5,500,000

문제 5 결산

[1] 〈수동결산〉

(차)	임대료	1,050,000	(대)	선수수익	1,050,000

☞ 선수수익(차기 1.1~7.31) = 1,800,000×7개월/12개월 = 1,050,000원

[2] 〈수동/자동결산〉

(차)	대손상각비(판)	2,550,220	(대)	대손충당금(외상)	2,193,220
				대손충당금(받을)	357,000

또는 결산자료입력 메뉴에 외상매출금 2,193,220원, 받을어음 357,000원을 입력한 후 전표추가

☞ 외상매출금 : 249,322,000원×1% - 300,000원 = 2,193,220원
받을어음 : 48,700,000원×1% - 130,000원 = 357,000원

[3] 〈수동/자동결산〉

(차)	감가상각비(제)	5,500,000	(대)	감가상각누계액(기계)	2,000,000
	감가상각비(판)	1,000,000		감가상각누계액(차량)	3,500,000
				감가상각누계액(비품)	1,000,000

또는 결산자료입력 메뉴에 제조경비 - 기계장치 - 감가상각비 2,000,000원
제조경비 - 차량운반구 - 감가상각비 3,500,000원
판관비 - 비품 - 감가상각비 1,000,000원입력 후 전표추가

문제 6 장부조회

[1] 월계표(5월)
영업외수익 금액 : 200,000원, 영업외비용 금액 : 130,000원
차이 금액 : 70,000원

[2] 10,000,000원 (거래처원장에서 외상매입금 과목으로 조회)

[3] 550,000원(부가가치세 신고서 1월~3월 조회)

제88회 전산회계1급

합격율	시험년월
25%	2020.02

이 론

01. 다음 거래를 회계처리함에 있어서 사용되지 않는 계정과목은?

- 비업무용 토지(장부금액 6,000,000원)를 7,000,000원에 ㈜세무에 처분하고, 처분대금 50%는 ㈜세무가 발행한 당좌수표로, 나머지는 ㈜세무가 발행한 약속어음을 받다.

① 투자부동산 ② 받을어음 ③ 미수금 ④ 현금

02. ㈜서초는 10월 25일 단기 시세차익을 목적으로 상장주식 100주를 주당 20,000원에 취득하고 수수료 200,000원 포함하여 2,200,000원을 현금 결제하였다. 기말 현재 ㈜서초는 이 주식을 그대로 보유하고 있으며, 12월 31일의 공정가치는 주당 21,000원 이었다. 손익계산서에 반영될 단기매매증권 평가손익은 얼마인가?

① 평가이익 100,000원
② 평가이익 200,000원
③ 평가손실 100,000원
④ 평가손실 200,000원

03. 다음 유형자산 중 감가상각 대상이 되는 항목은?

① 업무용 토지
② 건설중인 자산
③ 공장 생산설
④ 영업활동에 사용하지 않는 투자부동산

04. 다음은 무형자산에 대한 일반기업회계기준의 규정이다. 이 중 가장 잘못된 설명은?

① 영업권, 산업재산권, 개발비, 소프트웨어 등이 포함된다.
② 상각대상금액은 그 자산의 추정 내용연수 동안 체계적인 방법을 사용하여 비용으로 배분하여야 한다.
③ 물리적 형체는 없지만 식별가능하고 기업이 통제하고 있으며 미래 경제적 효익이 있는 화폐성자산이다.
④ 상각기간은 관계 법령이나 계약에 정해진 경우를 제외하고는 20년을 초과할 수 없다.

05. 제조업을 운영하는 A회사가 기말에 외상매출금에 대한 대손충당금을 설정할 경우, 다음의 손익계산서 항목 중 변동되는 것은?

① 영업이익 ② 매출원가 ③ 매출액 ④ 매출총이익

06. 다음 중 기말 결산 시 계정별원장의 잔액을 차기에 이월하는 방법을 통하여 장부를 마감하는 계정과목은?

① 기부금 ② 기업업무추진비 ③ 개발비 ④ 광고선전비

07. 다음 중 유동성배열법에 의해 작성되는 재무상태표에 있어서 가장 먼저 표시되는 것은?

① 투자부동산 ② 임차보증금 ③ 임차권리금 ④ 전세권

08. 다음 중 일반기업회계기준에서 자본조정으로 분류되는 계정과목은?

① 자기주식처분이익 ② 자기주식 ③ 주식발행초과금 ④ 감자차익

09. 다음 원가 및 비용의 분류 중 제조원가에 해당되지 않는 거래는?

① 원재료 구입비 ② 원재료 운반차량 처분손실
③ 제품 포장설비 감가상각비 ④ 제품 생산공장 화재보험료

10. 다음 자료에 의하여 당기총제조원가를 계산하면 얼마인가?

- 기초원재료 : 100,000원
- 당기매입원재료 : 500,000원
- 기말원재료 : 100,000원
- 직접노무비 : 3,500,000원
- 제조간접비 : (원재료비 + 직접노무비)×20%

① 4,020,000원 ② 4,220,000원 ③ 4,300,000원 ④ 4,800,000원

11. 다음 내용의 개별원가계산 절차를 순서대로 바르게 나열한 것은?

가. 개별작업과 관련하여 발생한 제조간접원가를 파악한다.
나. 제조간접원가를 원가대상에 배부하기 위해 배부기준을 선정해야 한다.
다. 원가계산대상이 되는 개별작업을 파악하고, 개별작업에 대한 직접원가를 계산한다.
라. 원가배부 기준에 따라 제조간접원가배부율을 계산하여 제조간접원가를 배부한다.

① 가 → 나 → 다 → 라 ② 다 → 가 → 나 → 라
③ 다 → 라 → 나 → 가 ④ 가 → 다 → 나 → 라

12. 종합원가계산은 원가흐름에 대한 가정에 따라 완성품환산량에 차이가 있다. 이에 관한 설명 중 옳지 않은 것은?

① 평균법은 기초재공품원가와 당기투입원가를 구분하지 않고 모두 당기 발생원가로 가정한다.
② 선입선출법은 기초재공품부터 먼저 완성되고 난 후, 당기 투입분을 완성시킨다고 가정한다.
③ 기초재공품이 없을 경우 선입선출법과 평균법의 완성품환산량은 동일하다.
④ 재료비의 경우 공정초에 투입된다고 가정할 경우와 공정 전반에 걸쳐 균등하게 발생한다고 가정할 경우에 기말재공품의 완성품환산량은 차이가 없다.

13. 다음 중 현행 부가가치세법의 특징에 대한 설명으로 가장 잘못된 것은?

① 일반 소비세이다.
② 국세에 해당된다.
③ 10%와 0%의 세율을 적용하고 있다.
④ 역진성의 문제를 해결하기 위하여 영세율제도를 도입하고 있다.

14. 과세사업자인 ㈜서초는 20x1년 당사 제품인 기계장치를 공급하는 계약을 아래와 같이 체결하였다. 이 거래와 관련하여 20x1년 2기 예정신고 기간의 과세표준에 포함되어야 할 공급가액은 얼마인가?

- 총판매대금 : 6,500,000원(이하 부가가치세 별도)
- 계약금(3월 15일) : 2,000,000원 지급
- 중도금(5월 15일, 7월 15일) : 1,500,000원씩 각각 지급
- 잔금(9월 30일) : 1,500,000원 지급
- 제품인도일 : 9월 30일

① 6,500,000원 ② 5,000,000원 ③ 3,000,000원 ④ 1,500,000원

15. 다음 중 부가가치세법상 세금계산서의 필요적 기재사항이 아닌 것은?

① 공급연월일
② 공급자의 등록번호와 성명 또는 명칭
③ 공급가액과 부가가치세액
④ 공급받는자의 등록번호

실 무

㈜남일전자(3088)은 전자제품을 제조하여 판매하는 중소기업이며, 당기 회계기간은 20x1.1.1.~20x1.12.31.이다. 전산세무회계 수험용 프로그램을 이용하여 다음 물음에 답하시오.

문제 1 다음은 기초정보관리 및 전기분 재무제표에 대한 자료이다. 각각의 요구사항에 대하여 답하시오.(10점)

[1] 전기분 손익계산서를 검토한 결과 다음과 같은 오류가 발견되었다. 관련되는 전기분 재무제표를 모두 수정하시오.(4점)

계정과목	틀린 금액	올바른 금액	내 용
수도광열비(815)	5,600,000원	6,500,000원	입력오류

[2] 아래의 거래처를 [거래처등록] 메뉴에 입력하시오.(3점)

코드번호	거래처명	사업자등록번호	대표자	유형
50001	㈜한진캐피탈	121－81－22407	김용수	동시
50002	㈜성우중기	131－81－25245	이판술	동시

[3] 계정과목 및 적요등록 메뉴에서 511.복리후생비 계정의 대체전표 적요 3번에 "공장 직원 일본뇌염 예방접종비"을 등록하시오.(3점)

문제 2 다음 거래 자료를 일반전표입력 메뉴에 추가 입력하시오.(일반전표입력의 모든 거래는 부가가치세를 고려하지 말 것)(18점)

[1] 7월 25일 제1기 확정신고분 부가가치세와 신용카드수수료(판관비) 350,000원을 포함하여 신용카드(비씨카드)로 납부하였다.(단, 6월 30일에 적정하게 회계처리된 부가가치세관련 분개를 확인 후 회계처리 할 것.)(3점)

[2] 8월 20일 회사는 기업은행과 당좌차월 계약을 맺고 있으며, 현재 당좌수표 발행액은 당좌예금 예입액을 초과한 상태이다. 당일 회사는 7월 20일에 ㈜토즈상사에서 외상으로 구입한 기계장치의 구입대금 18,000,000원을 당좌수표를 발행하여 지급하였으며 이는 당좌계약 한도 내의 금액이다.(3점)

[3] 9월 10일 당사의 최대주주인 김지운씨로부터 본사를 신축할 토지를 기증받았다. 토지의 공정가치는 40,000,000원이다.(3점)

[4] 10월 12일 ㈜봄꽃상사의 미수금 2,000,000원이 대손처리 요건에 충족되어 당일 대손처리하기로 하였다. 대손충당금을 조회하여 회계처리하시오.(단, 부가가치세는 고려하지 않는다.)(3점)

[5] 11월 3일 ㈜백두에 단기 대여(6개월 후 회수, 연 이자율 3%)하면서 타인발행 당좌수표 10,000,000원을 지급하였다.(3점)

[6] 11월 10일 회사 판매직 직원이 퇴직하였으며, 동 직원의 퇴직금은 8,000,000원이다. 회사는 은행에 확정급여형(DB형) 퇴직연금에 가입하고 있다.(단, 관련자료를 조회한 후 회계처리할 것.)(3점)

문제 3 다음 거래 자료를 매입매출전표입력 메뉴에 입력하시오.(18점)

[1] 9월 2일 ㈜제주로부터 원재료 500개(공급가액 @50,000원, 부가가치세 별도)를 구입하고 전자세금계산서를 교부받았으며, 대금 중 10,000,000원은 제품을 판매하고 받아 보관 중인 ㈜마포의 약속어음을 배서하여 지급하고, 잔액은 외상으로 하였다.(3점)

[2] 9월 4일 공장에서 사용하던 기계장치를 ㈜민영기업에 매각하고 전자세금계산서를 발급하였다. 매각대금은 8,800,000원(부가세포함)이며 보통예금으로 수취하였다. 동 기계장치는 취득원가가 20,000,000원이며 매각 당시 감가상각누계액은 9,000,000원이었다.(매각일까지의 감가상각에 대한 회계처리는 무시하고 매각관련 처분손익분개를 매입매출전표입력 메뉴에서 진행 할 것.)(3점)

[3] 10월 31일 제조부서에서 사용하기 위한 컴퓨터를 ㈜프라엘전자로부터 구입하였고 대금 2,178,000원(VAT 포함)을 비씨카드로 결제하였다.(단, 컴퓨터는 유형자산 계정으로 처리할 것.)(3점)

[4] 11월 10일 동해상사에 제품을 판매하고 다음의 전자세금계산서를 발급하였다. 대금은 8월 1일에 수령한 계약금을 제외하고 나머지는 보통예금 계좌로 받았다.(3점)

전자세금계산서						승인번호	20191110-21058052-117266459		
공급자	사업자등록번호	131-81-35215	종사업장번호		공급받는자	사업자등록번호	130-33-68798	종사업장번호	
	상호(법인명)	(주)남일전자	성명(대표자)	남진호		상호(법인명)	동해상사	성명	박찬종
	사업장주소	경기도 광명시 광명로 58(가학동)				사업장주소	서울시 마포구 상암동 261		
	업태	제조, 도소매	종목	전자제품		업태	도매업	종목	컴퓨터
	이메일					이메일			
작성일자	공급가액	세액	수정사유						
20x1. 11. 10	15,000,000	1,500,000							
비고									
월	일	품목	규격	수량	단가	공급가액	세액	비고	
11	10	전자부품		150	100,000	15,000,000	1,500,000		
합계금액	현금	수표	어음	외상미수금	이 금액을 영수/청구 함				
16,500,000	16,500,000								

[5] 12월 1일 연말 선물용으로 당사 제품인 VIP선물세트(원가 50,000원, 시가 88,000원-부가세 포함)를 매출 거래처인 ㈜우진에 제공하였다.(3점)

[6] 12월 10일 회사는 일부 원재료를 수입하고 있다. 수입원재료의 통관비용을 현금 지급하고 다음의 전자세금계산서를 발급받았다.(3점)

전자세금계산서							승인번호	20191210-11058172-127266460
공급자	사업자 등록번호	229-81-28156	종사업장 번호		공급받는자	사업자 등록번호	131-81-35215	종사업장 번호
	상호 (법인명)	㈜에이스국제운송	성명 (대표자)	이신중		상호 (법인명)	㈜남일전자	성명 남진호
	사업장 주소	서울 서초구 방배로 142				사업장 주소	경기도 광명시 광명로 58(가학동)	
	업태	운수	종목	화물,중개		업태	제조, 도소매	종목 전자제품
	이메일					이메일		

작성일자	공급가액	세액	수정사유
20x1. 12. 10	470,000	47,000	
비고			

월	일	품목	규격	수량	단가	공급가액	세액	비고
12	10	통관수수료				120,000	12,000	
12	10	운송료				350,000	35,000	

합계금액	현금	수표	어음	외상미수금	이 금액을 영수/청구 함
517,000	517,000				

문제 4 **일반전표입력 및 매입매출전표입력 메뉴에 입력된 내용 중 다음과 같은 오류가 발견되었다. 입력된 내용을 확인하여 정정하시오.(6점)**

[1] 10월 25일 회계처리한 세금과공과는 업무용 차량운반구의 취득세를 국민은행 보통예금 계좌이체를 통해 납부한 것이다.(3점)

[2] 11월 2일 당사 직원 박성실에 대한 단기대여금 3,000,000원은 상환기간이 20X3년 9월 30일이다.(3점)

문제 5 결산정리사항은 다음과 같다. 해당메뉴에 입력하시오.(9점)

[1] 외상매입금계정에는 홍콩 거래처 만리상사에 대한 외화외상매입금 2,400,000원($2,000)이 계상되어 있다.(회계기간 종료일 현재 적용환율 : $1당 1,180원)(3점)

[2] 매출채권(외상매출금, 받을어음) 잔액에 대하여 1%의 대손충당금을 보충법으로 설정하다.(3점)

[3] 당기에 회사가 계상할 감가상각비는 아래와 같다.(3점)

• 공장 기계장치 감가상각비 : 9,200,000원	• 제품판매 홍보용 트럭 감가상각비 : 2,100,000원

문제 6 다음 사항을 조회하여 답안을 이론문제 답안작성 메뉴에 입력하시오.(9점)

[1] 1월부터 6월까지 계산서를 수취한 금액은 얼마인가?(3점)

[2] 6월 중 판매비 및 관리비로 분류되는 복리후생비 중 현금으로 지급된 금액은 얼마인가?(3점)

[3] 당기(1.1~03.31)에 고정자산을 매각하고 세금계산서를 발행한 금액(공급가액)의 합계액은?(3점)

제88회 전산회계1급 답안 및 해설

이 론

1	2	3	4	5	6	7	8	9	10	11	12	13	14	15
②	①	③	③	①	③	①	②	①②	④	②	④	④	③	①

01. 재고자산 외 자산을 처분하면서 상대방이 발행한 약속어음을 받는 경우, 비매출채권에 해당되기 때문에 약속어음의 수취는 '미수금'으로 처리해야 한다. 또한 타인이 발행한 당좌수표는 '현금'으로 처리해야 한다.

(차) 현 금	3,500,000원	(대) 투자부동산	6,000,000원
미 수 금	3,500,000원	투자자산처분이익	1,000,000원

02. 단기매매증권 평가이익 = 기말평가액 - 취득가액 = (21,000원-20,000원) × 100주 = 100,000원
(단기매매증권의 취득부대비용은 기간 비용으로 처리)

03. 토지는 감가상각을 하지 않고, 건설중인 자산, 영업활동에 사용하지 않는 투자자산은 현재 정상적인 영업활동에 사용되지 않고 있기 때문에 감가상각 회계처리 대상에서 제외된다.

04. 무형자산은 **물리적 형체는 없지만 식별가능하고 기업이 통제**하고 있으며 **미래 경제적 효익**이 있는 **비화폐성자산**이다.

☞ 화폐성자산이란 현금이나 매출채권과 같이 미래의 재화나 서비스의 가격과 관계없이 고정된 화폐액으로 표시되는 자산을 말하고 비화폐성자산이란 주식, 건물등과 같이 시간의 경과에 따라 가격이 변동하는 자산을 말한다.

05. 외상매출금에 대하여 대손충당금을 설정할 경우, 차변에 대손상각비(판매비와관리비)로 처리되므로 영업이익 금액이 감소된다.

06. 재무상태표 계정은 차기이월 방식을 통하여 장부마감을 하여야 하며, 손익계산서 계정은 집합 손익 원장에 대체하는 방식으로 장부마감을 하여야한다. 따라서 자산 계정인 개발비만 차기이월을 통하여 장부마감을 하여야 한다. 광고선전비, 기업업무추진비, 기부금은 모두 비용 계정이다.

07. 투자부동산(투자자산)→ 임차권리금(무형자산)→임차보증금, 전세권(기타비유동자산)

08. 자기주식은 자본조정으로 분류되며, 자기주식처분이익, 주식발행초과금, 감자차익은 자본잉여금으로 분류한다.

09. 유형자산의 처분과 관련된 손실과 이익은 영업외손익으로 처리한다. 또한 원재료 구입은 재고자산에 해당하고 원재료를 제조에 투입해야 제조원가에 해당한다.

10. 원재료

기초재고	100,000	직접재료비	500,000
구입	500,000	기말재고	100,000
계	600,000	계	600,000

당기총제조원가 = 500,000원 + 3,500,000원 + (4,000,000원 × 20%) = 4,800,000원

12. 재료비의 경우 공정초에 전량 투입될지, 공정 전반에 걸쳐 균등하게 투입될지에 따라 당기완성품과 기말재공품의 완성품환산량은 차이가 발생한다.

13. 역진성의 문제를 해결하기 위하여 면세제도를 도입하고 있다.

14. 중간지급조건부 재화공급은 **계약금 이외의 대가를 분할하여 지급하고 계약금 지급일로부터 잔금지급일까지의 기간이 6개월 이상**인 경우를 말한다.

계약금	3.15	2,000,000		대가의 각부분을 받기로 한때
중도금	5.15	1,500,000		
중도금	7.15	**1,500,000**	**2기 예정**	
잔금(인도)	9.30	**1,500,000**		
6개월 이상				

15. 공급연월일이 아닌 작성연월일이 필요적 기재사항이다

실 무

문제 1 기초정보관리

[1] 전기분 재무제표 수정

재무제표 수정순서 : 원가명세서⇒손익계산서⇒잉여금처분계산서⇒재무상태표

1. 전기분 손익계산서 : 수도광열비 5,600,000원을 6,500,000원으로 수정입력
   → 당기순이익 23,600,000원으로 변동(감소)
2. 전기분 잉여금처분계산서 : 당기순이익이 23,600,000원으로 변동되었는지 확인 → 상단[F6(불러오기)]하여 수정 → 미처분이익잉여금이 47,335,000원으로 변동(감소)확인
3. 전기분 재무상태표 : 이월이익잉여금을 47,335,000원으로 수정입력 (대차차액 0)

[2] [거래처등록]

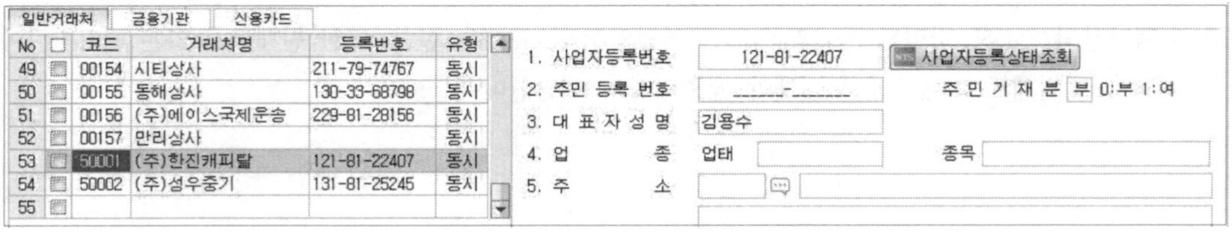

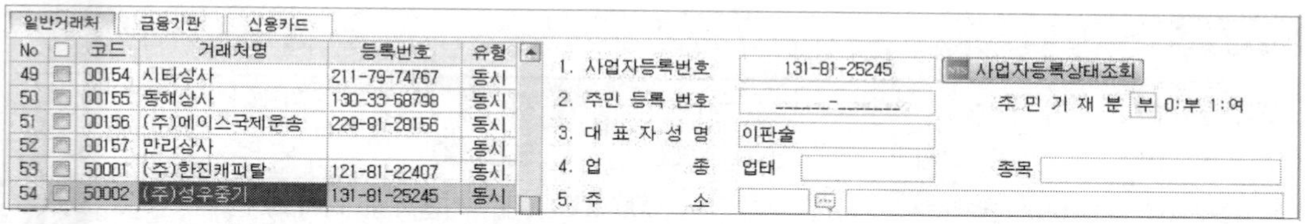

[3] 계정과목및적요등록 : 511.복리후생비 계정과목의 대체전표 적요 3번에 "공장 직원 일본뇌염예방접종비"입력

문제 2 일반전표입력

[1]	(차) 미지급세금	35,000,000	(대) 미지급금(비씨카드)	35,350,000
	수수료비용(판)	350,000		

☞ 6월 30일자 일반전표 조회 : 미지급세금 35,000,000

[2]	(차) 미지급금((주)토즈상사)	18,000,000	(대) 당좌차월(기업은행)	18,000,000

☞ 단기차입금/당좌예금으로 처리한 것도 인용

[3]	(차) 토 지	40,000,000	(대) 자산수증이익	40,000,000

[4]	(차) 대손충당금(121)	800.000	(대) 미수금((주)봄꽃상사)	2,000,000
	기타의대손상각비	1,200,000		

☞ 10/12합계잔액시산표 미수금에 대한 대손충당금(121) 잔액 조회

[5]	(차) 단기대여금 ((주)백두)	10,000,000	(대) 현 금	10,000,000

☞ 타인발행 당좌수표는 현금으로 처리해야 한다.

[6]	(차) 퇴직급여충당부채	8,000,000	(대) 퇴직연금운용자산	8,000,000

☞ 11/10 합계잔액시산표 퇴직급여충당부채 잔액(10,000,000원) 확인

☞ (차) 퇴직급여 8,000,000 (대) 퇴직연금미지급금 8,000,000도 인용했으나, 제시된 답안은 잘못된 답안이다.

"종업원이 퇴직연금에 대한 수급요건 중 가입기간 요건을 갖추고 퇴사하였으며 퇴직연금의 수령을 선택한 경우 보고기간말 이후 퇴직 종업원에게 지급하여야 할 예상퇴직연금 합계액의 현재가치를 측정하여 '퇴직연금미지급금'으로 인식한다." 라고 되어 있으며 이 경우 충분한 설명도 없이 퇴직연금미지급금으로 인식하면 안된다.

즉 확정급여형 퇴직금가입자가 퇴직시 일시금 또는 연금 중 한가지를 선택하여야 한다.

〈일시금 선택〉 (차) 퇴직급여충당금 8,000,000 (대) 퇴직연금운용자산 8,000,000

〈연금 선택〉 (차) 퇴직급여충당금 8,000,000 (대) 퇴직연금미지급금 8,000,000

아마 문제 자체가 불완전하여 인용된 답도 정답으로 처리한 것 같다.

문제 3 매입매출전표입력

문항	일자	유형	공급가액	부가세	거래처	전자
[1]	9/2	51.과세	25,000,000	2,500,000	㈜제주	여

분개유형	(차)		(대)	
혼합	원재료	25,000,000	받을어음((주)마포)	10,000,000
	부가세대급금	2,500,000	외상매입금(㈜제주)	17,500,000

문항	일자	유형	공급가액	부가세	거래처	전자
[2]	9/4	11.과세	8,000,000	800,000	(주)민영기업	여

분개유형	(차)		(대)	
혼합	감가상각누계액(207)	9,000,000	기계장치	20,000,000
	보통예금	8,800,000	부가세예수금	800,000
	유형자산처분손실	3,000,000		

☞ 처분손익 = 처분가액(8,000,000) – 장부가액(20,000,000 – 9,000,000) = △3,000,000(손실)

문항	일자	유형	공급가액	부가세	거래처	카드사
[3]	10/31	57.카과	1,980,000	198,000	㈜프라엘전자	비씨카드

분개유형	(차)		(대)	
카드(혼합)	비품	1,980,000	미지급금(비씨카드)	2,178,000
	부가세대급금	198,000		

문항	일자	유형	공급가액	부가세	거래처	전자
[4]	11/10	11.과세	15,000,000	1,500,000	동해상사	여

분개유형	(차)		(대)	
혼합	보통예금	15,500,000	제품매출	15,000,000
	선수금(동해상사)	1,000,000	부가세예수금	1,500,000

☞ 8/1 일반전표입력에서 선수금 금액(1,000,000) 확인

문항	일자	유형	공급가액	부가세	거래처	전자
[5]	12/1	14.건별	80,000	8,000	㈜우진	–

분개유형	(차)		(대)	
혼합	기업업무추진비(판)	58,000	부가세예수금	8,000
			제품(8.타계정으로대체)	50,000

문항	일자	유형	공급가액	부가세	거래처	전자세금
[6]	12/10	51.과세	470,000	47,000	㈜에이스국제운송	여

분개유형	(차)		(대)	
혼합(현금)	원재료	470,000	현금	517,000
	부가세대급금	47,000		

☞수입 원재료가 창고에 입고 전인지 후인지 불명확하여 미착품으로 처리한 것도 답으로 인용

문제 4 오류수정

[1] 〈수정전〉 10월 25일 일반전표

(차) 세금과공과(판)	3,000,000	(대) 보통예금	3,000,000

〈수정후〉

(차) 차량운반구	3,000,000	(대) 보통예금	3,000,000

[2] 〈수정전〉 11월 2일 일반전표

(차) 단기대여금	3,000,000	(대) 현　금	3,000,000

〈수정후〉

(차) 장기대여금	3,000,000	(대) 현　금	3,000,000

문제 5 결산

[1] 〈수동결산〉

(차) 외상매입금(만리상사)	40,000	(대) 외화환산이익	40,000

☞ 환산손익 = 2,400,000원 − $2,000 × 1,180원 = 40,000원(환산이익)

[2] 〈수동/자동결산〉

(차) 대손상각비(판)	2,400,100	(대) 대손충당금(외상)	2,072,600
		대손충당금(받을)	327,500

☞ 외상매출금 : 277,260,000원 × 1% − 700,000원 : 2,072,600원
받을어음 : 47,750,000원 × 1% − 150,000원 : 327,500원
(또는 결산자료입력 메뉴에 외상매출금(2,072,600), 받을어음(327,500)을 입력 후 전표추가)

[3] 〈수동/자동결산〉

(차) 감가상각비(제)	9,200,000	(대) 감가상각누계액(기계장치)	9,200,000
감가상각비(판)	2,100,000	감가상각누계액(차량)	2,100,000

(또는 결산자료입력 메뉴에 제조 감가상각비 9,200,000원, 판매비 감가상각비 2,100,000원을 입력 후 전표추가)

문제 6 장부조회

[1] 매입매출장 (1월~6월) 구분3, 매입 유형53, 면세 조회 800,000원

[2] 일계표(월계표) 조회 복리후생비(판) 금액 : 221,000원

[3] 12,000,000원
부가세신고서 → 조회기간:(01.01~03.31) → F4과표명세 → 수입금액 제외

저자약력

■ **김영철 세무사**

· 고려대학교 공과대학 산업공학과
· 한국방송통신대학 경영대학원 회계세무전공
· (전)POSCO 광양제철소 생산관리부
· (전)삼성 SDI 천안(사) 경리/관리과장
· (전)강원랜드 회계팀장
· (전)코스닥상장법인CFO(ERP. ISO추진팀장)
· (전)농업진흥청/농어촌공사/소상공인지원센타 세법 · 회계강사

로그인 전산회계 1급 핵심요약 및 기출문제집

12판발행 : 2025년 1월 10일
저 자 : 김 영 철
발 행 인 : 허 병 관
발 행 처 : 도서출판 어울림
주 소 : 서울시 영등포구 양산로 57-5, 1301호 (양평동3가)
전 화 : 02-2232-8607, 8602
팩 스 : 02-2232-8608
등 록 : 제2-4071호
Homepage : http://www.aubook.co.kr

저자와의 협의하에 인지생략

ISBN 978-89-6239-951-6 13320

정 가 : 24,000원